GESTALTUNG VON SCHULE

GESTALTUNG VON SCHULE
Eine Einführung in Schultheorie und Schulentwicklung

von

Sigrid Blömeke

Bardo Herzig

Gerhard Tulodziecki

KLINKHARDT

Foto auf Umschlagseite 1:
Dirk Krüll, Düsseldorf

Die Deutsche Bibliothek – CIP-Einheitsaufnahme
Ein Titelsatz für diese Publikation ist bei Der Deutschen Bibliothek erhältlich.

2007.1.Iag.
© by Julius Klinkhardt, Bad Heilbrunn
Das Werk ist einschließlich aller seiner Teile urheberrechtlich geschützt.
Jede Verwertung außerhalb der engen Grenzen des Urheberrechtsgesetzes
ist ohne Zustimmung des Verlages unzulässig und strafbar. Das gilt insbesondere für
Vervielfältigungen, Übersetzungen, Mikroverfilmungen und die
Einspeicherung und Verarbeitung in elektronischen Systemen.
Druck und Bindung: Friedrich Pustet, Regensburg
Printed in Germany 2007.
Gedruckt auf chlorfrei gebleichtem alterungsbeständigem Papier
ISBN 978-3-7815-1502-4

Inhalt

Grundlagen einer Gestaltung von Schule

Gestaltung des Schulsystems durch die Bundesländer

Gestaltung der Einzelschule durch Lehrerinnen und Lehrer

Wirkungen der Schule

Abschließende Reflexion:

6

Vorwort

Mit diesem Band zur „Gestaltung von Schule", den wir als Einführung in Fragen der Schultheorie und Schulentwicklung konzipiert haben, schließen wir an unseren im Jahr 2004 veröffentlichten Band „Gestaltung von Unterricht. Eine Einführung in die Didaktik" an. Erneut möchten wir ein Werk vorlegen, das der Zielgruppe der zukünftigen Lehrerinnen und Lehrer in inhaltlicher Hinsicht und im methodischen Aufbau in besonderer Weise gerecht wird.

Inhaltlich möchen wir mit diesem Band zu einer Reflexion über die Gestaltung und die Gestaltungsmöglichkeiten der Institution Schule beitragen. Pädagogisches Handeln in einer solchen Institution unterliegt komplexen Einflüssen, die mit der gesellschaftlichen Funktion der Schule, ihrer historischen Entwicklung, aber auch mit der Breite des Aufgabenspektrums von Lehrerinnen und Lehrern und divergierenden Auffassungen hierzu zusammenhängen. Diese Einflüsse behandeln wir auf theoretischer, empirischer und historisch-systematischer Ebene.

Wir gehen dabei davon aus, dass Schule auf der einen Seite eine *gestaltete* Institution ist, dass auf der anderen Seite viele Aspekte der Schule als gesellschaftlicher Einrichtung aber auch *gestaltbar*, das heißt, veränderbar sind. Eine solche Sichtweise mag zunächst etwas ungewöhnlich erscheinen, weil Gestaltungsspielräume häufiger auf der Ebene von Unterricht – und damit in der Verantwortung von Einzelpersonen – gesehen werden. Geht es aber um Schule als Institution oder Organisation mit besonderen gesellschaftlichen Aufgaben und Funktionen, werden Gestaltungsspielräume und Gestaltungsmöglichkeiten angesichts vermeintlich feststehender struktureller Rahmenbedingungen eher gering eingeschätzt – insbesondere wenn der Rahmen der Einzelschule verlassen wird.

Wir möchten dagegen deutlich machen, dass Schule zwar immer eine historisch, politisch, sozial und kulturell *gestaltete* Institution ist (dies ist vor allem die Perspektive der traditionellen Schultheorie), dass Schule aber immer auch *zu gestalten* ist (dies ist die erst in den letzten Jahren stärker gewordene Perspektive der Schulentwicklung).

Methodisch ist unsere Einführung in Form eines handlungsorientierten Lern- und Arbeitsbuches gestaltet. Wir möchten auf diese Weise zukünftigen Lehrerinnen und Lehrern die Gelegenheit bieten, beim eigenen Lernen Erfahrungen zu machen, die für ihr späteres Handeln in der Schule wichtig sind: Studierende sowie Referendarinnen und Referendare sollen selbst erfahren, wie bedeutsam es ist, von typischen Anforderungen des (in diesem Fall beruflichen) Alltags auszugehen, sich das eigene Vorwissen und die eigenen subjektiven Vorstellungen zum jeweiligen Thema detailliert bewusst zu machen und daran anzuknüpfen, vorab Ziele, Fragestellungen und Vorgehensweisen offen zu legen, Zusammenhänge zwischen Themen aufzuzeigen, immer wieder Beispiele zu suchen und das Gelernte auf neue Situationen zu übertragen beziehungsweise anzuwenden.

Gleichzeitig soll die Fallorientierung unserer Überlegungen deutlich machen, dass Lehrerhandeln grundsätzlich in institutionelle Rahmenbedingungen eingebunden sowie mit Unsicherheiten und Risiken behaftet ist, die durch „Rezepte" nicht aufzulösen sind, sondern eines umfassenden Reflexionshintergrundes bedürfen. Im Unterschied zu einem stärker beziehungsweise ausschließlich systematischen Vorgehen soll es auf diese Weise möglich werden, ein angemessenes Verständnis für den Stellenwert und für die spezifischen Leistungen von Schultheorie und Schulentwicklung im Hinblick auf das Handeln von Lehrerinnen und Lehrern zu gewinnen.

Die Struktur der einzelnen Kapitel des vorliegenden Bandes ergibt sich aus den dargestellten handlungsorientierten Zielen: Einleitend wird das jeweilige Thema in den Gesamtzusammenhang eingeordnet. Ausgehend von einer (fallbezogenen) Aufgabe, wie sie sich im beruflichen Alltag von Lehrerinnen und Lehrern stellt, werden die spezifischen Fragestellungen des jeweiligen Kapitels aufgezeigt. Wir empfehlen der Leserin beziehungsweise dem Leser, die Aufgabe sorgfältig und allein auf der Basis bereits vorhandener Kenntnisse, Fertigkeiten und Fähigkeiten sowie Einstellungen so weit wie möglich zu bearbeiten. Da diese Aufgaben die wichtige Funktion haben, sich über den eigenen Zugang und vorhandene Vorstellungen zur Thematik klar zu werden, ist es sinnvoll, sich Zeit zu nehmen. Die Lernwirksamkeit der dann folgenden grundlegenden Informationen kann sich dadurch deutlich erhöhen. Abschließend fassen wir wichtige Aussagen des Textes zusammen. Vor diesem Hintergrund kann die jeweilige Aufgabe dann erneut sowie in differenzierter und umfassender Weise bearbeitet und gelöst werden.

Der vorliegende Band richtet sich an Lehramtsstudierende und Referendarinnen beziehungsweise Referendare aller Unterrichtsfächer und aller Schulstufen. Er kann sowohl zur selbstständigen Einarbeitung in das Gebiet der Schultheorie und Schulentwicklung genutzt werden als auch parallel zu entsprechenden Lehrveranstaltungen. Wir haben uns bei jedem Kapitel bemüht, Aufgaben und Beispiele zu finden, die sowohl Anforderungen an Grundschulen als auch Erwartungen an Haupt- und Realschulen, Gymnasien und Gesamtschulen sowie Berufskollegs entsprechen.

Unser Dank gilt allen, die uns bei dem Schreiben dieses Bandes hilfreich zur Seite standen. So danken wir zunächst Herrn Dipl.-Päd. Sebastian Hacke, Frau Dr. Heike Schaumburg und Herrn Dr. Peter Strutzberg (alle Humboldt-Universität zu Berlin), die uns vielfältige und wertvolle Anregungen zur Überarbeitung der Manuskripte gegeben haben. Judith Friebertshäuser danken wir für die sorgfältige Durchsicht des Manuskripts. Des Weiteren gebührt unser Dank allen Studierenden und Lehrpersonen, die mit Vorfassungen der einzelnen Kapitel gearbeitet haben, woraus für uns zahlreiche Rückmeldungen resultierten. Besonderer Dank gilt auch Herrn Andreas Klinkhardt, der die Entwicklung des Bandes von Verlagsseite begleitet und in kooperativer Weise gefördert hat.

Wir hoffen, dass das Buch allen Leserinnen und Lesern vielfältige Anregungen für ihre gegenwärtige oder zukünftige Arbeit in Unterricht, Schule, Lehrerausbildung und Forschung bietet. Für Rückmeldungen sind wir jederzeit dankbar.

Sigrid Blömeke, Bardo Herzig, Gerhard Tulodziecki

Berlin, Bochum und Paderborn, im Juli 2006

1| Schule als gestaltete und zu gestaltende Institution

1.1 Einleitende Hinweise und Fragestellungen

Die Schule stellt in Deutschland einen zentralen Bestandteil der individuellen Biographie jeder und jedes Einzelnen dar. Dies liegt – wie in vielen anderen europäischen und außereuropäischen Staaten auch – zunächst einmal an der allgemeinen Schulpflicht, die festlegt, dass Kinder und Jugendliche über eine bestimmte Zeit Schulen besuchen müssen. Diese Zeit ist vielen in lebhafter Erinnerung und mit unterschiedlichen Erfahrungen verbunden, die nicht zuletzt davon abhängen, wie Schule verstanden und gestaltet wird: als ein Ort des Lernens und der persönlichen Entwicklung, als ein Ort des Wissenstransfers, als Bewahranstalt, als Erziehungseinrichtung, als Schonraum, als Lebens- und Erfahrungsraum, als Sozialisationsinstanz, als Selektionsinstrument, als gesellschaftliche Reproduktionseinrichtung und so weiter. Schon diese unterschiedlichen Attribuierungen zeigen, dass Schule als gesellschaftliche Einrichtung unterschiedlich wahrgenommen und beurteilt wird. Zugleich lassen sich in den genannten Einschätzungen verschiedene Funktionen erkennen, die mit der Schule als gesellschaftlicher Einrichtung verbunden werden können.

Die individuellen Erfahrungen mit der Schule sind nicht nur unterschiedlich im Hinblick auf die besuchte Schule und ihre besondere Ausrichtung – zum Beispiel als Schule mit einem bestimmten fachlichen Schwerpunkt, etwa ein Wirtschaftsgymnasium, oder als Schule mit einem besonderen pädagogischen Profil, etwa eine Montessori-Schule –, sondern auch im Hinblick auf die Rolle, die im Schulzusammenhang wahrgenommen wird, etwa als Schülerin oder Schüler, als Lehrperson, als Elternteil oder als Mitglied eines Schulträgers.

Diese einleitenden Hinweise machen bereits deutlich, dass mit Schule verschiedene Funktionen verbunden sind beziehungsweise dass Schule verschiedene Aufgaben wahrzunehmen hat, dass in dieser Einrichtung verschiedene Personen und Personengruppen agieren beziehungsweise auf diese Einrichtung einwirken und dass Schule als gesellschaftliche Einrichtung unter verschiedenen Vorgaben und Rahmenbedingungen steht. Diese Eigenschaften werden unter anderem im Begriff der Schule als Institution beziehungsweise Organisation zusammengefasst, dem wir uns in diesem Kapitel widmen, um – über die individuellen Erfahrungen insbesondere aus der Rolle als Schülerin oder Schüler hinaus – einen umfassenderen Einblick in das System, in die Organisation und in die institutionellen Bedingungen von Schule zu gewinnen.

Sie kennen Schule als Organisation beziehungsweise Institution aus Ihrer eigenen Schulzeit, wenngleich Sie Schule während dieser Zeit vermutlich nicht aus einem solchen Blickwinkel betrachtet oder wahrgenommen haben. Bitte vergegenwärtigen Sie sich noch einmal die weiterführende Schule, die Sie besucht haben, und überlegen Sie, wie diese Einrichtung organisiert und aufgebaut war. Vielleicht haben Sie seinerzeit sogar in einzelnen Gremien mitgewirkt. Versuchen Sie, die Organisationsstruktur grafisch darzustellen und auch Aufgaben von und Beziehungen zwischen einzelnen Gruppen oder Personen zu beschreiben.

Um einen Einblick in die Aufgaben, Funktionen und Strukturen von Schule als Organisation beziehungsweise Institution zu erhalten, um Rahmenbedingungen von Schule kennen zu lernen und um einschätzen zu können, welche Gestaltungsspielräume in einer solchen Organisation vorhanden sind, ist es sinnvoll, sich mit folgenden Fragen auseinanderzusetzen:
– Welche Eigenschaften und Merkmale kennzeichnen Schule als pädagogische Organisation beziehungsweise Institution?
– Welche Gestaltungsmöglichkeiten – im Vergleich zur derzeitigen Struktur von Schule – sind idealtypisch denkbar?
Die Analyse der Institution Schule kann helfen, ein angemessenes Verständnis für die Komplexität von Schule zu entwickeln, die unterschiedlichen Beteiligten und ihre Rollen kennen zu lernen, die Entscheidungs- und Gestaltungswege nachvollziehen zu können sowie Rahmenbedingungen und ihre Einflüsse auf die Gestaltung von Schule und das Schulleben einschätzen zu können.

1.2 Grundlegende Informationen

Wir haben in den einleitenden Bemerkungen die Begriffe Organisation und Institution vergleichsweise undifferenziert verwendet. Geht man vom Alltagssprachgebrauch aus, so finden sich die Bezeichnungen beispielsweise im Zusammenhang großer Verbände – etwa der OECD[1] [Organisation für wirtschaftliche Zusammenarbeit und Entwicklung] oder der OPEC[2] [Organisation erdölexportierender Länder] – oder im Kontext von Einrichtungen, denen eine besondere Stabilität oder regulierende Funktion zugeschrieben wird – etwa der Institution Kirche oder dem Bundesgerichtshof als staatlicher Rechtsinstitution. Zuweilen finden sich auch Formulierungen, die einzelnen Personen einen institutionellen Charakter verleihen – etwa in der Aussage, jemand sei in einem Unternehmen eine Institution. Aus diesem Sprachgebrauch auf spezifische Merkmale von Organisationen und Institutionen aufmerksam zu werden, ist allerdings wenig aussichtsreich. Wir werden im Folgenden eher induktiv versuchen, Merkmale und Eigenschaften von Institutionen und Organisationen zu erarbeiten.

Bevor wir auf einzelne Merkmale pädagogischer Institutionen eingehen, skizzieren wir im Folgenden die Betrachtungsebenen, auf denen wir Schule als gestaltete und zu gestaltende Institution in den Blick nehmen.

Auf der *System*ebene stehen die strukturellen und organisatorischen Fragen des Schulsystems, die Richtlinien, Lehrpläne und Bildungsstandards sowie die Fragen der Lehreraus- und -fortbildung im Vordergrund. Häufig werden diese Aspekte des Schulsystems lediglich als „Rahmenbedingungen" gekennzeichnet, was implizit eine Unveränderlichkeit suggeriert. Wir fassen Rahmenbedingungen dagegen als veränderbar auf: Zum einen sind solche Rahmenbedingungen Ergebnisse bildungspolitischer Entscheidungen und damit Ergebnisse einer Nutzung von Gestaltungsspielräumen durch die Bundesländer in einem föderalistisch organisierten System. Zum anderen könnten diese Rahmenbedingungen, die in der Regel Ergebnis mittel- und langfristiger Gestaltungsprozesse sind – siehe etwa die Dreigliedrigkeit des Schulsystems –, auch ganz anders aussehen, wie die Einführung von Bildungsstandards als neues Instrument der Gestaltung des Schulsystems deutlich macht. Insofern müssen systemische Rahmenbedingungen auch nicht fraglos akzeptiert werden, sondern sollten als das betrachtet werden, was sie sind: Gestaltungsaufgaben vor allem der Bundesländer.

Auf der zweiten Ebene, die sich auf die *Einzelschule* bezieht, werden sowohl Prozesse der Schulentwicklung als auch Prozesse der Unterrichtsentwicklung und der Erziehung thematisiert. Der Fokus liegt also zum einen auf der Frage, wie (Einzel-) Schulen ihr eigenes Profil entwickeln können, wie eine Verständigung über gemeinsame Ziele im Kollegium erreicht werden kann, wie sich schulspezifische Curricula entwickeln lassen, wie kooperatives Arbeiten unter den Lehrpersonen gefördert werden kann, wie die Beteiligung von Bezugsgruppen, beispielsweise der Eltern, gestaltet werden soll und so weiter. Zum anderen werden bestimmte Fragen der Gestaltung von Unterricht in den Blick genommen, zum Beispiel Möglichkeiten der Anregung und Unterstützung von Lernprozessen, Aspekte der Lern- und Leistungskontrolle oder Fragen von Erziehungsprozessen. Individuelle und kooperative Gestaltungsaufgaben greifen also ineinander.

Auch diese Ebene kann wieder unter der Perspektive von Rahmenbedingungen beleuchtet werden oder unter der Perspektive von Gestaltungsmöglichkeiten. Wenn beispielsweise die Einzelschule formal dazu angehalten ist, Schulentwicklungsprozesse – etwa in Form der Gestaltung eines Schulprogramms – durchzuführen, unterliegt sie damit gewissen Rahmenbedingungen. Gleichzeitig ermöglichen Schulentwicklungsprozesse aber auch Gestaltungsspielräume auszuloten und im gemeinsamen Verständnis eine gemeinsam geteilte Auffassung von Schulleben oder Unterrichtsgestaltung programmatisch zu formulieren und im Alltag umzusetzen.

Alle Gestaltungen zielen darauf, als Ergebnis eine möglichst hohe Qualität des Schulsystems und der Einzelschulen zu erreichen und zu sichern. Insofern stellt sich die Frage, welche empirisch fassbaren Wirkungen von der Schule ausgehen. Damit eine dritte Betrachtungsebene ins Blickfeld gerät, bei der es um die Frage der empirisch prüfbaren Ergebnisse von Lernprozessen geht, zum Beispiel um die Erfassung von Lesekompetenz oder um die Erhebung von Lernständen im Hinblick auf mathematische Fähigkeiten.

Die hier unterschiedenen Ebenen werden – betrachtet man sie nebeneinander (vgl. Darstellung 1.1) – häufig auch als Input-, Prozess- und Output-Ebene gekennzeichnet. Dabei bezieht sich der Begriff „Input" auf die Systemebene, der Begriff „Prozess" auf die Ebene der Einzelschule und der Begriff „Output" auf die Ebene der Wirkungen. Insbesondere in der Unterscheidung von Input- und Output-Ebene spiegelt sich eine Sichtweise auf Schule wider, die nach zentralen Steuerungsmechanismen fragt. Während lange Zeit eine starke Fokussierung beispielsweise auf Richtlinien und Lehrpläne oder auf strukturelle Aspekte – etwa im Hinblick auf unterschiedliche Schulformen – als „Input" vorherrschte, kam in den letzten Jahren zunehmend die Frage nach dem „Output" von Schule in den Blick, nicht zuletzt infolge der hohen Resonanz auf das vergleichsweise schlechte Abschneiden deutscher Schülerinnen und Schüler bei internationalen Schulleistungsstudien. Die Verschiebung der Aufmerksamkeit von der Input- auf die Output-Ebene ist Ausdruck eines neuen Verständnisses von Steuerung, in dem mehr Autonomie auf die Einzelschule und die Verantwortung für Schul- und Unterrichtsqualität den Beteiligten – also insbesondere Lehrpersonen und Schulleitungen – übertragen werden. Mit der von uns vorgenommenen Unterscheidung in zwei Gestaltungsebenen und in eine Wirkungsebene wollen wir deutlich machen, dass alle drei Ebenen wichtige Beiträge zur Qualitätssicherung im Schulwesen leisten können und in wechselseitiger Beziehung zueinander stehen.

Darstellung
1.1:
Gestaltung
von Schule –
Betrachtungs-
ebenen

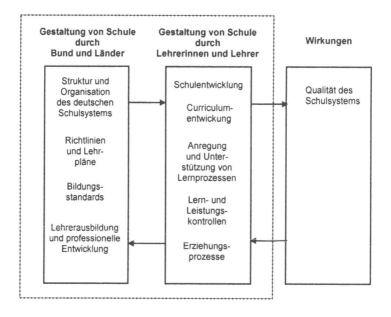

1.2.1 Eigenschaften und Merkmale von Schule als pädagogischer Institution beziehungsweise Organisation

Eine Analyse von Schule unter organisatorischen beziehungsweise institutionellen Aspekten hat KLAFKI (2002) vorgenommen, wobei er von drei zentralen Fragestellungen ausgeht:
- der Frage nach den Organisationszielen,
- der Frage nach den Personen und Personengruppen in der Schule mit ihren jeweiligen Funktionen und Rollen sowie
- der Frage nach den Prozessen im System Schule.

Anhand dieser Fragen gelingt es KLAFKI, Schule als eine komplexe Organisation beziehungsweise Institution darzustellen, die zum einen im Rahmen verschiedener gesetzlicher Vorgaben gestaltet ist, zum anderen aber auch innerhalb dieser Vorgaben Spielräume zur eigenen Gestaltung nutzen kann. Wir werden im Folgenden die strukturellen Überlegungen KLAFKIs als Hintergrundfolie nutzen und Schule unter heutigen organisatorischen und institutionellen Bedingungen darstellen. In konkreten Fragen werden wir uns dabei auf die Situation in Nordrhein-Westfalen beziehen.

Die Beschreibung der derzeitigen Struktur von Schule soll vor allem dazu dienen, die Komplexität und die vielen Abhängigkeiten, Beziehungen und Einflussmöglichkeiten und -richtungen ins Bewusstsein zu heben. Mit dem zweiten Abschnitt dieses Kapitels (vgl. Abschnitt 1.2.2) werden wir dann auf andere Gestaltungsformen eingehen und deutlich machen, dass Schule als Institution in der heutigen Form grundsätzlich auch in anderen Organisationsmodellen ‚denkbar' wäre.

a) Organisationsziele der Schule
Im Hinblick auf die Ziele einer Schule haben die direkt oder indirekt Beteiligten – Lehrpersonen, Schülerinnen und Schüler, die Erziehungsberechtigten, die Schulträger, die politisch Verantwortlichen, die Wirtschaft, die Kirchen oder auch die wissenschaftlichen Institutionen – unterschiedliche Auffassungen. Insofern kann zunächst nicht davon ausgegangen werden, dass die Ziele von Schule insgesamt beziehungsweise von einzelnen Schulen von einer bestimmten Seite vorgegeben werden, sondern dass es sich dabei – unter den jeweiligen Rahmenbedingungen – um einen Prozess der Zielfindung und der Gestaltung handelt. Zudem lassen sich Ziele auf unterschiedlichen Ebenen bestimmen.

Zur Erfassung der Breite der Zieldimensionen schlägt KLAFKI vier Analysefragen vor, die sinngemäß neben der Schule auch auf andere pädagogische Organisationen Anwendung finden können (vgl. ebd., S. 124):
– Welches sind die offiziellen und welches sind die tatsächlich verfolgten Ziele?
– Gibt es in der Schule zwischen verschiedenen Zielen Spannungen, das heißt Zielkonflikte?
– Wer setzt die Ziele beziehungsweise wer nimmt auf die Zielsetzungen Einfluss? Hierunter fallen auch die Fragen, wie sich Schulleitung und Lehrkräfte zu vorgegebenen Rahmenzielen verhalten, wie Zieländerungen zustande kommen und wie allgemeine Ziele konkretisiert werden.

– Stimmen die allgemeinen Wert- und Normvorstellungen der verschiedenen Personen oder Personengruppen an einer Schule überein? Oder anders ausgedrückt: Wie ist das Wertklima an der Schule?

Wir können an dieser Stelle keine erschöpfende Antwort auf diese Fragen geben, da sie sich auf einzelne Schulen beziehen, die je individuell zu betrachten sind. Dennoch gibt es Rahmenbedingungen, die für die Zielfestlegung von Schule allgemein gelten. Verbindlich für alle Schulen ist die im Artikel 7 (Absatz 1) des Grundgesetzes festgeschriebene Schulaufsicht des Staates, die sich nicht nur auf die äußere Organisation des Schulwesens bezieht, sondern auch den Bildungs- und Erziehungsauftrag einschließt: „Der staatliche Erziehungsauftrag ist dem elterlichen Erziehungsrecht nicht nach-, sondern gleichgeordnet. Er bedeutet nicht nur Vermittlung von Wissensstoff, sondern hat auch zum Ziel, den einzelnen Schüler zu einem selbstverantwortlichen Mitglied der Gesellschaft heranzubilden" (AVENARIUS/ HECKEL 2000, S. 62). Auf dieser Basis hat die KULTUSMINISTERKONFERENZ 1973 einen ethischen, weltanschaulichen und politischen Mindestkonsens über die Bildungsziele der Schule formuliert:

„Die Schule soll
– Wissen, Fertigkeiten und Fähigkeiten vermitteln,
– zu selbständigem kritischen Urteil, eigenverantwortlichem Handeln und schöpferischer Tätigkeit befähigen,
– zu Freiheit und Demokratie erziehen,
– zu Toleranz, Achtung vor der Würde des anderen Menschen und Respekt vor anderen Überzeugungen erziehen,
– friedliche Gesinnungen im Geist der Völkerverständigung wecken,
– ethische Normen sowie kulturelle und religiöse Werte verständlich machen,
– die Bereitschaft zu sozialem Handeln und zu politischer Verantwortlichkeit wecken,
– zur Wahrung von Rechten und Pflichten in der Gesellschaft befähigen,
– über die Bedingungen der Arbeitswelt orientieren" (Beschluss der KMK Nr. 824 vom 25.5.1973).

Die Bildungsziele stellen so genannte finale Rechtsnormen dar, die den Schulen zwar das Ziel vorgeben, die Verwirklichung der Ziele aber den jeweils Verantwortlichen überlassen. Auf der Ebene der einzelnen Länder oder auf der Ebene bestimmter Schulformen sind darüber hinaus Konkretisierungen der Zielvorstellungen möglich und notwendig. Die Bildungsziele beziehungsweise allgemeine Ziele der Institution Schule, wie sie von der KMK formuliert wurden, finden sich auch im aktuellen Schulgesetz des Landes Nordrhein-Westfalen. Über diese hinausgehend wird dort auf die Aufgabe der Schule verwiesen, Lernfreude zu erhalten, lebenslanges, nachhaltiges Lernen zu entwickeln, Schülerinnen und Schüler mit Behinderungen in besonderer Weise zu fördern sowie diejenigen Schülerinnen und Schüler zu integrieren, deren Muttersprache nicht Deutsch ist (vgl. SchulG NRW 2005).

Neben diesen übergreifenden Zielvorstellungen formulieren Schulen auf der Ebene der Einzelschule Ziele, die sie in besonderer Weise verfolgen. Solche Zielvorstellungen werden innerhalb der Schule zwischen den Beteiligten abgestimmt (siehe unten) und umfassen zum Beispiel

– die besondere Förderung musischer oder naturwissenschaftlicher Aktivitäten,
– den Einsatz neuer Medien und die Förderung von Medienkompetenz,
– die Gestaltung des Schullebens mit Hilfe von Arbeitsgemeinschaften und Schüler-initiativen,
– die Pflege der Schulgemeinschaft und die Kontaktpflege zu Ehemaligen,
– die Arbeit in schulübergreifenden Verbünden und Netzwerken,
– die Teilnahme an Modellprojekten,
– die curriculare und organisatorische Zusammenarbeit mit anderen Schulen und so weiter.

Wenn Schulen solche spezifischen Zielsetzungen vereinbaren, so ist dies auch Ausdruck eines gemeinsamen Verständnisses darüber, was die jeweilige Schule als Organisation leisten will. Repräsentiert wird diese Organisation aber über die in ihr agierenden Menschen, das heißt, die Organisationsziele sollten möglichst auch die Ziele der sie vertretenden Akteurinnen und Akteure sein. Dies bedeutet, dass mögliche Konflikte über Ziele oder unterschiedliche Auffassungen über Schwerpunktsetzungen im Prozess der Zielfindung und Zielfestlegung geklärt werden sollten (vgl. dazu auch Kapitel 13). Welche Personen und Personengruppe an der Institution Schule mittel- oder unmittelbar beteiligt sind, nehmen wir im folgenden Abschnitt in den Blick.

b) Personen und Personengruppen in der Schule, ihre Funktionen und Rollen
In einer Organisation sind mehrere Personen oder Personengruppen beschäftigt oder tätig. Verschiedene Personen können dabei unterschiedliche Befugnisse besitzen und damit über andere Mitglieder der Organisation Macht ausüben beziehungsweise diese beeinflussen. Entsprechende Konstellationen lassen sich über die Fragen, wer wem Anweisungen, Aufträge oder auch Rügen erteilen kann beziehungsweise von wem jemand diese erhalten kann, erschließen.

Als Kerngruppen der Organisation Schule können die Lehrpersonen auf der einen und die Schülerinnen und Schüler auf der anderen Seite angesehen werden. Sie bilden quasi den definitorischen Kern von Schulen als Organisationen, die offiziell Bildungsstätten darstellen, „in denen Unterricht unabhängig vom Wechsel der Lehrer und Schüler nach einem von der Schulaufsichtsbehörde […] festgesetzten oder genehmigten Lehrplan erteilt wird" (SchVG NRW 2003). In der Regel besteht zwischen diesen beiden Gruppen eine Autoritätshierarchie, die sich schon aus der Funktion der Lehrpersonen ergibt, Schülerinnen und Schüler nicht nur zu erziehen und mit Bildungsinhalten vertraut zu machen, sondern sie auch zu beurteilen und zu bewerten (vgl. dazu auch Kapitel 10 und 11). Darüber hinaus haben die Lehrpersonen – wenn alle erzieherischen Maßnahmen ohne Erfolg bleiben – Ordnungsmaßnahmen gegen Schülerinnen und Schüler einzusetzen (zum Beispiel schriftlicher Verweis, Verweis in eine parallele Lerngruppe, vorübergehender Ausschluss vom Unterricht, Androhung des Schulverweises und so weiter).

Lehrerinnen und Lehrer haben innerhalb der Institution grundsätzlich den gleichen Status, unterscheiden sich aber gegebenenfalls in dienstrechtlicher Hinsicht (zum

Beispiel als Studienrätin, Studiendirektorin oder als angestellte Lehrerin) oder durch das Bekleiden von bestimmten Funktionsstellen (beispielsweise pädagogische, organisatorische oder didaktische Leitung). Eine besondere Funktion kommt der Schulleiterin beziehungsweise dem Schulleiter zu.

Die Schulleitung trägt die Verantwortung für eine Schule und damit für die Durchführung der Bildungs- und Erziehungsarbeit. Darüber hinaus liegen die Verwaltung der Schule, das heißt die Erledigung der laufenden schulischen Angelegenheiten, und die Vertretung der Schule nach außen im Aufgabenbereich der Schulleitung. Entscheidungen über die Belange der Schule trifft die Schulleitung in Abstimmung mit einzelnen Gremien (siehe unten). Der Schulleiter beziehungsweise die Schulleiterin – der oder die gleichzeitig Lehrperson ist – ist Vorgesetzter beziehungsweise Vorgesetzte aller an der Schule tätigen Personen (vgl. SchVG NRW 2003, § 20). Im Sinne des Beamtenrechts ist allerdings die Schulaufsicht dienstliche Vorgesetzte der Lehrpersonen (und der Schulleitung, siehe unten). Schulleitungen können also Lehrpersonen dazu anhalten, ihre Aufgaben angemessen wahrzunehmen und bestimmte Weisungen erteilen (zum Beispiel zur Übernahme von Vertretungsstunden), aber keine disziplinarischen Maßnahmen verhängen.

Innerhalb der Schule werden der ordentliche Betrieb sowie besondere Entscheidungen unter Beteiligung einzelner Gruppen in verschiedenen Gremien getroffen. Ziel dieser verschiedenen Formen der Mitwirkung ist es, die Eigenverantwortung in der Schule zu fördern und das notwendige Zusammenwirken aller Beteiligten in der Bildungs- und Erziehungsarbeit zu stärken.

Wir stellen diese Gremien im Folgenden am Beispiel des Bundeslandes Nordrhein-Westfalen vor, um die Komplexität der organisatorischen Einrichtungen aufzuzeigen und die Entscheidungswege und die Möglichkeiten der Einflussnahme ansatzweise zu verdeutlichen. Im Zuge dieser Überlegungen kommt mit den Eltern eine weitere wichtige Personengruppe der Institution Schule in den Blick. Im Einzelnen sind folgende Gremien an nordrhein-westfälischen Schulen relevant (die Reihenfolge spiegelt keine Gewichtung wider) (vgl. SchMG NRW 2003):

– *Klassen– beziehungsweise Jahrgangsstufenkonferenz:* Die Klassenkonferenz beziehungsweise Jahrgangsstufenkonferenz setzt sich aus dem Klassenlehrer (Jahrgangsstufenleiter) sowie den Lehrpersonen zusammen, die die Klasse (Jahrgangsstufe) unterrichten. Zudem sind Schüler- und Elternvertreter beteiligt[3]. Die Klassenkonferenz hat die Aufgabe, über die Bildungs- und Erziehungsarbeit in der Klasse zu entscheiden. Dies bedeutet, sie berät über den Leistungsstand der Schülerinnen und Schüler, trifft die Entscheidungen nach der Versetzungsordnung oder spricht Empfehlungen zum Beispiel an die Eltern aus und berät über Ordnungsmaßnahmen.

– *Lehrerkonferenz:* Die Lehrerkonferenz setzt sich aus den haupt- und nebenamtlichen Lehrpersonen sowie den sozialpädagogischen Fachkräften einer Schule zusammen und wird vom Schulleiter geleitet. Sie berät über die fachliche und pädagogische Bildungs- und Erziehungsarbeit der Schule. Entscheidungen trifft dieses Gremium beispielsweise bei der Aufstellung von Stunden- und Aufsichtsplänen, über die Vertretung von Lehrpersonen, über Grundsätze der Verteilung von Sonderaufgaben, über Fortbildungen, über Vorschläge zur Einführung von Lernmitteln oder über Ordnungsmaßnahmen wie die Überweisung von Schülerinnen und Schülern in andere Lerngruppen oder ihre Entlassung.

– *Fachkonferenzen:* Für einzelne Fächer kann die Schulkonferenz (siehe unten) Fachkonferenzen einrichten, in denen die Lehrpersonen vertreten sind, die die Lehrbefähigung für das jeweilige Fach besitzen oder in ihm unterrichten. Die Aufgabe der Fachkonferenzen besteht insbesondere darin, über Grundsätze der fachmethodischen und -didaktischen Arbeit sowie der Leistungsbewertung zu entscheiden, Anregungen an die Lehrerkonferenz zur Anschaffung von Lehrmitteln und Einführung von Lernmitteln zu geben sowie Vorschläge für den Aufbau von Sammlungen und die Einrichtung von Fach- oder Werkräumen zu unterbreiten.

– *Lehrerrat:* Der Lehrerrat wird von der Lehrerkonferenz gewählt und setzt sich aus drei bis fünf hauptamtlichen Lehrerinnen und Lehrern zusammen. Seine Aufgabe besteht in der Beratung der Schulleitung in Angelegenheiten, die die Lehrpersonen betreffen. Darüber hinaus kann er in dienstlichen Angelegenheiten der Lehrerpersonen und in Angelegenheiten der Schülerinnen und Schüler vermitteln.

– *Schulkonferenz:* Die Schulkonferenz stellt das „oberste" Gremium einer Schule dar. In ihr sind Vertreter der Lehrpersonen – gewählt von der Lehrerkonferenz –, Vertreter der Erziehungsberechtigten – gewählt von der Schulpflegschaft (siehe unten) – und Vertreter der Schülerinnen und Schüler – gewählt vom Schülerrat – versammelt. Den Vorsitz hat die Schulleiterin beziehungsweise der Schulleiter. Die Aufgaben der Konferenz sind vielfältig. Sie berät und empfiehlt beispielsweise Grundsätze zur Ausgestaltung der Unterrichtsinhalte und zur Verwendung von Methoden, zur einheitlichen Anwendung von Vorschriften zur Beurteilung von Leistungen sowie zu Fragen der Erziehung. Entscheidungen trifft die Konferenz beispielsweise im Hinblick auf die

   – Einrichtung von zusätzlichen Lehrveranstaltungen oder Arbeitsgemeinschaften,
   – Planung von Veranstaltungen außerhalb des planmäßigen Unterrichts,
   – Einführung von Lernmitteln sowie die Ausleihe oder Überlassung derselben,
   – Verwendung von Haushaltsmitteln (im Rahmen des festgelegten Verwendungszwecks),
   – Regelung von Elternsprechtagen,
   – Zusammenarbeit mit anderen Schulen und örtlichen Verbänden,
   – Anträge anderer Mitwirkungsorgane (zum Beispiel Lehrerrat, Fachkonferenz und so weiter),
   – Aufstellung eines Schulprogramms.

– *Klassenpflegschaft/ Jahrgangsstufenpflegschaft:* Die Klassen- oder Jahrgangsstufenpflegschaften setzen sich aus den Erziehungsberechtigten der jeweiligen Schülerinnen und Schüler, dem Klassenlehrer (oder dem mit der Organisation der Jahrgangsstufe betrauten Lehrer) und dem Klassen- oder Stufensprecher (ab Jahrgangsstufe 7) zusammen. Die Aufgabe der Pflegschaft besteht darin, die Zusammenarbeit zwischen Erziehungsberechtigten, Schülerinnen und Schülern und Lehrpersonen zu verwirklichen. Konkret bedeutet dies, dass die Pflegschaft über Art und Umfang von Hausaufgaben, über Leistungsüberprüfungen, über die Einrichtung freiwilliger Arbeitsgemeinschaften, über Schulveranstaltungen außerhalb der Schule, über die Einführung von Lernmitteln und über die Bewältigung von Erziehungsschwierigkeiten berät. Darüber hinaus ist sie – im Rahmen der Lehrplanrichtlinien – an der Auswahl der Unterrichtsinhalte zu beteiligen.

– *Schulpflegschaft:* In der Schulpflegschaft sind alle Vorsitzenden der Klassen- und Jahrgangsstufenpflegschaften vertreten. Sie vertritt die Interessen aller Erziehungsberechtigten und berät inhaltlich über die Fragen, die auch Gegenstand der Beratungen beziehungsweise Entscheidungen der Schulkonferenz sind. Die Schulpflegschaft entsendet Vertreterinnen und Vertreter in die Fachkonferenzen.

– *Schülervertretung:* Die Schülerinnen und Schüler einer Schule sind durch den Schülerrat, dem alle Klassen- und Jahrgangsstufensprecher (ab der fünften Jahrgangsstufe) angehören, an der Mitwirkung beteiligt. Den Vorsitz des Schülerrats übernimmt die Schülersprecherin oder der Schülersprecher. Der Schülerrat wiederum wählt Vertreter für die Fachkonferenzen und Verbindungslehrer, die die Schülervertretung bei der Durchführung ihrer Aufgaben – die fachliche, kulturelle, sportliche und politische Förderung der Schülerinnen und Schüler – unterstützen. Dazu zählen beispielsweise Arbeitskreise über selbstgewählte Themen, Forumsgespräche und Vortragsveranstaltungen oder Arbeitsgemeinschaften, Fach- und Neigungsgruppen.

Die beschriebenen Gremien stellen einen wichtigen Bestandteil der Institution beziehungsweise Organisation Schule dar. Sie dienen insgesamt der Mitwirkung an der Gestaltung der Schule und des Schullebens. Ihre Grenzen findet diese Mitwirkung insbesondere in den Richtlinien für den Unterricht, in den Lehrplänen (vgl. auch Kapitel 6), den Stundentafeln und den allgemeinen Richtlinien für den Schulbau.

Neben den bisher an der Organisation Schule genannten Beteiligten gibt es in der Schule noch weitere Personen, die für besondere Aufgabe zuständig sind. Dies sind Verwaltungsfachkräfte (zum Beispiel Büroangestellte), Fachkräfte für bestimmte Dienstleistungen (zum Beispiel IT-Fachkräfte zur Betreuung von Rechnern und Rechnernetzen, Hausmeisterinnen und Hausmeister oder Raumpflegekräfte) sowie pädagogische Fachkräfte (zum Beispiel Sozialpädagoginnen und Sozialpädagogen).

Einzelschulen werden, soweit sie öffentliche Schulen sind, von so genannten Schulträgern getragen. Dies kann das Land, eine Gemeinde oder ein Gemeindeverband sein. Als gemeinsamer Aufgabenbereich kann festgehalten werden: „1. Der Schulträger ist für schulische *Organisationsmaßnahmen*, das heißt für Errichtung, Änderung und Aufhebung der Schulen, zuständig. 2. Er deckt den *Sachbedarf der Schule* (Gebäude, Innenausstattung, Lehrmittel) und stellt das *Verwaltungspersonal*. 3. Er ist für die *laufende Verwaltung* der Schule verantwortlich. 4. Er trägt die mit den vorgenannten Aufgaben verbundenen Aufwendungen. Kurz: *Schulträger ist, wer die äußeren Schulangelegenheiten verwaltet und die sächlichen Schulkosten trägt"* (AVENARIUS/ HECKEL 2002, S. 158f. – Hervorhebungen im Original, d.Verf.). Auf der Ebene der Gemeinde oder der Kreise können Schulausschüsse gebildet werden, die sich mit den oben genannten Belangen der Schule auseinandersetzen. In ihnen sind neben kommunalen Politikerinnen und Politikern auch Vertreterinnen und Vertreter der Schulen und der Kirchen beteiligt.

Wir haben bereits darauf hingewiesen, dass die Gestaltung von Schule im Rahmen verschiedener Gesetzesvorgaben und Richtlinien erfolgt. Schule als Organisation steht damit nicht nur in der Verantwortung des Staates – im Sinne der Sicherstellung von Möglichkeiten zur Wahrnehmung von Bildungsangeboten –, sondern auch unter der Kontrolle des Staates, die durch die Schulaufsicht wahrgenommen wird. Dabei wird unterschieden zwischen der obersten Schulaufsichtsbehörde, der oberen und der unteren Schulaufsicht. Die oberste Schulaufsicht liegt bei dem für den Bereich der Schule zuständigen Ministerium, das über Angelegenheiten grundsätzlicher Bedeutung entscheidet, zum Beispiel die Gliederung des Schulwesens. Da diese Grundsätzlichkeiten auf Länderebene entschieden werden (Kulturhoheit der Länder), ist das Schulsystem zum Teil in den einzelnen Bundesländern unterschiedlich gestaltet (vgl. dazu auch Kapitel 5).

Die obere Schulaufsicht stellt die Bezirksregierung dar, sie ist für die Gymnasien, die Gesamtschulen und die Berufskollegs zuständig. Die dort tätigen schulfachlichen Schulaufsichtsbeamten sind auch die dienstlichen Vorgesetzten der Lehrerinnen und Lehrer. Die untere Schulaufsichtsbehörde ist das Schulamt, das die Schulaufsicht über die Grund-, Haupt- und Sonderschulen ausübt und die Vorgesetztenfunktion für die entsprechenden Lehrpersonen übernimmt.

Die von den beschriebenen Stellen wahrgenommenen Aufsichtsfunktionen lassen sich differenzieren in

– die Rechtsaufsicht (das heißt die Kontrolle der Einhaltung von Rechts- und Verwaltungsvorschriften),
– die Fachaufsicht (das heißt die Kontrolle darüber, ob zum Beispiel Maßnahmen der Schule angemessen und zweckmäßig sind und ob sie fachlich korrekt beziehungsweise unbedenklich sind) und
– die Dienstaufsicht (das heißt die Kontrolle des dienstlichen und außerdienstlichen Verhaltens der Bediensteten).

Die Tatsache, dass die Schulen unter einer Schulaufsicht stehen, heißt jedoch nicht, dass sie keine eigenen Entscheidungs- und Gestaltungsräume haben, im Gegenteil. In der Regel sind die Schulen im Rahmen der staatlichen Verantwortung und der Rechts- und Verwaltungsvorschriften[4] selbstständig in der Planung, der Durchführung und der Auswertung des Unterrichts, in der Erziehung, in ihrer Organisation und Verwaltung („pädagogische Eigenverantwortung der Schule"). Die Lehrpersonen haben darüber hinaus eine besondere pädagogische Freiheit, die der Fachaufsicht Grenzen setzt. Diese pädagogische Freiheit ist nicht auf die Person bezogen, sondern wird den Lehrkräften um ihrer Funktion willen zugestanden, das heißt, die pädagogische Freiheit ist auf den Schulzweck bezogen (vgl. ebd., S. 148). Schulaufsicht umfasst darüber hinaus auch Aufgaben im Rahmen von Qualitätssicherung, Qualitätskontrolle und Personalentwicklung (vgl. dazu auch Kapitel 13).

Neben den bereits genannten Gruppen und Personen gibt es weitere, die indirekt auf die Gestaltung von Schule Einfluss nehmen. Dazu zählen beispielsweise

– politische Parteien (zum Beispiel mit ihren bildungspolitischen Vorstellungen und Programmen),

– Kirchen (zum Beispiel mit ihren Vorstellungen über konfessionellen Unterricht oder über Wertevermittlung),

– Wirtschaftsverbände (zum Beispiel mit ihren Forderungen nach besonderen Qualifikationen der Schulabsolventinnen und Schulabsolventen),

– Elternverbände (zum Beispiel mit ihren Vorstellungen über Erziehungsaufgaben in Schule und Elternhaus),

– Lehrerverbände und -gewerkschaften (zum Beispiel mit ihren schulpolitischen Positionen) oder

– wissenschaftliche Einrichtungen (zum Beispiel der erziehungswissenschaftliche Diskurs über Schulpädagogik oder erziehungswissenschaftliche Vorstellungen zur Lehrerausbildung).

In Darstellung 1.2 ist Schule als Organisation beziehungsweise Institution noch einmal zusammenfassend mit den einzelnen Gruppen, Personen, Einflussfaktoren und ihren Zusammenhängen skizziert. Dabei wird zum einen die Komplexität der Organisation deutlich, zum andern zeigt sich, dass neben der Kernaufgabe der Schule – der Durchführung von Unterricht – die Organisation Schule durch eine Vielzahl von Abstimmungs-, Beratungs-, Entscheidungs- und Verwaltungsprozessen geprägt wird.

Darstellung 1.2: Organisationsmodell von Schule

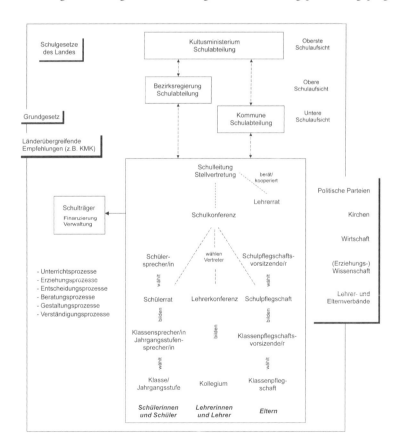

c) Prozesse in der Organisation Schule

In seiner eingangs zitierten Analyse weist Klafki (2002) darauf hin, dass zum Verständnis der Organisation Schule insbesondere auch die Analyse der Prozesse zwischen Personen und Gruppen eine wichtige Rolle spielt.

Grundsätzlich kann zwischen formellen und informellen Prozessen unterschieden werden. So ist das Einbringen eines Antrags in die Schulkonferenz ein formeller beziehungsweise offizieller Prozess, der Austausch zwischen zwei Lehrpersonen in der Pause über eine neue Unterrichtsmethode stellt hingegen einen informellen Akt dar. Während formelle Prozesse eine hohe Transparenz aufweisen und die Charakteristik einer Organisation offiziell beschreiben, sind informelle Prozesse nicht festgeschrieben und aus der Außenperspektive auch nicht unmittelbar zu erschließen. Allerdings können gerade solche informellen Prozesse beispielsweise für das Werteklima an einer Schule von besonders großer Bedeutung sein.

Unterrichten und Erziehen gehören zu den sicher bedeutendsten Prozessen innerhalb der Schule und repräsentieren eine Gruppe von Prozessen, die direkt auf den Zweck der Organisation Schule bezogen sind – wenngleich immer wieder darüber gestritten wird, inwieweit beziehungsweise welche Erziehungsaufgaben – beispielsweise in Abgrenzung zum Elternhaus – die Schule übernehmen soll (vgl. dazu ausführlich Kapitel 11). Eine zweite Gruppe von Prozessen bezieht sich auf Entscheidungen, die in der Organisation Schule auf unterschiedlichen Ebenen getroffen werden. Dabei spielen vor allem Zielentscheidungen eine Rolle, zum Beispiel die auf der Ebene des Kultus- oder Schulministeriums getroffene Entscheidung, Medienkompetenz in systematischer Weise an den Schulen zu fördern, oder die Entscheidung, neue Lehrpläne zu entwickeln. Ebenso werden Entscheidungen auf der Ebene der kommunalen Schulträger getroffen – beispielsweise über den Bau eines Erweiterungstraktes einer Schule für neue Fachräume – oder auf der Ebene der Einzelschule – zum Beispiel über Schwerpunktsetzungen im Schulprogramm oder über die Einführung neuer Lernmittel. Nicht zuletzt werden Entscheidungen auf der Ebene des Unterrichts getroffen, etwa wenn eine Lehrerin sich dazu entschließt, ein bestimmtes Thema mit den Schülerinnen und Schülern in handlungsorientierter Weise zu erarbeiten.

Von großer Bedeutung für die Organisation ist der Weg, wie bestimmte Entscheidungen gefällt werden. Klafki (2002) unterscheidet dabei zwei gegensätzliche Arten: Im autokratischen Zielentscheidungsprozess trifft ein Funktionsträger – beispielsweise die Schulleiterin oder der Schulleiter – eine Entscheidung und setzt dann die Betroffenen – zum Beispiel das Kollegium – davon in Kenntnis. Im demokratischen Prozess werden Zielentscheidungen gemeinsam diskutiert, beschlossen und dann in einer Erprobungsphase mit begleitendem gemeinsamem Austausch umgesetzt und gegebenenfalls ergänzt, erweitert oder auch revidiert.

Diese Beispiele verweisen auf die grundsätzlich bei der Analyse von Organisationen bedeutsame Frage, auf welche Weise Entscheidungen zustande kommen und welche Gremien oder Organe auf welchen Ebenen vorgesehen sind, um Entscheidungsprozesse zu gestalten. Im Kontext von Schule werden sie auch unter dem Stichwort „Demokratisierung von Schule" diskutiert. In formeller Hinsicht kann in Entscheidungsprozessen zwischen verschiedenen Formen der Partizipation differenziert werden (vgl.

AVENARIUS/ HECKEL 2000, S. 117 f.). Zu den Formen der Mitwirkung zählen die Rechte auf Information, auf Anhörung und auf Stellungnahme, das einfache Recht auf Erörterung, das qualifizierte Recht auf Erörterung (mit dem Ziel, zu einer Einigung zu gelangen), das Vorschlagsrecht und das Einspruchsrecht („Veto"). Unter die Mitbestimmung fallen die Mitentscheidung, die Zustimmung, das Einvernehmen und das Einverständnis. Entscheidungsprozesse sind den oben genannten Prozessen des Unterrichtens und Erziehens der Sache nach vorgeschaltet, weil sie sich auf die Organisationsziele selbst beziehen. In welcher Weise Entscheidungswege im Einzelnen verlaufen, ist in den jeweiligen Gesetzesbestimmungen ausgeführt. Diese Ausführungen regeln das formelle Procedere, es bleibt jedoch immer noch bedeutsam – wenn nicht in einzelnen Fällen auch entscheidend –, wie die Entscheidungswege durchlaufen werden, das heißt, in welcher Atmosphäre und in welcher kommunikativen Weise die entsprechenden Entscheidungen herbeigeführt werden.

1.2.2 Gestaltungsmöglichkeiten der Schule als pädagogische Institution beziehungsweise Organisation

Die Organisation von Schule auf der Ebene des Systems beziehungsweise auf der Ebene der Einzelschule haben wir als komplexes Gebilde am Beispiel des Bundeslandes Nordrhein-Westfalen charakterisiert. Der Grundtenor dieser Darstellung betonte sowohl die Einbindung der Schule in und ihre Abhängigkeit von Rahmenbedingungen einerseits, aber auch die grundsätzliche Gestaltbarkeit in Sinne eines entscheidungsoffenen Prozesses andererseits. Dass Schule in ihrer institutionellen Form und in ihren Organisationsstrukturen auch anders aussehen könnte, lässt sich anhand der Denkschrift der Kommission „Zukunft der Bildung – Schule der Zukunft" beim Ministerpräsidenten des Landes Nordrhein Westfalen aus dem Jahr 1995 verdeutlichen (vgl. BILDUNGSKOMMISSION NRW 1995). Die genannte Kommission hat Empfehlungen erarbeitet, wie Schule zukünftig gestaltet werden könnte, und kommt zu Ergebnissen, die deutlich machen, dass Schule – im Vergleich zu den derzeit vorfindbaren Erscheinungsformen – auch anders gedacht werden kann.

Die Kommission hält grundsätzlich fest, dass Organisationsformen des Schulwesens zwar historisch gewachsen sind, sich aber infolge gesellschaftlichen Wandels ändern und daher die Frage nach der Weiterentwicklung der Schulorganisation immer wieder neu gestellt werden muss (vgl. ebd., S. XXI).

Im Grundsatz wird eine Veränderung und neue Auslotung der Aufgaben und Rechte von Einzelschule, Schulträger und Schulaufsicht vorgeschlagen. Ziel dieser Neuausrichtung ist es, hierarchische Strukturen zugunsten von Unterstützung, Beratung und Überzeugung abzubauen (vgl. ebd., S. 154). Dies bedeutet eine Verschiebung von Steuerungsentscheidungen auf die Ebene der Einzelschule, sodass sich die staatliche Verantwortung insbesondere auf Maßnahmen zur Qualitätssicherung in Form von Standards und Evaluation konzentriert. Die Einzelschule tritt unter dem Leitbild einer teilautonomen Schule in den Mittelpunkt und erhält in den Empfehlungen der Bildungskommission deutlich erweiterte Rechte.

Welche konkreten Änderungen in der Denkschrift genannt werden, skizzieren wir im Folgenden für die Bereiche der staatlichen Verantwortung, der kommunalen Verantwortung und für den Bereich der Selbstgestaltung der Einzelschule. Uns geht es dabei weniger um Vollständigkeit als um den Aufweis von prinzipiellen Gestaltungsmöglichkeiten von Schule.

a) Staatliche Verantwortung

Die staatliche Verantwortung für das gesamte Schulwesen soll nach den Vorstellungen der Bildungskommission im Grundsatz erhalten bleiben, allerdings ist eine Steuerung auf Distanz vorgesehen, derzufolge die Verantwortungsübernahme der vor Ort Beteiligten gefördert und gestärkt werden soll. Die staatlichen Aufgaben umfassen insbesondere

– die Festlegung von Standards und von Vorgaben zur Sicherung von Chancengleichheit, Gleichwertigkeit der schulischen Arbeit sowie der Qualitätssicherung und

– die Bereitstellung von Anreiz- und Unterstützungsmaßnahmen für innovative Entwicklungsprozesse.

In Bezug auf die Organisation des Schulsystems wird vorgeschlagen, die Primarstufe und die Sekundarstufen unter anderem in folgender Weise neu zu gestalten beziehungsweise zu verändern (vgl. ebd., S. 239 f.):

– Erweiterung der Primarstufe auf sechs Jahre gemeinsamen Lernens,

– Ermöglichung eines förmlichen Abschlusses in der Sek I für möglichst alle Schülerinnen und Schüler sowie Zertifizierung von Leistungen bei fehlendem Abschluss,

– Entwicklung von Förderangeboten für besondere Begabungen und Interessen in der Sek I,

– durchgängige Einführung von berufsorientierenden Bildungselementen in der Sek I,

– Gliederung der Sek II in ein gymnasiales und ein berufliches Oberstufensystem,

– Gleichstellung von Abschlüssen des allgemeinbildenden und des berufsbildenden Schulsystems,

– Gestaltung der gymnasialen Oberstufe in ein festes obligatorisches Lernfeld und eine obligatorische individuelle Profilbildung mit Leistungs- und Arbeitsschwerpunkten,

– Zusammenschluss von Berufsschulen, Industrie- und Handwerkskammern und Bildungsträgern zu Berufsbildungszentren mit verschiedenen Angeboten zur Erstausbildung und zur Weiterbildung,

– Erweiterung der Hochschulzugangsberechtigung auf berufliche Ausbildungsgänge, die mit überdurchschnittlichen Leistungen absolviert werden,

– Schaffung von Möglichkeiten zur Bildung von Schulverbünden unter gemeinsamer Leitung.

Strukturell würde sich das Schulsystem dann in der in Darstellung 1.3 skizzierten Weise darstellen.

Darstellung
1.3:
Entwurf zur
Struktur des
Schulsystems
(BILDUNGS-
KOMMISSION
NRW 1995,
S. 244)

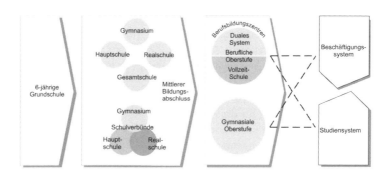

b) Kommunale Verantwortung

Auf der kommunalen Ebene sieht die Empfehlung der Bildungskommission insgesamt eine Erweiterung der Aufgaben, Rechte und Pflichten der Kommunen und eine Aufhebung der Trennung in innere und äußere Schulangelegenheiten vor (vgl. ebd., S. 170 ff.). Die Aufgaben des Schulträgers umfassen unter anderem die Verwaltung, die Schulentwicklungsplanung, die Budgeterstellung, die Mitwirkung an der pädagogischen Entwicklung, die Personalverwaltung und -entwicklung oder die Evaluation des Schulangebots.

Zur Wahrnehmung der oben genannten Aufgaben treten an die Stelle der bisherigen kommunalen Schulausschüsse Schulkommissionen, in denen Mitglieder des Stadtrates sowie Bürgerinnen und Bürger stimmberechtigt vertreten sind. Die Abstimmung der Zusammenarbeit zwischen allgemeinbildenden und berufsbildenden sowie zwischen privaten und öffentlichen Schulen und die Förderung von Kooperationen ist Aufgabe von Bildungskommissionen, deren Mitglieder vom Kreistag beziehungsweise Stadtrat berufen werden. Längerfristiges Ziel ist der Aufbau regionaler Bildungslandschaften.

Eine deutlich stärkere Berücksichtigung der Qualitätssicherung sieht die Bildungskommission bei der Beschreibung der neuen Aufgabe der Schulaufsicht vor. An die Stelle der staatlichen Fachaufsicht sollen die Selbstevaluation, die externe Evaluation durch einen neugeschaffenen staatlichen Pädagogischen Dienst und die Berichterstattung treten (vgl. ebd., S. 194 f.). Qualitätssicherung wird dabei nicht als Kontrolle verstanden, sondern als ein Prozess, in dem sich alle Beteiligten um eine kontinuierliche Verbesserung von Schule bemühen. Selbstevaluation stellt den Kern dieser Bemühungen dar und dient der Vergewisserung über die eigenen Ziele und Leistungen im Sinne einer internen Rechenschaft und ist damit auf die kontinuierliche Verbesserung der schulischen Arbeit gerichtet. In den Blick genommen werden die Qualität der Bildungs- und Erziehungsarbeit, die Wirksamkeit der Binnenorganisation, der personellen Besetzung und der Ressourcenentscheidungen sowie die Funktionalität der staatlichen Rahmenvorgaben. Darüber hinaus können die Schulen eigene Evaluationsschwerpunkte setzen. An der Evaluation selbst sollen Lehrpersonen, Schulleitung, Schülerinnen und Schüler und Eltern beteiligt werden. Die interne Evaluation soll durch eine externe Evaluation und Beratung ergänzt werden, die ein staatlicher Pädagogischer Dienst übernimmt. Dieser beurteilt die Leistung der Schulen als Ganzes sowie das örtliche und regionale Schulangebot und stellt so sicher, dass gleichwertige Bildungsmöglichkeiten in allen Landesteilen geschaffen werden. Seine Aufgaben umfassen zum Beispiel Beratungsleistungen, regelmäßige Inspektionen und den Abschluss von Zielvereinbarungen mit den Schulen. Über die Ergebnisse der Evaluation verfassen die Schulleitungen und der Pädagogische Dienst regelmäßig Berichte, die den kommunalen Schulträgern und dem Ministerium zur Verfügung gestellt werden. Evaluationsergebnisse werden auch der Öffentlichkeit zugänglich gemacht.

Hinsichtlich der Mittelzuweisungen soll den Vorstellungen der Bildungskommission entsprechend eine größere Freiheit in der Verwendung durch Zuweisung von Budgets an die Regionen ermöglicht werden. Die Schulträger stellen dann den Einzelschulen Mittel zur Verfügung, die von diesen eigenverantwortlich – im Rahmen von gesetzlichen und tarifvertraglichen Vorgaben – im Personal- und Sachbereich eingesetzt werden können. Darüber hinaus können die Schulen sich um weitere öffentliche Mittel bewerben und zum Beispiel durch Sponsoring auch private Mittel einwerben.

c) Verantwortung der Einzelschulen

Ausgehend von dem Grundgedanken, dass die Leistung des Schulsystems wesentlich durch die Leistung der Einzelschulen bestimmt wird, kommt der Einzelschule in den Entwürfen der Bildungskommission eine herausragende Bedeutung zu. Ihre Gestaltungsrechte sollen erheblich ausgeweitet werden, die Schulen werden teilautonom (vgl. ebd., S. 159 ff.).

Im Bereich der pädagogischen Inhalte und Ziele entwerfen die Schulen verpflichtend ein Schulprogramm, in dem sie die Schwerpunkte ihrer pädagogischen Arbeit darstellen und wie sie diese erreichen wollen. Im Rahmen staatlich vorgegebener Stundentafeln entwickeln die Schulen fachspezifische und fächerübergreifende Arbeits- und Lehrpläne. In organisatorischer Hinsicht kann die Einzelschule die Lehr- und Lernzeiten flexibel gestalten.

In einem sogenannten Organisationsstatut sollen die Strukturen der Schulleitung, die Ausgestaltung der Gremien und der Mitwirkung sowie die Zusammenarbeit mit dem Schulträger konkretisiert werden. In staatlichen Rahmenvorgaben ist festgehalten, dass jede Schule mindestens über eine Schulleitung, über Mitwirkungsgremien und über einen Schulbeirat verfügt. Der Schulleitung – die auch kollegial erfolgen kann – kommen Aufgaben im Bereich der Entwicklungsplanung der Schule, der Vorbereitung von Beratungen in den Mitwirkungsgremien und im Schulbeirat, der Evaluation, der Personalführung und -entwicklung, der Mittelbewirtschaftung, der Kooperation mit externen Partnern und der Repräsentation der Schule zu. Der Schulbeirat hat Aufgaben, die sowohl mit einem Kuratorium als auch mit einem Aufsichtsrat verglichen werden können. Er verabschiedet den Schuletat und den Stellenplan der Einzelschule, entscheidet über das Organisationsstatut, wirkt bei der Besetzung von Schulleitungsstellen mit, berät über die Evaluationsergebnisse und kann Initiativen zur Weiterentwicklung der Schule anregen. Mitglieder des Beirats sind, neben der Schulleitung sowie Vertreterinnen und Vertretern der Lehrerschaft und des Schulträgers, Abordnungen der Schülerinnen beziehungsweise der Schüler und der Erziehungsberechtigten sowie Bürgerinnen und Bürger der Gemeinde.

Die Auswahl des Lehrpersonals wird ebenfalls in die Verantwortung der Schule übertragen. Die Schulleitung übernimmt die Dienst- und die Fachaufsicht, die bisher der Schulaufsicht vorbehalten war.

Die Mitwirkung von Lehrpersonen, Eltern sowie Schülerinnen und Schülern soll sich insbesondere auf den pädagogischen Bereich beziehen. Entscheidungen über das Schulprogramm, das Schulprofil, schulspezifische Lehrpläne und Stundentafeln sowie gegebenenfalls über die strukturelle Weiterentwicklung der Schule sollen im gemeinsamen Mitwirkungsorgan mit der Schulleitung vorbereitet und auf der Ebene der gesamten Schule gefällt werden.

Zusammenfassend lassen sich die Entwürfe der Bildungskommission zum öffentlichen Schulwesen wie in Darstellung 1.4 skizzieren.

Darstellung 1.4: Öffentliches Schulwesen (BILDUNGS-KOMMISSION NRW 1995, S. 156)

Die Überlegungen der BILDUNGSKOMMISSION NRW zur „Schule der Zukunft" sollen zeigen, dass Schule in ihrer institutionellen Struktur eine grundsätzlich gestaltbare Schule ist. Vergleicht man die Entwürfe aus dem Jahr 1995 mit der heutigen Schulsituation in Nordrhein-Westfalen, so wird deutlich, dass zwar im Vergleich zur damaligen Situation deutliche Veränderungen zu beobachten sind, dass die Empfehlungen aber nicht in jeder Hinsicht umgesetzt wurden. Auch dies ist letztlich ein Hinweis darauf, dass die Veränderung eines Schulsystems von vielerlei Faktoren abhängt und eben nicht von einem einzelnen, beispielsweise der Arbeit einer Bildungskommission.

1.3 Zusammenfassung und Anwendung

Die Vorstellung, wie eine Gesellschaft die Bildung und Ausbildung ihrer nachwachsenden Generation regelt, findet ihren Niederschlag unter anderem in spezifischen Institutionen, die einen gemeinsamen Handlungsrahmen und damit verbundene Verpflichtungen festlegen. Institutionen beziehungsweise Organisationen sind auf Dauer angelegte Einrichtungen, die sowohl eine ordnende als auch eine orientierende Funktionen haben, indem sie bestimmte Bereiche des menschlichen Zusammenlebens regeln.

Die pädagogische Organisation Schule lässt sich als eine Einrichtung kennzeichnen, die der Erziehung und Bildung von Kindern und Jugendlichen dient und dabei bestimmte Ziele verfolgt. Die Ziele sind einerseits in allgemein verbindlichen staatlichen Vorgaben auf Landes- oder Bundesebene formuliert, andererseits hat die Einzelschule die Möglichkeit, spezifische Zielvorstellungen in einem eigenen Profil festzulegen. In der Schule übernehmen Gruppen oder auch einzelne Personen verschiedene Rollen und die damit verbundenen – im Rahmen der Organisation typischen – Aufgaben. Das gesamte soziale Gefüge der Beteiligten – zu denen auch Bezugsgruppen wie zum Beispiel die Eltern oder weitere Institutionen und Behörden zählen – ist durch Beziehungen gekennzeichnet, die in formaler Hinsicht durch Strukturen beispielsweise in Form von Mitwirkungsgremien oder in Form von Kontroll- und Aufsichtsinstanzen nach außen sichtbar werden. In solchen formalen Strukturen einer Organisation ist in wesentlichem Umfang auch die Gestaltung von Entscheidungsprozessen festgelegt, das heißt die Art und Weise, in der – für den Zweck und die Ziele der Organisation – zentrale Fragen erörtert, entschieden und umgesetzt werden. Auch dies dient der verlässlichen und erwartbaren Regelung von gesellschaftlichen Prozessen.

Institutionen beziehungsweise Organisationen haben ihre Geschichte und sind in der heutigen Form als Ergebnisse von Entwicklungsprozessen zu verstehen, die auch weiterhin gestaltbar sind. Dies gilt in besonderer Weise auch für die Schule, die in ihren Grundstrukturen auch anders „gedacht" werden kann. Einen entsprechenden Entwurf hat 1995 die BILDUNGSKOMMISSION des Landes Nordrhein-Westfalen vorgelegt und – auf der Basis des damaligen Systems – Veränderungen beispielsweise in den Bereichen der staatlichen Verantwortung, der kommunalen Zuständigkeiten, dem Selbstverständnis der Einzelschule oder der Ausbildung von Lehrpersonen vorgeschlagen. Solche Entwürfe machen deutlich, dass es sich bei der Institution Schule um ein äußerst komplexes Gebilde handelt, dessen Struktur keineswegs zwangsläufig so sein muss, wie sie sich jeweils darstellt.

Vor dem Hintergrund dieser Überlegungen können Sie sich nun Ihre ursprünglichen Überlegungen beziehungsweise Ihr Schaubild zur Struktur der von Ihnen besuchten weiterführenden Schule noch einmal vornehmen. Bitte vergleichen Sie Ihren Entwurf mit den Überlegungen im Text und ergänzen Sie gegebenenfalls weitere Aspekte. Diskutieren Sie – wenn möglich – Ihre Ergebnisse in einer Lerngruppe und versuchen Sie vor dem Hintergrund Ihrer neuen Erkenntnisse eine Charakterisierung einer weiteren Organisation.

1 OECD = Organisation for Economic Cooperation and Development

2 OPEC = Organization of the Petroleum Exporting Countries

3 Wir verzichten an dieser Stelle zugunsten der Übersichtlichkeit auf eine genaue Beschreibung der Zusammensetzung von einzelnen Gremien, ebenso auf Besonderheiten an einzelnen Schulformen (vgl. zu Details SchMG NRW 2003).

4 In rechtlicher Hinsicht werden Schulbelange durch das Schulrecht geregelt, das einen Teil des öffentlichen Rechts darstellt und in diesem wiederum dem besonderen Verwaltungsrecht zuzuordnen ist. Das öffentliche Recht umfasst die beiden Bereiche Staatsrecht und Verwaltungsrecht, wobei das Staatsrecht die Organisation des Staates, seiner Organe und Untergliederungen umfasst und das Verwaltungsrecht das Handeln der öffentlichen Verwaltung bestimmt.

Grundlagen einer Gestaltung von Schule

2| Geschichte der Schule und des Lehrerberufs

2.1 Einleitende Hinweise und Fragestellungen

Schulisches Lehren und Lernen finden in einem institutionellen Kontext statt, der historisch gewachsen ist. Dies ist bei Gestaltungsvorhaben – sei es auf der Ebene des Schulsystems seitens der Bundesländer, sei es auf der Ebene der Einzelschule seitens der Lehrerinnen und Lehrer – zu berücksichtigen. Im Folgenden steht daher die historische Entwicklung der Schule als Institution im Fokus: von den Anfängen zur Zeit der frühen Hochkulturen über die Herausbildung der modernen Schule im 18. und 19. Jahrhundert bis zur Gegenwart. In Bezug auf die Zeit seit 1945 finden die Entwicklungen in der alten Bundesrepublik und in der DDR bis zur Wiedervereinigung Berücksichtigung. Da die gegenwärtige Struktur des deutschen Schulwesens zu den gestaltbaren Aspekten des Schulsystems gehört, wird auf sie detailliert in Kapitel 5 eingegangen. Eng mit der Geschichte der Schule ist die Geschichte eines eigenen *Berufs* für Lehren und Lernen verbunden, die ebenfalls dargestellt wird. Dass dadurch die Gegenwart besser verstanden werden kann, führt der Frankfurter Soziologe Theodor W. ADORNO aus:

> ADORNO analysiert in einem viel beachteten Aufsatz das gesellschaftliche Ansehen des Lehrerberufs. Dabei arbeitet er heraus, dass der Beruf mit „Tabus" belegt sei. Mit diesem Begriff bezeichnet er Stereotypen, die sich historisch entwickelt haben und die bis heute in der Öffentlichkeit nachwirken, obwohl sie in der Gegenwart nicht mehr angemessen seien. Beispielhaft nennt ADORNO: die Vorstellung vom Lehrerberuf als einem „Hungerberuf", Erinnerungen an den Lehrer als „Sklaven", „Schreiber", „Prügler" oder „Unteroffizier" (vgl. ADORNO 1977, S. 656 ff.).

Bitte überlegen Sie, welche Stereotypen Ihnen einfallen, wenn Sie an den Beruf des Lehrers beziehungsweise der Lehrerin denken. Versuchen Sie auch, eine historische Einordnung der von ADORNO herausgearbeiteten Vorstellungen vorzunehmen.

Nach Abschluss des folgenden Kapitels besteht erneut Gelegenheit, sich mit der Aufgabe auseinander zu setzen. Um die Aufgabe dann differenziert bearbeiten zu können, gehen wir in den grundlegenden Informationen vier Fragen nach:
– Warum sind Lehren und Lernen institutionalisiert worden?
– Wann hat sich der Beruf des „Lehrers" beziehungsweise der „Lehrerin" herausgebildet?
– Wie haben pädagogische Klassiker die jeweils zeitgenössische Entwicklung gedeutet?
– Wie haben sich Schule und Lehrerberuf in der jüngsten deutschen Vergangenheit entwickelt?

Eine Auseinandersetzung mit diesen Fragen informiert über langfristige Entwicklungsprozesse, die dem deutschen Schulsystem zugrunde liegen. Dies ist insofern wichtig, als sich das spezifische Verständnis von grundlegenden gesellschaftlichen Institutionen (wie beispielsweise der Schule) innerhalb eines Landes über Jahrzehnte, wenn nicht sogar Jahrhunderte, herausbildet. Nach Durcharbeiten des vorliegenden Kapitels sollte es daher möglich sein, in aktuellen Diskussionen über das deutsche Schulsystem Nachwirkungen früherer Traditionen zu erkennen, aus historischen Kontroversen gegebenenfalls Ideen für gegenwärtige Probleme zu entwickeln und typische Hindernisse für Problemlösungen zu erkennen sowie sich darüber bewusst zu sein, dass Veränderungen im Schulsystem gegebenenfalls nur schrittweise möglich sind, da seine zentralen Merkmale bereits eine lange Tradition aufweisen. Insgesamt ist das Ziel, zu einem reflektierten Umgang mit aktuellen Grundsatzfragen zum Schulsystem beizutragen.

2.2 Grundlegende Informationen

2.2.1 Institutionalisierung von Lehren und Lernen

Anfänge der Schule
Betrachtet man die Geschichte der Schule in einem weiteren räumlichen und historischen Zusammenhang, lässt sich erkennen, dass es Vorformen zwar nicht in germanisch-„barbarischer" Tradition, aber in den sumerischen und ägyptischen Hochkulturen (circa 3000 vor Christus) sowie in der griechischen (5./ 4. Jahrhundert vor Christus) und römischen Antike (1. Jahrhundert vor und nach Christus) gegeben hat. In den ältesten Hochkulturen wurde eine erste Form systematischer Unterweisung im Zuge der Erfindung der Schrift notwendig. In nicht-schriftkundigen Familien konnte das Wissen, das für gesellschaftliche Teilhabe notwendig war, nicht mehr im alltäglichen Lebenskontext überliefert werden. Dies hatte zur Folge, dass nicht hinreichend schriftkundige Personen nachwuchsen. Zunächst individuell organisiert, geschah die Unterweisung im Schreiben ab circa 2100 vor Christus erstmals in Gruppen, womit die Idee der Schule grundgelegt war (vgl. APEL/ SACHER 2002, S. 39).

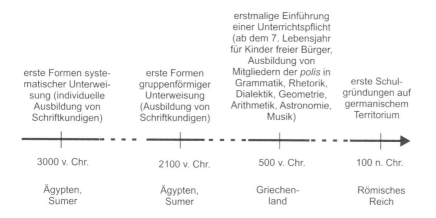

Die Schule der griechischen Antike entstand ebenfalls aus der Notwendigkeit, dass für gesellschaftliche Teilhabe mehr Wissen erforderlich wurde als in den Familien vermittelt werden konnte. In dieser Konzeption wurde allerdings stärker die Bedeutung der Muße betont. Der zugrunde liegende Terminus *scholé* (griechisch) bedeutete, frei von Geschäften zu sein. Individuen – nicht unbedingt nur Kinder und Jugendliche – wurden von anderen Aufgaben freigestellt, damit sie Zeit zum Lernen hatten. Dieses Schulmodell der Antike galt aber nur für Bürger der *polis*. Ihre Teilhabe an politischen Entscheidungen erforderte eine breite Bildung, sodass die familiäre Sozialisation als nicht mehr hinreichend angesehen wurde. Da Sklavinnen und Sklaven, Freigelassene und Fremde über öffentliche Angelegenheiten nicht mitentscheiden durften und der Gedanke der beruflichen Qualifizierung noch keine Rolle spielte, waren ihre Kinder nicht berechtigt, zur Schule zu gehen. Seit 458/57 vor Christus gehörte es zur „attischen Demokratie", dass ihre Ämter durch Los vergeben wurden. Vor diesem Hintergrund herrschte für die Kinder der *polis* ab dem siebenten Lebensjahr sogar Unterrichtspflicht. Diese konnte entweder durch Hauslehrer oder im *gymnasion* erfüllt werden (vgl. KEMPER 1999, S. 29). Unterrichtsgegenstand waren die so genannten sieben freien Künste: Grammatik, Rhetorik und Dialektik (*trivium*) sowie Geometrie, Arithmetik, Astronomie und Musik (*quadrivium*), die für das damalige Verständnis von „Allgemeinbildung" maßgeblich waren.

Die Zeit des Römischen Reiches brachte auch auf germanischem Territorium erste Schulgründungen mit sich. Es handelte sich um Stadtschulen, die im Zuge der Völkerwanderung mit dem Ende des Römischen Reiches (circa 5. Jahrhundert nach Christus) aufhörten zu existieren.

Herausbildung der modernen Schule

Die Institution Schule, wie sie heute im deutschsprachigen Raum besteht, kann auf gesellschaftliche Entwicklungen zurückgeführt werden, die Ende des Mittelalters begannen und in deren Zusammenhang auch das Schulwesen neu entstand. Bis dahin wurden Wissen und Können über individuelles Vor- und Nachmachen in der Familie oder bei einem Lehrherrn tradiert. Mit der Christianisierung waren zwar „Klosterschulen" entstanden, diese waren allerdings darauf gerichtet, für die Ausbildung des Nachwuchses für den Klerus zu sorgen. Der Unterricht fand in lateinischer Sprache statt, woher auch der Name „Lateinschulen" stammt. Es gab keine Klassen, keine formalen Anforderungen an die Eingangsvoraussetzungen und kein Abschlussexamen. Als Schulen im modernen Verständnis können sie daher nicht angesehen werden. Adel, Bürger und unfreie beziehungsweise halbfreie Bauern nahmen insofern bis zum Ende des Mittelalters an keiner Form systematischer Unterweisung teil. Wer welchen Beruf ergriff und wer welchen gesellschaftlichen Status einnahm, war schon im Moment der Geburt über die Zugehörigkeit zu einer bestimmten Familie (zum Beispiel Bauern-, Adels- oder Handwerksfamilie) entschieden. Der Gedanke, dass eine systematische „allgemeine" Bildung von Heranwachsenden sinnvoll sein könne, spielte keine Rolle.

Zunehmend wurde zwischen dem 12. und 15. Jahrhundert aber deutlich, dass die traditionelle Form der Überlieferung von Wissen in der Familie oder bei einzelnen Lehrherren für die beruflichen Anforderungen nicht hinreichend war. Die nachwachsenden Generationen wiesen zu geringe Qualifikationen auf. Hinzu kam, dass die Unterteilung der Gesellschaft in Stände sowie die weitere Unterteilung des Bürgerstandes, unter anderem in Zünfte, dem ökonomischen Fortschritt im Wege standen. Der gesellschaftliche Fortschritt war dadurch in vielfacher Hinsicht blockiert. Zu Beginn der Neuzeit kam es daher zu einer Vielzahl an politischen, ökonomischen, sozialen und kulturellen Reformen, zu denen als ein Element auch die Vergesellschaftung von Bildungsprozessen in Form systematischer Schulgründung gehörte. In den Städten entstanden Schulen, in denen auf Deutsch grundlegende Kenntnisse für Handel und Gewerbe vermittelt wurden. Der Schule kam somit zu diesem Zeitpunkt wie bereits im Fall der frühen Hochkulturen eine subsidiäre (das heißt Ersatz-)Funktion zu, indem sie Aufgaben wahrnahm, die von bestehenden gesellschaftlichen Institutionen nicht mehr geleistet werden konnten (vgl. KEMPER 2004, S. 835).

Der entscheidende Impuls für systematische Schulgründungen auch auf dem Land ergab sich erst in dem Moment, als die Schule ihrer rein subsidiären Funktion entledigt wurde und von Seiten des Staates zusätzlich instrumentelle Funktion zugeschrieben bekam. Mit der Reformation in der ersten Hälfte des 16. Jahrhunderts waren ein deutlicher Machtverlust für die Kirche und die Entstehung von Territorialstaaten (wie zum Beispiel Preußen) im 17. Jahrhundert verbunden. Zu diesem Zeitpunkt konnten erst circa zehn bis dreißig Prozent der städtischen Bevölkerung lesen (vgl. TERHART 2004, S. 552). Die neuen Landesherren wollten die Schule gezielt als Machtinstrument zur innenpolitischen Herrschaftssicherung nutzen und gründeten daher in großem Umfang Schulen (vgl. KEMPER 2004, S. 835). Da es noch keine Trennung von Staat und Kirche gab, sollten die Schulen zum ersten gewährleisten, dass Kinder und Jugendliche in die neue – das heißt reformatorische – Religion der Landesherren eingeführt wurden. Der Unterricht erfolgte in deutscher Sprache und bestand fast ausschließlich aus dem Lesen der Luther-Bibel. Damit erhofften sich die Landesherren zum zweiten, dass es gelingen würde, die breite Bevölkerung der Bauern und Bürger aus ihrer Loyalität zu den bisher dominierenden Kräften (vor allem dem Adel und den Zünften) herauszulösen. Stattdessen sollte ein einheitliches – landesorientiertes

– Bewusstsein geschaffen und eine politische Ausrichtung auf die neue Zentralmacht vollzogen werden. Zum dritten gab es zahlreiche Minderheiten, die nicht Deutsch sprachen. Schule sollte auch die Aufgabe übernehmen, diese Personengruppen zu assimilieren (vgl. LESCHINSKY/ ROEDER 1976, S. 448).

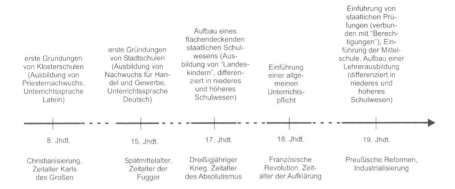

Darstellung 2.2: Herausbildung des Schulwesens in Deutschland

Die ersten Schulordnungen des 17. Jahrhunderts waren noch Teil von Kirchenordnungen (vgl. TERHART 2004, S. 552f.). In Preußen mündeten aber spätestens 1717 die staatlichen Interessen in den Erlass einer allgemeinen Unterrichtspflicht durch FRIEDRICH WILHELM I. Die übrigen deutschen Staaten machten den Unterricht parallel ebenfalls verpflichtend. Lange Zeit gab es zwar Probleme, diese Unterrichtspflicht durchzusetzen, da Kinder zunächst vor allem auf dem Land, in der Blütezeit des Merkantilismus und der folgenden Industrialisierung aber auch in der Stadt als Arbeitskräfte benötigt wurden. Man kann jedoch festhalten, dass die Einführung der Unterrichtspflicht zwischen dem 16. und 18. Jahrhundert bedeutete, dass Schulbildung als Aufgabe des staatlichen Gemeinwesens angesehen wurde und dass diese Bildung – wie rudimentär sie auch immer war – *allen* Kindern zustand. Diese Grundidee des aufgeklärten Absolutismus mündete 1794 in das Allgemeine Landrecht Preußens, in dem zu lesen war: „Schulen und Universitäten sind Veranstaltungen des Staates". Damit fanden sowohl die Privilegien der Zünfte ein Ende als auch die dominierende kirchliche Trägerschaft von Bildungseinrichtungen (vgl. LESCHINSKY/ ROEDER 1976, S. 55).

Die staatliche Hoheit über das Bildungswesen schlug sich in diversen Ausbildungsregelungen nieder. Zuerst wurde die Allgemeine Hochschulreife („Abitur") als staatlich kontrolliertes Abschlussexamen des höheren Schulwesens eingeführt, und zwar 1788 als Prüfung für diejenigen, die ein Stipendium für den schulgeldpflichtigen Universitätsbesuch haben wollten. Damit erhielten formal auch Kinder aus ärmeren Familien neue Bildungschancen, da sie – entsprechende schulische Leistungen vorausgesetzt – die Möglichkeit bekamen, die teuren weiterführenden Einrichtungen zu besuchen. Ab 1834 stellte das Abitur, das nur an einem Gymnasium erworben werden konnte, dann die Regel-Zugangsvoraussetzung für ein Universitätsstudium dar.

Damit nahm das so genannte „Berechtigungswesen" seinen Anfang: Mit dem Abschluss einer Institution wurde das Recht erworben, in die nächste Institution einzutreten. Indirekt konnte sich der Staat durch die Kontrolle des Abschlusses so im Übrigen auch einen starken Einfluss auf die inhaltliche Gestaltung des höheren Schulwesens sichern.

Das Gymnasium vergab vor dem Abitur bereits eine zweite Berechtigung: die „Obersekunda-Reife", die die Zugangsvoraussetzung zum mittleren Beamtendienst darstellte und mit der das so genannte „Einjährigen-Privileg" verknüpft war. Mit diesem wurde Gymnasialschülern der Zugang zum freiwilligen einjährigen Militärdienst und damit zur Reserveoffiziers-Laufbahn eröffnet (vgl. DIEDERICH/ TENORTH 1997, S. 57). Die „Obersekunda-Reife" wurde ohne Prüfung durch das Absolvieren der Klasse 10 erworben.

Mit der Beendigung der Elementarschule war keine Berechtigung verbunden; eine Folge davon war, dass es keine formalisierten Leistungskontrollen gab.

Mit der Entscheidung für „Leistung" als Auslesekriterium statt der Geburt in einen bestimmten Stand beginnt die moderne Bildungsgeschichte, in der prinzipiell alle Kinder unabhängig von ihrer sozialen Herkunft eine Chance haben, höhere gesellschaftliche Positionen zu erreichen. TENORTH (1987, S. 267) bezeichnet die Zeit des 19. Jahrhunderts daher auch als „Bildungsrevolution", charakterisiert durch „die Ablösung ständischer Privilegien für Lernen und Statuserwerb, die Universalisierung von Kenntnissen und Fertigkeiten und [...] die Errichtung eines fachlich versierten, finanziell und sozial gesicherten Berufsstandes von Elementar- und Oberlehrern".

Allerdings ist festzuhalten, dass mit Einführung des Berechtigungswesens gleichzeitig eine strikte soziale Trennung fortgeführt wurde (vgl. hierzu auch Darstellung 2.3). Das Gymnasium war nach seinem Selbstverständnis, nach seinen Merkmalen – vor allem der Schulgeldpflicht und der Dominanz altsprachlichen Unterrichts – sowie nach der sozialen Zusammensetzung seiner Schülerschaft eine Schule der privilegierten Schichten (vgl. HERRLITZ/ HOPF/ TITZE 2001). Über den Besuch der Elementarschule konnten Schülerinnen und Schüler keine gesellschaftlich höheren Positionen erreichen, die an den Erwerb von Bildungstiteln gebunden waren. Diese scharfe Trennung zwischen höherem und niederem Schulwesen spiegelte sich auch darin, dass diese unterschiedlichen Schulaufsichten unterlagen: staatliche Fachaufsicht auf Landesebene zum einen, kirchliche Aufsicht auf Ortsebene zum anderen. Zudem ist festzuhalten, dass Kinder aus privilegierten Familien, die das Gymnasium besuchen sollten, darauf nicht durch den Besuch einer Elementarschule vorbereitet wurden. Auf einer solchen Basis hätten sie den Anforderungen des Gymnasiums nicht genügen können, sodass sie ihrer Unterrichtspflicht durch Hauslehrer oder in Privatschulen nachkamen. Damit war das Schulwesen Teil der Reproduktion vorhandener sozialer Unterschiede, wenn diese auch nicht mehr so stark determiniert waren wie zur Zeit der Stände (vgl. LESCHINSKY/ ROEDER 1976, S. 446 f.).

So notwendig die Steigerung des allgemeinen Bildungsniveaus für die nach-mittelalterliche deutsche Gesellschaft war, so besorgt war die staatliche Obrigkeit über mögliche Gefährdungen der sozialen und politischen Stabilität. Bildung bedeutet immer auch vermehrte Aufklärung und verstärkte Chancen für die Individuen, ihre Lage zu durchschauen. Spätestens der Versuch einer bürgerlichen Revolution bestätigte 1848/ 49 die Landesherren in ihrem Argwohn gegen erhöhte Bildungsanstrengungen für die niederen Schichten, sodass sie zu diversen bildungsbegrenzenden Maßnahmen griffen. In Preußen wurden beispielsweise im Zuge der „Stiehlschen Regulative" ab 1854 anspruchsvollere Inhalte in Fächern wie Mathematik oder Sprache aus den Lehrplänen wieder gestrichen und stattdessen Religion und Musik als Unterrichtsfächer gestärkt. Die Ausgaben für Bildungsaufgaben wurden insgesamt verringert. Erst Ende des 19. Jahrhunderts stiegen sie wieder an (vgl. LESCHINSKY/ ROEDER 1976, S. 479).

Merkmal	Niederes Schulwesen	Höheres Schulwesen
Schulstruktur	Elementarschule (6, später 8 Jahre)	Vorschule (3 Jahre), Gymnasium (9 Jahre)
Schulträger	Gemeinden	Kirchen, Gemeinden, Staat
Finanzierung	anfangs Schulgeld, später kostenfrei; Lehrmittel zu zahlen	Schulgeld; Lehrmittel zu zahlen
Lehrplan	Religion, Kulturtechniken, Realien	Fachunterricht; Wissenschaftspropädeutik
Lehrpersonen	Klassenlehrerprinzip; Primat der Erziehung; subalterne Gemeindebeamte	Fachlehrerprinzip; Primat der Wissenschaft und Bildung; Staatsbeamte im höheren Dienst
Lehreraus-bildung	Präparandenanstalt, Lehrerseminar; Teil des niederen Schulwesens	akademische Lehrerausbildung an der Universität
Lehrziel	"Gesinnung", Disziplinierung volkstümliche und nationale Bildung	"Studierfähigkeit", Lernfähigkeit wissenschaftliche und klassische Bildung
Schul-abschluss	berechtigungsloser Abgang	Berechtigung zum Übergang: "Einjährigen"-Privileg, Abitur, Staatsexamen
Adressat	Jungen und Mädchen aus dem Volk	Jungen aus dem Bildungs- und Besitzbürgertum

Darstellung 2.3: Skizze der Schulstruktur im 19. Jahrhundert (in Anlehnung an DIEDERICH/ TENORTH 1997, S. 57)

Die oben herausgearbeitete soziale Spaltung durch die Trennung von niederem und höherem Schulwesen wurde in der zweiten Hälfte des 19. Jahrhunderts mit der Gründung von Real-, Bürger- beziehungsweise Mittelschulen zum einen ausdifferenziert und zum anderen weiter gefestigt. Die neue Schulform nahm naturwissenschaftlichtechnische und kaufmännische Inhalte in ihren Kanon auf, womit sie schwerpunktmäßig Dinge vermittelte, die für Handel und Gewerbe wichtig waren. Mit der Vermittlung lediglich volkstümlicher Bildung in den Elementarschulen, der Behandlung der so genannten „Realien" in den Mittelschulen und der Vermittlung klassischhumanistischer Bildung spiegelte das nunmehr dreigliedrige Schulsystem die Dreiklassen-Gesellschaft des 19. Jahrhundert wider (vgl. APEL/ SACHER 2002, S. 42).

Mädchen blieben bis 1908 vom Besuch höherer Schulen und Universitäten ausgeschlossen. Selbst *höhere* Mädchenschulen waren noch im 19. Jahrhundert Teil des *niederen* Schulwesens, sodass dort keine Studierberechtigung erworben werden konnte und der Bildungsgang mit Abschluss der Schullaufbahn endete.

2.2.2 Herausbildung des Lehrerberufs

Mit der Herausbildung der Institution Schule im 17./ 18. Jahrhundert bildete sich gleichzeitig die neue Aufgabe heraus, Gruppen von Schülerinnen und Schülern systematisch zu unterweisen. Entsprechend der Unterscheidung von niederem und höherem Schulwesen entwickelten sich zwei Berufsgruppen mit unterschiedlichen Merkmalen.

Der Beruf des Gymnasiallehrers kann in sozialer Hinsicht als vergleichsweise privilegiert bewertet werden. Schon früh wurde er den bürgerlichen Schichten zugerechnet. Das Allgemeine Landrecht in Preußen setzte diese Privilegierung 1794 in formales Recht um, indem Lehrer an höheren Schulen nicht der ständischen Justiz unterstanden und ihre Söhne keinen Militärdienst leisten mussten (vgl. HERRLITZ/ HOPF/ TITZE 2001, S. 40 f.).

Schnell wurde auch deutlich, dass für den neuen Beruf eine Ausbildung erfolgen musste. Nur selbst über Kenntnisse, Fertigkeiten und Fähigkeiten zu verfügen, reichte nicht aus, um diese an andere vermitteln zu können. Es müssen spezielle Qualifikationen bezogen auf den Vermittlungsprozess hinzutreten, der im Fall der Schule auch noch die Besonderheit aufweist, dass er in Gruppen geschieht. Nach Vorarbeiten von Friedrich August WOLF und Friedrich GEDIKE führten Bayern 1809 und Preußen 1810 als Teil umfassender staatlicher Reformen unter MONTGELAS beziehungsweise STEIN-HARDENBERG das Staatsexamen für Lehrer an höheren Schulen ein (vgl. FÜHR 1985, S. 418 ff.). Der absolutistische preußische Staat war zwischenzeitlich nach der Niederlage gegen NAPOLEONs Armee 1806 zusammengebrochen und die neuhumanistische Philosophie hatte Einfluss auf staatliche Entscheidungen gewonnen. Die Idee einer „Revolution von oben" mit Rechtsgleichheit und Allgemeinbildung für alle Individuen wurde zur bestimmenden politischen Leitidee. In Preußen wurde diese für das Schulwesen in erster Linie durch Wilhelm VON HUMBOLDT umgesetzt. Mit der Einführung eines staatlichen Examens wurde gleichzeitig das Bündnis von Staat und Schule gestärkt (vgl. HERRLITZ/ HOPF/ TITZE 2001, S. 33). Nachdem zuvor im Wesentlichen Theologen vor dem Übergang in eine attraktivere Pfarrstelle zeitweise als Lehrer an den kirchlich getragenen Latein- und Gelehrtenschulen tätig waren, wurde mit dem Staatsexamen die Trennung des Lehramts vom geistlichen Amt und die Etablierung des Lehrerberufs als eigener Beruf vollzogen. Für den Lehrerberuf galt der Staat in diesem Sinne „als Garant der Unabhängigkeit von der Kirche" (TENORTH 1996, S. 290).

Wilhelm BUSCH (1832-1908):
Also lautet ein Beschluss, dass der
Mensch was lernen muss. Dass
dies mit Verstand geschah, war
Herr Lehrer Lämpel da.

Darstellung
2.4: „Lehrer
Lämpel" –
Lehrer-
karikatur im
19. Jahr-
hundert

Die Entwicklung des Berufs des Elementarlehrers – später Volksschullehrer genannt
– geschah demgegenüber verzögert. Bis in die 20er Jahre des 19. Jahrhunderts hinein
handelte es sich noch gar nicht um einen eigenständigen Hauptberuf, sondern der
Unterricht wurde vom Küster, von örtlichen Handwerkern oder ehemaligen Solda-
ten nebenher und ohne eigene Ausbildung durchgeführt. Entsprechend defizitär waren
die Kenntnisse der „Lehrer" im Lesen, Schreiben und Rechnen und entsprechend
wenig beruhte der Unterricht auf pädagogischen, didaktischen oder methodischen
Überlegungen. „Erst nach 1820 aus nebenamtlichen Tätigkeiten und aus abhängig-
ungeachteter Tätigkeit entstanden", konnte der „Status des Subalternbeamten" nach
1918 verlassen werden (TENORTH 1990, S. 277). Im Laufe der ersten Hälfte des 19.
Jahrhunderts führten die deutschen Staaten Seminare im Anschluss an die Volksschule ein, an denen zukünftige Elementarlehrer eine Ausbildung in der Methodik
aller Fächer der Volksschule erhielten. Darin spiegelt sich die „Kluft zwischen Volksbildung und höherer Bildung, zwischen Eliten- und Massenbildung" (TENORTH 1987,
S. 255). Träger der Elementarschulen waren die – im Vergleich zu den Ländern wesentlich finanzschwächeren – Gemeinden. Während es um 1820 etwa eintausend
Lehrer an höheren Schulen gab, die bis zu zweitausend Mark jährlich verdienen konnten, besaßen die mehr als 18.000 Elementarlehrer auf dem Land ein durchschnittli-
ches Jahreseinkommen von nur 250 Mark und die knapp viertausend städtischen
Elementarschullehrer eines von gut sechshundert Mark. Erst für die Zeit um 1840
gehen HERRLITZ, HOPF und TITZE (2001, S. 57) „von einem existenzsichernden Einkommen" aus.
Für Frauen war der Lehrerinnenberuf eine der wenigen Möglichkeiten, sozial akzeptiert berufstätig zu werden. Frauen wurden über ihre Mutterschaft definiert, womit
sich die Hausarbeit verband. Aber auch bürgerliche Frauen wollten erwerbstätig werden: Sie legitimierten diese Forderung mit dem „Konzept der „geistigen Mütterlichkeit"" (BREHMER 1990, S. 3). Als Lehrerinnen würden sie statt für die eigenen für
andere Kinder sorgen. Das erste preußische Lehrerinnenseminar wurde 1832 gegründet. Beschäftigung fanden die Frauen in den Mädchenklassen der Elementarschulen
und in den unteren Klassen der höheren Mädchenschulen.

2.2.3 Herausbildung pädagogischer Theorien zu Schule und Unterricht

Parallel zur Herausbildung von institutionalisierten Lehr-Lernprozessen entwickelten sich im 17. und 18. Jahrhundert pädagogische Theorien zum Unterricht und zur Schule. In diesen wurde zum einen zusammengefasst und begründet, wie Lehrpersonen im Unterricht handeln sollen (erste Unterrichts- bzw. didaktische Theorien, vgl. im Einzelnen TULODZIECKI/ HERZIG/ BLÖMEKE 2004, S. 243 ff.). Zum anderen wurde in diesen Theorien die Bedeutung der Schule als Institution öffentlicher Lehr- und Erziehungsprozesse analysiert (erste Schultheorien, vgl. zu einzelnen Strömungen Kapitel 3).

Das erste große schulpädagogische Werk der Moderne ist die „Große Didaktik", die COMENIUS (1592-1670) im Jahr 1632 in böhmischer Sprache und 1657 in lateinischer Sprache unter dem Titel „Didactica Magna" vorlegte. Für COMENIUS – ganz Pädagoge seiner Zeit – ist eine christliche Prägung der Schulstruktur, ihrer Inhalte und Arbeitsformen selbstverständlich. Dies gilt ebenso für den Ausschluss der Mädchen von höherer Bildung (vgl. COMENIUS 1657/ 1954, S. 192). Dennoch betont er die Notwendigkeit einer *Grund*bildung für alle sozialen Schichten und beide Geschlechter und er legt fest: „Erstes und letztes Ziel unserer Didaktik soll es sein, die Unterrichtsweise aufzuspüren und zu erkunden, bei welcher die Lehrer weniger zu lehren brauchen, die Schüler dennoch mehr lernen; in den Schulen weniger Lärm, Überdruss und unnütze Mühe herrsche, dafür mehr Freiheit, Vergnügen und wahrhafter Fortschritt" (ebd., S. 1). COMENIUS verknüpft seine unterrichtsbezogenen Überlegungen mit Reflexionen zum Aufbau des Schulsystems. Orientiert an der Altersentwicklung von Kindern und Jugendlichen, sieht er für die Schule eine horizontale Gliederung vor:

– In jeder Gemeinde solle eine öffentliche Muttersprachschule („ludus literarius") für Kinder vom siebenten bis zum zwölften Lebensjahr vorhanden sein. Es handele sich hier um das „Knabenalter", in dem vor allem „die inneren Sinne, das Vorstellungsvermögen und das Gedächtnis" geschult werden müssten (ebd., S. 190 f.).

– Auf die Muttersprachschule solle bis zum 18. Lebensjahr eine Lateinschule („Gymnasium") folgen, die in jeder Stadt zu finden sein müsse, um in der Jünglingszeit „Verständnis und Urteil" zu bilden (ebd., S. 191).

– Auf dem Gymnasium wiederum solle ab dem 19. Lebensjahr eine Hochschule aufbauen, und zwar in jedem Staat. Im „beginnenden Mannesalter" geht es um die Schulung des „Bereichs des Willens" (ebd.).

Zur Funktion der Schule generell führt COMENIUS (1657/2000, S. 59) aus, dass diese als „Menschen-Werkstätte" über zwei Kernaufgaben verfügt: den Schülern „*Weisheit*" und „*Tugend*" zu vermitteln.

Ein weiterer Aufschwung pädagogischer Theorien war ab Ende des 18. Jahrhunderts mit dem Aufbau der Lehrerausbildung verbunden. Um Lehrerinnen und Lehrer ausbilden zu können, mussten Lehrwerke geschrieben werden, in denen das gesammelte Wissen der Zeit zur Gestaltung von Unterricht zusammengefasst war. Diese Werke tragen den Charakter von Handlungsanweisungen (LUHMANN: „Technologien"), indem wie folgt argumentiert wird: Tue dies und Du erzielst jenen Lehrerfolg. Die

Gefahr der Verkürzung komplexer Zusammenhänge auf lineare und damit zu einfache Annahmen sowie das Problem der fehlenden empirischen Fundierung werden in der Regel nicht diskutiert. Beispiele für diese Traditionslinie der Schulpädagogik stellen OVERBERGS „Anweisung zum zweckmäßigen Schulunterricht" aus dem Jahr 1793 und NIEMEYERS „Grundsätze der Erziehung und des Unterrichts" aus dem Jahr 1796 dar (zu weiteren frühen Didaktiken vgl. TULODZIECKI/ HERZIG/ BLÖMEKE 2004, S. 198 ff.).

In spezifisch schultheoretisch orientierten Ansätzen stehen weniger unterrichtliche Fragen als gesellschaftliche Lehr- und Erziehungsnotwendigkeiten im Mittelpunkt. In ihnen wird die Wechselbeziehung von Gesellschaft und Schule deutlicher aufgenommen. HEGEL (1811/1986) und SCHLEIERMACHER (1814/1959) stellen dabei den einen Pol der Diskussion dar, indem sie in ihren Reden und Vorlesungen zur Pädagogik nicht nur die Legitimität der Schule als staatliche Institution rechtfertigen, sondern indem sie ihre Einrichtung als Bindeglied zwischen Familie und Gesellschaft auch begrüßen. HERBART (1810/1982), lange als Hauslehrer tätig, steht der Schule dagegen sehr viel kritischer gegenüber und verneint die Möglichkeit, Pädagogik und institutionalisierte staatliche Erziehung miteinander vereinbaren zu können, da sich der Staat nicht am Wohl des Einzelnen, sondern am gesellschaftlichen Prinzip der Selektion orientiere. Im Folgenden wird exemplarisch SCHLEIERMACHERS Argumentation dargelegt.

SCHLEIERMACHER begründet in seinen pädagogischen Schriften und Vorlesungen die Notwendigkeit der Schule als Institution mit zentralen gesellschaftlichen Anforderungen (vgl. SCHLEIERMACHER 1814/1959, S. 22 ff.): Die Familie sei nur partikular interessiert und orientiere sich nicht zwingend am gesamtgesellschaftlichen Wohl. Daher werde eine öffentliche Einrichtung benötigt, in der die nachwachsende Generation in die Normen und Werte der bestehenden Gesellschaft eingeführt wird, da „es notwendig ist, die Vielheit in eine wahre Einheit umzuprägen, jedem organischen Teile das Gefühl des Ganzen lebendig einzubilden" (ebd., S. 27). Wenn SCHLEIERMACHER Erziehungsaufgaben überwiegend auch als Aufgabe der Familie definiert, sieht er für einen Teil der „Entwicklung von Gesinnung" (SCHLEIERMACHER 1826/ 1956, S. 36) – so seine Basisdefinition von Erziehung – auch die Schule in der Pflicht. Sie soll dies vor allem durch das Leben der Kinder und Jugendlichen in der Schulgemeinschaft ermöglichen.[1] Darüber hinaus müsse die folgende Generation mit gesellschaftlich notwendigen Kenntnissen und Fertigkeiten ausgestattet werden. Dies ist nach SCHLEIERMACHER in erster Linie Aufgabe des Unterrichts.

Normativ bestimmt SCHLEIERMACHER als Ziel von Schule, den „Bürger" heranzubilden, „das heißt er soll tüchtig sein, als lebendiger, organischer Bestandteil des Ganzen zu handeln und irgendeine bestimmte Stelle in demselben einzunehmen" (SCHLEIERMACHER 1814/1959, S. 30). Die Bildungseinrichtungen sieht SCHLEIERMACHER in einem hierarchischen Verhältnis zueinander. Er definiert „die Schule als das Zusammensein der Meister mit den Lehrburschen, die Universität mit den Gesellen und die Akademie als Versammlung der Meister unter sich" (SCHLEIERMACHER 1808/1959, S. 244). Eine Hierarchie findet sich auch in der Gliederung des von ihm vorgeschlagenen Schulsystems wieder, das im Laufe des 19. Jahrhunderts in diesem Sinne auch verwirklicht worden ist (vgl. SCHLEIERMACHER 1826/1959, S. 220 ff.): An der Volks-schule soll eine allgemeine (im Sinne von KLAFKI materiale; siehe Abschnitt 6.2.2) Bildung aller Jugendlichen zu „verständigen Menschen" stattfinden. Das Gymnasi-um bekommt dagegen die Aufgabe zugeschrieben, durch formale Bildung die gesell-schaftliche und wissenschaftliche Elite heranzubilden. Dazwischen konstruiert SCHLEIERMACHER eine Realschule beziehungsweise höhere Bürgerschule. Sie soll „in der Mitte" von materialer und formaler Bildung den Nachwuchs für gehobene gesell-schaftliche Berufe wie zum Beispiel den kaufmännischen Bereich heranbilden. Wie COMENIUS beschränkt SCHLEIERMACHER alle Formen der höheren Bildung auf Jun-gen, da Mädchen später ausschließlich im Haus und nicht für den Staat tätig würden (vgl. SCHLEIERMACHER 1814/1959, S. 28).

Mehr als ein halbes Jahrhundert lang blieben die Arbeiten von SCHLEIERMACHER und seinen Zeitgenossen die am detailliertesten ausgearbeiteten Theorien. Ab dem Ende des 19. Jahrhunderts ist dann eine neue Tradition zu erkennen, die sich in erster Linie aus Kritik an der bestehenden schulischen Praxis speist. Aus pädagogischer Sicht wird diese wegen der hohen Bedeutung disziplinarischer Strafen als inhuman und aus didaktisch-methodischer Sicht als „Buchschule" und „verkopft" kritisiert. Die Kritikerinnen und Kritiker bauen zum Teil eigene Versuchsschulen auf, in denen sie neue Ansätze der Gestaltung von Schule und Unterricht erproben. Bekannt gewor-den sind vor allem PETERSENS Jenaplan, KERSCHENSTEINERS Arbeitsschule, KARSENS Karl-Marx-Schule zur Förderung von Arbeiterkindern, LIETZ' Landerziehungsheim und MONTESSORIS Pädagogik vom Kinde aus. Ihnen gemeinsam sind unterrichtliche Ansätze, nach denen verstärkt über die aktive Gestaltung von Produkten und vielfäl-tige Sinneserfahrungen gelernt werden soll. Erziehungsprozesse haben in diesen Schu-len eine hohe Bedeutung. Gleichzeitig ist zum Teil die strikte Hierarchie zwischen Lehrerautorität und Schülergehorsam – wie sie die Realität an den Schulen des 19. Jahrhunderts war – aufgeweicht, indem Schüler stärker ganzheitlich als Personen mit eigenständigen Bedürfnissen und Interessen gesehen werden.

Die Konzepte dieser so genannten „Reformpädagogik" lassen sich allerdings nicht auf Innovationsvorschläge in schultheoretischer und didaktisch-methodischer Hin-sicht reduzieren; viele Vertreterinnen und Vertreter entwickeln auch eine gesellschaft-liche Perspektive. Trotz zum Teil starker Überschneidungen in Bezug auf ihre Ideen zur Gestaltung von Schule und Unterricht unterscheiden sich die politisch-gesell-schaftlichen Vorstellungen dabei stark. Prinzipiell lassen sich zwei große Strömungen der reformpädagogischen Schul- und Gesellschaftskritik unterscheiden: eine sozialis-tisch geprägte Strömung, die letztlich über die Veränderung der Schule hinaus auf weit reichende, gesellschaftliche Veränderungen zielt, und eine antimodernistische Strömung, die in schulischer und gesellschaftlicher Hinsicht Veränderungen ablehnt beziehungsweise bereits stattgefundene Modernisierungen rückgängig machen möchte. Beiden reformpädagogischen Strömungen ist gemeinsam, dass sie die schulische Pra-xis und dadurch auch die gesellschaftliche Entwicklung beeinflussen wollen und sich nicht mit der Erforschung schulischer Praxis bescheiden. Hier ist eine Ursache der hohen Politisierung der Bildungsdebatte in Deutschland zu sehen. Die Autonomie der Bildung wird zwar immer betont, ihr implizit aber weder in der einen noch in der anderen Tradition zugestanden. Durch Bildungsreformen soll gleich die ganze Gesellschaft verändert werden oder es wird gleich die ganze Gesellschaft in ihrem Bestand bedroht gesehen.

2.2.4 Entwicklung von Schule und Lehrerberuf im 20. Jahrhundert

Mit dem Ende des Ersten Weltkriegs und der Ausrufung einer Republik im November 1918 boten sich in Deutschland Voraussetzungen für eine grundlegende Demokratisierung von Wirtschaft, Staat und Gesellschaft. Die politische Verfassung wurde entsprechend neu geformt. Die Schulartikel nahmen zahlreiche Forderungen aus der Novemberrevolution auf, die den Weg zu einer grundsätzlichen Schulreform ebneten: eine einheitliche Lehrerausbildung für alle Lehrerinnen und Lehrer unabhängig von der Schulform, in der sie unterrichten, Aufhebung der geistlichen Ortsschulaufsicht, allgemeine Schulpflicht bis zum 18. Lebensjahr, eine einheitliche Grundschule sowie Erziehung zur Völkerversöhnung und zur Respektierung Andersdenkender als schulische Aufgabe. Diese Artikel waren hart umkämpft gewesen und mussten vor allem dem Zentrum, das der katholischen Kirche verbunden war, abgerungen werden (vgl. KITTEL 1957, S. 39).

Auf dieser gesetzlichen Grundlage konnten in der Zeit der Weimarer Republik einige strukturelle Reformen des Bildungswesens realisiert werden. Andere blieben dagegen unverwirklicht. *Realisiert* werden konnten eine einheitliche vierjährige Grundschule und die Aufhebung der kirchlichen Schulaufsicht, die nun auch für die Grundschule auf den Staat überging. An der Diskussion um die weltanschauliche Ausrichtung der Volksschule, die aus der allgemeinen Grundschule und den darauf aufbauenden Volksschulklassen 5 bis 8 bestand, brachen die politisch-kulturellen Konflikte aber wieder auf: Das Zentrum drohte – mit Unterstützung der katholischen Kirche und konservativer Elternverbände – für den Fall der „Säkularisierung" der Volksschule mit einer Ablehnung des Versailler Vertrags sowie mit Separationsbestrebungen im Rheinland (vgl. KRAUSE-VILMAR 1983, S. 19). SPD und DDP ließen sich dadurch zum so genannten „Weimarer Schulkompromiss" bewegen. Die Einrichtung von Simultanschulen, an denen die katholische und die protestantische Konfession parallel die inhaltliche Ausrichtung bestimmten, oder von weltlichen Schulen, an denen keine religiöse Ausrichtung erfolgte, wurde zwar als Möglichkeit zugelassen, bis zum Erlass eines Reichsgesetzes, das für die Umsetzung der Weimarer Verfassung notwendig war, sollte aber erst einmal der Status quo erhalten bleiben. Das bedeutete weitgehend die Beibehaltung der Konfessionalität der Volksschule.

Die Grundstruktur des weiterführenden Schulwesens wurde ebenfalls nicht verändert: Die Einteilung in ein niederes – Klassen 5 bis 8 der Volksschule – und ein höheres Schulwesen – repräsentiert vor allem durch das neunjährige humanistische Gymnasium und die deutschkundlich ausgerichtete Deutsche Oberschule – blieb erhalten. Forderungen nach einer Einheitsschule über die Grundschule hinaus waren nicht mehrheitsfähig. Allerdings gelang es den Mittelschulen in der Weimarer Republik, sich eine formal abgesicherte Position zwischen dem niederen und höheren Schulwesen zu erkämpfen. Im Kaiserreich waren sie Ersterem zugerechnet worden, die

Vergabe der für den Eintritt in den mittleren Beamtendienst und den freiwilligen einjährigen Militärdienst wichtigen „Obersekunda-Reife" war ihnen verwehrt worden. Letzterer war nun abgeschafft worden und der Zugang zu Ersterem wurde Absolventinnen und Absolventen der Mittelschulen weiterhin verwehrt. Allerdings führten die Länder 1931 eine neue „Mittlere Reife" ein, die den Zugang zum höheren Fachschulwesen und zu einzelnen Laufbahnen des öffentlichen Dienstes – Polizei, Forst –, aber ausdrücklich nicht zum Verwaltungsdienst eröffnete (vgl. FRIEDEBURG 1989, S. 242).

Eine einheitliche Lehrerausbildung konnte in der Zeit der Weimarer Republik nicht verwirklicht werden (vgl. ZIEROLD/ ROTHKUGEL 1931, S. 202 ff.): Eine Universitätsausbildung für Volksschullehrer etablierte sich nur in wenigen und – außer Sachsen mit fünf Millionen Einwohnern – kleinen Ländern. In Preußen als größtem deutschem Land (38 von 62 Millionen Einwohnern) wurden so genannte „Pädagogische Akademien" gegründet. Dieses Modell erteilte der früheren reinen „Handwerkslehre", wie sie an den Lehrerseminaren üblich war, eine Absage und sollte einen Ausweg aus dem vorherigen „geistigen Ghetto" (WENIGER) darstellen. Die Ausbildung baute auf dem Abitur auf, fand in der Regel nicht mehr auf dem Land und nicht mehr im Internatsbetrieb statt. Stattdessen stand Persönlichkeitsbildung im Vordergrund, weshalb Eduard SPRANGER (1920/ 1970) die Akademie als „Bildnerhochschule" bezeichnete. Ihre überwiegend konfessionell gebundene Organisation bedeutete, dass den Kirchen ein Mitwirkungsrecht bei Berufungen auf viele Lehrstühle eingeräumt wurde. Bayern, das mit 7,4 Millionen Einwohnern zweitgrößte der 18 deutschen Länder, behielt die Lehrerseminare des 19. Jahrhunderts bei und zeigte ebenso wie Württemberg „entschiedene Reformunwilligkeit" (REBLE 1989, S. 263). Lediglich in sieben deutschen Ländern waren die Ausbildungen nicht konfessionell gebunden.

Der Machtantritt der NSDAP im Januar 1933 traf gerade in der Volksschullehrerschaft auf große politische Zustimmung (vgl. KRAUSE-VILMAR 1978, S. 11). Die mit der Errichtung der Weimarer Demokratie geweckten Erwartungen auf Annäherung an den sozialen Status der Gymnasiallehrerschaft waren in ihren Augen enttäuscht worden. Eine hohe Lehrerarbeitslosigkeit und die radikale Sparpolitik des Staates im Zuge der Weltwirtschaftskrise, die für die Volksschullehrer zu Einkommensverlusten von über dreißig Prozent geführt hatten, hatten der NS-Regierung den Boden bereitet.

Die Schulpolitik der NS-Regierung war in einem ersten Schritt darauf ausgerichtet, reformorientierte und jüdische Schulen zu schließen sowie politische Gegner (Kommunisten, Sozialdemokraten, aber auch bekannte Schulreformer ohne parteipolitische Bindung) und Lehrpersonen jüdischer Religionszugehörigkeit aus dem Lehrerberuf herauszudrängen. Unter anderem durch diese Maßnahme reduzierte sich die Arbeitslosigkeit unter den verbleibenden Volksschullehrerinnen und -lehrern innerhalb weniger Jahre erheblich.

Wurde die Struktur des Bildungswesens zunächst unverändert übernommen, hob die NS-Regierung 1934 die Kulturhoheit der Länder auf. Mit der Errichtung des Reichsministeriums für Wissenschaft, Erziehung und Volksbildung zentralisierte sie das Bildungswesen. Dessen ideologische Umgestaltung im Sinne des Nationalsozialismus begann aber erst etwa ab 1936, indem neue Lehrpläne erlassen und neue Schulbücher eingeführt wurden. Besondere Aufmerksamkeit galt den drei Fächern Deutsch, Geschichte und Biologie, da sich in ihnen die NS-Lehre am stärksten abbilden ließ. Neben inhaltliche Veränderungen traten NS-Rituale und Symbole, die das Schulleben prägten (zum Beispiel Fahnenappelle und Hitlergruß). Ende der 30er Jahre lassen sich auch Veränderungen der Schulstruktur feststellen. Interessanterweise spiegeln sich in diesen widerstrebende ideologische Interessen und Modernisierungserfordernisse. So wurde einerseits eine Berufsschulpflicht bis zum 18. Lebensjahr eingeführt, um das Bildungsniveau an die steigenden Anforderungen von Wirtschaft, Handwerk und Industrie anzupassen. Andererseits wurden die auf dem Abitur aufbauenden ehemaligen Pädagogischen Akademien, die seit 1933 „Hochschulen für Lehrerbildung" hießen, durch einen politisch geprägten Lehrgang im Anschluss an die Volksschule (!) ersetzt.

Nach der Befreiung vom Nationalsozialismus entwickelte sich das deutsche Schulsystem analog zur gesellschaftlichen Entwicklung in der (alten) Bundesrepublik Deutschland und der DDR unterschiedlich.

In den westlichen Besatzungsgebieten standen politische Entscheidungen zunächst unter dem Einfluss der englischen, französischen und amerikanischen Besatzungsmächte. Diese veranlassten eine dezentrale Organisation des Bildungswesens auf lokaler Ebene. In Fragen des konkreten Aufbaus zogen sich vor allem die Briten auf die Position des *indirect rule* zurück, sodass bei bildungspolitischen Entscheidungen vorherrschend deutscher Einfluss wirksam werden konnte. Aus dieser Entwicklung erklärt sich die weitgehende Strukturgleichheit des neu aufgebauten Schulwesens mit dem der Weimarer Republik. Ein spezifisches Gewicht bekamen die Kirchen, die nach dem Ende des NS-Staates eine der wenigen stabilen gesellschaftlichen Institutionen darstellten und die aus ihrem „partiellen Dissens" (PAUL 1995, S. 110) in der Zeit des Nationalsozialismus einen Anspruch auf eine mitbestimmende Position beim (bildungs-)politischen Wiederaufbau herleiteten und auch eingeräumt bekamen. Nach Gründung der Bundesrepublik fand die christliche Orientierung der Bildungspolitik ihren Niederschlag auch in einzelnen Landesverfassungen. So nennt Artikel 7 der nordrhein-westfälischen Verfassung als schulisches Erziehungsziel an vorderster Stelle die „Ehrfurcht vor Gott" (zitiert nach KRINGE 1990, S. 106).

Ein überragender Stellenwert kam bis in die 60er Jahre hinein der achtjährigen Volksschule zu. Fast alle Schulkinder durchliefen ihre Unterstufe und selbst die Volksschuloberstufe wurde 1965 noch von circa zwei Dritteln der entsprechenden Altersjahrgänge besucht (vgl. GEIßLER 1996, S. 253). Der Anteil an Abiturienten blieb bis Ende der 60er Jahre sehr gering, er machte beispielsweise in den 50er Jahren nicht mehr als fünf Prozent eines Jahrgangs aus.

Dass ein hoher Bildungsstand ein Bürgerrecht sein könne, gehörte in dieser Zeit nicht zu den vorrangig diskutierten Themen. Erst 1965 machte DAHRENDORF diesen Topos gesellschaftsfähig, womit er auf den emanzipatorischen Gehalt von Schule verwies. Dieser Gedanke setzte sich in den 70er Jahren bildungspolitisch durch – gefördert durch einen ansteigenden Qualifikationsbedarf in der Wirtschafts- und Berufswelt, in Bezug auf den PICHT 1964 einen „Bildungskatastrophe" ausrief. Die überwiegende Zahl der Schulreformen seit Mitte der 60er Jahre ist durch diese beiden Postulate – Qualifikations- *und* Emanzipationszugewinn aller Schülerinnen und Schüler – geprägt. Das rohstoffarme Deutschland wollte auf die Qualifizierung seiner Bevölkerung als zentralen Produktionsfaktor setzen. Das erforderte eine bessere Ausschöpfung der umfangreichen Begabungsreserven: Die bisher benachteiligte Gruppen der Arbeiterkinder, Mädchen, Landkinder und Schüler katholischer Konfession sollten die gleichen Chancen auf höhere Bildung bekommen wie Kinder aus privilegierten Familien, Jungen, Stadtkinder und Schülerinnen und Schüler protestantischer Konfession. Zur Erreichung dieses Ziel wurde zunächst die scharfe Trennung zwischen niederem (Volksschule) und höherem Schulwesen (Gymnasium) aufgehoben, indem die Volksschule in Grund- und Hauptschule geteilt und die Hauptschule zusammen mit der Realschule und den Klassen 5 bis 10 des Gymnasiums einer Schulstufe zugeordnet wurde. Dies sollte eine höhere Durchlässigkeit zwischen den Schulformen gewährleisten. Die Gründung einer neuen Schulform, der Gesamtschule in unterschiedlichen Varianten – additiv, kooperativ oder integrativ –, war neben der Errichtung von Gesamthochschulen im Universitätsbereich ein weiteres Zeichen bildungspolitischer Reformbereitschaft.

Die Reformen setzten einen beispiellosen Bildungsboom in Gang, sodass die Abiturientenquote bis heute auf circa 30 Prozent anstieg. Auch die angestrebte Chancengleichheit konnte mit den Reformen zum Teil erreicht werden: Mädchen und Jungen, Stadt- und Landkinder, katholische und evangelische Kinder haben heute in der Regel gleiche Bildungschancen. Das entscheidende Problem bleibt allerdings die sozio-strukturelle Ungleichheit in den Bildungschancen (siehe auch Kapitel 14). Es ist nicht dauerhaft gelungen, den Anteil der Kinder aus weniger privilegierten Bevölkerungsschichten an Schülerinnen und Schülern mit höheren Schulabschlüssen zu steigern.

Darstellung 2.5: Entwicklung von Schule und Lehrerausbildung im 20. Jahrhundert

In Bezug auf die Lehrerausbildung lässt sich feststellen, dass in der alten Bundesrepublik nach 1945 die Gymnasiallehrerausbildung weitgehend unverändert als eine universitäre Ausbildung mit einer folgenden praktischen Phase wieder aufgebaut wurde (vgl. im Folgenden BLÖMEKE 1999). Diese Struktur durchlief bis heute kaum Veränderungen. Die derzeitige Umwandlung der universitären Phase in Bachelor- und Masterstudiengänge stellt daher die erste umfassende Veränderung der Gymnasiallehrerausbildung seit mehr als einhundert Jahren dar.

Anders sieht die Situation in Bezug auf die Lehrerausbildung für das niedere Schulwesen aus: Im Zuge des Wiederaufbaus nach 1945 wurde in den meisten Bundesländern zunächst auf die jeweiligen Konzepte aus der Weimarer Republik zurückgegriffen. In der weiteren Geschichte der (Alt-)Bundesrepublik setzte sich dann aber eine Modernisierung der Volksschullehrerausbildung durch. Sie ging mit einer fachlichen Spezialisierung einher: Die traditionell praktisch-pädagogisch und methodisch ausgerichtete Ausbildung der Volksschullehrerinnen und -lehrer wurde durch eine erste Phase mit fachwissenschaftlichen, fachdidaktischen und erziehungswissenschaftlichen Studieninhalte ersetzt. Der Erwerb von Berufsfertigkeiten wurde Aufgabe einer zweiten Ausbildungsphase.

Die einschneidende Veränderung in der Geschichte der Volksschullehrerausbildung der Nachkriegszeit fand Mitte der 60er Jahre mit der Entscheidung für die Wissenschaftlichkeit der Ausbildung statt: Die vormaligen Pädagogischen Akademien wurden zu großen Pädagogischen Hochschulen mit Rektoratsverfassung und Körperschaftsrecht zusammengefasst und sie bekamen das Promotions- und Habilitationsrecht zugesprochen. Zudem fiel das Konfessionsprinzip. Die Struktur der Ausbildung von Volksschullehrern wurde so der der Gymnasiallehrer angenähert. Die Entwicklung hin zur wissenschaftlichen Lehrerausbildung wurde durch die Integration der Pädagogischen Hochschulen in die Universitäten in den 70er, 80er und 90er Jahren abgeschlossen, sodass derzeit – mit Ausnahmen von Baden-Württemberg – in allen Bundesländern alle Lehrergruppen an Universitäten ausgebildet werden.

Mit der Reform etablierte sich auch eine neue bildungstheoretische Begründung des Lehrerberufs und es entwickelte sich ein professionelles Profil, das seinen Ausgangspunkt bei den Unterrichtsfächern nahm: Lehrerinnen und Lehrer sollten zu Fachleuten für die Anregung und Unterstützung von Lernprozessen ausgebildet werden (vgl. SCHOLZ 1993, S. 4). Das die Ära der Pädagogischen Akademie prägende Paradigma der Volksschullehrer als „Bildner", während die Gymnasiallehrer als Fachwissenschaftler galten, wurde durch ein neues Leitbild ersetzt, dem zufolge sich die vorher getrennten Charakteristika wechselseitig ergänzen sollten. Das bedeutete Wissenschaft *und* Bildung, Persönlichkeitsentwicklung *und* Erkenntnisgewinnung, Theorie *und* Praxis in der Lehrerbildung. Der Deutsche Bildungsrat formulierte dementsprechend 1970 als Aufgaben *aller* Lehrerinnen und Lehrer: Lehren, Erziehen, Beurteilen, Beraten und Innovieren (vgl. DEUTSCHER BILDUNGSRAT 1972, S. 217 ff.).

Die Entwicklung des Schulwesens auf dem Gebiet der ehemaligen DDR verlief nicht zuletzt aufgrund des Einflusses der sowjetischen Besatzungsmacht anders als in der Bundesrepublik (vgl. im Folgenden BASKE 1998, SCHAUB/ ZENKE 2000, HERRLITZ/ HOPF/ TITZE 2001). Der Schule wurde eine zentrale Funktion beim Aufbau einer sozialistischen Gesellschaft zugeschrieben; Ziel war die „allseitig und harmonisch entwickelte sozialistische Persönlichkeit". Entsprechend war der Bruch zum Nationalsozialismus groß, indem unter Anknüpfung an reformerische Traditionen aus der Weimarer Republik in schulorganisatorischer, personeller und inhaltlicher Hinsicht grundsätzliche Neuerungen durchgeführt wurden. Die Schulreform von 1945/46, die vor allem von NS-Oppositionellen und zurückkehrenden Emigrantinnen und Emigranten entwickelt wurde, setzte Weltlichkeit, Staatlichkeit, Einheitlichkeit, Wissenschaftlichkeit und Allseitigkeit als zentrale Prinzipien der Schulstruktur durch. Innerhalb kurzer Zeit wurden neue Lehrpläne erarbeitet, in denen eine Orientierung am Historischen Materialismus leitend war. Die Kirchen verloren ihren Einfluss und die Differenzierungen zwischen niederer und höherer Bildung sowie zwischen Mädchen- und Jungenbildung wurden aufgehoben. Bei der Gestaltung des außerunterrichtlichen Schullebens erhielten die politischen Jugendorganisationen eine starke Stellung.

Bis Ende der 50er Jahre umfasste die unentgeltliche einheitliche Grundschule die Klassen 1 bis 8, während die Oberschule aus den Klassen 9 bis 12 bestand. Im Vergleich zum Neubeginn zwischen 1945 und 1949, der stark von deutschen Schulreformern gestaltet worden ist, ist für die 50er Jahre eine stärkere Orientierung an der Sowjetunion und am Marxismus-Leninismus festzustellen. So wurde nicht nur Russisch als erste Fremdsprache in der Klasse 5 eingeführt, sondern Fächer wie Deutsch und Geschichte sahen sich auch einer zunehmenden Ideologisierung ausgesetzt, die in der Einführung eines neuen Fachs „Gemeinschaftskunde" (später „Staatsbürgerkunde") kulminierte.

1959 trat die allgemeinbildende Polytechnische Oberschule (POS) an die Stelle der Grundschule (vgl. Darstellung 2.6). Die Pflichtschulzeit dauerte nunmehr zehn Jahre; sie wurde mit einer zentralen Abschlussprüfung abgeschlossen. Vor Beginn der POS war der Besuch eines gut ausgebauten Vorschulwesens üblich: Ganztägige Kinderkrippen wurden von 80 Prozent der ein- bis dreijährigen, ganztägige Kindergärten von 95 Prozent der vier- bis sechsjährigen Kinder besucht. Die an die POS anschließende Erweiterte Oberschule (EOS) führte in zwei Jahren zum Abitur, das ebenfalls in Form einer zentralen Prüfung durchgeführt wurde. Die EOS-Aufnahmequote von nur zehn Prozent erforderte eine strenge Auswahl unter den Absolventinnen und Absolventen der POS. Neben sehr guten Leistungen musste auch das DDR-System aktiv unterstützt werden.

Das Abitur konnte parallel zu diesem allgemein bildenden Weg über eine dreijährige Berufsausbildung erreicht werden. Diese Entwicklung ist Ausdruck der systematischen Umsetzung der Idee einer polytechnischen Bildung, die der Suche nach eigenständigen DDR-Lösungen im Bildungsbereich unabhängig von der Sowjetunion ab Ende der 50er Jahre entsprang. Die avisierte stärkere Verbindung von Schule und Arbeitswelt wurde darüber hinaus in neuen Fächern (zum Beispiel Werkunterricht und Technisches Zeichnen) sowie in Unterrichtstagen in Betrieben deutlich. Durch gezielte schulische Förderung bei gleichzeitiger Bevorzugung im Zuge der Auswahl konnte erreicht werden, dass im Bereich der höheren Bildung der Anteil an Arbeiter- und Bauernkindern kontinuierlich stieg und in den 60er Jahren bei rund 60 Prozent der Studierenden lag. Gleichzeitig ist festzustellen, dass der Einheitsschulgedanke ab 1959 erodierte, indem Spezialschulen für besonders Begabte gegründet wurden. Diese wurden von circa einem Prozent der Schülerinnen und Schüler besucht. Daneben existierte ein Sonderschulwesen, das von etwa drei Prozent der Schülerinnen und Schüler besucht wurde.

Schulbereich	formal vorgesehenes Alter	Schuljahr			Spezialschulen, Sonderschule
Tertiärbereich	> 18		Universität, Technische Hochschule, Pädagogische Hochschule Fern- und Abendstudium, Fachschulen		
Sekundarbereich	18 17 16	13 12 11	Erweiterte Oberschule (EOS), Berufsausbildung und Abitur	Fachschulen, Duale Berufsausbildung	Spezialschulen, Sonderschule
Sekundarbereich	15 14 13 12 11 10	10 9 8 7 6 5	Polytechnische Oberschule (POS)		
Primarbereich	9 8 7 6	4 3 2 1			
Elementarbereich	5 4		Kindergarten		
Elementarbereich	< 3		Kinderkrippe		

Darstellung 2.6: Schema des DDR-Schulsystems (in Anlehnung an SCHAUB/ ZENKE 2000)[2]

Für die 80er Jahre ist eine erneute Veränderung im Bildungswesen der DDR festzustellen, die sich vor allem inhaltlich und didaktisch-methodisch äußerte. Neben einer Modernisierung der Lehrpläne erfolgte eine stringentere Ausrichtung auf den Topos der „sozialistischen Allgemeinbildung" (siehe hierzu im Einzelnen die Analyse der Schultheorie NEUNERs in Abschnitt 3.2.2), die mit der Durchsetzung neuer Unterrichtsmethoden verbunden war (siehe hierzu im Einzelnen die Analyse der dialektischen Didaktik KLINGBERGs in TULODZIECKI/ HERZIG/ BLÖMEKE 2004, S. 222 ff.). Nunmehr standen die Schülerinnen und Schüler stärker im Mittelpunkt der Lehr-Lernprozesse.

Trotz der prinzipiellen Leitidee der Einheitlichkeit für das Schulwesen ist festzuhalten, dass die Ausbildung der Lehrerinnen und Lehrer in der DDR zweigeteilt war (vgl.

KEMNITZ 2004), wenn auch nur horizontal und nicht noch vertikal wie in der Bundesrepublik. Die Lehrpersonen der unteren vier Klassen erhielten – mit Ausnahme der ersten Jahre bis 1953, in denen ihre Ausbildung an Universitäten oder angesichts des dramatischen Lehrermangels aufgrund des Zweiten Weltkriegs und der systematischen Entnazifizierung in provisorischen Schnellkursen durchgeführt wurde – ihre Ausbildung an Instituten für Lehrerbildung, die Teil des sekundären Schulwesens waren. Das heißt, dass kein Abitur für die Aufnahme der Ausbildung benötigt wurde, sondern der POS-Abschluss hinreichend war. Lehrpersonen der Klassen 5 bis 12 wurden an Universitäten und Pädagogischen Hochschulen ausgebildet.

Das Bildungssystem der DDR wurde nach der Vereinigung innerhalb kurzer Zeit aufgelöst und durch westliche Strukturen ersetzt.

2.3 Zusammenfassung und Anwendung

In den alten Hochkulturen fand schon vergleichsweise früh eine Institutionalisierung von Lehr-Lernprozessen statt. Auf dem Gebiet des späteren Deutschland kam es jedoch erst im 16./ 17. Jahrhundert zur systematischen Gründung von Schulen, die ab dem 18. Jahrhundert mit einer lange Zeit nur schwer durchsetzbaren Unterrichtspflicht verbunden waren. Leitend für ihre Einführung waren ökonomische und politische Gründe, die Idee einer „Allgemeinbildung" wurde erst im Zuge der Aufklärung wichtiger. Die Einrichtung der Institution Schule war mit der Entwicklung eines Berufs für institutionalisierte Lehr-Lern- und Erziehungsprozesse verbunden. Zunächst etablierte sich der Beruf des Gymnasiallehrers, dann – verzögert und weniger privilegiert – der Beruf des Elementar- beziehungsweise Volksschullehrers. Die weitere Entwicklung des Schulwesens und des Lehrerberufs ist durch eine Spaltung in niederes und höheres Schulwesen gekennzeichnet, die auch in der Weimarer Republik als erster deutscher Demokratie nicht aufgehoben werden konnte. In dieser Zeit etablierte sich mit der Mittelschule eine eigenständige Schulform, sodass 1931 formal als Jahr der Entstehung des dreigliederigen Schulsystems angesehen werden kann. Nach dem Nationalsozialismus entwickelten sich in Ost- und Westdeutschland zwei unterschiedliche Bildungssysteme. Hervorstechendstes Merkmal der bundesdeutschen Schulstruktur ist dabei die Anknüpfung an traditionell-konservative Vorstellungen aus der Weimarer Republik (insbesondere die Dreigliedrigkeit), sodass es trotz einer massiven Bildungsexpansion in den 60er Jahren nicht zu einem Abbau der sozial ungleich verteilten Bildungschancen kam. In der DDR wurde in struktureller Hinsicht unter Anknüpfung an Reformideen aus der Weimarer Republik vorrangig dem Einheitsschulgedanken gefolgt. In inhaltlicher Hinsicht ist – je nach gesellschaftlicher Entwicklungsphase – eine mehr oder weniger starke ideologische Ausrichtung der Bildungsinhalte auf die dominierende politische Leitidee festzustellen.

Bitte betrachten Sie vor dem Hintergrund der in diesem Kapitel erfolgten Darlegungen die einführend wiedergegebene These von ADORNO und die von Ihnen ergänzten Assoziationen zum Lehrerberuf. Vervollständigen Sie das Spektrum an Stereotypen und deren

Zuordnung zu historischen Epochen. Falls Sie Gelegenheit dazu haben, diskutieren Sie bitte in Ihrer Lerngruppe, ob sich historisch bedingte Vorstellungen in gegenwärtigen Diskussionen über die Schule und den Lehrerberuf wieder finden lassen und inwiefern bei weitreichenden Reformvorschlägen Traditionen berücksichtigt werden sollten.

1 HEGEL (1811/1986, S. 348 f.) arbeitet in diesem Zusammenhang heraus, dass es sich bei Familie und Gesellschaft (der „wirklichen Welt") um zwei „Sphären" handelt, in denen nach unterschiedlichen Prinzipien interagiert wird: Während in der Familie die persönliche Beziehung dominiere, stehe in der Gesellschaft die Sache im Vordergrund. Für die Rolle der Schule heißt das: *„Die Schule steht* nämlich *zwischen der Familie und der wirklichen Welt* und macht das verbindende Mittelglied des Übergangs von jener in diese aus." Aus dieser Zwischenstellung leitet HEGEL zum einen die Notwendigkeit von Erziehung in der Schule, zum anderen aber auch deren Begrenztheit ab. Letztere liege nicht in der Einführung disziplinorientierter Verhaltensweisen, die HEGEL für die Schule für notwendig hält, sondern in der Beeinflussung der moralischen Entwicklung von Jugendlichen (HEGEL 1810/1986, S. 334 ff.).

2 Die Darstellung erfolgt nicht maßstabsgerecht. Die Größe der Kästen lässt also keine Rückschlüsse auf die Verteilung der Schülerzahlen zu.

3| Gesellschaftliche Funktionen und Wirkungsmechanismen der Schule

3.1 Einleitende Hinweise und Fragestellungen

Die Schule stellt in der modernen Gesellschaft neben der Familie den wohl bedeutendsten Ort für das Aufwachsen von Kindern und Jugendlichen dar. Doch was ist das eigentlich genau: eine „Schule"? Und wie funktioniert sie? Wer so fragt, nimmt bestehende Institutionen nicht als Selbstverständlichkeit hin, sondern will sie mit dem Ziel einer größeren Bewusstheit über ihre Aufgaben und die in ihr ablaufenden Prozesse untersuchen. Diese stellen auch einen wichtigen Hintergrund bei Gestaltungsvorhaben dar, und zwar sowohl auf der Ebene des Schulsystems – hier werden dann vor allem die Beziehungen zwischen Schule und Gesellschaft thematisiert – als auch auf der Ebene der Einzelschule – hier geht es dann insbesondere darum, über die Binnenstruktur einer Schule Bescheid zu wissen. In Bezug auf die Schule analysieren verschiedene Wissenschaftsdisziplinen ihre besonderen Merkmale und versuchen, sie zu einer Theorie der Schule zusammenzufügen. Ähnlich wie für den Grundaufbau des vorliegenden Bandes können dabei mehrere Perspektiven unterschieden werden, die erst zusammengenommen ein umfassendes und differenziertes Bild ergeben:
– die Perspektive auf die Beziehungen zwischen Schule und Gesellschaft (siehe Abschnitt 3.2.1). Hierbei handelt es sich um eine Analyse auf der Makro-Ebene, indem ein systemischer Blick auf die Schule als gesellschaftliche Institution eingenommen und ihre Außenbeziehungen analysiert werden. Dies kann aus einer eher empirisch beschreibenden und damit aus einer weitgehend wertfreien Perspektive geschehen (stellvertretend hierfür behandeln wir den strukturfunktionalistischen Ansatz von PARSONS und FEND). Dies kann aber auch aus einer normativen Perspektive geschehen, die sich einem bestimmten Wert – zum Beispiel der Aufdeckung ungerechtfertigter Herrschaftsverhältnisse – verpflichtet fühlt (stellvertretend

hierfür behandeln wir die gesellschaftskritischen Schultheorien von BERNFELD, FREIRE und NEUNER).

– die Perspektive auf die internen Strukturen der Schule (siehe Abschnitt 3.2.2). Hierbei handelt es sich um eine Analyse auf der Meso-Ebene, indem die Einzelinstitution in den Blick genommen und die Binnenbeziehungen der dort handelnden Personen analysiert werden. Dies kann erneut aus einer eher empirisch beschreibenden Perspektive geschehen (stellvertretend hierfür haben wir psychologische und interaktionistische Schultheorien aufgegriffen). Während diese Theorien auf ihrer empirischen Basis auch in Kritik der bestehenden Schulstrukturen münden, verstehen sich andere Ansätze dagegen von vornherein bewusst als normativ und formulieren Ziele, Inhalte und Methoden für die Schule (stellvertretend hierfür diskutieren wir die Schultheorie der geisteswissenschaftlichen Pädagogik und die Schulkritik von HENTIGS).[1]

Darstellung 3.1:
Außen- und Binnenbeziehungen der Schule als gesellschaftlicher Institution

Diese Ausführungen machend deutlich, dass es vermutlich unangemessen ist, eine der vorzustellenden Theorien pauschal als „richtig" oder „falsch" zu bewerten. Eher handelt es sich um Beiträge zu einer komplexen Theorie der Schule. Allerdings können sich Teile der Theorien als mehr oder weniger überzeugend einordnen lassen. Dies gilt insbesondere für die explizit normativ argumentierenden Theorien. Darauf weisen wir jeweils im Detail hin. Zudem machen die vorgenommenen Akzentsetzungen der Autoren implizit deutlich, dass sie den von ihnen berücksichtigten Merkmalen der Schule offensichtlich einen höheren Stellenwert für eine Theorie der Schule zuweisen als von ihnen vernachlässigten Merkmalen. Dabei stellt sich jeweils die Frage, wie angemessen die gewählten Schwerpunktsetzungen sind.

Die folgende einführende Aufgabe umfasst Zitate aus Berichten, die „Der Spiegel" und der „Focus" in den letzten zehn Jahren veröffentlicht haben.

„Unterrichts- und Erziehungsarbeit ist eine Dienstleistung, der eigentliche hoheitliche Teil der Lehrertätigkeit beschränkt sich auf das Feststellen der Leistungen, also die Benotung und Zeugniserteilung." (Focus 33/1993)

„Aus der Perspektive der Wirtschaft sind Lehrer Pädagogikprofis und daher Führungskräfte in ihrem ‚Unternehmen', der Schule. Sie managen die Lern- und Entwicklungsprozesse ihrer Schüler, beraten sie und beurteilen ihre Leistungen." (Focus 30/2001)

„Nicht erfahrene Ökonomen, sondern Parteibuch-Pädagogen werden zu Kultusministern gemacht. Nicht effiziente Stäbe, sondern starre Beamtenapparate regieren die Schulhierarchien. Krakenhaft breiten sich die Bürokratien aus." (Der Spiegel 41/1991)

„Schule ändert sich langsamer als Kirche, hat Richard Gross von der Stanford University behauptet." (Der Spiegel 25/2002)

„Während immer schwierigere Kinder an die Schulen kommen, Gewalt und Drogen die Lernanstalten überschwemmen und rechte Schüler-Gangs ihre Umgebung terrorisieren, schlittert das deutsche Erziehungswesen in seine bisher schwerste Krise. […] Die Vereinzelung, die Lernschwierigkeiten und die Gewaltbereitschaft der Jugendlichen werden weiter zunehmen, ebenso wie die Zahl der Ausländerkinder in den Klassen. Die Schule werde zwangsläufig immer mehr zum ‚Reparaturbetrieb für gesellschaftliche Probleme bei den Kindern', warnt Gewerkschafter de Lorent, sie müsse eine neue ‚erzieherische Aufgabe' bekommen. Schon heute ist die Schule für viele Kinder der einzige Ort, wo ihnen noch ein Wertebewusstsein vermittelt wird, ergaben Umfragen an mehreren Lernanstalten. Von zu Hause dagegen, so antworteten die meisten Schüler, sei nichts mehr zu erwarten, dort könnten sie zumeist tun und lassen, was sie wollten." (Der Spiegel 24/1993)

„Diese Lektion hatte der kleine Tolga aus der fünften Klasse noch nicht gelernt, aber sie saß: Gerade hatte er auf dem Flur der Pforzheimer Waldschule eine Figur für den Kunstunterricht über den Haufen gerannt, da preschte Rektorin Cornelia Frech-Becker heran und schlug ihm mit strenger Erzieherhand auf den Hinterkopf. So lernte der elfjährige Türkenjunge, dass es in Deutschland doch noch prügelnde Pauker gibt. Sogar welche, die noch auskeilen, wenn man sich schon bei ihnen entschuldigt hat. […] ‚Was Lehrer in der Schule machen, würden sie sich gegenüber ihrem Nachbarn nie erlauben', glaubt Krumm. Im Lehrbetrieb aber müssten sie kaum Angst vor Konsequenzen haben. ‚Die zeigen dann den Schülern, wo der Barthel den Most holt.'" (Der Spiegel 28/2000)

Durch welche Eigenschaften zeichnet sich die Schule nach den Zitaten aus den beiden Nachrichtenmagazinen aus und welche (dahinter liegenden allgemeinen) strukturellen Merkmale verbinden sich damit? Arbeiten Sie in Ihrer Analyse zum einen heraus, wie die Beziehungen der Schule zu anderen Teilen der Gesellschaft aussehen und welche Aufgaben die Schule in diesen Zusammenhängen übernimmt (beziehungsweise übernehmen sollte). Zum anderen wird in den Berichten auf Strukturen innerhalb der Schule eingegangen, die es herauszuarbeiten gilt. Wie stehen Sie zu den Aussagen des Spiegels und des Focus?

Ziel der vorstehenden Aufgabe ist es, sich die eigenen „Theorien" – im Sinne von subjektiven Annahmen – zur Schule ebenso bewusst zu machen wie öffentlich kursierende „Schultheorien". Nach Bearbeitung der folgenden Informationen besteht Gelegenheit, die obige Aufgabe erneut und dann differenziert zu bearbeiten. Um die Angemessenheit von Schultheorien detaillierter einschätzen zu können, sind Auseinandersetzungen mit folgenden Fragen wichtig:

– Welche gesellschaftlichen Aufgaben werden der Schule zugeschrieben? Wie wird die Beziehung von Schule und Gesellschaft modelliert?

– Welche inneren Wirkungsweisen werden in Schultheorien herausgearbeitet und welche Position nehmen die Autoren dazu jeweils ein?

Diesen Fragen gehen wir im vorliegenden Kapitel nach. Um berufliche Aufgaben reflektiert wahrnehmen zu können, ist es für Lehrerinnen und Lehrer wichtig, sich die institutionellen Rahmenbedingungen bewusst zu machen, unter denen sie arbeiten. Die Einbettung ihres Handelns in den spezifischen Kontext der Schule bringt explizite und implizite Vorgaben mit sich. Schwierigkeiten in Prozessen der Schulentwicklung, kollektive Urteile über die Schule und den Lehrerberuf oder Reaktionen von Schülerinnen und Schülern sowie Eltern können besser verstanden und eingeordnet werden, wenn man sich dieser Vorgaben bewusst ist. Gleichzeitig werden Spielräume für Handlungsalternativen offensichtlicher.

3.2 Grundlegende Informationen

In einer ersten Annäherung kann Schule wie folgt beschrieben werden: „Kennzeichen der Schule ist das Zusammentreffen von Menschen unterschiedlichen Alters zum Zweck der geplanten und verantworteten Organisation von Erziehungs- und Unterrichtsprozessen im Auftrag der Gesellschaft mit dem Ziel, das Leben des Einzelnen und den Fortbestand der Kultur zu sichern" (TWELLMANN 1981, S. 3). In Schultheorien werden systematisch die Funktionen der Schule als gesellschaftlicher Institution und ihre inneren Wirkungsmechanismen modelliert. Schon bei einer Betrachtung der historischen Entwicklung der Schule (siehe Kapitel 2) zeigte sich, dass der Schule je nach historischer Situation und gesellschaftlicher Perspektive unterschiedliche Aufgaben zugeschrieben werden: Vorbereitung auf öffentliche Ämter, Berufsqualifizierung, Herstellung politischer Loyalität, Aufrechterhaltung sozialer Hierarchien, allgemeine Bildung und so weiter. Entsprechend gibt es auch in der Geschichte der Erziehungswissenschaft je nach Analyseschwerpunkt, Differenzierungsgrad, Entstehungszeitpunkt und normativer Ausrichtung *unterschiedliche* Theorien zur Schule, auf die wir in diesem Kapitel eingehen.

Bisher existiert keine einzelne Theorie, die alle Merkmale der Schule hinreichend differenziert in den Blick nimmt. Mit der Betrachtung jeweils weiterer Theorien werden im Folgenden daher auch immer „Blindstellen" der übrigen Theorien aufgedeckt.

3.2.1 Theorien zum Verhältnis von Schule und Gesellschaft

Strukturfunktionalistische Theorie der Schule (PARSONS, FEND)
Die aktuell weitreichendste Theorie zu den Außenbeziehungen der Schule stammt
aus dem Strukturfunktionalismus. Als klassische Basis sei auf den Ansatz von PARSONS
verwiesen, der in den 50er und 60er Jahren des 20. Jahrhunderts handlungs-, system-
und sozialisationstheoretische Zugänge verknüpft, um in den USA die gesellschaftlichen Funktionen der Schule und ihre innere Wirkungsweise zu verdeutlichen (vgl.
vor allem PARSONS 1959/1977, erstmals PARSONS 1937 und unter Berücksichtigung
von Fragen der Lehrerbildung PARSONS/ PLATT 1972/ 1990). FEND schließt aus mit-
teleuropäischer Sicht an PARSONS an (vgl. vor allem FEND 1980 und stärker empirisch
als theoretisch orientiert FEND 2001b). Nach FEND (1980, S. 2) werden Institutionen
immer dann benötigt, wenn es um die „Lösung grundlegender Probleme gesellschaftlichen Lebens" geht. Die Reproduktion einer Gesellschaft ist ein solches Grundlagen-
problem, zu dessen Lösung die Schule beiträgt. Die moderne Schule übernimmt nach
PARSONS und FEND zwei bedeutsame gesellschaftliche Aufgaben: *Sozialisation* und
Selektion der nachwachsenden Generation.
Bei der als „Sozialisation" bezeichneten Funktion von Schule handelt es sich nach
PARSONS und FEND um einen Prozess mit zwei Perspektiven.[2] Zum einen geht es
darum, Kindern und Jugendlichen *Kenntnisse, Fertigkeiten und Fähigkeiten* zu vermitteln, die es ihnen ermöglichen, gesellschaftlich wichtige Aufgaben zu übernehmen. Zu diesen gehören nicht nur Berufe, sondern auch die Teilhabe an der politischen Entwicklung durch Wahlen, Demonstrationen und so weiter. In der Schule
geschieht die Vermittlung solcher gesellschaftlich relevanten Kenntnisse, Fertigkeiten
und Fähigkeiten an die nachwachsende Generation in erster Linie durch den Unterricht, der so die Reproduktion des Berufs- und Beschäftigungssystems sichert. Zum
anderen geht es im Zusammenhang der schulischen Sozialisation aber auch darum,
der nachwachsenden Generation grundlegende *Normen und Werte*, die das gesellschaftliche Zusammenleben allgemein prägen, zu vermitteln und zu ihrer Akzeptanz
beizutragen. In der Schule geschieht dies nach PARSONS und FEND weniger durch die
Inhalte des Unterrichts als durch spezifische Rollenerwartungen an die Schülerinnen
und Schüler sowie die Gestaltung des Schullebens. Durch die Akzeptanz von Hierarchien in der Schule erfolge beispielsweise eine Vorbereitung auf das gesellschaftliche
Machtgefälle. Auf diese Weise werde die Reproduktion des politischen Systems gesichert. Die schulische Funktion der Sozialisation differenzieren PARSONS und FEND
entsprechend in Qualifizierung und Integration (PARSONS) beziehungsweise in Qualifizierung und Legitimation (FEND) aus.
„Selektion" stellt der strukturfunktionalistischen Schultheorie zufolge die – neben
der Sozialisation – zweite bedeutsame Aufgabe von Schule dar. Gesellschaftliche Positionen sind nach einem allgemein anerkannten Maßstab zu verteilen. FEND (1980,
S. 29) bezeichnet die Schule daher auch etwas flapsig als „Rüttelsieb", das zwischen
den Generationen eingebaut sei. Während im Mittelalter die Geburt in einen Stand
entscheidend war, stellt in der Moderne die schulische Leistung des Individuums ein
wichtiges Verteilungsprinzip dar, durch das die Reproduktion der Sozialstruktur ge-

sichert wird: „Für leistungsfähige Arbeiterkinder ist die Schule die einzige Möglichkeit des sozialen Aufstiegs, da die Schule von ihrem rechtlichen Anspruch her diesen Aufstieg nicht an vererbte Privilegien oder an geburtsbestimmte Merkmale wie Geschlecht und soziale Herkunft bindet, sondern von der individuellen Tüchtigkeit der Kinder abhängig macht." (ebd., S. 39) Im deutschen Schulsystem, für das diese Funktion erstmals in den 1950er Jahren detailliert herausgearbeitet worden ist (vgl. SCHELSKY 1957), macht sich das Leistungsprinzip besonders in Form von Prüfungen und in der Vermittlung von so genannten „Berechtigungen" bemerkbar (siehe Kapitel 2). Bildungstitel sind die Voraussetzung für den Besuch weiterführender Schulen und für das Erreichen bestimmter Berufspositionen – besonders auffällig im öffentlichen Dienst.

Im Hinblick auf die Funktion der Selektion ist es allerdings wichtig, zwischen der prinzipiellen Feststellung dieser Funktion und der Form ihrer empirischen Realisierung zu unterscheiden. Bei zu früher Selektion und nicht bewusst stattfindendem Ausgleich familiärer Defizite – wie es von FEND (1980, S. 38 f.) für das dreigliederige Schulsystem in Deutschland konstatiert wird – stellt die Schule kein Chancengleichheit gewährleistendes „Rüttelsieb" dar, sondern diskriminiert und privilegiert Kinder aus bildungsfernen beziehungsweise bildungsnahen Elternhäusern, da insbesondere beim Übergang in die Sekundarstufe I soziale Kriterien wirksamer werden als Leistungskriterien (vgl. ebd., S. 31).

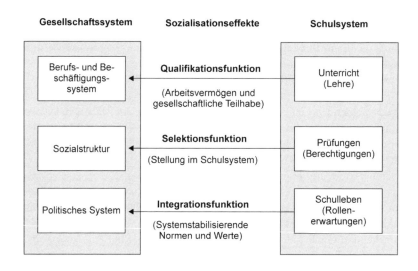

Darstellung 3.2: Strukturfunktionalistische Theorie der Schule (in Anlehnung an FEND 1980, S. 17)

Diskussion der strukturfunktionalistischen Schultheorie
FEES (2001, S. 668) konstatiert in Bezug auf FEND, seine Arbeit sei „seit Erscheinen das Maß für alle jüngeren Arbeiten und daher nach wie vor aktuell". Dennoch gilt es, einige der dargelegten Aspekte kritisch zu reflektieren.

In Bezug auf die Sozialisationsfunktion mit ihren beiden Perspektiven ist darauf hinzuweisen, dass gesellschaftlich umstritten ist, welche schulischen Strukturen, Inhalte und Arbeitsformen geeignet sind, sie zu gewährleisten. Beispielsweise erwartet die Handwerkskammer als Interessenvertreterin eher traditional organisierter Kleinbetriebe von Schulabgängerinnen und Schulabgängern andere Qualifikationen als der Bund der Industriebetriebe als Interessenvertreter der Großindustrie. Wieder andere Erwartungen an Qualifikationen von künftigen Bürgerinnen und Bürgern hegen die politischen Parteien oder die Kirchen. Auch auf theoretischer Ebene macht die konkrete Bestimmung der Sozialisationsfunktion Schwierigkeiten, was sich darin zeigt, dass zur Beschreibung der Integrations- beziehungsweise Legitimationsfunktion der Schule von anderen Autorinnen und Autoren auch der Begriff der Enkulturation verwendet wird. Die unterschiedliche Begriffswahl zeigt unterschiedliche Perspektiven: Geht es um eine *Rechtfertigung* vorhandener Herrschaftsstrukturen („Legitimation"), um die *Anpassung* an gegebene Gebräuche und Wertvorstellungen („Enkulturation") oder um die *Zusammenführung* von Individuum und bestehender Gesellschaft („Integration")? Und: Wird es als wünschenswert angesehen, Kindern und Jugendlichen gleichzeitig auch eine gewisse „Widerständigkeit" gegen unreflektierte Traditionsübernahme zu ermöglichen, wird ihnen vielleicht eine gewisse Autonomie zugestanden? In der Diskussion zu berücksichtigen ist schließlich auch die Frage: Wie statisch oder flexibel müssen schulische Strukturen, Inhalte und Arbeitsformen sein, um gleichzeitig Integration und gesellschaftlichen Fortschritt sichern zu können?

In der Bundesrepublik kann man diese Diskussion mit ihren unterschiedlichen Positionen im Zuge des gesellschaftlichen Wandels der letzten zehn bis fünfzehn Jahre besonders gut in der Debatte um den Religionsunterricht erkennen: In einigen Bundesländern ist nur noch eine Minderheit der Schülerinnen und Schüler Mitglied einer der beiden großen christlichen Kirchen, die nach der derzeitigen Rechtslage Religionsunterricht in der Schule abhalten dürfen. Darüber hinaus ist mit dem Islam bundesweit eine starke dritte religiöse Strömung in Deutschland vertreten und das Judentum erstarkt durch die Zuwanderung aus den Ländern der ehemaligen Sowjetunion (wieder). Schließlich gehört in den neuen Bundesländern ein Großteil der Kinder und Jugendlichen keiner Kirche an. Einige Bundesländer halten mit Verweis auf die lange Prägung der bundesdeutschen Gesellschaft durch die christlich-abendländische Kultur dennoch an der tradierten Form des konfessionsgebunden erteilten christlichen Religionsunterrichts fest. Andere Bundesländer haben den Islam formal als Religionsgemeinschaft anerkannt, sodass auch islamischer Religionsunterricht erteilt wird. Wiederum andere Bundesländer verzichten auf einen staatlich erteilten Religionsunterricht. Pflicht ist für die Schülerinnen und Schüler dort der Besuch eines Unterrichtsfachs wie beispielsweise „Lebensgestaltung – Ethik – Religion". In den drei Varianten manifestieren sich grundsätzlich unterschiedliche Perspektiven auf die Funktion der Schule als Instanz gesellschaftlicher Integration, Legitimation oder Enkulturation (zur Rolle von Staat und Kirche im deutschen Schulsystem siehe im Einzelnen auch Kapitel 5).

In Bezug auf die Funktion der Selektion ist festzuhalten, dass sie in einem Spannungsverhältnis zur Funktion der Sozialisation steht. Am Ende der Schullaufbahn erfolgt unabhängig von der individuellen Entwicklung eine leistungsmäßige Hierarchisierung der Schülerinnen und Schüler, um eine entsprechende Verteilung gesellschaftlicher Positionen zu ermöglichen. Aus pädagogischer Perspektive ist diese Funktion der Schule immer wieder kritisiert worden. PARSONS und FEND streben in ihrer Theorie allerdings keine Bewertung, sondern lediglich eine wertfreie Analyse der schulischen Funktionen an.[3] Empirische Untersuchungen zeigen, dass vielen Lehrpersonen diese Aufgabe entweder nicht hinreichend bewusst ist oder dass sie sie nicht wahrnehmen wollen, weil sie ihren pädagogischen Wertvorstellungen der Förderung, Qualifizierung und Enkulturation von Individuen nicht entspricht. Solche Lehrerinnen und Lehrer versuchen, die Paradoxie zwischen Sozialisation und Selektion durch Identifikation mit der ersten Funktion und Abwehr der zweiten Funktion aufzuheben (vgl. FRIED 2002). Diese Grundhaltung findet ihre Entsprechung in Schultheorien, in denen die Aufgaben der Schule im Zusammenhang mit der Sozialisation als „genuin pädagogische" Funktionen bezeichnet werden, während Selektion als „apädagogisch" gilt (APEL/SACHER 2002, S. 49 f.).

Selektion wird hier offensichtlich weniger prinzipiell gedacht – im Sinne eines fairen Maßstabes, der die frühere Selektion nach Geburt in einen Stand abgelöst hat –, sondern mit dominierenden Realisierungsformen der bundesdeutschen Praxis gleichgesetzt. Diese ist durch hohe Quoten an Sitzenbleibern und Rückläufern zu anderen Schulen, nativistische Begabungsauffassungen und eine hohe soziale Ungleichheit in Bezug auf Bildungschancen gekennzeichnet. BOURDIEU und PASSERON (1971/1997, S. 247) arbeiten auf breiter empirischer Basis heraus, dass Bildungstitel wesentlich stärker von der sozialen Herkunft abhängen als von schulischen Leistungen. Kinder aus Familien höherer gesellschaftlicher Schichten bringen zum einen bessere Voraussetzungen für Schulerfolg mit, indem zu Hause eine intellektuelle Atmosphäre herrscht, die dort gesprochene Sprache ein höheres Niveau besitzt und Bildung ein hoher Wert zukommt. Zum anderen führen Momente wie sicheres Auftreten, freiere Interessen und Mobilität zu einer höheren Wertschätzung dieser Kinder durch die Lehrpersonen. Dies muss auf jeden Fall kritisch betrachtet werden. Allerdings stellt sich die Frage, inwieweit es angemessen ist, auf diese problematische Praxis mit einer generellen Abwehr der Selektionsfunktion der Schule zu reagieren. Lehrpersonen unterliegen wie alle Mitglieder einer Gesellschaft dominierenden Einstellungen, wozu auch spezifische Verhaltenserwartungen an ihre Schülerinnen und Schüler gehören. Damit unbewusste soziale Vorstellungen nicht ungerechtfertigterweise die Leistungsbewertung beeinflussen, indem beispielsweise das Kind einer Hochschullehrerin trotz objektiv gleicher Leistung eher eine Empfehlung für das Gymnasium erhält als das Kind eines Verkäufers, ist eine ständige Reflexion der Selektionsfunktion wichtig. Solange es kein anderes, allgemein anerkanntes Prinzip der Verteilung von Berufs- und Bildungschancen gibt als die schulische Leistung ist ein Verzicht auf diese Funktion nur schwer denkbar. Dies zeigt das Beispiel der Elementarschule zu Beginn der Neuzeit. In ihr waren keine Leistungskontrollen vorgesehen, gleichzeitig bot die Schule aber auch keine Möglichkeiten, sozial aufzusteigen.

Eine eher untergeordnete Bedeutung nimmt bei PARSONS und FEND die Förderung der individuellen Persönlichkeitsentwicklung von Schülerinnen und Schülern ein. APEL und SACHER (2002, S. 46) verwenden hierfür den Begriff der „Personalisation" und definieren diese als „Ermöglichung und Entfaltung von Selbstständigkeit, Mündigkeit und Urteilsfähigkeit". Diese heute vielfach angesprochene Aufgabe findet bei PARSONS und FEND zwar Berücksichtigung (zum Beispiel im Rahmen der Qualifizierung), doch da ihre zentrale Frage ist, was die Schule für die Gesamtgesellschaft tut, ist die Sichtweise auf spezifische Interessen und Bedürfnisse des Individuums nachrangig.

Genauso wenig haben PARSONS und FEND eine Funktion im Blick, die neuerdings verstärkt diskutiert wird: der Schutz und die Beaufsichtigung von Kindern und Jugendlichen. WIECHMANN (2003, S. 12) bezeichnet dies als „kustodiale Funktion". Er macht dafür zwei Notwendigkeiten aus: die zunehmende Berufstätigkeit beider Elternteile, auf die die Schule mit erweiterten Betreuungszeiten reagiert (verlässliche Halbtagsschule, Ganztagsschule), und die hohe Arbeitslosigkeit, der Jugendliche mit erweiterten Möglichkeiten des Schulbesuchs vor allem im beruflichen Bildungswesen begegnen können.

Zusammenfassend ist festzuhalten, dass die strukturfunktionalistische Schultheorie wichtige Einsichten in die Aufgaben der Schule liefert, denen eine hohe Bedeutung für ein reflektiertes Handeln von Lehrerinnen und Lehrern in ihrem beruflichen Alltag zukommt. Da Konkretisierungen aber gesellschaftlich umstritten sind und die herausgearbeiteten Funktionen in einem unaufhebbaren Spannungsverhältnis zueinander stehen, ist es schwierig, unmittelbare Handlungsanweisungen abzuleiten. Die Theorie liefert eher eine Hintergrundfolie, vor der schulische und unterrichtliche Fragen besser eingeordnet werden können.

Normativ orientierte Schultheorien
Parallel zur strukturfunktionalistischen Schultheorie entwickelten sich Schultheorien, die dezidiert normativ die Beziehungen von Schule und Gesellschaft analysieren, indem sie – aus einer gesellschaftskritischen Perspektive heraus – den Beitrag der Schule zur Aufrechterhaltung ungerechtfertigter Herrschaftsverhältnisse herausarbeiten (BERNFELD, FREIRE) oder – aus einer gesellschaftsstabilisierenden Perspektive heraus – die Schule für den Aufbau einer neuen Gesellschaftsform nutzen wollen (NEUNER). Von ihren Vertreterinnen und Vertretern werden diese Arbeiten zwar nicht immer als Schultheorien bezeichnet, vor dem Hintergrund der obigen Begriffsbestimmung einer Aufgabenbestimmung aus gesellschaftlicher Perspektive können sie aber als solche eingeordnet werden, da sie das Verhältnis zwischen Schule und Gesellschaft thematisieren.

Gesellschaftskritische Schultheorien
Wegen seiner literarischen Qualität ragt bis heute BERNFELDs (1925/2000) „Sisyphos oder die Grenzen der Erziehung" heraus. Der Autor betont in Form einer fiktiven Rede MACHIAVELLIS den Charakter der Schule als sozialkonservative Institution. Ihr zentrales Merkmal sei ein Modernitätsrückstand, indem die Schule der gesellschaftli-

chen Entwicklung „hinterherhinke". Ihre gesellschaftliche Funktion liegt nach BERNFELD in der Aufrechterhaltung gesellschaftlicher Hierarchien, für die allein die *Organisationsform* (in Deutschland die Dreigliederigkeit) entscheidend sei. Inhalte, Methoden und Erziehungsfragen seien dagegen weitgehend bedeutungslos beziehungsweise blieben ein „Sisyphosgeschäft": „Die Schule – als Institution – erzieht. Sie ist zum wenigsten *einer* der Erzieher der Generation; einer jener Erzieher, die – zum Hohne aller Lehren der großen und kleinen Erzieher, zum Hohne aller Lehr- und Erziehungsprogramme, aller Tagungen, Erlässe, Predigten – aus jeder Generation eben das machen, was sie heute ist, immer wieder ist, und gerade nach jenen Forderungen und Versprechungen ganz und gar nicht sein dürfte" (ebd., S. 28). In marxistischer Tradition beschreibt BERNFELD die Schule damit dezidiert als Subsystem der Gesellschaft, die über einen „heimlichen Lehrplan" andere Ziele anstrebt als vorgeblich intendiert. Bei MARX und ENGELS ist das Bildungswesen in diesem Sinne häufiges Thema gewesen, indem die Rolle des „bürgerlichen" Staates, der Qualifikationsbedarf „kapitalistischer" Industrie und die Integration der „Arbeiterklasse" durch die Schule kritisch betrachtet wurden. Schule wurde insofern ausschließlich als Herrschaftsinstrument gesehen (vgl. AUERNHEIMER 1987, S. 63).

In Radikalisierung dieser Überlegungen ist die Schule als Institution immer wieder grundsätzlich in Frage gestellt worden. Sie trage innerhalb eines Landes und zwischen den Ländern zur Privilegierung der Reichen und Ausbeutung der Armen bei. Eine solche radikale Schulkritik entwickelte sich insbesondere in den 60er und 70er Jahren des vergangenen Jahrhunderts in den Ländern Südamerikas, wo große Teile der Bevölkerung von politischer Partizipation ausgeschlossen waren. Aufgrund ihrer Verbindung mit dem wissenschaftlich-technischen Fortschritt wurde die Schule hier als Vorreiterin der Zerstörung der Welt in ökologischer beziehungsweise ökonomischer Hinsicht gesehen. FREIRE (1973, 1974) ist mit seinen Veröffentlichungen einer der bekanntesten Schulkritiker geworden. Er vergleicht Lehren und Lernen in der Schule mit dem Handeln eines Bankiers: Der Lehrer („Anleger") agiere als Subjekt, während die Schüler rein als „Anlage-Objekte" behandelt würden, die als Unwissende – in einem hierarchisch geprägten Unterrichtsverhältnis – vom wissenden Lehrer mit Wissen („Spareinlage") zu füllen seien. Dieses Wissen bleibe im Interesse der gesellschaftlichen Unterdrücker für die Schüler absichtlich bedeutungs- und beziehungslos, um ihre Anpassung an die gesellschaftlichen Verhältnisse zu erleichtern: „Viermal vier ist sechzehn, die Hauptstadt von Pará ist Belém. Der Schüler schreibt solche Phrasen, lernt sie auswendig und wiederholt sie, ohne sich klarzumachen, was vier mal vier wirklich bedeutet, oder sich zu vergegenwärtigen, welches die wahre Bedeutung von ‚Hauptstadt' ist" (FREIRE 1973, S. 57). FREIRE folgerte daraus, dass Bildung und Politik notwendig miteinander verknüpft werden müssten. In seiner Befreiungspädagogik zielt er eine Alphabetisierung der breiten Bevölkerung an, die sie gleichzeitig zu politischen Subjekten mache: Schülerinnen und Schüler sollten ausgehend von alltäglichen Bedürfnissen vor allem lernen, die Welt zu durchschauen („Bewusstwerdung"). Eine zentrale Voraussetzung war für Freire in diesem Zusammenhang die Aufhebung des Hierarchiegefälles, indem Lehrende und Lernende im Unterricht wechselweise Wissende und Unwissende beziehungsweise nach Möglichkeit meistens gemeinsam Suchende sein sollten. Er definierte „Bildung als Praxis der Freiheit – im Gegensatz zu einer Erziehung als Praxis der Herrschaft" (ebd., S. 65).

Schultheorie der DDR

Zu den dezidiert normativ orientierten Schultheorien kann auch die Theorie des DDR-Pädagogen NEUNER gezählt werden. NEUNER (1974, S. 15) bestimmt als Aufgabe der Schule die Entwicklung der allseitig gebildeten sozialistischen Persönlichkeit. Er geht von einer Theorie der Persönlichkeitsentwicklung aus, die auf den wissenschaftstheoretischen Grundannahmen des Marxismus-Leninismus aufbaut, und zwar vor allem auf den Annahmen einer Erziehbarkeit des Menschen, eines gesetzmäßigen Verlaufs der gesellschaftlichen Entwicklung hin zu höherwertigen Formationen und eines gesellschaftlich legitimen Vorrangs der Arbeiterklasse (ebd., S. 22). Wertfreie Grundhaltungen und erst recht wertfreie Erziehung hält NEUNER nicht für möglich (vgl. ebd., S. 49 f.). Den im Entstehen befindlichen empirisch-analytischen Ansätzen in der Bundesrepublik wirft er in diesem Zusammenhang vor, durch ihren Verzicht auf normative Aussagen kapitalistische Herrschaftsansprüche zu verdecken und damit implizit für ihre Stabilisierung zu arbeiten (ebd., S. 80 ff.).

Die normative Prägung der NEUNERschen Schultheorie wird besonders daran deutlich, dass wissenschaftliche Bildung und ideologische Erziehung in der Schule für ihn eine Einheit darstellen. Erstere ist darauf ausgerichtet, Wissen und Fähigkeiten zu vermitteln, insbesondere mit Hilfe wissenschaftlicher Methoden und auf Wahrheit ausgerichtet. Erziehung hat die Vermittlung eines Systems an ideologischen Grundüberzeugungen zum Ziel, und zwar durch Erleben und Handeln und auf Parteilichkeit ausgerichtet (vgl. ebd., S. 134). Nur den ersten Schritt zu gehen, greift nach NEUNER zu kurz. Erst in Kombination mit dem zweiten Schritt sieht er die Aufgaben von Schule, Betrieb, Freizeitorganisationen und Familie als erfüllt an. In diesem Sinne kommt dem Schulsystem eine zentrale Rolle für die gesellschaftliche Entwicklung zu. Die Schule bezeichnet NEUNER dezidiert als „ideologische Institution" (ebd., S. 49) und er proklamiert eine „Einheit von Politik und Pädagogik" (ebd., S. 27).

NEUNER arbeitet in seiner Schultheorie zunächst weitgehend wertfrei heraus, an welchen Stellen in einem staatlichen Schulsystem notgedrungen und unvermeidbar Einflussnahmen des Staates und der Bildungspolitik auf die Schule stattfinden sowie an welchen Stellen im Curriculum und von den Lehrperson bei der Relationierung von Ziel, Inhalt und Methode wertbesetzte Entscheidungen zu treffen sind. Diese Analyse verbindet NEUNER mit präskriptiven Elementen, indem er eine solche Einflussnahme im Interesse der gesellschaftlichen und individuellen Entwicklung fordert. Neben qualitativen Einflussnahmen, zu denen die staatlichen Lehrpläne sowie die didaktisch-methodischen Handreichungen für Lehrpersonen gehören, zählen hierzu auch quantitative Planungen der Verteilung von Absolventen, also die Festlegung von Abiturienten- und Lehrlingsquoten sowie Quoten für Studium und Weiterbildung (vgl. ebd., S. 60). In schulstruktureller Hinsicht konkretisiert sich NEUNERs Schultheorie in den Prinzipien der Einheitlichkeit, Staatlichkeit, Weltlichkeit und Unentgeltlichkeit (siehe auch Abschnitt 2.2.4 zur Geschichte des DDR-Schulsystems).

Diskussion der normativ orientierten Schultheorien

In dezidiert normativ orientierten Schultheorien ist die Position der Autorinnen und Autoren – sei sie gesellschaftskritisch oder gesellschaftsverändernd – in der Regel deutlich zu erkennen. Dies ist insofern von Vorteil, als damit Wertungen offen gelegt werden, die sich hinter der Wahl von Analyseperspektiven und Forderungen verbergen. An Neuners Beispielen wird deutlich, wie stark Normen und Werte in schulrelevante Fragestellungen einfließen – und dass dies überwiegend nicht vermieden werden kann, sodass stärker die Frage gestellt werden sollte, in wessen Interesse Entscheidungen gefällt werden. Diese Problematik wird in dezidiert empirisch-analytischen Schultheorien manchmal nicht deutlich genug herausgearbeitet. Hier liegt insofern eine wichtige Bedeutung normativ orientierter Schultheorien.

Ihre weitere Bedeutung liegt darin, darauf aufmerksam zu machen, dass die Schule ein Produkt gesellschaftlicher Entwicklungen ist und dass sie gesellschaftliche Verhältnisse widerspiegelt. So macht Bernfeld darauf aufmerksam, dass Unterrichtsinhalte und -methoden – selbst wenn sie einen aufklärerischen Impetus aufweisen und auf Abbau gesellschaftlicher Ungleichheit ausgerichtet sind – gegenüber Fragen der Schulorganisation möglicherweise nachrangig sind. Und Freire spitzt diese Position weiter zu, indem er auf das Problem hinweist, über die Vermittlung „ideologiefreier" schulische Inhalte gegebenenfalls zur Aufrechterhaltung gesellschaftlicher Missstände beizutragen.

Normativ orientierte Schultheorien sind schließlich in einer dritten Hinsicht von Bedeutung, da sie darauf aufmerksam machen, dass der Schule selbst das Potenzial innewohnt, gesellschaftliche Entwicklungen zu beeinflussen. In der strukturfunktionalistischen Schultheorie wird ein vergleichsweise statisches Bild vom Verhältnis der Schule zur Gesellschaft gezeichnet. Ohne dass es möglicherweise beabsichtigt ist, entsteht der Eindruck überdauernder Aufgaben (Sozialisation und Selektion) mit unvermeidbaren Folgen (Reproduktion von Berufs- und Beschäftigungssystem sowie der Sozialstruktur) – als wenn dies nicht veränderbar sei. Bernfeld, Freire und Neuner kritisieren genau dies und verbinden mit ihren Analysen Forderungen an eine Parteilichkeit der Lehrpersonen im Interesse unterprivilegierter Bevölkerungsgruppen.

An dieser Stelle erreichen die Schultheorien aber auch ihre Grenzen, und zwar in zweierlei Hinsicht. Zum einen können Konsequenzen aus den Schultheorien in der Regel nur geteilt werden, wenn auch die normativen Grundannahmen geteilt werden. Da dies nicht immer der Fall sein kann, ist auch die Reichweite der Schultheorie begrenzt. Zum anderen bringt Parteilichkeit in der Schule immer auch die Gefahr der Bevormundung mit sich. Lehrpersonen haben es mit Schülerinnen und Schülern zu tun, die meist noch kein stabiles Wert- und Überzeugungssystem entwickelt haben. Dies zu beeinflussen ist unvermeidlich, wo die Grenzen zu ziehen sind, ist aber eine kontroverse Frage (siehe hierzu im Einzelnen Kapitel 11).

3.2.2 Schultheorien zu den Binnenstrukturen der Schule

Die bisher dargelegten Schultheorien setzen einen Schwerpunkt auf die Analyse der Beziehungen von Schule und Gesellschaft. Die Binnenstrukturen und die Perspektive der Individuen in der Schule geraten dabei aus dem Blick. Im Folgenden wird daher auf Schultheorien eingegangen, die sich stärker diesen Fragen widmen. Dabei wird erneut der Unterscheidung von empirisch-analytischen und normativen Theorien gefolgt. Erstere untersuchen die real vorzufindenden Beziehungen zwischen den Personen in der Schule. Es handelt sich dabei oft um Ansätze aus der Soziologie oder Psychologie. In normativ orientierten Theorien, die häufig pädagogischer Provenienz sind, werden dagegen vorwiegend Ziele der Schule diskutiert und formuliert. Dahinter steht das bildungstheoretische Interesse zu klären, was an Schulen geschehen soll (und nicht zu klären, was dort geschieht).

Empirisch-analytische Schultheorien (MEAD, ULICH)
Für die Analyse der schulischen Binnenbeziehungen kommt der Lehrer-Schüler-Interaktion und der verbalen Kommunikation zwischen Lehrpersonen und Schülern eine Schlüsselstellung zu. Diese wird in empirisch fundierten Theorien zum Ausgangspunkt des Verständnisses von Schule genommen, und zwar vor allem in der Tradition des Symbolischen Interaktionismus und in der Sozialpsychologie.
In der Tradition des Symbolischen Interaktionismus, die wesentlich von MEAD begründet und von BLUMER und anderen weiter ausgearbeitet wurde, wird die Typik schulischen Handelns herausgearbeitet. Generell wird in dieser Theorietradition davon ausgegangen, dass *Handeln* eine Grundkategorie gesellschaftlichen Zusammenlebens ist und dass dieses Handeln „vorwiegend in Reaktion oder in Bezug aufeinander" (BLUMER 1973, S. 86) geschieht. Symbole – beispielsweise in Form von Gesten – vermitteln diese Interaktion. Sie müssen wahrgenommen und interpretiert werden: „Die Geste hat also eine Bedeutung sowohl für die Person, die sie setzt, wie für die, an die sie gerichtet ist. Wenn die Geste für beide dieselbe Bedeutung hat, verstehen sich die beiden Beteiligten." (ebd., S. 88). Nur wenige Interaktionen geschehen nichtsymbolhaft, das heißt ohne Interpretation der vorhergehenden Handlung, indem reflexhaft reagiert wird.
Nun sind Reaktionen in einer Gesellschaft nicht beliebig möglich, sondern unter anderem von kollektiven Vorerfahrungen abhängig. Typisierungen bestimmen also das menschliche Handeln (BERGER/ LUCKMANN 1974). Im Einzelnen bedeutet dies Folgendes: Für bestimmte Situationen existieren in einer Gesellschaft Erwartungen in Bezug auf ganz bestimmte Handlungsweisen und darauf erfolgende Reaktionen. Diese Erwartungen werden im Prozess von Erziehung und Sozialisation gelernt beziehungsweise übernommen (MEAD 1969, S. 319). Die Wahrnehmung und Interpretation der Situation sowie die Entscheidung für eine bestimmte Handlung ist dabei von der Gruppenzugehörigkeit eines Individuums abhängig (zum Beispiel Lehrer – Schüler). Institutionen nehmen diese Typisierungsleistung quasi vorweg, indem für die in ihnen handelnden Menschen vorab bestimmte Verhaltenserwartungen gelten. Jede Person ist beim Eintritt in eine Institution gezwungen, sich deren Handlungs-

regeln anzupassen. Wenn Handeln im Rahmen von Institutionen geschieht, ist es der Theorie des Symbolischen Interaktionismus zufolge also weniger von Überzeugungen und Einstellungen der Einzelpersonen geprägt als von historisch tradierten Gewohnheiten. Als besonderes Problem wird dabei herausgearbeitet, dass die handelnden Personen Leistungen einer Institution nicht immer aus eigenem Antrieb in Anspruch nehmen, sodass sie die Institution als feindlich empfinden können (daher auch die in der Tradition des Interaktionismus häufig zu findenden Warnungen vor so genannten „totalen" Institutionen wie beispielsweise der Psychiatrie; vgl. GOFFMANN 1973). Allerdings wird dies nicht als generell gültiges Merkmal sozialer Interaktion in Institutionen angesehen, sondern prinzipiell sei auch „Spielraum für Originalität, Flexibilität und Variabilität" (MEAD 1969, S. 321) im Handeln denkbar.

Diese Überlegungen können auf die Institution Schule übertragen werden. Lehrpersonen und Lernende werden als Akteurinnen und Akteure gesehen, die aufgrund von gesellschaftlich vorgeprägten Erwartungen an das Verhalten in der Schule agieren. So unterrichten Lehrerinnen und Lehrer im 45-Minuten-Takt und sie benoten Leistungen nach Vorgaben. In der Lehrer-Schüler-Interaktion nehmen Lehrpersonen konkrete Verhaltensweisen von Schülerinnen und Schülern typisiert wahr, die wiederum typisiert reagieren, indem sie beispielsweise in einer bestimmten Anordnung sitzen, auf Fragen von Lehrpersonen antworten und so weiter. Abweichungen vom erwarteten Handeln sind für Lehrpersonen kaum möglich, da in dem komplexen Beziehungsgefüge die Schüler, gegebenenfalls auch Kollegen oder Eltern, mit Abwehr reagieren würden. Die Typisierung beinhaltet dabei für Lehrer- und Schülerseite Sicherheit und Routinisierung. Was dies bedeutet wird offensichtlich, wenn man sich einmal versucht vorzustellen, bei einem Treffen zwischen einer Gruppe Jugendlicher und einem Erwachsenen sei nicht festgelegt, dass es sich um den Schulkontext handele: Die Jugendlichen würden nicht automatisch verstummen oder dem Erwachsenen das Recht zugestehen, sich Gehör zu verschaffen. Sie würden sich keineswegs in eine bestimmte Formation (vorgegeben durch Schulbänke) setzen, ihre Hefte und Bücher herausholen (die sie gar nicht bei sich haben würden), auf eine Frage beziehungsweise Aufforderung warten, auf diese reagieren und so weiter. Einige Jugendliche würden unmittelbar gehen (warum sollten sie bleiben?), einige würden anfangen zu reden, zu spielen oder Ähnliches.

In einer sozialpsychologischen Perspektive auf die Lehrer-Schüler-Interaktion entwickeln Schülerinnen und Schüler durch das typisierte Wechselspiel von Persönlichkeit und schulisch-institutionellen Bedingungen ihre personale Identität. Dabei verweisen die empirischen Erkenntnisse vor allem auf negative Folgen der Institutionalisierung von Lehren und Lernen. ULICH (2001, S. 37) stellt fest, dass die Schule vor allem „zu Leistung, Konkurrenz und Disziplin" erziehe. Als organisatorische Grundeinheit identifiziert er die Schulklasse. Diese stelle eine Zwangsgruppierung nach dem Prinzip der Altersklasse dar, die wegen der ständigen Vergleiche der Schülerinnen und Schüler untereinander zu Einzelkämpfertum führe (vgl. ebd., S. 51). Das Verhältnis zwischen Lehrpersonen und Schülerinnen und Schülern sei hierarchisch strukturiert. Steuerungsfaktoren der Lehrerinnen und Lehrer seien Macht, Kontrolle und Prüfungsrituale, die eine Durchsetzung von Maßnahmen auch gegen den Willen der Kinder und Jugendlichen ermöglichen. Dabei macht ULICH darauf aufmerksam, dass es sich nicht nur um formale Sanktionsrechte handele, die das Lehrer-Schüler-Verhältnis asymmetrisch machen, sondern um auch deren Expertenstatus sowie um das persönliche Verhältnis zu den Schülern (vgl. ebd., S. 79 f.). Die Schülerinnen und Schüler reagieren mit Gehorsam und Leistungsdruck, gegebenenfalls sogar mit Angst auf das Machtgefälle, da sie von den Lehrpersonen in vielfacher Hinsicht (leistungs- und beziehungsmäßig) abhängig seien.

In empirischen Studien zeigt sich, dass der Umgang einer Lehrperson mit einem Schüler stark davon abhängt, welchem Typus dieser zugeordnet wird. ULICH konnte feststellen, dass Schülerinnen und Schüler in entsprechenden Untersuchungen von Lehrpersonen in der Regel anhand von zwei Kriterien – „Leistung" mit den Polen hoch und gering sowie „Verhalten" mit den Polen konform und nicht-konform – typisiert werden (vgl. Darstellung 3.3) und dass die Reaktionen der Lehrpersonen je nach Typus unterschiedlich ausfallen.

	konformes Verhalten	nicht-konformes Verhalten
hohe Leistungsfähigkeit	„Idealschüler"	„selbstständiger Schüler"
geringe Leistungsfähigkeit	„Sorgenschüler"	„abgelehnter Schüler"

Darstellung 3.3: Typisierung von Schülerinnen und Schülern durch Lehrpersonen

So erhalten die Schülerinnen und Schüler mit hoher Leistungsfähigkeit und konformem Verhalten, die den Typus des „Idealschülers" darstellen, mehr Lob, schwierigere Aufgaben sowie differenziertes und positives Feedback: „Idealschüler/innen werden tendenziell und eher latent bevorzugt und den anderen oft als Vorbilder dargestellt" (ebd., S. 84). Schülerinnen und Schüler mit geringer Leistungsfähigkeit und nicht-konformem Verhalten unterliegen dagegen einer schärferen Kontrolle, erhalten häufiger einen Tadel und ihre Kontaktangebote werden abgewehrt. Darüber hinaus bekommen sie weniger Gelegenheiten geboten, sich konstruktiv in den Unterricht einzubringen, und sie erhalten häufiger negatives Feedback. Diese Schülergruppe stellt den Typus des „abgelehnten Schülers" dar. Neben zwei weiteren Typen – dem Typus des „selbstständigen Schülers" (hohe Leistungsfähigkeit bei nicht-konformem Verhalten) und dem Typus des „Sorgenschülers" (geringe Leistungsfähigkeit bei konformem Verhalten) – konnte ULICH eine fünfte Gruppe von Schülern identifizieren, die sowohl hinsichtlich ihrer Leistungsfähigkeit als auch ihres Verhaltens eine mittlere Ausprägung zeigt. Er bezeichnet diese als „vergessene" Schüler: „Die Lehrer/innen haben zu diesen Schüler/innen wenig Kontakte, beachten sie kaum und geben ihnen selten Rückmeldung" (ebd., S. 85).

Diskussion der empirisch-analytischen Schultheorien (MEAD, ULICH)
Durch ihren genauen Blick auf die Realität der Interaktion zwischen Lehrpersonen und Schülerinnen und Schülern haben die oben dargelegten Schultheorien auf problematische Verhältnisse aufmerksam gemacht. Dies gilt zum einen für die Aufde-

ckung der impliziten Förderung von Persönlichkeitsstrukturen durch die spezifische Organisation und Interaktion in der Schule. Ängste oder unreflektierte Autoritätshörigkeit stellen Wirkungen dar, die aus pädagogischer Sicht unerwünscht und daher eher kritisch zu betrachten sind. Die Bedeutung der interaktionistischen und psychologischen Schultheorien liegt zum anderen in der Herausarbeitung der Typisierung, die der Lehrer-Schüler-Interaktion unterliegt. Wenn diese unterrichtliches und schulisches Handeln zum Teil auch erst möglich macht, stellen gegebenenfalls damit verbundene überzogene Vernachlässigungen der individuellen Besonderheit jedes Schülers beziehungsweise jeder Schülerin sowie die festgestellten stereotypen Reaktionen von Lehrpersonen Probleme dar.

Allerdings stellt sich die Frage, inwieweit es sich bei den herausgearbeiteten Problemen tatsächlich um Wesensmerkmale der Schule handelt oder ob prinzipiell auch andere Schulverhältnisse denkbar sind. Die dargelegten Theorien legen die Interpretation nahe, dass die Probleme zwar pädagogisch nicht wünschenswert, aber gesellschaftlich funktional seien. Insofern zeigt sich in ihnen eine gesellschaftskritische Bewertung des Festgestellten auf empirischer Basis. Zudem bringe schon die Form der Institutionalisierung nicht zu bewältigende Folgen mit sich. So müssen Lehren und Lernen nicht prinzipiell asymmetrisch strukturiert sein. Im Alltag wechseln die Rollen je nach Fähigkeitsbereich schließlich auch. In der Schule ist das hierarchische Verhältnis aber institutionalisiert (vgl. Giesecke 2001, S. 23 f.).

Normativ orientierte Schultheorien (Geisteswissenschaftliche Pädagogik, von Hentig)
Die geisteswissenschaftliche Pädagogik war die dominierende pädagogische Richtung in der Weimarer Republik und – in der alten Bundesrepublik – nach dem Nationalsozialismus (bis etwa 1960). Wegen ihrer Affinitäten zu einzelnen nationalsozialistischen Ideen war diese Strömung nach 1945 allerdings immer wieder starker Kritik ausgesetzt. Als bekannteste Vertreter seien Nohl, Spranger und Wilhelm genannt, die an Dilthey anknüpften. Dezidierte Schultheorien legten in erster Linie Nohl (1933/1963) und Wilhelm (1967) vor.

Der geisteswissenschaftlichen Pädagogik geht es weniger um die Analyse, Beschreibung und Erklärung realer schulischer Verhältnisse als um die Formulierung von Zielen, wie Schule sein „soll". Dabei weist Nohl (vgl. 1933/1963, S. 124) die Annahme zurück, pädagogische Praxis müsse staatliche, kirchliche oder politische Anforderungen lediglich umsetzen. Im Zentrum seiner Betrachtung steht immer das Individuum, das durch Sozialisationsinstanzen und geschichtliche Entwicklungen beeinflusst wird (vgl. Wilhelm 1967). Nohl (1933/1963, S. 221) bezeichnet seinen Ansatz daher auch als „Individualpädagogik": „Die praktische pädagogische Arbeit […] steht immer vor dem einzelnen Du." Die Gesellschaft sei zwar wichtig, um eine grundlegende normative Orientierung für Unterrichts- und Erziehungsprozesse zu haben und um als Individuum die Chance zu besitzen, in einer größeren Gruppe „verwurzelt" zu sein, doch dürfe dieser Kontext die individuelle Entwicklung nicht dominieren. Individuum und Gesellschaft sieht Nohl (ebd., S. 127) eher in einem zirkulären Verhältnis, indem das Volk eine „Gesamtindividualität" darstelle. Die Schule habe in erster Linie „das Kind aus der Gebundenheit in der Familie hinüberzuführen in die Willensform des öffentlichen Lebens und die Kräfte in ihm zu entwickeln, die alle Organisationen tragen" (ebd., S. 197).

Normativ bestimmt NOHL (ebd., S. 127) entsprechend die Entwicklung des einzelnen Kindes im Sinne einer optimalen Entfaltung aller seiner Möglichkeiten als wesentliche Schulfunktion. Eine solche Bildung des ganzen Menschen umfasst für ihn die Entwicklung von Individualität, Selbsttätigkeit und Selbstwert. Für das Gelingen dieses Entwicklungsprozesses betont NOHL vor allem das persönliche Verhältnis zwischen Erzieherin beziehungsweise Erzieher und Zögling: „Das ist der Primat der Persönlichkeit und der personalen Gemeinschaft in der Erziehung gegenüber bloßen Ideen, einer Formung durch den objektiven Geist und die Macht der Sache" (ebd., S. 133). NOHL betont dabei die Nähe und die Bindung, ja die „Liebe" (ebd., S. 135) von Lehrpersonen an ihre Schülerinnen und Schüler: „Die Grundlage der Erziehung ist also das leidenschaftliche Verhältnis eines reifen Menschen zu einem werdenden Menschen, und zwar um seiner selbst willen, dass er zu seinem Leben und seiner Form komme" (ebd., S. 134). Pädagogischem Handeln schreibt NOHL insofern auch ein stark emotionales Moment zu. Der personalen Ausrichtung des Lehrer-Schüler-Verhältnisses entsprechend weist NOHL der Person der beziehungsweise des Lehrenden eine bedeutsame Rolle zu, die er in Teilen geradezu überhöht.

Neben dem Prinzip der personalen Erziehung solle als zweites Prinzip das von Autorität (aus Sicht des Lehrers) beziehungsweise Gehorsam (aus Sicht des Schülers) die Schule dominieren. Demokratische Erziehung, wie sie die damalige zeitgenössische Pädagogik in den USA diskutierte, hält NOHL nur eingegrenzt für sinnvoll, und zwar wenn es um die Vorbereitung auf kooperative Aufgaben geht (vgl. ebd., S. 197 f.). NOHL registriert dabei zwar die auch zu seiner Zeit deutliche Kritik innerhalb der Pädagogik an den realen schulischen Verhältnissen, doch sieht er diese als Missbrauch, nicht als originäre Folge von Autorität und Gehorsam: „Autorität heißt also nicht Gewalt, wenn sie sich auch unter Umständen mit ihr wappnen muss, und Gehorsam heißt nicht aus Angst tun oder blind folgen, sondern heißt freie Aufnahme des Erwachsenenwillens in den eigenen Willen und spontane Unterordnung als Ausdruck eines inneren Willenverhältnisses, das gegründet ist in der überzeugten Hingabe an die Forderungen des höheren Lebens, das durch den Erzieher vertreten wird" (ebd., S. 139). Im Unterschied zu zuvor dargestellten Theorien, in der das Machtgefälle in der Schule als Folge der gesellschaftlichen Verhältnisse beschrieben wird, betont NOHL also sogar die Wünschbarkeit von Autorität und Gehorsam.

Eine moderne, normativ orientierte Schultheorie stellen die Arbeiten VON HENTIGS dar. HENTIG hat zwar nicht den Anspruch formuliert, eine Theorie der Schule zu entwerfen, in zahlreichen seiner Veröffentlichungen hat er ihre institutionellen Merkmale aber analysiert und einen normativen Gegenentwurf erstellt (vgl. insbesondere HENTIG 1993 und als erweiterte Neuausgabe 2003). Ausgehend von seiner Sorge um die Gefährdung der Zivilisation durch die Rückkehr der Barbarei – vor allem in Gestalt des Rechtsextremismus (vgl. HENTIG 2003, S. 265) – hält HENTIG es nicht für hinreichend, Schule lediglich als Einrichtung zur Vermittlung von Kenntnissen und Fertigkeiten, als Schonraum für die natürliche Entwicklung von Kindern und Jugendlichen, als Institution zur Erziehung nach einem vorab fertigen Programm oder als Einrichtung zur Vergabe von Berechtigungen zu konzeptualisieren. Unter der doppelten Leitlinie „die Menschen stärken, die Sachen klären" (ebd., S. 231) entwirft er die Schule als „Lebens- und Erfahrungsraum" in Analogie zur „polis" (ebd., S. 189). HENTIG zielt damit nicht auf eine Sozialpädagogisierung der Schule, sondern er fordert eine angemessene Gestaltung des Ortes, an dem Kinder und Jugendliche quantitativ die meiste Zeit verbringen. Fünf Merkmale zeichnen seine Schulkonzeption aus:

1. Ist eine Schule als Lebensraum konzipiert, haben in ihr auch Kreativität, Emotionen, Feste und Bewegung hinreichend Raum (vgl. ebd., S. 216 f.).
2. Der Pluralismus des Lebens fordert individualisierten Unterricht je nach Fähigkeiten, Lerntempo und Bedürfnissen der Schülerinnen und Schüler (vgl. ebd., S. 221 f.).
3. Als *polis* verfügt die Schule über selbst aufgestellte Regeln für das Zusammenleben, deren Durchsetzung diskursiv erfolgt (vgl. ebd., S. 225 f.).
4. Im Interesse einer Förderung des ganzen Menschen ist der Unterricht fächerübergreifend angelegt und enthält auch alltagswichtige Gegenstände wie beispielsweise die Ernährung. Das Lernen ist auf drei große Dimensionen ausgerichtet: den Umgang mit Menschen, mit Sachen und mit dem eigenen Körper.
5. Die Schule stellt eine Brücke zwischen der Privatwelt der Familie und der öffentlichen Welt der Gesellschaft dar, wobei die Erfahrungsbereiche der Schülerinnen und Schüler mit zunehmendem Alter immer größer werden. Im jungen Alter bedeutet dies ein Lernen mit geringer Komplexität in kleinen Gruppen und mit wenigen Lehrpersonen sowie bei geringer Freiheit und Verantwortung. Alle Komponenten weiten sich dann zunehmend aus, sodass in höherem Alter komplexe Gegenstände in größeren Gruppen mit mehr Lehrpersonen und bei größerer Freiheit und Verantwortung gelernt werden (vgl. ebd., S. 228 f.).

Mit der Bielefelder Laborschule und dem dortigen Oberstufenkolleg hat HENTIG zwei Institutionen im Sinne der dargestellten Leitideen praktisch umgesetzt. Damit sie generell verwirklicht werden können, hält er eine andere Lehrerausbildung für notwendig, als sie derzeit praktiziert wird. In dieser soll weniger die Theorie im Vordergrund stehen, als dass zukünftige Lehrerinnen und Lehrer anhand der Praxis und unter Orientierung an guten Lehrpersonen sowie durch eigene Erprobung lernen (vgl. ebd., S. 248 ff.).

Diskussion normativ orientierter Schultheorien zu den Binnenstrukturen der Schule
Den hier dargestellten Schultheorien der geisteswissenschaftlichen Pädagogik und VON HENTIGS kommt das Verdienst zu, die Ziele der Schule nicht aus einer gesellschaftlichen Perspektive zu deduzieren, sondern pädagogischen Bemühungen um die Entwicklung des Individuums einen Eigenwert zuzuschreiben. Insofern betonen die Autoren eine „relative Autonomie" der Pädagogik. Offen bleiben muss, wie weit diese Autonomie tatsächlich vorhanden ist. Die schultheoretischen Analysen aus Abschnitt 3.2.1 verweisen darauf, dass Schule eine gesellschaftliche Institution ist. Damit kann sie sich nicht radikal gegen gesellschaftliche Trends stellen – im Gegenteil erscheint es geradezu als eine ihrer Aufgaben, systematisch Traditionen zu sichern,

also „sozialkonservativ" zu sein. Eine Gesellschaft kann – anthropologisch gesehen – nur bestehen, wenn sich ihre Mitglieder auf einen Kern an geteilten Werten und an geteiltem Wissen verständigen. Im Kern von Kritik, die auf gesellschaftliche Veränderungen zielt, hätte also prinzipiell weniger die Schule als die Gesellschaft selbst mit ihren Strukturen zu stehen.

In diese Richtung wird in den empirisch-analytischen Schultheorien des Symbolischen Interaktionismus und der Sozialpsychologie argumentiert. Implizit beziehungsweise explizit werden also in diesen Theorien Wertungen vorgenommen, die aus empirischen Daten gefolgert werden. Dies ist nicht nur eine normative Aussage, sondern die Autoren schließen auch aus dem „Sein" auf ein „Soll". Genau dies kritisieren Schultheorien, die sich dezidiert als normativ verstehen, als nicht zulässig. Was an der Schule geschehen soll, was angemessene Ziele sind, könne nur aus pädagogischen Metatheorien abgeleitet werden. Den Weg, aus der vorfindlichen Situation zu schließen, bezeichnen sie als „naturalistischen Fehlschluss". So angemessen diese Kritik ist, so sehr muss gleichzeitig in Frage gestellt werden, ob normative Theorien ohne jeden Bezug auf die empirische Praxis auskommen können. Vor allem frühe pädagogische Ansätze verzichten auf jede Art der Untersuchung, inwieweit die von ihnen proklamierten Ziele erreicht werden.

3.3 Zusammenfassung und Anwendung

Im vorliegenden Kapitel wurden die Beziehungen zwischen Schule und Gesellschaft sowie die inneren Wirkungsmechanismen der Schule analysiert. Zu diesem Zweck wurden verschiedene empirisch fundierte und normativ orientierte Schultheorien herangezogen.

Im Hinblick auf die Außenbeziehungen der Schule, für die die strukturfunktionalistische Theorie von PARSONS und FEND vorgestellt wurden, übernimmt die Schule – mit der Absicht, gesellschaftliche Subsysteme zu reproduzieren – vor allem die Funktionen der Qualifikation, Integration und Selektion. Erstere dient der Reproduktion des Berufs- und Beschäftigungssystems, die zweite Funktion der Reproduktion des politischen Systems und Letztere der Reproduktion des sozialen Systems. Stärker kritisierend und bewertend fallen die Aussagen in Schultheorien aus, die sich auf KARL MARX berufen. Danach ist die Schule in westlichen Gesellschaften ein Herrschaftsinstrument in der kapitalistischen Gesellschaft mit sozial-konservativer Funktion. In den normativ orientierten Theorien der radikalen Schulkritik wird die Zerstückelung von Inhalten im Interesse politischer Unbewusstheit hervorgehoben. Eine eigene normativ orientierte Schultheorie zu den Beziehungen von Schule und Gesellschaft stellt der Ansatz des DDR-Pädagogen NEUNER dar. In diesem wird die Verknüpfung von Schule und Gesellschaft nicht nur beschrieben, sondern auch gefordert. Insgesamt wird im Interesse der Entwicklung einer sozialistischen Persönlichkeit eine konsequente Ausrichtung auf das Ziel der Ausbildung einer sozialistischen Allgemeinbildung verfolgt.

Die Binnenbeziehungen in der Schule werden ebenfalls aus empirischer und normativer Perspektive modelliert. Interaktionistische Schultheorien in der Tradition von MEAD arbeiten die Typisierung der Lehrer-Schüler-Interaktion heraus. Institutionen liefern danach vorgeprägte Routinen, denen sich die in ihnen agierenden Personen nur schwer entziehen können. Aus sozialpsychologischer Perspektive wird dabei auf die implizit erworbenen Persönlichkeitsstrukturen – zum Beispiel Autoritätshörigkeit – als Folge der Schulerfahrungen hingewiesen. Während diese Schultheorien die in der Schule vorzufindende Realität beschreiben, geht es in stärker normativ orientierten Schultheorien zu den Binnenstrukturen der Schule (vor allem in der geisteswissenschaftlichen Pädagogik und in der Schultheorie VON HENTIGS) um die Bestimmung, wie Schule sein sollte. Dabei stehen die persönlichen Beziehungen zwischen Lehrpersonen und Lernenden im Mittelpunkt, durch die zur individuellen Entfaltung von Schülerinnen und Schülern in bestmöglicher Weise beigetragen werden könne.

Aus der Darstellung der verschiedenen Theorien geht hervor, dass eine umfassende Theorie der Schule, die unter Berücksichtigung aller bedeutsamen Perspektiven die gesellschaftlichen Funktionen und die Binnenstruktur dieser Institution beschreibt und erklärt, derzeit nicht existiert. Allerdings wird aus den Ansätzen das Spannungsverhältnis zwischen gesellschaftlichen Ansprüchen an die Schule und dem Anspruch an Kinder und Jugendliche auf bestmögliche individuelle Entwicklung als konstitutives Merkmal von Schule deutlich. Diese Spannung, aus der sich weitere unauflösbare Spannungsverhältnisse ableiten lassen, stellt möglicherweise ein Grundmerkmal der Schule als gesellschaftliche Institution dar, auf der eine umfassende Schultheorie aufgebaut werden könnte.

Blicken Sie nun noch einmal auf Ihre Lösung der einführenden Aufgabe. Welche Aspekte von Schultheorien sind in den Spiegel- und Focus-Zitaten angesprochen? Stellen Sie auf der Basis der dargelegten Informationen Merkmale von Schule zusammen, die Sie für zentral halten (nach Möglichkeit sowohl im Hinblick auf die Außenbeziehungen der Institution zur Gesellschaft als auch im Hinblick auf die inneren Strukturen). Begründen Sie Ihre Position – wenn möglich – gegenüber einer Lerngruppe.

Anmerkungen

1 Unberücksichtigt bleiben in diesem Abschnitt Ansätze, die analysieren, wie eine Schule als Institution *verändert* werden kann. Angesichts der Bedeutung dieser Thematik für den vorliegenden Band widmen wir ihr ein eigenes Kapitel (siehe Kapitel 13). Da der Fokus des Bandes zudem auf der Gestaltung der Schule als Institution liegt, findet im Folgenden zwar die Struktur der Lehrer-Schüler-Interaktion Berücksichtigung, Theorien und Konzepte, in denen es ausschließlich um die *Gestaltung* unterrichtlicher Prozesse geht, thematisieren wir dagegen in einem eigenen Band (TULODZIECKI/ HERZIG/ BLÖMEKE 2004, S. 193 ff.).

2 Der Begriff der „Sozialisation" wird in der Erziehungswissenschaft vielfach verwendet, ohne dass damit immer eine konsistente Bedeutung verbunden ist. Das Begriffsverständnis des vorliegenden Bandes, das in etwa der zweiten Perspektive von FEND und PARSONS entspricht, wird in Kapitel 11 näher erläutert.

3 In anderen Schultheorien wird die Selektionsfunktion auch als „Verteilung" beziehungsweise „Allokation" bezeichnet.

4| Internationale Schulsysteme im Vergleich

4.1 Einleitende Hinweise und Fragestellung

Institutionelle Strukturen sind historisch gewachsen. Dies gilt auch für die Schule. Die Strukturen haben oft eine so lange nationale beziehungsweise regionale Tradition, dass es schwer fällt, sich Alternativen vorzustellen. Meistens geht man intuitiv davon aus, dass die Verhältnisse vor Ort denen in anderen Ländern gleichen – besonders bei wenig umstrittenen Fragen. Bildungspolitik ist in Deutschland aber nicht nur eine höchst kontroverse Angelegenheit, sondern im Zuge der Vereinigung von Bundesrepublik (alt) und DDR stießen auch zwei unterschiedliche Schulsysteme aufeinander, sodass einige strukturelle Merkmale des Schulsystems heute bereits mit größerer Selbstverständlichkeit unterschiedlich diskutiert werden als noch vor einigen Jahrzehnten. Dies gilt beispielsweise für die Erreichbarkeit des Abiturs in 12 statt in 13 Jahren oder das Angebot von Ganztagsschulen. Erst ein internationaler Vergleich zeigt aber, wie eingeschränkt diese Diskussion noch immer ist und wie grundsätzlich anders manche strukturellen Elemente des deutschen Schulsystems ausgestaltet werden könnten. Anhand einiger Beispiele aus anderen Ländern möchten wir daher im Folgenden die internationale Vielfalt der Gestaltung von Schulsystemen deutlich machen. Dabei beschreiben wir die Systeme von Finnland, den Niederlanden und Südkorea, die in den internationalen Schulleistungsvergleichen TIMSS, PISA und IGLU[1] besonders gut abgeschnitten haben. Gegebenenfalls zeigen sich durchgängig dieselben Kernmerkmale, von denen mit einer hohen Plausibilität angenommen werden kann, dass sie zu den Erfolgen dieser Länder beitragen. Darüber hinaus gehen wir auf die USA ein. Charakteristische Entwicklungen dort waren in den letzten Jahrzehnten und sind auch gegenwärtig wichtig für die Schulentwicklung in der Bundesrepublik Deutschland, indem sie – in der Regel mit einiger Verzögerung und so abgewandelt, dass sie zu den hiesigen Verhältnissen passen – in bildungspolitischen Diskussionen eine bedeutende Rolle spielen.

Die folgende Darstellung enthält mögliche Merkmale von Schulsystemen. Bitte schätzen Sie ein, in welchem der sechs genannten Länder das jeweilige Merkmal zutrifft beziehungsweise vorherrschend ist.

Darstellung
4.1:
Merkmale
von
Schulsystemen

	Deutsch-land	Finn-land	Nieder-lande	Süd-korea	USA
allgemeine Schulpflicht					
staatliche Finanzierung					
Schulgeldfreiheit					
horizontale Gliederung					
vertikale Gliederung					
"Schulreife" als Aufnahmebedingung					
Halbtagsunterricht					
Lernorganisation in Jahrgangsstufen					
Existenz eines Sonderschulwesens					
duales Berufsbildungs-system					
zweiphasige Lehrer-ausbildung					
tertiäre Lehrerausbildung					
Lehrerbesoldung über dem OECD-Durchschnitt					

Um diese Aufgabe angemessen lösen zu können, ist es sinnvoll, sich mit folgenden Fragen auseinander zu setzen:
– Wie sieht die Grundstruktur des Schulwesens in anderen Ländern aus?
– Welche typischen Merkmale lassen sich in Bezug auf die innerschulische Organisation der Lehr-Lernprozesse feststellen?
– Verbirgt sich hinter den realisierten strukturellen Merkmalen in diesen Ländern eine spezifische, gegebenenfalls kulturell geprägte Leitidee und wenn ja, wie lässt sich diese beschreiben?

Eine Auseinandersetzung mit diesen Fragen soll deutlich machen, welche Varianten bei der Gestaltung von Schulsystemen und Einzelschulen denkbar sind, um Anregungen für deren Gestaltung zu erhalten. Diesen Spielraum zu erkennen gelingt oft nicht, wenn man nicht über die Verhältnisse vor Ort hinausschaut. Obwohl in der Bundesrepublik mit ihren 16 Bundesländern bereits verschiedene Organisationsformen zu finden sind, ist das Schulsystem verglichen mit anderen Staaten doch relativ einheitlich gestaltet. Allerdings sind einfache Übertragungen von Eigenschaften, die sich in anderen Ländern bewährt haben, auf hiesige Verhältnisse nicht ohne Probleme machbar, da sie in der Regel an spezifische kulturelle Bedingungen gebunden sind. Plant man Veränderungen, muss man solche kulturellen Bedingungen berücksichtigen.
Die folgende Darstellung ist nach Ländern gegliedert. Innerhalb dieser Gliederung werden jeweils dieselben Fragestellungen aufgegriffen. Diese beziehen sich zum einen auf strukturell-organisatorische Merkmale des jeweiligen Schulsystems, vor al-

lem auf die Rolle des Staates und die von Privatschulen, die Frage der Finanzierung des Schulwesens, Beginn und Dauer der Schulpflicht, die horizontale und vertikale Gliederung des Schulsystems, das Verhältnis von Regel- und Sonderschulwesen sowie die Lehrerausbildung. Es wird darüber hinaus versucht – so schwierig das im Einzelfall auch ist –, etwas von der „Philosophie" zu erfassen, die sich hinter der Schulstruktur verbirgt und die häufig mit grundlegenden gesellschaftlichen und kulturellen Werten verbunden ist.

4.2 Grundlegende Informationen

Im 20. Jahrhundert etablierte sich die Schule weltweit als Institution zur Weitergabe gesellschaftlich relevanter Wissensbestände an die jeweils nächste Generation. Unabhängig vom sozio-ökonomischen und kulturellen Stand der einzelnen Gesellschaften sind in allen Ländern charakteristische Gemeinsamkeiten in den Merkmalen der Schulsysteme zu erkennen: ein Mindestmaß an staatlicher Kontrolle, horizontale und vertikale Unterteilungen in Altersgruppen und Klassen, Unterrichtspflicht ab einem bestimmten Alter, Kerninhalte wie Mathematik, Muttersprache und nationale Geschichte, Festlegungen von Anforderungen an die Qualifikationen der Unterrichtenden (das heißt Definition eines eigenständigen Lehrerberufs). Von Sozial- und Erziehungswissenschaftlern wird dieses Phänomen dahingehend interpretiert, dass Schulen offensichtlich ab einem bestimmten Zeitpunkt für den Fortbestand und die Weiterentwicklung einer Gesellschaft unverzichtbar sind und dass sie ihren größten Nutzen dann auch in einer bestimmten Form der Institutionalisierung haben (PARSONS 1971, MEYER u.a. 1977, RAMIREZ/ BOLI 1987, KAMENS/ MEYER/ BENAVOT 1996, ADICK 2003). PARSONS (1971) bezeichnet dieses Phänomen als „societal evolution" und als „evolutionary universalities".
Unabhängig von der Plausibilität dieser These zeigt sich aber bei genauerem Hinsehen, dass unterhalb der angesprochenen, vergleichsweise groben Charakterisierung von Schule als Institution die Variation der Gestaltungsmerkmale in den einzelnen Ländern groß ist. Im Folgenden werden beispielhaft die Schulsysteme in Finnland, den Niederlanden, Südkorea und den USA vorgestellt, um dies deutlich zu machen (vgl. BERTELSMANN STIFTUNG 1996, DIPF 2003a, 2003b, DÖBERT u.a. 2004, HERRANEN 1995, KOPP 2001, MITTER 2003, OECD 2004, PRUCHA 2001, SCHAUB/ ZENKE 2000, SHIN 1995). Zum Vergleich wird dabei zum Teil bereits auf das deutsche Schulsystem verwiesen, dem ein eigenes Kapitel im Abschnitt über die Gestaltung des Schulsystems durch die Bundesländer gewidmet ist (siehe Kapitel 5).

4.2.1 Finnland

Finnland ist weltweit eines der Länder mit dem geringsten Zusammenhang zwischen sozialer Herkunft und Bildungserfolg. Gleichzeitig ist es eins der „Siegerländer" von PISA. Nach Bekanntwerden der Ergebnisse aus den Schulleistungsvergleichen wurde es daher zum Ziel zahlreicher Reisen von Bildungspolitikern und Wissenschaftlern, die das System genauer erkunden wollten.

In Finnland lassen sich zwei bedeutende Ebenen mit Einfluss auf die Gestaltung der Schulen erkennen (vgl. im Folgenden auch NATIONAL BOARD OF EDUCATION 2005): zum einen die zentrale Landesregierung, die den inhaltlichen Rahmen für den Unterricht formuliert und knappe Zielvorgaben macht, zum anderen die lokale Ebene der Städte und Gemeinden als Schulträger, in denen gewählte Schulkommissionen für die Anstellung der Lehrpersonen, die Ausstattung der Schulen und ihre äußere Organisation zuständig sind. Hinzu kommt eine weitreichende Autonomie der Einzelschule, was die innere Organisation angeht. Sie kann beispielsweise das Rahmencurriculum ausgestalten und die Form der Leistungskontrollen festlegen. Eine staatliche Schulaufsicht, wie wir sie in Deutschland kennen, gibt es nicht. Dahinter verbirgt sich die Grundidee, dass die Gestaltung der Schule auf der Ebene der Einzelschule vor Ort, von den unmittelbar Beteiligten – Lehrpersonen, Eltern, Lokalpolitikern und Schülern – vorgenommen wird. Dem Staat kommt lediglich die Rolle eines Kontrolleurs von Ergebnissen zu: Die Leistungsfähigkeit der Schulen wird in nationalen Tests überprüft. Als eine unerwünschte Nebenwirkung dieser Dezentralisierung und lokalen Autonomie hat sich allerdings eine gewisse Ungleichheit zwischen den Schulen eingestellt. Daher wird derzeit darüber diskutiert, die Autonomie durch differenziertere Rahmenregelungen wieder etwas stärker einzuschränken.

Finnland wendet insgesamt 5,8 Prozent seines Brutto-Inland-Produkts (BIP)[2] für Bildungsausgaben auf, was 0,5 Prozentpunkte über dem deutschen Anteil und 0,4 Prozentpunkte unter dem OECD-Durchschnitt liegt. Wie viel des BIP von Bund, Ländern und Gemeinden sowie von den privaten Haushalten für Bildungsausgaben aufgewendet wird, macht deutlich, welche Priorität Bildung im Vergleich zu anderen Produkten eines Landes zukommt. Ein Blick auf die Verteilung der Ausgaben zwischen den genannten Gruppen (öffentliche Haushalte einerseits sowie privaten Haushalten andererseits) und auf die Schulstufen (Primarstufe, Sekundarstufe I, Sekundarstufe II), zeigt darüber hinaus, wem die Hauptverantwortung für das Bildungswesen zugesprochen wird und welche Schülergruppe besonders gefördert werden soll. Wie in den übrigen skandinavischen Ländern zeichnet sich die Zusammensetzung des finnischen Satzes dadurch aus, dass der öffentliche Anteil mit 5,7 Prozent des BIP sehr hoch ist, während die privaten Bildungsausgaben mit nur 0,1 Prozent des BIP gering ausfallen (zum Vergleich: OECD-Durchschnitt 4,8 und 1,4 Prozent; Deutschland 4,3 und 1,0 Prozent). Pro Primarstufenschüler werden 4.708 US-Dollar aufgewendet, pro Sekundarstufen I-Schüler 7.496 und pro Sekundarstufen II-Schüler 5.938 US-Dollar. In Finnland wird also zum einen fast ausschließlich der Staat – in Form der Gemeinden – als verantwortlich für die Finanzierung des Schulwesens angesehen und bei den Ausgaben wird zum anderen die Sek. I begünstigt.

Die finnischen Gemeinden finanzieren dabei nicht nur schulbezogene Ausgaben im engeren Sinne wie das Lehrpersonal und die Schulgebäude, sondern auch die Mahlzeiten der Schülerinnen und Schüler und medizinische Vorsorgeuntersuchungen für diese. Die Schule hat damit ein Aufgabenfeld, das über die Förderung der intellektuellen Entwicklung hinausgeht und auch die Gesundheit der Schülerschaft umfasst. Entsprechend findet sich an finnischen Schulen neben Lehrerinnen und Lehrern eine Vielzahl an weiteren Berufen: Krankenschwestern, Schulpsychologen, Sozialarbeiter. Sie werden bei Fragen tätig, die von Lehrpersonen nicht allein bewältigt werden können.

Finnland kennt keine Schul-, sondern nur eine Unterrichtspflicht. Es muss also nicht unbedingt eine Schule besucht werden, sondern Kinder und Jugendliche können auch privat unterrichtet werden, was aber eine Ausnahme darstellt. Die Unterrichtspflicht dauert zehn Jahre und beginnt im siebenten Lebensjahr. Das finnische Schulsystem ist zweifach horizontal abgestuft, wobei die Grundschule von Klasse 1 bis 9 reicht, woran sich die Sekundarstufe anschließt (vgl. Darstellung 4.2). Eine vertikale Gliederung ist ab Klasse 10 zu finden. Die finnische Grundschule ist eine Gesamtschule in Ganztagsbetrieb, für die kein Schulgeld gezahlt werden muss. Der Anteil an gebührenpflichtigen Privatschulen ist in Finnland gering; sie werden von etwa 3,8 Prozent der Schülerinnen und Schüler besucht.

Vor ihrer Einschulung besuchen fast alle Kinder für mindestens ein Jahr den freiwilligen Vorschulunterricht, der im Unterschied zum noch davor liegenden Besuch einer Kindertagesstätte beziehungsweise der Betreuung durch eine Tagesmutter in ländlichen Gegenden gezielt auf den Schulbesuch vorbereitet. Ohne formale Leistungsbewertung erfolgt eine Förderung in den Bereichen Sprache, Interaktion, motorische Entwicklung, Mathematik, Ethik, Umwelt und Kunst. Alle Kinder haben einen Anspruch auf einen Platz in einer Vorschule. Dies gilt auch in Bezug auf Tagesmütter und Kindergärten, die für 50 Prozent der Kinder in Anspruch genommen werden.

Wie bereits die Zusammenführung von mehreren Berufen in der Schule und die einheitliche Gliederung des Schulsystems deutlich gemacht haben, ist „Integration" eine der zentralen Leitideen der finnischen Schulpolitik. Für den Übergang vom Vorschulunterricht in die Grundschule gibt es entsprechend keine speziellen Aufnahmebedingungen wie beispielsweise das Feststellen einer „Schulreife". Mit wenigen Ausnahmen werden alle Kinder mit Beginn des siebenten Lebensjahres in die erste Klasse aufgenommen. Schülerinnen und Schüler mit sonderpädagogischem Förderbedarf werden ebenfalls überwiegend integriert beschult; nur etwa 2,4 Prozent einer Altersklasse besuchen eine Sonderschule. Finnland praktiziert die Regelversetzung, das heißt, dass Wiederholungen ebenso wie Schulabbruch eine seltene Ausnahme bilden. Der Leitidee der Integration weiter folgend werden innerhalb der Grundschule keine strukturellen Differenzierungen nach Leistung oder ähnlichem praktiziert, sondern eine einmal zusammengesetzte Gruppe bleibt bis zum Ende der Schulzeit zusammen. In den ersten sechs Klassen unterrichtet ein Klassenlehrer die Mehrheit der Fächer, anschließend dominiert das Fachlehrerprinzip.

Aufgrund der Leitidee der Integration sind finnische Klassen sehr heterogen zusammengesetzt. Daher wird diese Leitidee durch die Leitidee der individuellen Förderung ergänzt. Bei besonderen Lernschwierigkeiten erhalten Schülerinnen und Schüler individuelle Lehrpläne und individuellen Förderunterricht. Dies ist Ausdruck der Verpflichtung aller öffentlichen Einrichtungen Finnlands, aktiv zur Durchsetzung von sozialer und – im dünn besiedelten Finnland besonders wichtig – regionaler Chancengleichheit beizutragen. Der Frühförderung und der inneren Differenzierung werden dabei besondere Aufmerksamkeit zuteil.

Die Grundschule wird mit einem Zeugnis abgeschlossen, das die Noten in den unterrichteten Fächern dokumentiert. 99,7 Prozent einer Altersklasse erreichen den Abschluss der Grundschule, was den weltweit niedrigsten Anteil an Schulabbrecherinnen und -abbrechern bedeutet.

Darstellung 4.2: Schema des finnischen Schulsystems[3]

Schulbereich	formal vorgesehenes Alter	Schuljahr			
Tertiärbereich	> 18		Universität	Fachhochschule	Fachschulen
Sekundarbereich	18 17 16	12 11 10	Allgemein bildende Sekundarstufe	Berufsbildende Sekundarstufe	Ausbildung im Betrieb
Sekundarbereich	15 14 13 12 11	9 8 7 6 5	Gesamtschule ("Grundschule")		Sonderschule
Primarbereich	10 9 8 7	4 3 2 1	Gesamtschule ("Grundschule")		Sonderschule
Elementarbereich	6		Vorschulunterricht		
Elementarbereich	5		Kindertagesstätte, Tagesmutter		
Elementarbereich	< 4		Kindertagesstätte, Tagesmutter		

Finnland ist traditionell ein Land, in dem sprachlichen Fähigkeiten eine hohe Bedeutung zugeschrieben wird, was vermutlich ebenfalls zu Schulerfolgen beiträgt. Die Wertschätzung sprachlicher Fähigkeiten ist einerseits an der hohen Lesemotivation der Bevölkerung, die bis in das Kinder- und Jugendalter hineinwirkt, und andererseits an dem hohen Anteil der Sprachen am Schulcurriculum zu erkennen. Das Erlernen der beiden Amtssprachen Finnisch und Schwedisch beziehungsweise in Regionen mit einem hohen Anteil an Samen Finnisch und Sämisch ist Pflicht, ebenso Englisch als Fremdsprache. Darüber hinaus entscheiden sich große Teile der finnischen Schülerinnen und Schüler für mindestens eine, gegebenenfalls sogar zwei weitere Fremdsprachen aus dem Spektrum Deutsch, Französisch und Russisch. Insgesamt beherrschen sie also vier, gegebenenfalls sogar fünf Sprachen.

95 Prozent einer Altersklasse besuchen im Anschluss an die Grundschule die Sekundarstufe. Diese ist in einen allgemein bildenden Zweig, der von knapp zwei Dritteln

besucht wird, und einen gleichwertigen beruflichen Zweig unterteilt, der von gut einem Drittel besucht wird. Die beiden Zweige kooperieren so eng und beschäftigen zum Teil auch dieselben Lehrpersonen, dass allen Schülerinnen und Schülern der Zugang zu allen Schulabschlüssen möglich ist. Das Jahrgangsprinzip ist in der Sekundarstufe aufgehoben. Die Schülerinnen und Schüler wählen ihre Kurse nach Umfang und Inhalt selbst, sodass die Dauer bis zum Erreichen des Sekundarstufen-Abschlusses zwischen zwei und vier Jahren variieren kann. Beide Zweige der Sekundarstufe sind Vollzeitschulen. Ihre Abschlüsse, die im Durchschnitt von 87 Prozent einer Altersklasse erreicht werden, berechtigen im Fall des beruflichen Zweigs zum Besuch der Fachhochschule und im Fall des allgemein bildenden Zweigs zum Besuch der Universität. Die Prüfungen werden landesweit einheitlich durchgeführt und die Bewertung erfolgt nach denselben Kriterien. Rund zwei Drittel einer Altersklasse nehmen ein Studium auf, und zwar 29 Prozent an Universitäten und 37 Prozent an Fachhochschulen. Die Berufsausbildung findet in Finnland fast vollständig im Rahmen der Vollzeitschulen statt und wird um ein berufspraktisches Halbjahr ergänzt. Nur circa zehn Prozent der Jugendlichen absolvieren eine betriebliche Ausbildung. Die Lehrerausbildung besteht aus einer Phase. Sie umfasst neben den Lehrpersonen für die Grundschule und die Sekundarstufe auch Erzieherinnen und Erzieher sowie Lehrpersonen an Vorschulen und findet an Universitäten statt. Auch hier besteht also die bereits für das Schulsystem festgestellte Leitidee der Integration. Das Studium dauert vier Jahre, hat neben einem theoretischen Teil einen hohen Praxisanteil und schließt für Lehrpersonen im Vorschulbereich mit einem Bachelor, für die übrigen mit einem Master ab. Wer sich für die Lehrerausbildung bewirbt, muss ein anspruchsvolles Auswahlverfahren durchlaufen, da die Zahl der Interessenten die Zahl der vorhandenen Studienplätze bei weitem übertrifft – trotz vergleichsweise niedriger Lehrergehälter. Nach 15 Jahren im Beruf verdient eine Lehrperson in der Primarstufe rund 31.700 US-Dollar pro Jahr, das entspricht ungefähr dem 1,2fachen des finnischen Brutto-Inlandsproduktes pro Kopf (kaufkraftbereinigt im Jahr 2002; OECD-Durchschnitt: 31.400 US-Dollar beziehungsweise das 1,3fache des Pro Kopf-BIP, Deutschland: 44.700 US-Dollar beziehungsweise das 1,7fache des Pro Kopf-BIP). Lehrpersonen in den Sekundarstufen I und II verdienen rund 5.000 beziehungsweise 9.000 US-Dollar mehr. Es werden nur so viele Lehrpersonen ausgebildet, wie nachher auch eingestellt werden können.

Wie der hohe Grad an weiterführenden Schulabschlüssen zeigt auch die hohe Zahl an Interessierten für den Lehrerberuf eine allgemeine Wertschätzung von Bildung in der finnischen Gesellschaft. Dies ist in der Nation, die arm an Bodenschätzen ist, historisch bedingt. Aufgrund der lutherischen Tradition gab es hier bereits Ende des 19. Jahrhundert die wenigsten Analphabetinnen und Analphabeten Europas (SCHMOLL 2004). Mit Beginn der Unabhängigkeit von Schweden im Jahre 1917 setzte die finnische Politik vor allem auf Bildung, um das Land als eigenständige Nation in gesellschaftlicher und ökonomischer Hinsicht zu entwickeln. Das Erreichen eines hohen Bildungsniveaus in allen Regionen des Landes kann durchgängig als Ziel aller Regierungen unabhängig von ihrer parteipolitischen Ausrichtung angesehen werden: „The longterm policy is to make Finland a country of knowledge and expertise, promoting education and research as part of a national strategy of survival" (HERRANEN 1995, S. 323). Nur so konnte es auch gelingen, dass Finnland die Gesellschaftsform einer Industriegesellschaft quasi „übersprungen" hat, indem es sich innerhalb kürzester Zeit von der fast reinen Agrargesellschaft der 50er Jahre in die Dienstleistungsgesellschaft mit internationaler Wettbewerbsfähigkeit der 80er Jahre verwandelt hat. Die Einführung einer einheitlichen Schulstruktur in den 70er Jahren, die in den 90er Jahren um die Integration von Kindern mit sonderpädagogischem Förderbedarf erweitert wurde, ist bewusst im Hinblick auf dieses Ziel geschehen. Insofern kann die Entwicklung des Schulsystems von der gesellschaftlichen Entwicklung und von grundlegenden gesellschaftlichen Zielvorstellungen nicht getrennt werden.

4.2.2 Niederlande

Die Verantwortung für das öffentliche Schulsystem ist in den Niederlanden ähnlich aufgebaut wie in Finnland: Das Ministerium für Bildung und Wissenschaft stellt die Rahmen setzende zentrale Instanz auf Landesebene dar, die um eine dezentralisierte Schulaufsicht vor Ort ergänzt wird. Diese wird von Schulkommissionen der Gemeinden wahrgenommen – bei weitreichender Autonomie der einzelnen Schule. Dezentralität, Autonomie und Pluralität können als die zentralen Leitprinzipien des niederländischen Schulwesens angesehen werden, was nicht zuletzt mit der ausgeprägten kulturellen (vor allem religiösen) Diversifizierung der Niederlande zusammenhängt. Als Folge der weitgehenden Freiheiten in der Schulgestaltung und einer seit 1917 gesetzlich verankerten finanziellen Gleichstellung von privaten und öffentlichen Schulen machen die öffentlichen Schulen nur gut ein Viertel aller Schulen aus. Diese werden zudem nicht vom Staat sondern von den Gemeinden getragen. Mehr als 70 Prozent der niederländischen Schulen sind Privatschulen in der Trägerschaft von kirchlichen Organisationen vor allem katholischer und protestantischer Ausrichtung, Vereinen oder Stiftungen. Letztere unterhalten überwiegend Dalton-, Montessori- und Rudolf Steiner-Schulen. Die Privatschulen müssen sich nur verpflichten, dass ihre Schülerinnen und Schüler an den landesweiten Abschlussprüfungen teilnehmen; weitere Vorschriften bestehen für sie nicht. Für Eltern besteht eine Freiheit in der Schulwahl, sodass sie sich auch für Schulen in anderen Regionen entscheiden können. Die Schulen stehen damit auch in einer gewissen Konkurrenz zueinander. Die Pluralität des Bildungswesens wird dadurch ergänzt, dass seit 1998 jedes Migrantenkind einen gesetzlich verbrieften Anspruch auf Unterricht in seiner Muttersprache hat. Dieser findet zwar zusätzlich zum regulären Stundenvolumen statt, muss aber angeboten werden, wenn die Eltern dies wünschen.
Die Leitprinzipien der Dezentralität, Autonomie und Pluralität schlagen sich nicht nur auf der äußeren, strukturellen Ebene nieder, sondern auch in der schulinternen Organisation und in der Gestaltung der individuellen Lehr-Lernprozesse. Der staatlich gesetzte Rahmen beschränkt sich auf den Umfang von Pflichtfächern und Prüfungsbedingungen, auf die Arbeitsbedingungen der Lehrpersonen und auf den Finanzrahmen. Für die Verwaltung der Finanzmittel, die Einstellung der Lehrpersonen, die Aufstellung eines Lehrplans und die Umsetzung in Zeitbudgets sind die Schulen

selbst verantwortlich, die damit gezwungen sind, gleichzeitig pädagogisch und betriebswirtschaftlich zu denken. Damit dies nicht zum Nachteil schwächerer Schülerinnen und Schüler wird, erhalten Schulen für bildungsbenachteiligte Kinder höhere Mittelzuweisungen. Ein Werben um diese lohnt sich für die Schulen also sogar.

Seit 1999 sind zudem die Bildungsgänge der einzelnen Schülerinnen und Schüler möglichst weitgehend individualisiert. Unter dem Begriff des „Studienhauses" wurden die Klassen- und Stundenstrukturen zugunsten von individuellen Arbeitsprogrammen aufgelöst. Die Lernenden arbeiten über größere Zeiträume selbstständig mit individuell für sie ausgesuchten Lehr-Lernmaterialien und Arbeitsanweisungen und sie kontrollieren ihre Ergebnisse anhand von Beispiellösungen selbst. Die Lehrpersonen gewinnen so Freiraum, sich um schwächere Schülerinnen und Schüler zu kümmern. Innerhalb eines zu wählenden Profils (zum Beispiel Naturwissenschaften und Technologie), das aus allgemein bildenden und spezifischen Lerninhalten besteht, können die Schülerinnen und Schüler unter Beratung durch die Lehrpersonen ihr Lernniveau und den Zeitaufwand für die einzelnen Elemente selbst bestimmen. In der verbleibenden gemeinsamen Unterrichtszeit wird überwiegend jahrgangsübergreifend unterrichtet.

Das niederländische Schulwesen ist in horizontaler Hinsicht zweigeteilt, wobei die als Ganztagsschule geführte Primarstufe bis zur Klasse 8 reicht, worauf eine vier- bis sechsjährige Sekundarstufe aufbaut (vgl. Tabelle 4.3). Diese ist in sich auch vertikal differenziert. Die Vollzeit-Schulpflicht beginnt mit Vollendung des fünften Lebensjahres und dauert zwölf Jahre. Die meisten Kinder beginnen aber bereits weit früher mit dem Schulbesuch. Ab dem Alter von 3 Jahren und 10 Monaten dürfen Kinder für einige Tage pro Woche am Unterricht teilnehmen; mit vier Jahren können sie in eine vorbereitende ganztägige Basisschule eingeschult werden, die auf die Vollzeitschulpflicht angerechnet wird. 96 Prozent der Schülerinnen und Schüler nehmen dieses Angebot wahr. Das Einschulungsalter liegt infolge dessen faktisch bei vier Jahren. Der Unterricht erfolgt bis zur Klasse 8 überwiegend durch Klassenlehrer und weitgehend individualisiert. Die Primarstufe wird mit einem Leistungsbericht und einer Empfehlung für die weitere Schullaufbahn abgeschlossen, für die sich mehr als zwei Drittel der Schulen auf Leistungstests des niederländischen Zentralinstituts für Testentwicklung (CITO) stützen. Die Tests werden im CITO ausgewertet und für jeden Schüler um einen Vergleich mit den anderen Schülern seiner Schule, seiner Region und des ganzen Landes ergänzt. Nach der Vollzeit-Schulpflicht besteht für weitere zwei Jahre eine Teilzeitschulpflicht. Der Schulbesuch ist bis zum Alter von 16 Jahren kostenfrei, anschließend muss ein jährliches Schulgeld gezahlt werden.

Eine möglichst weitgehende integrierte Beschulung ist eines der zentralen Ziele der Bildungspolitik. Dafür wurde ein vierstufiges Fördersystem entwickelt: Zunächst einmal wird davon ausgegangen, dass alle Kinder gemeinsam in einem binnendifferenzierten Unterricht lernen. Zeigen einzelne Schülerinnen und Schüler Schwächen, kommen zusätzlich zu den regulären Lehrpersonen Hilfslehrerinnen und -lehrer in die Klassen, die stundenweise eine individuelle Förderung ermöglichen. Die nächste Förderstufe sieht für Schülerinnen und Schüler mit stärkeren Lernproblemen einen individuellen Unterricht in der Schule parallel zum Unterricht der Klasse vor. Bei weitergehendem sonderpädagogischem Förderbedarf steht einer Schule die Einstellung von Sonderpädagoginnen und -pädagogen zu. Erst wenn alle diese Förderstufen für eine längere Zeit erprobt worden und nachweislich nicht hinreichend sind, ist ein Antrag auf Überweisung in eine Sonderschule zulässig. Diesen dürfen nur die Eltern, nicht aber die Schulen stellen. Faktisch führt dies dazu, dass neben dem Regelschulwesen nur Sonderschulen für Geistig- und Körperbehinderte bestehen, die von zwei Prozent der niederländischen Schülerinnen und Schüler besucht werden; die übrigen Kinder mit sonderpädagogischem Förderbedarf werden integriert beschult.

Darstellung 4.3: Schema des niederländischen Schulsystems[4]

Schulbereich	formal vorgesehenes Alter	Schuljahr			
Tertiärbereich	> 18		Universität	Berufshochschule	Duale Berufsausbildung
Sekundarbereich	17 16 15 14 13 12 11	14 13 12 11 10 9 8	Studienvorbereitender Unterricht (3 Jahre einheitliches	Höherer allgemein bildender Unterricht Curriculum mit zentraler	Berufsvorbereitender Unterricht Prüfung)
Primarbereich	10 9 8 7 6 5	7 6 5 4 3 2	Gesamtschule ("Primarstufe")			Sonderschule
Elementarbereich	4		Basisschule		
	3 2 1		Spielgruppen, Kindertagesstätten		

Die Sekundarstufe ist in einen sechsjährigen vorwissenschaftlichen Zweig zur Vorbereitung auf das Universitätsstudium, einen fünfjährigen allgemein bildenden Zweig zur Vorbereitung auf das Studium an einer Berufshochschule und eine vierjährige Berufsschule zur Vorbereitung auf eine Berufsausbildung differenziert. Der ersten Schulform kommt dabei die höchste Bedeutung zu, die Abiturientenquote liegt in den Niederlanden bei rund 50 Prozent. Die ersten drei Jahre der drei Schulformen werden zur Sicherung einer gemeinsamen Basisbildung nach einem einheitlichen Curriculum unterrichtet und mit einer zentralen Prüfung abgeschlossen. Diese Regelung hat auch zur Folge, dass zwischen den Schulformen eine große Durchlässigkeit herrscht. Sie stellt einen Kompromiss zwischen Gegnern und Befürwortern einer länger andauernden Gesamtschulzeit dar. Eine weitere Prüfung folgt am Ende der vier Schulformen, unterteilt in einen schulinternen Teil und einen landeseinheitlichen Teil.

Neben den formalen Abschlussprüfungen wird über ein umfangreiches Angebot an Tests versucht, die Diagnose der Lernstände in allen Fächern sowie der sozialen und emotionalen Entwicklung der Schülerinnen und Schüler zu verbessern. Die Lehrpersonen bekommen die Tests von CITO zur Verfügung gestellt. Sie erhalten gleichzeitig typische Ergebnisse, um ihre Schülerinnen und Schüler darauf einordnen zu können. Auf diese Weise sollen angesichts der hohen Bedeutung individueller Förderung subjektive Einflüsse der Lehrpersonen reduziert werden. Zudem führt das CITO alle fünf Jahre einen flächendeckenden Test aller niederländischen Schülerinnen und Schüler in mehreren Fächern durch. In jedem Jahr werden schließlich alle Schulen von Schulinspektorinnen und -inspektoren besucht, die sowohl auf der Basis von Gesprächen mit Lehrpersonen, Eltern, Schülerinnen und Schülern sowie Schulleitung als auch durch Unterrichtsbeobachtungen bei allen Lehrpersonen und mit Hilfe der Ergebnisse der Tests eine Bewertung der Schulqualität vornehmen.

Die Lehrerausbildung ist einphasig und dauert vier Jahre. Sie findet für Lehrpersonen bis zum Ende der Basisbildung in der Klasse 11 an speziellen Berufshochschulen und für die Lehrpersonen der höheren Klassen an Universitäten statt. Die Lehrergehälter liegen absolut gesehen über dem OECD-Durchschnitt, in Relation zum Brutto-Inlandsprodukt pro Kopf zumindest für die Primar- und die Sekundarstufe I allerdings leicht darunter (Primarstufe nach 15 Jahren Berufserfahrung: 35.300 US-Dollar beziehungsweise das 1,2fache des Pro Kopf-BIP, Sekundarstufe I: 38.700 US-Dollar beziehungsweise das 1,3fache des Pro Kopf-BIP und Sekundarstufe II: 51.400 US-Dollar beziehungsweise das 1,8fache des Pro Kopf-BIP; alle Daten kaufkraftbereinigt für das Jahr 2002).

Insgesamt werden in den Niederlanden 4,9 Prozent des Bruttoinlandsproduktes für Bildungsausgaben aufgewendet, was im OECD-Vergleich einen eher geringen Anteil bedeutet. Dieser Anteil setzt sich zu 4,5 Prozentpunkten aus öffentlichen und – trotz des ausgebauten Privatschulwesens – nur zu 0,4 Prozentpunkten aus privaten Ausgaben zusammen. Letzteres lässt sich durch die erwähnte staatliche Finanzierung auch der Privatschulen erklären. Von der Verteilung der Ausgaben auf die Schulstufen her gesehen zeigt sich eine ähnliche Tendenz wie in Finnland: die Spitze liegt in der Sekundarstufe I (mit Bildungsausgaben in Höhe von 6.779 US-Dollar pro Schüler, Primarstufe: 4.862 US-Dollar, Sekundarstufe II: 5.911 US-Dollar).

Ein aus niederländischer Sicht ungelöstes Problem ist das des vergleichsweise geringeren Bildungserfolgs von Migrantenkindern. Zwar ist die Differenz zu Kindern ohne Migrationshintergrund nicht so hoch wie in der Bundesrepublik, dennoch werden umfangreiche Anstrengungen unternommen, die bestehenden Unterschiede zu verringern. So erhalten Schulen mit einem hohen Anteil an Kindern aus bildungsfernen Elternhäusern zusätzliche Mittel für lernfördernde Maßnahmen (siehe oben). Darüber hinaus wird bereits im Vorschulbereich mit einer systematischen Sprachförderung zum Erlernen der niederländischen Sprache begonnen, in die nach Möglichkeit auch die Eltern einbezogen werden. Kinder mit Migrationshintergrund haben zudem Anspruch auf das systematische Erlernen ihrer Muttersprache und in Bezug auf die wichtigsten Lehrmaterialien liegen Übersetzungen in verschiedenen Sprachen vor.

4.2.3 Südkorea

Südkorea hat verglichen mit den übrigen vorgestellten Staaten eine homogene Bevölkerungsstruktur, und zwar sowohl in ethnischer als auch in sprachlicher Hinsicht. Das Land gibt 8,2 Prozent seines Bruttoinlandsprodukts für die Finanzierung des Bildungswesens aus. Das ist international der höchste Wert, wobei vor allem der mit 3,4 Prozent hohe Anteil an privaten Bildungsausgaben auffällt, der international mit weitem Abstand an der Spitze liegt. (Zum Vergleich: Die USA als der Staat mit den zweithöchsten privaten Bildungsausgaben weisen einen Anteil von 2,3 Prozent auf, der OECD-Durchschnitt liegt bei 1,4 Prozent.) Erziehung hat in Südkorea einen hohen Stellenwert, unter anderem auch als Mittel politischer Sozialisation. Berücksichtigt man, dass die südkoreanischen Familien neben dem Schulgeld auch noch für Lehrmittel, den Transport und Schuluniformen aufkommen, wird deutlich, dass ihr Beitrag zu den Bildungsausgaben des Landes noch höher ist als formal ausgewiesen. Der Schwerpunkt der Ausgaben liegt auf der Sekundarstufe II (durchschnittlich 5.681 US-Dollar pro Schüler, Primarstufe: 3.714 US-Dollar, Sekundarstufe I: 4.612 US-Dollar).

Das Schulsystem Südkoreas ist dreifach horizontal gegliedert. Alle Ebenen haben Gesamtschulcharakter. Die Autonomie der Einzelschule ist eher gering. So sind lokale Abweichungen von dem landesweit einheitlichen Curriculum nicht zulässig. Auf eine sechsjährige Grundschule folgt zunächst eine dreijährige Mittelschule, auf der eine dreijährige Oberschule aufbaut. In den höheren Schulstufen gewinnen Privatschulen zunehmend an Bedeutung. Sind nur 1,6 Prozent der Grundschulen in privater Trägerschaft, gilt dies schon für 24 Prozent der Mittelschulen, 60 Prozent der Oberschulen und dann sogar für 75 Prozent der Universitäten und Colleges.

Die Pflichtschulzeit beginnt mit dem vollendeten sechsten Lebensjahr. In der Grundschule gibt es keine Wiederholungen, sondern alle Kinder werden automatisch in die nächsthöhere Klasse versetzt. Der Grundschule vorgeschaltet ist eine Vorschule, in der täglich drei bis vier Stunden unterrichtet werden. Im Alter von fünf Jahren besucht etwa die Hälfte der Kinder eine Vorschule, weitere 20 Prozent besuchen bereits freiwillig die Grundschule.

Auf die Mittelschule folgt die Oberschule, die von 96 Prozent der Mittelschulabsolventinnen und -absolventen besucht wird. In ihr besteht die Wahl zwischen einem allgemein bildenden Zweig, der von etwa zwei Dritteln der Schülerinnen und Schüler besucht wird, und einem beruflichen Zweig, der von circa einem Drittel besucht wird. Einen Klassenverband gibt es nicht, sondern die Schülerinnen und Schüler wählen individuell ihre Kurse aus einem breiten Angebot. Zur Förderung besonders begabter Jugendlicher bestehen spezielle Oberschulen für Sprachen, Naturwissenschaften, Kunst und Sport.

Hinsichtlich der Wesensmerkmale des südkoreanischen Schulsystems sind zwei Dinge auffällig: zum einen das Bemühen um die Sicherung gleicher Bildungschancen und Lebensverhältnisse, zum anderen die ungewöhnlich hohe Wertschätzung der Naturwissenschaften. Letzteres spiegelt eine Tradition wider, die in Asien insgesamt weit verbreitet ist und die sich selbst noch bei asiatischen Einwanderinnen und Einwandern in den USA finden lässt. Ersteres dokumentiert sich insbesondere in der Verteilung der Schülerinnen und Schüler: Sie werden in einem Losverfahren auf die Schulen ihres Wohnortes verteilt, um die Herausbildung von Elite- beziehungsweise Restschulen in sozial privilegierten beziehungsweise unterprivilegierten Vierteln zu verhindern. Der Besuch der Mittelschule ist in ländlichen und einzelnen städtischen Gebieten sowie für sozial Schwache kostenlos. Die „Kehrseite" des Gleichheitsstrebens zeigt sich unter anderem darin, dass Strategien wie Binnendifferenzierung oder das Aufgreifen individueller Interessen und Bedürfnisse weitgehend unbekannt sind. Auch dies ist historisch bedingt. In Südkorea dominierte bis Ende des 19. Jahrhunderts der Konfuzianismus, für den kennzeichnend gewesen ist, dass er „discouraged diversity of thought" (SHIN 1995, S. 515).

Eine große Rolle spielen standardisierte Leistungstests, die landeseinheitlich an allen Schulen in den Klassen 4, 5, 6, 7, 8, 10 und 11 stattfinden. In Form von Multiple-Choice-Aufgaben und freien Antworten sind Aufgaben in Koreanisch, Rechnen, Sozialwissenschaften, Naturwissenschaften und ab Klasse 10 auch in Englisch zu bearbeiten. Die Ergebnisse werden nicht öffentlich gemacht, sondern dienen der Rückmeldung an Schülerinnen und Schüler sowie Schulen zur Qualitätssicherung. Zur Information der Öffentlichkeit werden die Ergebnisse einer repräsentativen Schülerauswahl analysiert und bekannt gemacht.

Schulbereich	formal vorgesehenes Alter	Schuljahr		
Tertiärbereich	> 18		Universität	College
Sekundarbereich	17	12	Oberschule	
	16	11	(mit einem allgemein bildenden und einem berufsbildenden Zweig)	
	15	10		
	14	9	Mittelschule	
	13	8		
	12	7		
	11	6	Grundschule	
	10	5		
Primarbereich	9	4		
	8	3		
	7	2		
	6	1		
Elementarbereich	5		Vorschule	
	4			
	3			

Darstellung 4.4: Schema des südkoreanischen Schulsystems[5]

Die Lehrerausbildung erfolgt in vierjährigen Studiengängen an speziellen Lehrerbildungsinstitutionen, die den Rang von Hochschulen haben. Von großer Bedeutung sind Fort- und Weiterbildung parallel zum Schuldienst. Mehr als die Hälfte aller Lehrerinnen und Lehrer nimmt jedes Jahr an mindestens zehn Tagen an Fortbildungen teil, um die fachlichen oder pädagogischen Qualifikationen zu erweitern. Weitere 10 Prozent erwerben in mindestens 30-tägigen Kursen formale Zusatzqualifikationen zum Unterricht in höheren Klassen. Daraus wird deutlich, dass die Lehrerausbildung mit dem Eintritt in den Schuldienst nicht als abgeschlossen angesehen wird. Es handelt sich eher um eine Basis für weitere Qualifizierungen im Laufe des Berufslebens. Die Gehälter der Lehrpersonen liegen sowohl absolut als auch relativ zum Pro Kopf-BIP gesehen international an der Spitze (Primarstufe nach 15 Jahren Berufserfahrung, kaufkraftbereinigt im Jahr 2002: 46.400 US-Dollar beziehungsweise das 2,7fache des Pro Kopf-BIP, Sekundarstufe I: 46.300 US-Dollar, Sekundarstufe II: 46.300 US-Dollar). Wie deutlich wird, ist die Spreizung zwischen den Primar- und Sekundarstufenlehrerinnen und -lehrern außerordentlich gering, im Gegenteil fällt das Einkommen mit zunehmender Schulstufe sogar leicht ab. Da dies im Vergleich zu den bisher betrachteten Ländern ungewöhnlich ist, lässt dies Rückschlüsse auf das Ansehen und die Attraktivität der einzelnen Lehrergruppen zu.

4.2.4 USA

Die „Philosophie" des US-amerikanischen Schulsystems lässt sich traditionell in drei Schlagworte fassen: Chancengleichheit, Lokalität und öffentliche Kontrolle. Neuerdings werden sie um ein viertes Merkmal ergänzt, das der zunehmenden Deregulierung beziehungsweise Marktorientierung. Auf diese Merkmale gehen wir zunächst ein, bevor die Gliederung des Schulsystems vorgestellt wird.

1983 machte die NATIONAL COMMISSION ON EXCELLENCE IN EDUCATION in ihrem Bericht „A Nation at Risk" detailliert auf die defizitären Lernergebnisse der amerikanischen Schülerinnen und Schüler aufmerksam (vgl. NCEE 1983) und erzielte damit eine ähnlich spektakuläre Resonanz wie die PISA-Ergebnisse in Deutschland in den letzten Jahren. Es folgten zahlreiche Reformmaßnahmen, sodass die HERITAGE FOUNDATION und die THOMAS B. FORDHAM FOUNDATION fünfzehn Jahre später in ihrem Bericht „A Nation Still at Risk" herausstellen kann, dass sich das allgemeine Bildungsniveau durchaus gehoben hat (vgl. HERITAGE FOUNDATION / THOMAS B. FORDHAM FOUNDATION 1998; zum Folgenden siehe im Einzelnen BLÖMEKE 2004). *Eine* zentrale Problematik bestehe aber noch immer, zu deren Abhilfe schnelle und umfassende Maßnahmen gefordert wurden: die Ungleichheit der Bildungschancen in Abhängigkeit von sozialer oder ethnischer Herkunft, gemessen zum Beispiel an Schulbesuchsquoten und Durchfallraten. Aus der Perspektive der Bürgerrechte hob die Stiftung den Anspruch jedes einzelnen Kindes auf einen Mindeststandard an Bildung hervor, und zwar als *realisierter* Anspruch. Diese Argumentation ist in den USA konstitutiver Bestandteil des gesellschaftlichen Selbstverständnisses. Die dahinter stehende Grundidee ist, dass unabhängig von ihrer sozialen oder ethnischen Herkunft alle Menschen gleich geboren werden. Wenn es dennoch zu systematischen

Ungleichverteilungen bei Schulabschlüssen kommt, müssen diese sozial hergestellt sein und sind daher auch sozial wieder auszugleichen. Verbunden damit ist der prinzipielle Bildungsoptimismus, dass bis zu einem gewissen Grad jeder Mensch alles lernen kann – hinreichend Zeit und Unterstützung vorausgesetzt.

Die Bush-Regierung setzte diesen Anspruch im Jahr 2001 gesetzlich im „No Child Left Behind" (NCLB)-Act um. Über Förderprogramme wird seither versucht, die schulische Situation unterprivilegierter Gruppen zu verbessern. Im Jahr 2003 spiegelte sich diese Idee auch im Urteil des Obersten Gerichtshofes zur bevorzugten Zulassung von Studierenden aus ethnischen Minderheiten wider. In diesem wird ein staatliches Interesse an ethnischer Diversität unter den Studierenden formuliert, „in order to cultivate a set of leaders with legitimacy in the eyes of the citizenry. […] Effective participation by members of all racial and ethnic groups in the civil life of our nation is essential if the dream of one nation, indivisible, is to be realized" (zitiert nach GREENHOUSE 2003).

Auf einer inhaltlichen Ebene schlägt sich der Topos der Chancengleichheit nieder, indem die Schulen ein hohes Maß an Verantwortung für die persönliche Entwicklung ihrer Schülerinnen und Schüler (*citizenship*) übernehmen. Viele Aufgaben, die in anderen Ländern Familien oder gesellschaftlichen Institutionen beziehungsweise Organisationen wie Vereinen oder Gemeinden zugeschrieben werden, tragen hier die Schulen (vgl. DICHANZ 1991). Sichtbar wird dies unter anderem an dem in der Regel ungewöhnlich großen Angebot an außerunterrichtlichen Aktivitäten und der Betonung eines gemeinsamen *school spirit*.

Ein zweites Grundprinzip des Schulwesens in den USA ist seine Dezentralisierung. Während der Bund über keinerlei Befugnisse verfügt und lediglich über die Vergabe von zusätzlichen Finanzmitteln ihm bedeutsam erscheinende Ziele unterstützen kann, liegt die rahmensetzende Kompetenz bei den einzelnen Bundesstaaten. Diese wird aber auch nur auf einem allgemeinen Niveau wahrgenommen, sodass den Einzelschulen und den Gemeinden der stärkste Einfluss zukommt – unterstützt dadurch, dass Letztere über unterschiedliche Formen an Steuereinnahmen verfügen, die häufig zweckgebunden für das Schulwesen erhoben werden. Auf lokaler Ebene wird über die Anstellung von Lehrpersonen, die Ausstattung einer Schule und die curriculare Konkretisierung der zu vermittelnden Inhalte entschieden. Verbunden mit einer gleichfalls hohen Schulautonomie ergibt sich daraus eine starke Vielfalt an schulischen Angeboten in den USA.

Die weitgehende Gestaltungsfreiheit geht mit einer hohen Bedeutung der Ergebniskontrolle einher. Tests dienen der Bewertung ganzer Schulen, aber auch der individuellen Einschätzung von Schülerinnen und Schülern, um systematische Rückmeldungen zur Qualität der Arbeit einer Lehrperson im Vergleich zu anderen zu erhalten, sodass nach Ansatzpunkten für weitere Niveausteigerungen gesucht werden kann. Die zugrunde liegenden nationalen Standards bilden unterschiedliche Kompetenzniveaus ab, die in den Testaufgaben konkretisiert sind. In „Standards" werden somit zwei ansonsten nicht vereinbare Ansprüche zusammengeführt: Dezentralisierung in Form weitgehender Autonomie der Schulen bei gleichzeitiger Sicherung zentraler Qualitätsansprüche (vgl. BÖTTCHER 2003, S. 154). Der NCLB-Act etablierte ein umfassendes Testsystem auf Schul- und Schülerebene. In Ergänzung zum bestehenden Testsystem, das im Vergleich zu europäischen Verhältnissen (mit Ausnahme von Großbritannien) bereits umfangreich war, werden nun auch die Klassen 3 bis 8 und alle High School-Klassen jährlichen Tests unterzogen. Der Grundidee des NCLB-Act folgend spielt dabei eine besondere Rolle, inwieweit es einer Schule gelingt, ihren Schülerinnen und Schülern Chancengleichheit zu ermöglichen. Die einzelne Schule soll verantwortlich gemacht werden können, wenn sie vergleichsweise hohe *drop out*-Raten hat oder bei bestimmten ethnischen Populationen geringe Schülerleistungen erreicht.

Die sozial ausgleichenden Absichten des NCLB-Act werden allerdings dadurch konterkariert, dass die Ergebnisse der Tests mit unmittelbaren Folgen für die einzelnen Schülerinnen und Schüler sowie die Schulen verbunden wurden. Gute Schulen werden zum Beispiel über zusätzliche finanzielle Mittel oder vordere Plätze in öffentlichen Rankings belohnt, schlechte Schulen sollen zum Beispiel über drohende Schließungen motiviert werden, sich zu verbessern. Stipendien beziehungsweise Wiederholungen von Klassen erfüllen dieselben Funktionen auf der Ebene der Schülerinnen und Schüler. Mit dieser systematischen Kopplung von Tests und Folgen wurden die Testergebnisse auf einmal entscheidend für die weitere individuelle Schulkarriere oder für die finanzielle Zuweisung an Schulen (so genanntes *high-stakes testing*). Dies ist insofern problematisch, als zentrale Schulleistungstests für diagnostische Zwecke nicht geeignet sind, da sie zu einem Themengebiet zu wenige Aufgaben enthalten. Festzuhalten ist entsprechend, dass die intendierten Ziele der Leistungssteigerung nicht erreicht wurden. Nach Einführung des *high-stakes testing* sind die Schulabschlussraten in mehr Staaten gefallen als gestiegen, umgekehrt sind die Dropoutraten in mehr Staaten gestiegen als gefallen (vgl. AMREIN/ BERLINER 2002b, S. 33). Abgesehen von kurzfristigen Effekten im Jahr nach Einführung des Testsystems können zudem keine Verbesserungen in anderen üblichen Tests (vor allem in den Zulassungstests für die Colleges, die von 60 bis 70 Prozent eines jeden High school-Jahrgangs absolviert werden) festgestellt werden (vgl. AMREIN/ BERLINER 2002a, S. 27). Eine andere Folge aus diesem System steht dem ursprünglichen Anliegen der Verbesserung des Bildungszugangs für alle geradezu entgegen: „In states where ‚high stakes testing' is the primary policy reform, disproportionate numbers of minority, low-income, and special needs students have failed tests for promotion and graduation" (DARLING-HAMMOND 2003, S. 1).

Als vergleichsweise neue Entwicklung ist derzeit für die gesamten USA wie für Europa auch ein Trend zur Deregulierung beziehungsweise Marktorientierung festzustellen. Zwar machen Privatschulen bisher nur zwölf Prozent aller Schulen aus, wobei es sich zudem im Wesentlichen noch um katholische und damit nicht um gewinnorientierte Schulen handelt. Doch geht die Zurückhaltung des Staates in Bildungsangelegenheiten seit einigen Jahren so weit, dass für die Neueinrichtung privater Schulen nicht einmal mehr staatliche Genehmigungen beantragt werden müssen. Die so genannten *charter schools* sind zu Beginn ihrer Existenz von allen Auflagen beispielsweise hinsichtlich der Lehrerqualifikationen oder des einzusetzenden Lehrmaterials befreit. Erst im Nachhinein ist durch Berichte über die Mittelverwendung und den Erfolg der Schülerinnen und Schüler in den zentralen Tests Rechenschaft abzulegen. Die Schulen erhalten pro Schüler, der sich für sie entscheidet, eine feste Summe vom Staat zugewiesen. Die zugrunde liegende Annahme ist, dass sich angesichts der Möglichkeit freier Schulwahl marktähnliche Bedingungen – vor allem Wettbewerb und Konkurrenz – auch für das Bildungswesen eignen, indem schlechte Schulen dann eben auch keine Schülerinnen und Schüler mehr finden würden.

Soweit zu den Basisideen des US-Schulwesens. Im Folgenden werden seine Strukturmerkmale dargelegt. Im internationalen Vergleich liegen die Bildungsausgaben der USA mit 7,3 Prozent des Brutto-Inlandsprodukts sehr hoch. Dies spiegelt sich auch in den öffentlichen Ausgaben pro Primarstufenschüler, die mit 7.560 US-Dollar weit über dem OECD-Durchschnitt liegen, ebenso wie die 8.359 US-Dollar pro Sekundarstufen I-Schüler und die 9.278 US-Dollar pro Sekundarstufen II-Schüler. Gleichzeitig beträgt der Anteil privater Ausgaben an den Gesamtausgaben immerhin knapp ein Drittel: 5,1 Prozent des BIP sind öffentliche, 2,3 Prozent sind private Bildungsausgaben.

In den USA herrscht keine Schul-, sondern Unterrichtspflicht. Diese dauert je nach Bundesstaat neun (in 13 Staaten), zehn (32), elf (9), zwölf (4) oder dreizehn Jahre (2 Staaten). Das Schulwesen ist ein Gesamtschulwesen mit einer zweistufigen horizontalen Gliederung, und zwar in die sechs- oder achtjährige Primary School und die anschließende vier- beziehungsweise sechsjährige High School. Die jeweils länger dauernden Varianten sind in einzelnen Staaten häufig noch einmal unterteilt, zum Beispiel in Primary und Middle School oder in Junior und Senior High School. In der High School existiert kein Klassenverband mehr, sondern die Schüler wählen individuell ihre Fächer. Das Angebot umfasst zum Teil mehr als 100 Fächer wie beispielsweise Algebra, Geometrie oder andere mathematische Teildisziplinen anstelle von Mathematik als Fach. Der Übergang von Grundkursen in anspruchsvollere Aufbaukurse erfolgt auf der Basis von Schülerwünschen, Testergebnissen und mittleren Schulleistungen. Die High School wird von circa 75 Prozent einer Alterklasse erfolgreich abgeschlossen. Für die Zulassung zum College beziehungsweise zur Universität, die von etwa 50 Prozent einer Altersklasse besucht werden, ist eine bestimmte Mindestanzahl an Punkten notwendig, die von den aufnehmenden Institutionen in eigener Verantwortung festgelegt wird. Hinzu treten in der Regel weitere Aufnahmebedingungen. Die übrigen 50 Prozent einer Altersklasse gehen in eine berufliche Tätigkeit, für die sie angelernt werden.

Da über die Einstellung der Lehrpersonen auf lokaler Ebene entschieden wird, kann nur schwer etwas über ihre Qualifikationen gesagt werden. Sie reicht von Bachelor- bis zu Masterabschlüssen mit unterschiedlichen Schwerpunkten im Fach oder in Erziehungswissenschaft. Erkennbar ist allerdings, dass in allen Bundesstaaten sowohl für eine dauerhafte Beschäftigung als auch für einen beruflichen Aufstieg einschließlich höherer Gehälter die Fort- und Weiterbildung eine entscheidende Rolle spielt. Nur wer systematisch und regelmäßig an Kursen teilnimmt, kann Zulagen, Gehaltserhöhungen oder Vertragsverlängerungen erhalten. Das durchschnittliche Gehalt liegt für eine Lehrperson mit 15 Jahren Berufserfahrung in der Primarstufe und in der Sekundarstufe I bei etwa 42.800 US-Dollar, womit die USA absolut gesehen im internationalen Vergleich in der Spitzengruppe liegen. In Relation zum Pro Kopf-BIP ist dies allerdings nur das 1,2fache. Sekundarstufen II-Lehrpersonen verdienen mit rund 42.900 US-Dollar nur unwesentlich mehr. Auffällig ist wie im Fall von Südkorea, dass keine Gehaltsdifferenz zwischen Primar- und Sekundarstufe I besteht und dass auch die Differenz zwischen Primarstufe und Sekundarstufe II, die im Durchschnitt der OECD-Länder 42 Prozent beträgt, in den USA (wie in Südkorea) sehr gering ist.

Darstellung 4.5: Schema des US-amerikanischen Schulsystems[6]

Schulbereich	formal vorgesehenes Alter	Schuljahr		
			on-the-job training	
Tertiärbereich	> 18		Universität Junior College, College	Professional School
Sekundarbereich	17 16 15 14 13 12	12 11 10 9 8 7	High School/ Comprehensive School (zum Teil unterteilt in Junior High School und Senior High School mit je 3 Jahren, Gesamtdauer in einzelnen Bundesstaaten nur 4 Jahre)	
Primarbereich	11 10 9 8 7 6	6 5 4 3 2 1	Elementary School/ Primary School (Gesamtdauer in einzelnen Bundesstaaten 8 Jahre, dann in der Regel horizontal unterteilt in Elementary School/ Primary School und Middle School mit je 4 Jahren Dauer)	
Elementarbereich	5 4 3		Kindergarten, Vorschule	

4.3 Zusammenfassung und Anwendung

Anhand der vier Beispiele wurde die internationale Situation ausschnitthaft wiedergegeben. Die folgenden resümierenden Aussagen sind insofern weniger als Beschreibung eines internationalen Gesamttrends zu verstehen, denn als gemeinsame Merkmale der vorgestellten Länder. Diese können allerdings wenigstens zum Teil stellvertretend für Länder gesehen werden, die in den internationalen Schulleistungsvergleichen gut abgeschnitten haben. Inwieweit die Merkmale auf Deutschland übertragen werden können, wird im folgenden Kapitel diskutiert, in dem es um die Gestaltung des deutschen Schulsystems geht.

Überblickt man die Länderdarstellungen ist bemerkenswert, dass die Verantwortung für die Detailgestaltung von Schule und Unterricht mit Ausnahme Südkoreas auf lokaler Ebene beziehungsweise unmittelbar bei den Schulen selbst liegt. Das Pendant hierzu ist eine ausgereifte Testkultur, durch die – bei aller Eigenständigkeit der Einzelschule – die Qualität der Schulen seitens des Staates gesichert werden soll. Dies gilt im Übrigen auch für Südkorea. Eine strukturelle Differenzierung findet in allen vier Ländern überwiegend nur horizontal statt, eine vertikale Differenzierung wie in der Bundesrepublik Deutschland setzt erst spät ein. Verbunden mit diesem Verzicht auf strukturelle Differenzen besteht in den vorgestellten Ländern eine Verpflichtung, die zum Teil auch gesetzlich festgelegt ist, *aktiv* zum Angleichen der Bildungschancen beizutragen und die Schulqualität landeseinheitlich zu wahren (Leitidee der Integration und Heterogenität).

Die individuellen Interessen und Schwerpunkte spielen spätestens in höheren Altersstufen in allen vier Ländern eine große Rolle, zum Teil ist dann selbst das Jahrgangsprinzip aufgehoben. Insofern stellt die Leitidee der individuellen Förderung das Pendant zur Leitidee der Integration und Heterogenität dar. Die Lehrerausbildung ist einphasig und erfolgt entweder an speziellen Hochschulen oder an allgemeinen Universitäten (typischerweise für untere Klassen an den erstgenannten, für höhere Klassen an den letztgenannten Einrichtungen).

Nur uneinheitliche Tendenzen sind in Bezug auf die Finanzierung des Schulsystems zu erkennen. Der Anteil der Bildungsausgaben am Brutto-Inlandsprodukt liegt in zwei Ländern über dem OECD-Durchschnitt (Südkorea, USA), in zwei Ländern aber auch darunter (Niederlande, Finnland). Dabei finden sich Finanzierungsschwerpunkte auf unterschiedlichen Schulstufen: Finnland und die Niederlande begünstigen Sekundarstufen I-Schüler, Südkorea und die USA geben den mit Abstand größten Anteil für Sekundarstufen II-Schüler aus. Diese Prioritätensetzungen spiegelt sich nicht immer in der Lehrerbesoldung wieder: In Finnland und den Niederlande erhalten die Lehrergruppen mit zunehmender Schulstufe höhere Gehälter. Im Fall von Südkorea und den USA scheint die gleiche Besoldung aller Lehrergruppen der Prioritätensetzung bei den Gesamtausgaben sogar zu widersprechen. Dies macht aber deutlich, dass es nicht allein um bildungspolitische Schwerpunktsetzungen geht, sondern dass auch andere Grundprinzipien der Schulorganisation zu beachten sind. In den USA existiert ein freier Lehrerarbeitsmarkt, auf dem unter anderem Angebot und Nachfrage über die Höhe der Bezahlung entscheiden. Wenn sich nun – aus welchen Gründen auch immer – nicht hinreichend Lehrpersonen für die Primarstufe finden, müssen die Gehälter notgedrungen angehoben werden, um Anreize zu bieten, den Beruf zu ergreifen.

Der Anteil privater Ausgaben an den Gesamtausgaben ist zum Teil hoch (Südkorea, USA), zum Teil aber auch sehr niedrig (Finnland, Niederlande). Keine Einheitlichkeit ist auch im Hinblick auf die Entlohnung von Lehrpersonen zu erkennen. Während Südkorea in Relation zum Pro Kopf-BIP sehr hohe Löhne zahlt, werden die finnischen, niederländischen und US-amerikanischen Lehrpersonen dem OECD-Durchschnitt entsprechend entlohnt.

In allen Merkmalen spiegeln sich Sichtweisen auf die Bedeutung, die Bildung insgesamt, aber auch einzelnen Faktoren des Schulsystems zugeschrieben werden. Diese müssen nicht unbedingt auf den ersten Blick zu erkennen sein, sondern es kann sich um komplexe Phänomene handeln, die gegebenenfalls auch kein konsistentes Bild ergeben. In jedem Fall verbergen sich dahinter aber gesellschaftliche Selbstverständnisse, die zu beachten sind, wenn man „erfolgreiche" Merkmale des Schulsystems aus einem Land in ein anderes übertragen will.

Betrachten Sie Ihre eingangs getroffenen Einschätzungen, und zwar vor allem diejenigen, in denen Sie von den anschließend gegebenen Informationen abweichen. Stellen Sie zusammen, wie die Situation in diesen Fällen in anderen Ländern aussieht und skizzieren Sie – soweit möglich – die „Philosophie", die sich hinter den unterschiedlichen Merkmalen verbirgt. Inwieweit halten Sie Kernmerkmale der Schulsysteme in den vorgestellten Ländern für übertragbar auf die deutsche Situation? Stellen Sie Ihre Einschätzungen – wenn möglich – in einer Lerngruppe vor und diskutieren Sie sie mit den übrigen Mitgliedern.

Anmerkungen

1 TIMSS („Third International Mathematics and Science Study") war die erste internationale Studie, an der die Bundesrepublik in den 1990er Jahren teilgenommen hat. Trägerin war die „International Association for the Evaluation of Educational Achievement" (IEA), eine Gründung der UNESCO. Die IEA hat auch die „Internationale Grundschul-Leseuntersuchung" (IGLU) veranstaltet. Seit 2000 werden in Deutschland die PISA-Studien („Programme for International Student Assessment") durchgeführt, deren Trägerin die OECD ist.

2 Das Brutto-Inlandsprodukt misst den Wert aller Waren und Dienstleistungen (unter anderem also auch den Wert aller Bildungsmaßnahmen), die in einem Land innerhalb eines Jahres produziert werden. In Relation zum Bevölkerungsumfang stellt das BIP darüber hinaus einen wichtigen Vergleichsmaßstab für die Einordnung von Lehrergehältern dar (siehe unten). Indem das jährliche Einkommen einer Lehrperson mit dem Wert der Waren und Dienstleistungen verglichen wird, die in einem Land pro Kopf durchschnittlich produziert werden, findet der Entwicklungsstand des Landes Berücksichtigung.

3 Die Darstellung erfolgt nicht maßstabsgerecht. Die Größe der Kästen lässt also keine Rückschlüsse auf die Verteilung der Schülerzahlen zu.

4 Die Darstellung erfolgt nicht maßstabsgerecht. Die Größe der Kästen lässt also keine Rückschlüsse auf die Verteilung der Schülerzahlen zu.

5 Die Darstellung erfolgt nicht maßstabsgerecht. Die Größe der Kästen lässt also keine Rückschlüsse auf die Verteilung der Schülerzahlen zu.

6 Die Darstellung erfolgt nicht maßstabsgerecht. Die Größe der Kästen lässt also keine Rückschlüsse auf die Verteilung der Schülerzahlen zu.

Gestaltung des Schulsystems
durch die Bundesländer

5| Struktur und Organisation des deutschen Schulsystems

5.1 Einleitende Hinweise und Fragestellung

Die Bundesrepublik Deutschland ist föderalistisch organisiert, was sich vor allem im Bereich der Kulturpolitik und damit im Bereich der Bildungspolitik bemerkbar macht. Die Länder besitzen Spielraum, was die Gestaltung ihrer Schulsysteme angeht. Die einzige (selbst auferlegte) Einschränkung ist, dass die innerhalb der Länder erreichten Schulabschlüsse auf so viel Akzeptanz der übrigen Bundesländer treffen, dass diese sie als gleichwertig anerkennen, sodass die Mobilität der Schülerinnen und Schüler nicht unnötig eingeschränkt wird.

Aufgrund des Spielraums der Länder in der Gestaltung ihrer Schulsysteme ist nicht immer allen Bewohnerinnen und Bewohnern eines Bundeslandes bekannt, wie die Schule in den anderen Ländern gestaltet wird. Die meisten Menschen haben im Laufe ihrer Schullaufbahn nur einen kleinen Ausschnitt des Systems ihres Bundeslandes kennen gelernt. Als Lehrerin beziehungsweise Lehrer ist es aber wichtig, über die gesamte Breite des deutschen Schulsystems informiert zu sein – nicht nur weil es sich um ein späteres mögliches Berufsfeld handelt, sondern auch weil die diesbezügliche Beratung der Schülerinnen und Schüler und die Reflexion von Alternativen bei der Gestaltung des Profils der eigenen Schule wichtige berufliche Aufgaben darstellen. Aus diesem Grund beschreiben wir im Folgenden wesentliche Merkmale der Schulsysteme in den 16 Bundesländern. Zuvor haben wir eine einleitende Aufgabe formuliert, mit der Sie als Lehrerin beziehungsweise Lehrer konfrontiert sein könnten.

Stellen Sie sich vor, Sie werden von der 17-jährigen Rabea um Rat zu ihrer weiteren Schullaufbahn gebeten. Rabea besucht derzeit die achte Klasse einer Hauptschule. Da sie zwei Schuljahre hat wiederholen müssen, wird sie am Ende dieses Schuljahres den Hauptschulabschluss verfehlen. Welche Möglichkeiten können Sie ihr für den weiteren Schulbesuch aufzeigen?

Legen Sie Ihren Überlegungen zwei unterschiedliche Ausgangssituationen zugrunde:
1. *Die Klassenwiederholungen waren krankheitsbedingt, Rabea ist nun aber wieder gesund. Sie hat zwar Lücken, ist aber eine gute Hauptschülerin und sehr motiviert weiterzulernen, um nach Möglichkeit noch einen weiterführenden Schulabschluss zu erreichen.*
2. *Rabea ist eine schwache Schülerin, nur knapp ist sie einer Überweisung an die Sonderschule für Lernbehinderte entgangen. Zudem ist sie „schulmüde".*

Bitte bearbeiten Sie diese Aufgabe auf der Basis Ihrer Vorkenntnisse. Am Ende des vorliegenden Kapitels besteht erneut Gelegenheit, sich mit dieser Aufgabe auseinander zu setzen.

Um die Aufgabe später ausführlicher bearbeiten zu können, ist es sinnvoll, folgenden Fragen zum Schulsystem in Deutschland nachzugehen:
– Welche grundlegenden Einflüsse prägen das deutsche Schulsystem, wie stellt sich insbesondere das langfristig gewachsene Verhältnis der beiden bedeutsamsten Einflussfaktoren Staat und Kirche dar?
– Wie sieht die Grundstruktur des Schulsystems aus?
– Auf welche Bildungswege verteilen sich die Schülerinnen und Schülern?
– Wie wird das Schulsystem finanziert?

Die Auseinandersetzung mit diesen Fragen erlaubt es zum Ersten, sich fundiert für einen Lehramtsstudiengang entscheiden und die Variation des Lehrerarbeitsmarktes einschätzen zu können. Zum Zweiten können später Beratungsaufgaben als Lehrer beziehungsweise Lehrerin angemessen wahrgenommen werden. Und schließlich wird es möglich, öffentliche Diskussionen und bildungspolitische Entscheidungen fundiert zu reflektieren und zum Beispiel gegenüber Eltern, Schülern und Kollegen zu kommentieren.

5.2 Grundlegende Informationen

Die große Autonomie der Bundesländer in Bildungsfragen ist eine Folge der traditionellen historischen Stärke der deutschen Länder, die in der alten Bundesrepublik als Reaktion auf die starken Eingriffe des NS-Staates in das Schulwesen noch erweitert wurde. Dem Bundesbildungsministerium kommen gegenwärtig mit Ausnahme einer allgemeinen Bildungsplanung und dem Erlass eines Hochschulrahmengesetzes kaum Kompetenzen zu (vgl. zum Folgenden insbesondere CORTINA 2003, KMK 2002, SCHAUB/ ZENKE 2000, DIPF 2003b). Diese Machtverteilung spiegelt sich auch in der Finanzierung des Schulwesens wider.

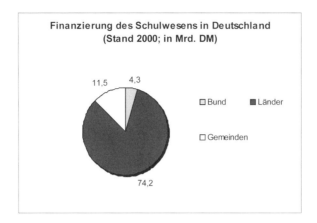

Darstellung
5.1:
Finanzie-
rung des
Schulwesens
in Deutsch-
land

Im Jahr 2000 wurden rund 90 Milliarden D-Mark für die Finanzierung des Schulwesens ausgegeben, wobei die Länder mit 74,2 Milliarden D-Mark den weitaus größten
Anteil aufbrachten, sodass die Finanzierung der Schulen 19,5 Prozent ihrer Gesamt-
haushalte ausmachte. Die Ländermittel dienen vor allem der Finanzierung von Per-
sonalkosten. Zweitgrößter Finanzier sind die Gemeinden, die 11,5 Milliarden D-
Mark investierten, was 5,3 Prozent ihrer Haushalte ausmachte. Die Gelder werden
überwiegend für die Schulgebäude und Sachmittel ausgegeben. Der Bund trug nur
4,3 Milliarden D-Mark bei, der Prozentanteil an seinem Gesamthaushalt war ver-
schwindend gering.
Politisch lassen sich immer wieder Differenzen zwischen dem Bund auf der einen
Seite und den Ländern auf der anderen Seite erkennen. Letztere interpretieren einzelne Maßnahmen des Bundes schnell als Eingriff in die eigenen Regelungskompetenzen
und als drohenden Machtverlust; umgekehrt hätte der Bund vermutlich gern mehr
Einfluss im prestigeträchtigen Bildungsbereich. In den letzten Jahren dokumentier-
ten sich die Differenzen unter anderem in den Diskussionen um die finanzielle Unterstützung einer Einrichtung von Ganztagsschulen durch den Bund, was die Länder
zum Teil als Oktroyieren einer ungeliebten Organisationsform ansahen, sowie in der
anfänglichen Ablehnung von national einheitlichen Bildungsstandards durch die
Länder (siehe hierzu im Einzelnen Kapitel 7). 2005 wurde diese Problematik am
(vorläufigen) Scheitern der geplanten grundsätzlichen Föderalismusreform an der
Bildungsthematik deutlich.
Versuche, formale Gleichheit in der Ausgestaltung der Pflichtschulzeit und der
Bildungsabschlüsse zu gewährleisten, werden in der Konferenz der Kultusminister
der 16 Bundesländer (KMK) vorgenommen. Der Reichweite dieser Beschlüsse sind
aber Grenzen gesetzt, da sie – zumindest bisher, Reformen sind angedacht – einstim-
mig ausfallen müssen. Da Bildungspolitik in der Bundesrepublik traditionell ein hoch
umstrittenes politisches Thema ist, zu dem sowohl konservativ als auch sozialdemo-
kratisch orientierte Parteien fest gefügte, nicht leicht zu vereinbarende Positionen
vertreten, ist das Erreichen einer Einstimmigkeit schwierig. Allerdings gelang es der

KMK bereits 1973, sich auf eine einheitliche prinzipielle Aufgabenbeschreibung für das Schulwesen zu einigen, die bis heute gültig ist. Neben der Vermittlung von Wissen, Fertigkeiten und Fähigkeiten sollen Schulen einen umfangreichen Katalog an sozialen und moralischen Zielen verfolgen, indem sie zum Beispiel zu selbstständigem kritischem Urteil, eigenverantwortlichem Handeln und schöpferischer Tätigkeit befähigen sollen (siehe im Einzelnen Kapitel 1). Die Aufgaben gehen über den unterrichtlichen Kern der Schule weit hinaus. Dies bedeutet, dass der Bildungs- und Erziehungsauftrag der Schule umfassender ist, als dies in der Öffentlichkeit vielfach wahrgenommen wird.

Die Verfassungen und Schulgesetze der einzelnen Länder konkretisieren den Bildungs- und Erziehungsauftrag für die Schulen ihres Geltungsbereichs. In diesen Konkretisierungen manifestieren sich unterschiedliche Zugänge zu Bildungs- und Erziehungsfragen. Mehrere alte Bundesländer wie zum Beispiel Baden-Württemberg, Bayern und Nordrhein-Westfalen formulieren für ihre staatlichen Schulen einen religiösen Bezugspunkt als Erziehungsziel. Beispielsweise heißt es in Baden-Württemberg in Artikel 12 Absatz 1 der Landesverfassung: „Die Jugend ist in Ehrfurcht vor Gott, im Geiste der christlichen Nächstenliebe […] zu erziehen." Grund- und Hauptschulen werden dementsprechend als christliche Gemeinschaftsschulen geführt, in denen christliche Symbole deutlich sichtbar aufzuhängen sind. Die neuen Bundesländer sind dagegen stärker säkular orientiert. So wählt beispielsweise das Land Berlin, in dem mehr als zwei Millionen Menschen keiner Religionsgemeinschaft angehören, während sich die übrigen gleichmäßig auf die drei großen Religionsgemeinschaften Katholizismus, Protestantismus und Islam verteilen, in Paragraph 1 seines neuen Schulgesetzes einen gesellschaftspolitischen Zugang, der auch Bezug auf die historischen Erfahrungen Deutschlands nimmt: „Ziel muss die Heranbildung von Persönlichkeiten sein, welche fähig sind, der Ideologie des Nationalsozialismus und allen anderen zur Gewaltherrschaft strebenden politischen Lehren entschieden entgegenzutreten sowie das staatliche und gesellschaftliche Leben auf der Grundlage der Demokratie, des Friedens, der Freiheit, der Menschenwürde, der Gleichstellung der Geschlechter und im Einklang mit Natur und Umwelt zu gestalten" (Senatsverwaltung für Bildung, Jugend und Sport 2004).

Im Folgenden werden vor diesem Hintergrund zunächst grundsätzliche Fragen der Trägerschaft im deutschen Schulsystem, vor allem im Hinblick auf die sich wandelnden Rollen der historisch gesehen bedeutsamen Einflussfaktoren Staat und Kirche behandelt, bevor detaillierter bildungsorganisatorischen, bildungsplanerischen und bildungsökonomischen Merkmalen des Schulsystems nachgegangen wird.

5.2.1 Zur Rolle von Staat und Kirche im deutschen Schulsystem

Während im deutschen Sprachraum bis in das 19. Jahrhundert hinein die Kirchen als Träger des Schulwesens dominierten (vgl. Kapitel 2), sind Schulen heute überwiegend staatliche Schulen. Das Grundgesetz formuliert in Artikel 7 Absatz 1 explizit „Das gesamte Schulwesen steht unter der Aufsicht des Staates". Dessen starke Stellung ist an verschiedenen Regelungen zu erkennen: Für die schulischen Inhalte geben die Länder Rahmenrichtlinien vor, über Schulgesetze und Erlasse machen sie Vorgaben im Hinblick auf die konkrete Schulorganisation. Die Länder legen beispielsweise die Stundentafel fest, geben die 45-Minuten-Dauer einer Unterrichtsstunde vor, regeln die Form der Leistungskontrollen, bestimmen die Lehrer-Schüler-Relation und die Klassenstärken und entscheiden über den Umfang der Lehrerarbeitszeit sowie die Besoldung der Lehrpersonen. Schulische Lehrmittel (vor allem die Schulbücher) bedürfen einer staatlichen Zulassung. Ziel ist, die Qualität des Schulsystems durch Vorgaben zu sichern. Diese Art der Steuerung wird daher auch *input*-Steuerung genannt.

Eine freie Schulwahl herrscht nur begrenzt. Zum einen müssen Kinder eine Grundschule im Schulbezirk ihres Wohnortes besuchen. Die dahinter stehende Idee ist, die Gleichheit der Lebenschancen zu wahren. Zum anderen haben Eltern bei der Wahl des Schultyps in der Sekundarstufe I die Empfehlungen der Grundschulen zu berücksichtigen. Staatliche Instanzen – von Kultusministerien über die Schulabteilungen bei den Mittelbehörden bis zu lokalen Schulämtern – nehmen auch die Schulaufsicht wahr. Alle drei Elemente stehen in einigen Bundesländern allerdings derzeit in der Diskussion.

Die Lehrpersonen sind in den alten Bundesländern fast ausschließlich Beamtinnen und Beamte, in den neuen Bundesländern handelt es sich überwiegend um Angestellte. In beiden Fällen sind sie staatliche Bedienstete auf Landesebene, nicht Angestellte einer Schule oder einer Kommune. Ihre Auswahl geschieht zentral anhand von Landeslisten nach dem Kriterium der Examensnoten. Die Diskussion über mehr Autonomie für die Schulen hat in den letzten Jahren dazu geführt, dass nach und nach Reformen in die Richtung gehen, die Schulen zunehmend an der Auswahl ihres Personals zu beteiligen (zum Beispiel in Berlin und in Nordrhein-Westfalen) und ihnen mehr inhaltlichen Gestaltungsspielraum einzuräumen. So legt das Schulgesetz für das Land Berlin (Senatsverwaltung für Bildung, Jugend und Sport 2004, §7 Abs. 2 und 3) fest: „Jede Schule gestaltet und organisiert im Rahmen der staatlichen Verantwortung und der Rechts- und Verwaltungsvorschriften den Unterricht, die Erziehung, das Schulleben sowie ihre personellen und sächlichen Angelegenheiten selbstständig und in eigener Verantwortung. Die Schulbehörden sind verpflichtet, die Schulen in ihrer Selbstständigkeit und Eigenverantwortung zu unterstützen. Schulbezogene Ausschreibungen sowie die Auswahl der Lehrkräfte und des sonstigen schulischen Personals erfolgen durch die Schule." Auch die Mittelbewirtschaftung wurde den Schulen durch das Gesetz übertragen. Inwieweit diese Absichten tatsächlich auch die Schulwirklichkeit erreichen werden, kann derzeit noch nicht abgesehen werden. Die Erfahrungen aus dem bereits viele Jahre zuvor begonnenen Prozess, den Universitäten mehr Autonomie zu übertragen, zeigen in jedem Fall, dass Veränderungen nur sehr langsam umzusetzen sind.

Die staatliche Aufsicht über das Schulwesen schließt eine Gründung von Privatschulen nicht aus, im Gegenteil ist in Artikel 7 Absatz 4 des Grundgesetzes ausdrücklich das Recht auf Gründung von Privatschulen festgehalten. Diese bedürfen aber einer staatlichen Genehmigung und sie müssen wie öffentliche Schulen die staatlichen Vorgaben umsetzen. Der Anteil der Schülerinnen und Schüler in Privatschulen beträgt in Deutschland gut 5 Prozent. Im Fall der Anerkennung einer Privatschule als Ersatzschule bedeutet dies, dass die Länder rund 90 Prozent der Kosten für Personal und Bewirtschaftung der Schule übernehmen. Über die Anstellung der Lehrpersonen entscheiden diese Schulen in eigener Verantwortung; diese sind daher keine Staatsbeamtinnen und -beamten, sondern Angestellte des jeweiligen Trägers. Bei kirchlichen Schulen kann es sich auch um Beamtinnen und Beamte im Kirchendienst handeln. Die meisten Privatschulen, die in der Regel schulgeldpflichtig sind, befinden sich in konfessioneller Trägerschaft. Eine bedeutende Gruppe der konfessionell nicht gebundenen Schulen sind die Waldorfschulen, die seit zehn Jahren stabil von durchschnittlich etwa 0,6 Prozent der Schülerinnen und Schüler einer Altersklasse besucht werden (Sachsen-Anhalt: 0,1 Prozent; Hamburg: 1,5 Prozent).

Der starken Stellung des Staates wirkt die noch immer vergleichsweise herausragende Stellung des Religionsunterrichts entgegen. Obwohl in der Bundesrepublik Religionsfreiheit und eine Trennung von Staat und Kirche vorherrschen, sehen alle westlichen Bundesländer katholischen beziehungsweise evangelischen Religionsunterricht als Bestandteil des regulären Schulunterrichts vor. In einigen Bundesländern wird die Schule sogar per Landesverfassung zu einer Erziehung im christlichen Geist verpflichtet (siehe oben). Hier sind zum Teil auch christliche Symbole – zum Beispiel Kreuze an den Wänden – in der Schule zugelassen, während islamische Symbole neuerdings verboten sind (siehe zum Beispiel das gesetzliche Verbot Baden-Württembergs, ein Kopftuch zu tragen, dessen Legitimität vom Bundesverwaltungsgericht im Jahr 2004 bestätigt wurde). Religionslehrerinnen und -lehrer sind Mitglieder des Lehrerkollegiums, werden vom Staat bezahlt, unterliegen aber gleichzeitig den kirchlichen Vorgaben zur Lebensführung (in der katholischen Kirche als *missio canonica* bezeichnet). In den Klassen 3 und 6 haben die beiden großen Kirchen das Recht, im Rahmen des offiziellen Religionsunterrichts durch eigene Repräsentanten (Pastore beziehungsweise Pfarrer) auf kirchliche Sakramente (Kommunion beziehungsweise Konfirmation) vorzubereiten.

Obwohl seit Jahrzehnten eine Tendenz zur Säkularisierung der Gesellschaft und zur Zuwanderung von Mitgliedern anderer Religionen, in erster Linie des Islams, zu verzeichnen ist, gab es hierüber kaum Diskussionen. Erst die Vereinigung mit der DDR führte zu grundsätzlichen Änderungen vorrangig in den neuen Bundesländern, indem seither stärker über die gleichberechtigte Erteilung eines islamischen Religionsunterrichts beziehungsweise über den generellen Ersatz des Religionsunterrichts durch ein überkonfessionelles Fach Ethik, Philosophie oder Lebensgestaltung diskutiert wird. Das Land Berlin legt in seinem Schulgesetz (SENATSVERWALTUNG FÜR BILDUNG, JUGEND UND SPORT 2004, § 13 Abs. 1) beispielsweise fest: „Der Religions- und Weltanschauungsunterricht ist Sache der Religions- und Weltanschauungsgemeinschaften." Das bedeutet einerseits, dass es sich nicht um eine Angelegenheit des Staates handelt, sodass die Gemeinschaften auch das Personal bezahlen müssen, das den Unterricht durchführt. Zudem wird offen gelassen, um welche Gemeinschaften es sich handelt. Es wird lediglich festgelegt, dass es sich um rechtstreue und dauerhafte Organisationen mit religiösen Motiven handeln muss. Auf diese Weise soll ein politisch motiviertes Engagement ausgeschlossen werden. Aufgabe der Schule ist, zwei Unterrichtsstunden im Stundenplan der Klassen freizuhalten, in denen sich Schülerinnen und Schüler für den Religions- und Weltanschauungsunterricht angemeldet haben. Die übrigen Schülerinnen und Schüler haben in dieser Zeit unterrichtsfrei. Berlin hat, der Gleichbehandlung aller Religionen entsprechend, auch festgelegt, dass nicht nur das Kopftuch, sondern auch christliche und jüdische Symbole wie das Kreuz und die Kippa im Schulbereich verboten sind. Im Land Brandenburg ist nach einem jahrelangen Rechtsstreit zwischen dem Land und den beiden großen Kirchen das weltanschaulich neutrale Fach Lebenskunde – Ethik – Religionskunde (LER) ordentliches Unterrichtsfach. Wer stattdessen am konfessionellen Religionsunterricht teilnehmen möchte, muss sich formell vom LER-Unterricht abmelden. Das Bundesverfassungsgericht hat die Legitimität dieser Wertigkeit zwischen 2001 und 2004 in mehreren Entscheidungen bestätigt.

Die Religionsfreiheit darf von den Schülerinnen und Schülern nicht dazu genutzt werden, sich zentralen unterrichtlichen Inhalten zu verweigern. Ein typischer Streitpunkt, an dem sich entsprechende Diskussionen immer wieder entzünden, ist der Sexualkundeunterricht. Quer durch alle Religionen – Zeugen Jehovas, baptistische Religionsgemeinschaften, streng islamische Eltern, katholische Fundamentalisten und andere – wird immer wieder versucht, Kinder von entsprechenden Unterrichtsstunden fernzuhalten. Bisher haben alle deutschen Gerichte diese Versuche mit Verweis auf die allgemeine Schulpflicht abgewiesen. Ähnliche Streitpunkte sind der Sportunterricht, Klassenfahrten, bestimmte historische Themen (zum Beispiel die Entstehung der Erde) und so weiter.

5.2.2 Strukturelle Merkmale des deutschen Schulsystems

Das allgemein bildende Schulsystem der Bundesrepublik ist zunächst einmal horizontal untergliedert, und zwar in eine Primarstufe vom ersten bis zum vierten beziehungsweise sechsten Schuljahr (in Berlin und Brandenburg), in eine Sekundarstufe I vom fünften beziehungsweise siebenten Schuljahr bis zum neunten beziehungsweise zehnten Schuljahr und im Anschluss daran in eine Sekundarstufe II (vgl. Darstellung 5.2). In der Primar- und Sekundarstufe I werden die Kinder und Jugendlichen nach Alter in Jahrgänge unterteilt und klassenweise beschult. Welche Fächer sie zu belegen haben, ist dabei überwiegend vorgegeben (siehe dazu im Einzelnen Kapitel 6); erst im allgemein bildenden Zweig der Sekundarstufe II besteht im Rahmen des Kurssystems eine begrenzte Wahlmöglichkeit. Innerhalb der Sekundarstufen I und II ist das Schulsystem zudem vertikal gegliedert (im Einzelnen siehe unten). Neben diesem Regelschulsystem besteht ein Sonderschulwesen. Kinderkrippen und Kindergärten gelten nicht als Teil des Schulsystems, sondern sind Bestandteil der Kinder- und Jugendhilfe. Ihr Besuch ist freiwillig, alle Kinder haben aber ab dem dritten Lebensjahr einen Rechtsanspruch auf einen Kindergartenplatz.

Darstellung 5.2: Schema des deutschen Schulsystems (in Anlehnung an SCHAUB/ ZENKE 2000)[1]

Schulbereich	formal vorgesehenes Alter	Schuljahr					
Tertiärbereich	> 18		Universität, Technische Hochschule	Fachhochschule, Pädagogische Hochschule	Berufsakademie	Fachschulen	Abendschulen
Sekundarbereich	18 17 16	13 12 11	Duale Berufsausbildung		Fachoberschulen, Berufsfachschulen	Gymnasiale Oberstufe	
Sekundarbereich	15 14 13 12 11 10	10 9 8 7 6 5	Hauptschule (z.T. als Mittel-, Regel- oder Sekundarschule)	Realschule	Gesamtschule (ggf. Orientierungsstufe)	Gymnasium	Sonderschulen
Primarbereich	9 8 7 6	4 3 2 1	Grundschule (in Berlin und Brandenburg 6 Jahre)				Sonderschulen
Elementarbereich	5 4		Kindergarten				Sonderkindergarten
Elementarbereich	< 3		- kein systematisches Angebot -				Sonderkindergarten

Die Entwicklung der Schüler- und Lehrerzahlen ist seit der Wiedervereinigung von einem Ost-West-Gegensatz geprägt (vgl. BMBF 2002). Im Jahr 2000 gab es in der Bundesrepublik Deutschland insgesamt 12,6 Millionen Schülerinnen und Schüler, wovon circa 10,0 Millionen in den alten Ländern und etwa 2,6 Millionen in den neuen Ländern zur Schule gingen. Für die alten Länder bedeutet dies ein Plus von 13 Prozent verglichen mit 1991, für die neuen Länder bringt dies ein Minus von fünf Prozent verglichen mit 1991 mit sich. Die Folge ist, dass in den alten Ländern ein Lehrermangel herrscht, der aufgrund von Finanzproblemen der öffentlichen Haushalte und fehlenden Bewerberinnen und Bewerbern in einzelnen Fächern wie Physik oder Musik nicht behoben werden soll beziehungsweise kann. In den neuen Bundesländern kam es dagegen zunächst zu Personalabbau (zum Teil aufgrund politischer Gründe, da Einzelpersonen wegen ihrer Verquickung mit dem SED-Regime als nicht mehr tragbar eingestuft und entlassen wurden), dann zur Reduzierung der Lehrerarbeitszeit bei entsprechenden Lohnkürzungen und schließlich zur Schließung von Schulen. Insgesamt sind heute an circa 50.000 Schulen in Deutschland etwa 750.000 Lehrerinnen und Lehrer hauptberuflich tätig.

Die Schulpflicht beginnt zwischen dem vollendeten fünften Lebensjahr (zum Beispiel in Berlin) und dem vollendeten sechsten Lebensjahr (zum Beispiel in Hamburg), wobei die meisten Länder, die dem letzten Stichtag folgen, flexible Regelungen für Geburtsdaten in den Monaten kurz zuvor und kurz danach eingerichtet haben. Während lange Zeit umstritten war, ob auch die Kinder von Asylbewerbern beziehungsweise geduldeten Personen zur Schule gehen dürfen oder müssen, haben in der Zwischenzeit alle Bundesländer ein Schulrecht, zum Teil sogar eine Schulpflicht für diese Gruppen eingeführt.

Um in die Grundschule aufgenommen werden zu können, ist in den meisten Bundesländern eine amtsärztliche Untersuchung notwendig, in der den Kindern die so genannte „Schulreife" bescheinigt wird. Fehlt diese, erfolgt eine Zurückstellung vom Schulbesuch, verbunden mit der Überweisung in so genannte „Vorklassen" beziehungsweise „Schulkindergärten". Diese werden derzeit – mit rückläufiger Tendenz – von einem halben Prozent der Kinder einer Altersklasse besucht. 60 Prozent der Vorschulkinder sind Jungen. Zahlreiche empirische Untersuchungen haben in den letzten Jahren nachgewiesen, dass die Entscheidung über die „Schulreife" eines Kindes durch den Grad der Beherrschung der deutschen Sprache beeinflusst ist, was nicht zulässig ist. Da gleichzeitig Bemühungen vorhanden sind, das Alter der Schulabsolventen zu verringern, haben einige Bundesländer eine Reform durchgeführt. Danach wurden die Vorschulen aufgelöst und es wurde dafür die Dauer der ersten beiden Schuljahre flexibilisiert. Diese können nunmehr in nur einem, in zwei oder auch in drei Jahren durchlaufen werden („flexible Eingangsphase", zum Beispiel in Hessen). Besonders interessant an diesem Modell ist, dass in Berlin und Brandenburg eine Verlängerung nicht auf die allgemeine Schulpflicht angerechnet wird. Damit wird die häufige Gefahr der Vergangenheit reduziert, dass die Schulpflicht schon nach Klasse 8 absolviert ist, wenn im Laufe der Schulzeit auf den Besuch einer Vorschule eine Klassenwiederholung folgte. Die entsprechenden Jugendlichen hatten damit früher deutlich geringere Chance auf das Erreichen eines Hauptschulabschlusses. An die Stelle der Schulreife-Untersuchung hat das Land Berlin einen verpflichtenden Sprachtest bei der Anmeldung zum ersten Schuljahr eingeführt. Diesen Test müssen *alle* Kinder absolvieren, da im Jahr 2002 eine empirische Untersuchung auch für deutsche Kinder bei einer bedeutenden Gruppe aus bildungsfernen Elternhäusern erhebliche Defizite in der Sprachentwicklung gezeigt hatte. Wird dieser Test nicht bestanden, müssen die Kinder bis zum Schulbeginn einen Förderkurs in einem Kindergarten beziehungsweise in einer Kindertagesstätte besuchen, der dann an der Schule fortgesetzt wird.

Die Grundschule dauert in 14 Bundesländern vier Jahre, in Berlin und Brandenburg umfasst sie sechs Jahre, wobei einzelne Spezialgymnasien (zum Beispiel für Alte Sprachen oder Naturwissenschaften) aber bereits mit der Klasse 5 einsetzen, sodass die entsprechende Schülergruppe vorzeitig aus den Grundschulen ausscheidet. In den meisten Bundesländern wird in den Klassen 1 und 2 auf die Bewertung durch Ziffernoten verzichtet und diese werden durch Lernberichte ersetzt. Ab Klasse 3 setzt dann die bis zum Abitur geltende traditionelle Form der Leistungsbewertung ein, indem Ziffernoten von 1 bis 6 beziehungsweise zugeordnete Punkte vergeben und zweimal im Jahr in einem schriftlichen Zeugnis dokumentiert werden (vgl. hierzu im Einzelnen Kapitel 10). Die Versetzung in die nächsthöhere Klasse hängt jeweils davon ab, bestimmte Leistungen zu erbringen.

Auf die Grundschule folgt das vertikal gegliederte Schulsystem der Sekundarstufe I (vgl. Darstellung 5.2). Je nach Bundesland bestehen hier zwei, drei oder vier Schulen nebeneinander. In den alten Bundesländern ist die Dreigliedrigkeit in Hauptschule, Realschule und Gymnasium die Regel. In einigen Bundesländern (zum Beispiel in Hamburg) bestehen darüber hinaus Gesamtschulen, an denen alle allgemein bildenden Schulabschlüsse erreicht werden können. In den neuen Bundesländern sind Haupt- und Realschule vielfach zu so genannten Regelschulen (in Thüringen), Sekundarschulen (Sachsen-Anhalt) oder Mittelschulen (in Sachsen) zusammengefasst. Formal stellen die ersten beiden Klassen der Sekundarstufe I, die Klassen 5 und 6, bundesweit eine Orientierungsstufe dar, in der eine besondere Durchlässigkeit zwischen den Schulformen gewährleistet sein soll. Die Kinder sollen intensiv beobachtet werden, um gegebenenfalls Fehlentscheidungen über die Wahl der Schullaufbahn korrigieren zu können. Da sich die Schülerinnen und Schüler aber bereits in den verschiedenen Schulformen befinden, sind kaum Bewegungen festzustellen – vor allem nicht nach oben. In nur noch einem Bundesland (Hessen) bilden die Klassen 5 und 6 eine eigene, vertikal nicht untergliederte Schulform, nachdem die Orientierungsstufe in den Jahren 2003 beziehungsweise 2004 in Bremen, Niedersachsen und Sachsen-Anhalt als Reaktion auf das schlechte Abschneiden in der PISA-Studie aufgelöst wurde.

Kaum ein Merkmal des bundesdeutschen Schulsystems ist durch die internationalen Leistungsvergleiche so stark in die Kritik geraten wie die vertikale Gliederung, die für das schlechte Abschneiden aufgrund direkter und indirekter Wirkungen mindestens *mit*verantwortlich gemacht werden muss (vgl. hierzu im Einzelnen die Kapitel 4 und 14). Dennoch wird es in den nächsten Jahren vermutlich nicht zu einer Strukturveränderung kommen. Dies ist Ausdruck verschiedener Phänomene: Wie im historischen Abriss deutlich geworden ist, geht die Dreigliederigkeit bereits auf Entscheidungen in der Weimarer Republik und die Trennung von niederem und höheren Schulwesen sogar bis in die frühe Neuzeit zurück. Die Struktur wird mit einer Begabungstheorie zu legitimieren versucht, wonach zwischen einer generell praktischen, kaufmännisch-technischen und theoretischen Begabung unterschieden werden kann. Auch wenn es für diese Theorie keine stützenden empirischen Belege gibt, dürfte das Begründungsmuster tief im gesellschaftlichen Selbstverständnis verankert sein. Darüber hinaus ist die Gliederung mindestens für einen Teil der Bevölkerung funktional: Eine frühe vertikale Gliederung begünstigt soziale Reproduktionsmechanismen, sodass Kinder und Jugendliche aus bildungsnahen Familien unabhängig von ihrer Leistungsfähigkeit eine höhere Chance besitzen, erfolgreich in der Schule zu sein, als Kinder aus bildungsfernen Familien. Die Aufhebung der vertikalen Gliederung wäre für einen Teil der Bevölkerung somit automatisch mit einem Verlust an Privilegien verbunden.

Die Wirksamkeit dieser Phänomene hat sich nach dem Zweiten Weltkrieg vermutlich sogar noch verschärft, als – nicht zuletzt aufgrund der Teilung Deutschlands und der Frontstellung der beiden deutschen Staaten als Repräsentanten zweier konträrer Gesellschaftssysteme – eine Verknüpfung der bildungspolitischen Argumentationslinien mit parteipolitischen Positionen erfolgte. In Frontstellung zum Einheitsschulsystem der DDR wurde die Gesamtschule in den späten 60er und frühen 70er Jahren der alten Bundesrepublik von konservativen Bildungspolitikern zum ideologischen Symbol „sozialistischer", „gleichmacherischer" und damit scharf abzulehnender Bildungspolitik erhoben. Sie konnte nur in einigen wenigen SPD-Ländern und hier auch nur als vierte Schulform neben den drei traditionellen Formen durchgesetzt werden. Eine Folge ist, dass im Vergleich zu den traditionellen Schulen die sozialen Kennwerte der Gesamtschulen zwar besser sind (zum Beispiel innovativere Unterrichtsmethoden, vgl. PRENZEL u.a. 2004, S. 333 f.), dass aber die Fachleistungen ihrer Schülerinnen und Schüler nicht höher sind als die aus den übrigen Schulen. Die Schärfe der damaligen Auseinandersetzung wirkt bis heute nach. Im Unterschied zur Religionsfrage konnte selbst die Vereinigung mit der DDR keine grundsätzliche Änderung bewirken – im Gegenteil: Innerhalb kürzester Zeit wurden in den neuen Bundesländern die bestehenden Gesamtschulstrukturen zerschlagen und es wurde ein System weitgehend analog zum westlichen Schulsystem aufgebaut.

Eine vergleichbare politische Ideologisierung und Tabuisierung von Fragen der Schulstruktur lässt sich nur selten in anderen Staaten finden. Wie tief diese Politisierung der Schule in Deutschland verankert ist, zeigt die bereits angesprochene Entscheidung zur Auflösung der Orientierungsstufe. Die Vorverlagerung des Selektionsprozesses aus der Klasse 6 in die Klasse 4 stellt vor dem Hintergrund der dargestellten Wirkungen vertikaler Gliederung eine problematische Entscheidung dar; mit Verweisen auf IGLU, PISA und TIMSS kann sie keinesfalls gerechtfertigt werden – im Gegenteil: Viele Bildungsforscherinnen und -forscher halten ein Hinausschieben der Selektionsentscheidung bis mindestens nach dem sechsten Schuljahr für eine der zentralen Folgerungen aus den Leistungsvergleichen.

5.2.3 Verteilung auf Schulformen

Betrachtet man die Verteilung der Schülerinnen und Schüler in der Klasse 8 auf die einzelnen Schulformen, lässt sich feststellen, dass dem Gymnasium im bundesweiten Durchschnitt das größte Gewicht zukommt, da es von knapp 30 Prozent einer Altersklasse besucht wird. Die Spannbreite zwischen den einzelnen Bundesländern reicht von 26-27 Prozent in Bayern, Niedersachsen und Schleswig-Holstein bis zu 33-34 Prozent in Berlin und Hamburg (siehe Darstellung 5.3; zu den Zahlen im Einzelnen vgl. KMK 2002, 2003d). Der durchschnittliche Anteil des Gymnasialbesuchs ist über die letzten zehn Jahre stabil geblieben. Einen bereits in der alten Bundesrepublik erkennbaren Trend fortsetzend, hat die Hauptschule weiter an Bedeutung verloren. Sie wird heute nur noch von durchschnittlich 22 Prozent der Schülerinnen und Schüler in der Klasse 8 besucht, 1992 waren es noch 25 Prozent. Die Spannbreite reicht von 0 Prozent in Brandenburg und Thüringen, wo es die Hauptschule als Schulform nicht gibt, bis zu 37,8 Prozent in Bayern. Der Anteil an Realschülerinnen und -schülern hat sich im bundesweiten Durchschnitt nach einem zwischenzeitlichen Hoch

Mitte der 90er Jahre wieder auf demselben Niveau eingependelt wie schon 1992, nämlich bei gut 24 Prozent (Sachsen, Thüringen, wo es die Realschule als Schulform nicht gibt: 0 Prozent; Mecklenburg-Vorpommern: 44 Prozent). Das zwischenzeitliche Hoch ist auf eine generell gestiegene Übergangsquote zu dieser Schulform im Vergleich zur Hauptschule zurückzuführen. Der folgende Rückgang ist dann der Auflösung der Realschule im Saarland und in Sachsen-Anhalt zugunsten von Gesamt- beziehungsweise Regelschulen geschuldet. Die bundesweit geringste Bedeutung kommt Schulformen zu, die mehrere Bildungsgänge integrieren (sei es als Mittel- bzw. Regelschulen, sei es als Gesamtschulen). Sie werden im Bundesdurchschnitt von 18,5 Prozent einer Altersklasse besucht – mit kontinuierlich leicht steigender Tendenz in der Zeit seit 1992. Während solche Schulen in Bayern und Baden-Württemberg weitgehend bedeutungslos sind (der Schüleranteil liegt unter 1 Prozent), besuchen im Saarland, in Sachsen, in Sachsen-Anhalt und in Thüringen mehr als 60 Prozent der Schülerinnen und Schüler entsprechende Schulformen.

Darstellung 5.3:
Verteilung der Schülerzahlen in Klasse 8 auf die Schularten pro Bundesland (Stand: 2001; Quelle für die Zahlen: KMK 2002)

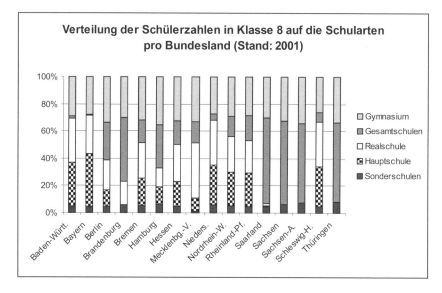

Die Pflicht zum Besuch einer Vollzeitschule umfasst neun Schuljahre (in 12 Ländern, zum Beispiel in Bayern und Mecklenburg-Vorpommern) beziehungsweise zehn Schuljahre (in vier Ländern, zum Beispiel in Berlin und Nordrhein-Westfalen), wobei das Absolvieren dieser Zeit als Kriterium genommen wird, nicht das Erreichen der entsprechenden Jahrgangsstufe. Hieraus erklärt sich der relativ hohe Anteil an Schulabgängern ohne formalen Schulabschluss: fast 10 Prozent einer Altersklasse, wobei die Quote zwischen 6,3 Prozent in Nordrhein-Westfalen und 13,3 Prozent in Thüringen liegt. So verlässt beispielsweise ein Kind, das aufgrund fehlender Schulreife für ein Jahr eine so genannte „Vorschule" besucht hat, das anschließend sowohl in der Grundschule als auch in der Sekundarstufe I je einmal eine Klassenstufe wiederholen musste, die Schule mit dem Abgangszeugnis der Klasse 7. Vorausgesetzt, es findet sich überhaupt ein Ausbildungsbetrieb, sind die Chancen sehr gering, auf dieser Basis erfolgreich eine Ausbildung absolvieren zu können.

Vollzeitschulpflicht bedeutet nicht, dass den ganzen Tag Unterricht ist, sondern dass die ganze Woche über die Schule besucht werden muss. Auf den Tag gesehen ist in der Bundesrepublik die Halbtagsschule die Regel, das heißt, dass der Unterricht von etwa 08.00 Uhr bis etwa 13.00 Uhr stattfindet. Aufgrund der geringeren Stundenzahl schließt die Grundschule aber häufig früher, während in der Sekundarstufe II einzelne Fächer auch nachmittags stattfinden. Von dieser Regel sind derzeit systematisch nur drei vergleichsweise unbedeutende Ausnahmen festzustellen: zum Ersten die Gesamtschulen in Nordrhein-Westfalen, die meist als Ganztagsschulen geführt werden; zum Zweiten die in allen 16 Bundesländern in vergleichsweise geringer Zahl auf der Basis einer Förderung durch das Bundesbildungsministerium seit 2003 neu entstehenden Ganztagsschulen und zum dritten einzelne Schulen, die den Ganztagsbetrieb schon lange als besonderes pädagogisches Profil verwirklichen (beispielsweise Internate und manche Reformschulen). Um beiden Elternteilen eine Berufstätigkeit wenigstens in geringem Umfang zu ermöglichen, versuchen daher einige Bundesländer (zum Beispiel Nordrhein-Westfalen) die so genannte „verlässliche Halbtagsgrundschule" zu realisieren, indem sie eine Betreuung von 07.30 Uhr bis 13.00 beziehungsweise 14.00 Uhr garantieren. Andere Bundesländer bieten gekoppelt mit der Schule bis in den Nachmittag hinein eine Hortbetreuung an (zum Beispiel Berlin).

Schulabschlüsse der Sekundarstufe I sind die Hauptschulabschlüsse nach den Klassen 9 und 10 sowie die Fachoberschulreife, umgangssprachlich auch Mittlerer Schulabschluss beziehungsweise „Mittlere Reife" genannt. Sie werden in den meisten Bundesländern ohne eigene Abschlussexamina auf der Basis bestimmter Mindestnoten in den Klassen 9 und 10 beziehungsweise der Versetzung in die Klassen 10 und 11 vergeben. Ausnahmen stellen Berlin und Brandenburg dar. In Brandenburg wird seit 2003 und in Berlin seit 2004 eine zentrale Abschlussprüfung durchgeführt, deren Ergebnis zur Hälfte in die Noten des mittleren Schulabschlusses einfließt. Entsprechende Pläne bestehen für die Zeit ab 2006 auch in Nordrhein-Westfalen. Der erste Brandenburger Durchgang hat aufgrund hoher Durchfallquoten und insgesamt sehr schwacher Noten erheblich Probleme in der Gestaltung „fairer" Prüfungen erkennen lassen, die es den Schülerinnen und Schülern erlauben, angemessene Leistungen auf der Basis ihres Unterricht zu zeigen.

Neben dem zuvor beschriebenen Regelschulschulsystem besteht ein differenziertes Sonderschulsystem, das von der weit überwiegenden Mehrheit der Kinder mit sonderpädagogischem Förderbedarf besucht wird (vgl. KMK 2002, 2003d). Insgesamt handelt es sich um rund 430.000 Schülerinnen und Schüler, wodurch die vertikale Gliederung des deutschen Schulsystems noch einmal verschärft wird. Kinder aus Migrantenfamilien und aus sozial schwachen Familien sowie Jungen sind deutlich überrepräsentiert. Der Anteil der Kinder und Jugendlichen, die Sonderschulen besuchen, an allen Schülerinnen und Schülern beträgt derzeit 5,2 Prozent (Mecklenburg-Vorpommern: 1,0 Prozent; Thüringen: 8,0 Prozent), was trotz zahlreicher Modellvorhaben und Integrationsbemühungen eine kontinuierliche Steigerung in den letzten zehn Jahren bedeutet (siehe Darstellung 5.4). Für die Zeit davor ist in Bezug auf die alte Bundesrepublik seit Mitte der 50er Jahre ebenfalls ein kontinuierlicher Ausbau des Sonderschulwesens festzuhalten. Auf der Basis eines sonderpädagogischen Gutachtens werden Kinder und Jugendliche mit entsprechendem Förderbedarf an Schulen mit den folgenden Förderschwerpunkten überwiesen: Lernen (mehr als die Hälfte der Sonderschülerinnen und -schüler), Sehen, Hören, Sprache, körperliche und motorische Entwicklung, geistige Entwicklung, emotionale und soziale Entwicklung sowie Kranke. Prinzipiell stehen den Sonderschülerinnen und -schülern alle Schulabschlüsse der Sekundarstufe I offen, in der Realität werden diese aber nur von einem kleinen Teil erreicht. Über 80 Prozent aller Schülerinnen und Schüler verlassen die Sonderschule ohne Hauptschulabschluss.

Darstellung 5.4: Entwicklung der Schülerzahlen an Sonderschulen in Deutschland (Quelle für die Zahlen: KMK 2003d)

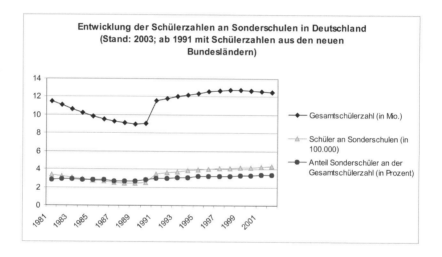

Das Sonderschulwesen kann in Deutschland auf eine lange Tradition zurückblicken, dennoch ist es seit jeher Kontroversen ausgesetzt. Erste Sonderschulen für sinnesbeeinträchtigte Schülerinnen und Schüler entstanden im 18. Jahrhundert, im 19. Jahrhundert folgten Gründungen von Schulen für Schüler mit Lernschwierigkeiten („Hilfsschulen") und mit Verhaltensauffälligkeiten (vgl. OBOLENSKI 2004, S. 371). Damit wurde beeinträchtigten Kindern und Jugendlichen erstmals eine Bildungsfähigkeit und ein Recht auf schulische Förderung zugesprochen. In der Zeit des Nationalsozialismus wurde das Sonderschulwesen allerdings in die Politik der „Rassenhygiene" (VERNOOIJ 2000) eingebunden. Trotz dieser Erfahrung bauten sowohl die DDR (vgl. HÜBNER 2000, S. 64 ff.) als auch die Bundesrepublik (vgl. KLINK 1966) nach 1945 ein vielfach gegliedertes Sonderschulwesen auf, zu dem im Westen in den 1960er Jahren als letzte Schulform auch Schulen für Kinder mit Beeinträchtigungen im Bereich der geistigen Entwicklung kamen. In der DDR wurde diese Gruppe als „bildungsunfähig" angesehen (vgl. HÜBNER 2000, S. 73 f.).

Die Diskussionen um das Sonderschulwesen bewegen sich auf der einen Seite im Spannungsfeld von Separierung und Integration sowie auf der anderen Seite im Spannungsfeld von medizinischen und sozio-kulturellen Ursachen der Förderungsnotwendigkeiten (OBOLENSKI 2004, S. 372 f.). In Bezug auf den ersten Punkt lautet der Vorwurf, dass sich die allgemein bildenden Schulen durch die Ausgliederung beeinträchtigter Schülerinnen und Schüler entlasten würden. Viele Autorinnen und Autoren bezweifeln insbesondere die Sinnhaftigkeit einer Sonderschule für Lernbeeinträchtigte und weisen auf positive Wirkungen einer Integration beeinträchtigter Schülerinnen und Schüler in das Regelschulwesen hin (vgl. zum Beispiel BLESS 1995). In Bezug auf den zweiten Punkt wird in der Diskussion betont, dass keine einheitlichen Kriterien zur Feststellung von sonderpädagogischem Förderbedarf existieren. Aufgrund des großen Ermessensspielraums würden in der schulischen Praxis zum Teil sehr unterschiedliche gutachterliche Einschätzungen formuliert (OBOLENSKI 2004, S. 374).

Von der Tendenz her kann festgestellt werden, dass ein wachsender Teil an Kindern mit sonderpädagogischem Förderbedarf integriert beschult wird, das heißt im Rahmen des Regelschulwesens. Im Jahr 2002 handelte es sich um 66.000 Kinder mit steigender Tendenz. Knapp zwei Drittel von ihnen besuchen die Grundschule. Die entsprechenden Schulen bekommen bei einer hinreichenden Anzahl an solchen Schülerinnen und Schülern Unterstützung durch Lehrpersonen mit sonderpädagogischer Ausbildung. Dennoch ist der Einschätzung MÜNCHs (2001, S. 16) zuzustimmen: „Die gesellschaftliche und bildungspolitische Entwicklung zielt derzeit jedoch nicht auf eine grundsätzliche Veränderung des sonderpädagogischen Fördersystems, etwa die Abschaffung der Sonderschule und sukzessive Zuteilung der sonderpädagogischen Ressourcen an die allgemeinen Schulen, sondern auf ein komplementäres Nebeneinander verschiedener Lernorte in einem dualen System (Sonderschulen neben allgemeinen Schulen) mit verschiedenartigen Beratungs-, Ambulanz-, Kooperations- und Integrationskonzepten."

An die neun- beziehungsweise zehnjährige Vollzeitschulpflicht schließt sich in allen Bundesländern eine Teilzeitschulpflicht bis zum vollendeten 18. Lebensjahr an. Diese soll gewährleisten, dass auch Schülerinnen und Schüler ohne formalen Schulabschluss beziehungsweise ohne anschließende Ausbildungsstelle weiterhin gefördert und dass bei einem Wechsel in eine berufliche Ausbildung allgemein bildende Qualifikationen weiter vertieft werden können.

Die Sekundarstufe II ist in einen allgemein bildenden und einen berufsbildenden Zweig differenziert. Der allgemein bildende Zweig führt zum Abitur als höchstem allgemein bildendem Schulabschluss, der entweder durch eine zentrale Prüfung (zum Beispiel in Bayern) oder durch eine schulische Prüfung (zum Beispiel derzeit noch in Nordrhein-Westfalen) erworben wird. Das Abitur kann in immer mehr Ländern nach 12 (beispielsweise in Baden-Württemberg, Bayern, Berlin, Sachsen und Thüringen) beziehungsweise nach 13 Jahren (zum Beispiel in Rheinland-Pfalz und Schleswig-Holstein) erreicht werden. Die Länder mit der längeren Schulzeit bieten dabei in der Regel Schnellläuferklassen an, in denen einem Teil der Schülerinnen und Schüler ein verkürzter Weg zum Abitur angeboten wird. Die Abiturientenquote beträgt durchschnittlich 27,5 Prozent (zu 55 Prozent Mädchen), wobei in Bayern nur 20,5 Prozent einer Altersklasse diesen Abschluss erreichen, während dies in Berlin, Bremen und Hamburg für rund 32 Prozent gilt. Das Abitur („Allgemeine Hochschulreife") berechtigt zum Studium an allen staatlichen Fachhochschulen und Universitäten in allen Studiengängen, wobei bei einem Mangel an Studienplätzen örtlich, landes- oder bundesweit Zulassungsbeschränkungen erlassen werden können. Diese können aber in jedem Fall über so genannte „Wartezeiten" umgangen werden, sodass mit dem Abitur letztlich jeder Studiengang erreichbar ist. Diese Möglichkeit soll den derzeit diskutierten Reformen zufolge, wonach sich Hochschulen ihre Studierenden stärker aussuchen können sollen, zwar eingeschränkt, aber nicht prinzipiell aufgegeben werden. Es liegen mehrere Urteile des Bundesverfassungsgerichts vor, dass in Deutschland eine grundgesetzlich garantierte freie Berufswahl herrscht („Berechtigungswesen", vgl. Kapitel 2). Daher wird voraussichtlich auch in Zukunft ein Kontingent offen bleiben für Personen, die keinen Studienplatz auf direktem Weg erhalten haben.

Der berufsbildende Zweig stellt ein hochgradig ausdifferenziertes Schulsystem dar, das Schülerinnen und Schüler ohne jeden Schulabschluss ebenso umfasst wie Abiturientinnen und Abiturienten, die eine berufliche Ausbildung absolvieren. Strukturell lassen sich unterscheiden: Ausbildungsgänge für Schülerinnen und Schüler ohne Ausbildungsvertrag (zum Beispiel Berufsgrundschuljahr), Ausbildungsgänge für Schülerinnen und Schüler mit Ausbildungsvertrag im Rahmen des so genannten „dualen Systems" (siehe unten), Berufsfachschulen und Fachoberschulen auf der Basis der Fachoberschulreife mit der Fachhochschulreife als Abschluss und schließlich Ausbildungsgänge im Rahmen des Beruflichen Gymnasiums, die zum Abitur führen. Die Ausbildungsgänge werden in Teilzeit- oder in Vollzeitformen angeboten.

Alle berufsbildenden Schulen verfolgen eine doppelte Zielrichtung: die Verknüpfung von allgemein bildenden Aufgaben im Sinne von Persönlichkeitsentwicklung mit Qualifizierungsaufgaben im Sinne einer Vorbereitung auf berufliche Lebenssituationen, was sich unter dem Leitziel der beruflichen Handlungskompetenz zusammenfassen lässt (SLOANE 2004, S. 352). Entsprechend der großen Vielfalt an Schulformen umfasst dieses Leitziel die Förderung von Berufswahlfähigkeit ebenso wie die Förderung von Studierfähigkeit. Durch die Anbindung der berufsbildenden Schulen an das Beschäftigungssystem stehen sie unter einem hohen Veränderungsdruck, sodass Reformdiskussionen hier im Vergleich zum allgemein bildenden Zweig früher und intensiver geführt werden (vgl. SLOANE 2001).

Die größte Bedeutung innerhalb des berufsbildenden Schulwesens kommt dem dualen System zu, das von etwa zwei Dritteln aller Jugendlichen in Deutschland durchlaufen wird. Im dualen System erfolgt die praktische Ausbildung im Betrieb, während die theoretische Ausbildung an der Berufsschule durchgeführt wird. Die Teilung der Verantwortung für die Berufsausbildung, die eine praxisnahe – an den Bedürfnissen des Arbeitsmarktes orientierte – Ausbildung sichert, bedeutet gleichzeitig, dass neben öffentlichen Schulen private Betriebe Einfluss auf einen wichtigen Teil des Bildungswesens besitzen. Von besonderer Bedeutung sind hierbei die Arbeitgeberverbände und die Gewerkschaften. Beide Interessenvertretungen sind in den Gremien vertreten, die für die Formulierung der Ausbildungsinhalte verantwortlich sind.

Eine ebensolche Bedeutung kommt den Industrie- und Handelskammern sowie den Handwerkskammern zu, die die Abschlussprüfungen abnehmen und damit ebenfalls auf Inhalte und Formen der Ausbildung zurückwirken. In wirtschaftlich schwachen Zeiten stellt die geringe Ausbildungsbereitschaft der Betriebe ein Problem dar, weil sie verhindert, dass alle Jugendlichen die Chance auf eine Berufsausbildung erhalten. Dass der Staat den praktischen Teil der Berufsausbildung den Betrieben überlässt, implizierte lange Zeit eine vergleichsweise strikte Trennung von allgemein bildender, auf den Universitätszugang orientierter und beruflicher Bildung ohne Möglichkeit, eine Hochschulzugangsberechtigung zu erwerben. Diese Trennung soll seit einigen Jahren durch verstärkte Chancen, auch im Berufsschulwesen eine allgemeine Hochschulzugangsberechtigung erreichen zu können, abgeschwächt werden. Faktisch erwerben allerdings weniger als zehn Prozent der Abiturientinnen und Abiturienten ihren Abschluss im berufsbildenden Zweig. Die relativ geringe Wertschätzung der Schulen des beruflichen Schulwesens bedeutet auch, dass die international vergleichsweise hohe Abschlussquote in der Sekundarstufe II (Deutschland: rund 90 Prozent, während Finnland, Schweden und die USA zwischen 70 und 90 Prozent aufweisen) durch den Wert des Abschlusses deutlich relativiert werden muss. In Deutschland ist damit nur bei einem kleinen Teil eine Hochschulzugangsberechtigung verbunden. Dies spiegelt sich dann in dem vergleichsweise geringen Anteil der Absolventinnen und Absolventen eines Hochschulstudiums an einem Altersjahrgang wider, der in Deutschland wie zum Beispiel auch in Italien und Österreich unter 20 Prozent liegt, während in Finnland und den USA mehr als ein Drittel einer Altersklasse ein Studium abschließt (vgl. OECD 2002, S. 34 ff.; zur Struktur der internationalen Schulsysteme vgl. im Einzelnen Kapitel 4).

Die Lehrerausbildung besteht für alle Schulstufen und Schulformen aus zwei Phasen, von denen die erste an wissenschaftlichen Hochschulen stattfindet, und zwar in 15 von 16 Bundesländern an Universitäten und in Baden-Württemberg für Grund- und Hauptschullehrer an Pädagogischen Hochschulen (vgl. hierzu im Einzelnen Kapitel 8). In den meisten Bundesländern dauert die Regelausbildungszeit für Lehrpersonen, die in der Sekundarstufe II unterrichten wollen, fünf Jahre, während die Ausbildungszeit für die übrigen Lehrpersonen des Regelschulwesens 1,5 Jahre kürzer ist. Die Ausbildung von Sonderschullehrerinnen und -lehrer findet entweder als grundständiger Studiengang im Umfang von fünf Jahren statt oder als Aufbaustudiengang zu einem anderen Lehramtsstudiengang. Die zweite Phase der Ausbildung dauert einheitlich für alle Lehrpersonen zwei Jahre und sie findet an Studienseminaren statt. In Bezug auf diese Struktur sind zahlreiche Reformmodelle in der Diskussion, die von einer Verlagerung einzelner Studiengänge an Fachhochschulen über die Einführung von Bachelor- und Masterstudiengängen bis zur Reduzierung der zweiten Phase zugunsten einer längeren Praxisphase bereits im Rahmen des Studiums beziehungsweise zugunsten einer begleiteten Berufseingangsphase reichen. Welches dieser Modelle sich letztlich durchsetzen wird, ist derzeit (Sommer 2006) nicht absehbar.

5.2.4 Bildungsökonomische und bildungsplanerische Merkmale

Die Darstellung des deutschen Schulwesens abschließend soll auf bildungsökonomische und bildungsplanerische Fragen eingegangen werden. Für den einzelnen Schüler beziehungsweise die einzelne Schülerin ist der Schulbesuch in Deutschland mit Ausnahme eines vergleichsweise geringen Eigenanteils an den Lehrmitteln kostenfrei. Die staatlichen Ausgaben sind dagegen immens (siehe oben): Bund, Länder und Gemeinden geben zusammen jährlich rund 50 Milliarden Euro für das Schulwesen aus. Die Ausgaben für die einzelnen Schulformen sind dabei sehr unterschiedlich, sodass ihre Höhe als Gradmesser für die Bedeutung genommen werden kann, die ihnen zugesprochen wird (vgl. OECD 2004, S. 215). Für einen Grundschüler wird mit 4.237 US-Dollar pro Jahr der geringste Betrag ausgegeben, während ein Schüler der Sekundarstufe I 5.366 und ein Schüler der Sekundarstufe II 9.223 US-Dollar kostet (siehe Darstellung 5.5). Im internationalen Vergleich spiegelt sich diese Verteilung so wider, dass Deutschland in Bezug auf einen Grundschüler unter dem Durchschnitt im unteren Feld der OECD-Länder liegt – in Europa nur unterboten durch Länder wie Polen und Tschechien oder Spanien. Dieses Verhältnis gilt noch ebenso deutlich für die Sekundarstufe I, während sich die Skala in der Sekundarstufe II umdreht: Deutschland liegt mit seinen Bildungsausgaben hier weit über dem Durchschnitt, in Europa nur noch überboten durch die Schweiz und Norwegen.

Darstellung 5.5: Staatliche Ausgaben pro Schüler pro Jahr (in US-Dollar; Quelle für die Zahlen: OECD 2004)

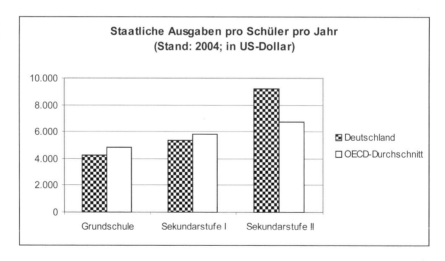

In Relation zum Bruttoinlandsprodukt (BIP) liegen die gesamten Bildungsausgaben der öffentlichen Hand in Deutschland bei 4,3 Prozent (OECD-Mittel: 4,8 Prozent; vgl. OECD 2004, S. 229). Nur sehr wenige Länder – zum Beispiel Tschechien und Griechenland – liegen unter dem deutschen Satz. Die höchsten öffentlichen Ausgaben verzeichnen die skandinavischen Länder: Finnland und Schweden geben 5,7 beziehungsweise 6,3 Prozent ihres BIP für das Bildungswesen aus. In allen Ländern kommen private Bildungsausgaben hinzu. In der Bundesrepublik Deutschland betragen diese 1,0 Prozent des BIP (OECD-Mittel: 1,4 Prozent).

In Bezug auf die Lehrergehälter ist festzuhalten, dass sowohl absolut als auch relativ gesehen Deutschland im Vergleich der OECD-Länder in der Gruppe der Länder mit sehr hohem Einkommen liegt. Allerdings unterscheiden sich auch hier bei der Lehrerbezahlung – wie bei den Ausgaben pro Schülerin beziehungsweise Schüler – die Gruppen je nach Schulstufe, in der die Lehrpersonen unterrichten: Kaufkraftbereinigt verdient eine deutsche Lehrperson in der Primarstufe nach 15 Jahren Berufserfahrung rund 44.700 US-Dollar pro Jahr (OECD-Durchschnitt: 31.400 US-Dollar), was dem 1,7fachen des Pro Kopf-Bruttoinlandsproduktes entspricht (OECD-Durchschnitt: 1,3fach). In der Sekundarstufe I steigt das durchschnittliche Gehalt auf 47.200 US-Dollar (OECD: 33.300), was dem 1,8fachen des Pro Kopf-BIP entspricht (OECD: 1,4). In der Sekundarstufe II schließlich liegt das Gehalt bei durchschnittlich 50.800 US-Dollar (OECD: 35.700), was dem zweifachen des Pro Kopf-BIP entspricht (OECD: 1,5). Wenn diese Unterschiede indirekt auch Rückschlüsse auf die gesellschaftliche Wertschätzung der einzelnen Lehrergruppen zulassen, ist andererseits doch darauf zu verweisen, dass es trotz der höheren Bezahlung weit schwieriger ist, hinreichend Lehrpersonen für die Sekundarstufen zu rekrutieren als für die Grundschule. Dies gilt insbesondere für den berufsbildenden Zweig, wo eine unmittelbare Konkurrenz des Staates mit dem privaten Arbeitsmarkt gegeben ist. Insofern ist die Differenz auch eher Ausdruck von Angebot und Nachfrage auf dem Lehrerarbeitsmarkt.

Die Mittelzuweisung war in Deutschland-West wie -Ost seit 1945 ein bedeutsames Element der Bildungsplanung (vgl. LANGE 2004). Über vermehrte Bildungsausgaben (Deutschland-West) beziehungsweise gezielt gelenkte Ausgaben (Deutschland-Ost) sollte einerseits das Bildungsniveau insgesamt gesteigert und sollten andererseits die sozialen Ungerechtigkeiten in den Bildungschancen vermindert werden. Während das DDR-Modell in der Bundesrepublik immer umstritten war, ist zwischenzeitlich auch das West-Modell der zentralen Entscheidungen über Bildungsausgaben in die Kritik gekommen. In dieser spiegeln sich verschiedene, parallel laufende Tendenzen: enorme finanzielle Probleme der öffentlichen Hand, generelle Skepsis gegenüber der Handlungsfähigkeit von Bildungspolitik, Unbeweglichkeit des Schulsystems als Ganzes im Vergleich zum raschen gesellschaftlichen Wandel. Auf der Makroebene getroffene bildungspolitische Entscheidungen über die Mittelzuweisung sollen daher durch lokale Freiräume bei der Mittelverwendung und Nachweis ihrer Effizienz ergänzt werden. Bildungsökonomische Gesamtrechnungen spielen in diesem Zusammenhang eine wichtige Rolle. In ihnen wird versucht, sowohl die gesellschaftlichen Kosten für Bildungsangebote (zum Beispiel die staatlichen Ausgaben für das Schulsystem) als auch den gesellschaftlichen Nutzen dieses Bildungsangebotes zu quantifizieren (zum Beispiel Schulleistungen, Schulabschlüsse oder die Geburtenrate). Die Ergebnisse lassen sich dahingehend zusammenfassen, dass sich in der genannten Kosten-Nutzen-Relation institutionelle Bildungsangebote besonders dann rentieren, wenn sie in einem frühen Alter einsetzen (vgl. RECUM/ WEISS 2000).

Unter dem Gesichtspunkt der Effizienz*steigerung* sind Deregulierung und Marktorientierung die beiden zentralen Schlagworte. Auch hier ist – wie in Bezug auf viele andere Reformansätze – derzeit noch nicht absehbar, wie die Entwicklung verlaufen wird. Lange (2004, S. 246) resümiert die Befundlage aus dem angelsächsischen Raum allerdings eher dahingehend, „dass das Argument, durch Wettbewerb und Dezentralisierung ließen sich Effizienzgewinne im Schulbereich erreichen, einer empirischen Prüfung nicht standhalte. Die Befundlage spreche eher dafür, dass marktorientierte Strategien zur Steigerung bestehender Leistungsdisparitäten und Chancenungleichheiten tendieren, nicht aber zwangsläufig eine bessere Qualität der Leistungen oder ein höheres Maß an Wirtschaftlichkeit der Leistungserstellung bewirken. Der Wettbewerb sei häufig nur ein Wettbewerb um leistungsfähige Schülerinnen und Schüler, dessen Effekte zwar das Leistungsniveau an einzelnen Standorten, nicht aber das Leistungsniveau des Gesamtsystems steigerten.“

5.3 Zusammenfassung und Anwendung

In diesem Kapitel wurde das Schulsystem der Bundesrepublik Deutschland differenziert analysiert. Berücksichtigung fanden die Rolle des Staates beziehungsweise die von Privatschulen sowie die Rolle der Kirchen, Beginn und Dauer der Schulpflicht, die horizontale und vertikale Gliederung des Schulwesens, das Verhältnis von Regel- und Sonderschulwesen, die Grundstrukturen der Lehrerausbildung und Fragen der Finanzierung. Aufgrund der Kulturhoheit der Länder unterscheiden sich die Schulsysteme der 16 Bundesländer. Insgesamt kann festgestellt werden, dass der Staat in allen Ländern einen starken Einfluss auf die detaillierten Merkmale des Schulwesens ausübt, und zwar über inhaltliche, organisatorische, personelle und ökonomische Vorgaben. In den letzten Jahren sind allerdings Tendenzen zu mehr Gestaltungsspielräumen für die Einzelschulen festzustellen. Ebenso zeichnet sich das Schulsystem in allen Bundesländern durch eine vertikale Ausdifferenzierung aus, indem ab der Klasse 5 beziehungsweise 7 zwei, drei oder vier Schulformen nebeneinander bestehen, die mit Abschlüssen unterschiedlicher Wertigkeit enden. Dem Gymnasium kommt das größte Gewicht zu, da es im Bundesdurchschnitt von knapp 30 Prozent einer Altersklasse besucht wird. In Ergänzung zu diesen strukturellen Merkmalen wurden gesellschaftliche und weltanschauliche Grundlagen herausgearbeitet, die sich dahinter verbergen. Am deutlichsten sichtbar werden diese noch immer bei der Frage des Religionsunterrichts, für den die Bundesländer unterschiedliche Modelle gewählt haben. Generell lässt sich dabei feststellen, dass die neuen Bundesländer säkularer orientiert sind als die alten Bundesländer.

Blicken Sie nun noch einmal zurück auf die eingangs von Ihnen bearbeitete Aufgabe. Vermutlich hatten Sie schon selbst einige Kenntnisse über mögliche Bildungswege innerhalb des bundesdeutschen Schulsystems. Ergänzen Sie zunächst, welche Möglichkeiten des Schulbesuchs Sie in Ihrer ersten Beratung der Schülerin Rabea gegebenenfalls nicht bedacht haben. Welchen Ratschlag würden Sie ihr nun geben?

Anmerkungen

1 Die Darstellung erfolgt nicht maßstabsgerecht. Die Größe der Kästen lässt also keine Rückschlüsse auf die Verteilung der Schülerzahlen zu.

6| Richtlinien und Lehrpläne

6.1 Einleitende Hinweise und Fragestellungen

Richtlinien und Lehrpläne stellen ein zentrales Element der Einflussnahme des Staates auf Unterricht und Schule dar. Im Hinblick auf den Unterricht bilden sie den Rahmen für Entscheidungen zu Lernzielen, Unterrichtsinhalten, Methoden, Medienverwendung und Lernerfolgskontrolle. Für die Schule vermitteln Richtlinien und Lehrpläne Orientierungen zu allgemeinen und fachbezogenen Bildungszielen, zu dem notwendigen Fächerangebot, zu Pflicht-, Wahlpflicht- und Wahlbereichen, zu fächerverbindenden beziehungsweise fächerübergreifenden Themen, zur Aufteilung der Lernzeit und unter Umständen auch zur Qualitätssicherung.

In der Bundesrepublik Deutschland obliegt es den zuständigen Ministerien – aufgrund der Kulturhoheit der Bundesländer – die Richtlinien und Lehrpläne zu erlassen. Die Entwicklung wird dabei häufig entsprechenden Landesinstituten übertragen. Ein Blick auf existierende Richtlinien und Lehrpläne zeigt sehr schnell, dass sich diese nach Form und Inhalt erheblich unterscheiden. Auch systematische und vergleichende Analysen verweisen auf große Unterschiede zwischen den Richtlinien und Lehrplänen in den einzelnen Bundesländern (vgl. z.B. KROCKER 2003, S. 531 ff.). Schon die Bezeichnungen erweisen sich als uneinheitlich. So tauchen neben den Begriffen Richtlinien und Lehrplan Bezeichnungen auf wie Rahmenplan, Bildungsplan, Lehrplanheft oder Rahmenrichtlinien. Zum Teil wird auch nicht zwischen Richtlinien und Lehrplänen differenziert. Des Weiteren unterscheiden sich entsprechende Dokumente hinsichtlich des Umfangs sowie der Anzahl und der Art der thematischen Aspekte. Diese reichen von Ziel- und Inhaltsfragen über Methoden- und Medienfragen bis zu Fragen der Evaluation und Qualitätssicherung. Dabei besteht der „kleinste gemeinsame Nenner" darin, dass in jedem Fall Aussagen zu Ziel- und Inhaltsfragen für Unterricht und Schule gemacht werden.

Im Kontext von Lehrplanfragen taucht häufig der Begriff Curriculum auf. Er etablierte sich schon im 17. Jahrhundert im Zusammenhang mit den didaktischen Entwürfen von RATKE (1571 – 1635) und COMENIUS (1592 – 1670) und bezog sich auf die Auswahl und Anordnung von Lehrinhalten unter der Frage, welche Inhalte im

Laufe einer bestimmten Zeit gelehrt werden sollten – durchaus in Übereinstimmung mit der lateinischen Wortbedeutung von Curriculum im Sinne von Zeitabschnitt, Ablauf, Alljährliches (vgl. BLANKERTZ 1977, S. 121, VOLLSTÄDT u.a. 1999, S. 12). Der Begriff Curriculum wurde seit der Zeit der Aufklärung im deutschsprachigen Raum durch Begriffe wie Plan, Schulplan und schließlich Lehrplan ersetzt, während er im angelsächsischen Sprachraum erhalten blieb und insbesondere durch die Arbeit von ROBINSOHN „Bildungsreform als Revision des Curriculums" (1967) wieder in den deutschsprachigen Raum eingeführt wurde. Allerdings wird auch der Begriff Curriculum – so stellt REISSE schon 1975 nach einer Analyse des Begriffsgebrauchs in der Literatur fest – mit unterschiedlichen Begriffsinhalten und -umfängen verwendet. Die Analyse verschiedener Curriculumdefinitionen zeigt, dass folgende Kategorien – wenn auch mit unterschiedlicher Häufigkeit in den Definitionen auftreten: Ziele, Inhalte, Organisationsformen, Methoden, Kontrolle und Mittel des Lehrens und Lernens sowie deren Begründung (vgl. ebd., S. 53). Auf der Basis seiner Analysen kommt REISSE zu der Feststellung: „Zusammengenommen geht es, wenn man von Curriculum spricht, um eine eher langfristige Planung von Bildungsprozessen unter Betonung von Ziel- und Inhaltsaspekten, wobei die Grenzen zu anderen Problembereichen immer mehr verschwimmen" (1975, S. 54). In dem Versuch, die Besonderheiten der Curriculumdiskussion zu charakterisieren, führt PETERßEN (2001) aus: „Obwohl es einen einheitlichen *Curriculumbegriff* nie gegeben hat, bringt er gegenüber dem gebräuchlichen des Lehrplans besonders drei Tendenzen zum Ausdruck: *Erstens* soll an die Stelle des bloß tradierten und nicht mehr reflektierten Lehrplandenkens ein streng rational-wissenschaftliches treten und den Lehrplan – besonders den Entstehungsprozess – beherrschbar machen. *Zweitens* soll eine durchgehende Orientierung der Lehrplanarbeit [...] an den Zielsetzungen des Lernens und Lehrens erfolgen. *Drittens* soll Lehrplanarbeit durch eingebaute Überprüfungen (Evaluationen) prozesshaft werden" (ebd., S. 753). Mit diesen Akzentsetzungen waren vor allem in den 1970er Jahren weitreichende Hoffnungen auf eine Reform des gesamten Bildungswesens durch die Curriculumentwicklung verbunden. Diese Hoffnungen wichen einer gewissen Ernüchterung in den 1980er Jahren: Die bis dahin realisierten Ansätze der Curriculumentwicklung führten weder zu einer Gesamtrevision schulischer Ziele und Inhalte, noch erwiesen sie sich als tragfähig für eine Gesamtreform des Bildungswesens (vgl. dazu auch Abschnitt 6.2.3). So orientierten sich die Bundesländer bei der Festlegung von Zielen und Inhalten für Unterricht und Schule auch wieder zunehmend am Begriff „Lehrplan", wobei allerdings Anregungen aus der Curriculumdiskussion in die Lehrplanentwicklungen übernommen wurden (vgl. VOLLSTÄDT u.a. 1999, S. 13).

Vor diesem Hintergrund wird im Folgenden der Begriff Lehrplan von uns als Oberbegriff für alle Vorschriften und Verordnungen benutzt, die von den zuständigen Landesministerien für die Schule erlassen werden, um auf den Unterricht in zielbezogener und inhaltlicher Hinsicht Einfluss zu nehmen. Den Begriff Curriculum verwenden wir dann, wenn generelle Überlegungen zu Ziel- und Inhaltsfragen sowie schulspezifische Pläne und Konzepte im Mittelpunkt stehen und der Aspekt der staatlichen Vorgabe nicht oder weniger bedeutsam ist (vgl. dazu auch VOLLSTÄDT u.a. 1999, S. 13).

Allerdings werden wir einzelne Beispiele und Ansätze zitieren und darstellen, bei denen der Begriff Curriculum synonym mit dem Begriff Lehrplan verwendet oder durch andere Begriffe, zum Beispiel Bildungsplan, ersetzt wird. Im Sinne einer originalgetreuen Darstellung der ausgewählten Beispiele oder Ansätze belassen wir es dann bei dem von den jeweiligen Autorinnen und Autoren gewählten Begriff.

Für die Entwicklung von *Lehrplänen* werden in der Regel Kommissionen gebildet, in denen erfahrene Lehrerinnen und Lehrer, zum Teil auch Ministerialbeamte, Mitarbeitende in Landesinstituten oder Wissenschaftler mitwirken. Solchen Kommissionen stellen sich bei der Entwicklung von Lehrplänen verschiedene Fragen, zum Beispiel:

– An welchen allgemeinen Bildungszielen sollen die Lehrpläne orientiert sein, beispielsweise Mündigkeit, Selbstbestimmung, allseitige Menschenbildung, Emanzipation, Kreativität, Kooperation, Solidarität, Gerechtigkeit und/oder Verantwortung?

– Welche Aspekte sollen – neben Zielen und Inhalten – in den Lehrplänen überhaupt angesprochen werden, zum Beispiel Methoden, Medien, Evaluationsfragen, fächerübergreifende Themen und/oder Umsetzungsbeispiele?

– Auf welchem Niveau sollen die Lehrplanvorgaben erfolgen, beispielsweise eher allgemein oder eher speziell, eher kompetenz- oder eher inhaltsbezogen?

– Wie soll der Lehrplan über die verschiedenen Jahrgangsstufen insgesamt aufgebaut werden, zum Beispiel im Sinne einer Aufeinanderfolge jeweils neuer Inhalte oder im Sinne eines kontinuierlichen Aufgreifens zentraler Inhalte und ihrer vertiefenden und erweiternden Bearbeitung in verschiedenen Jahrgangsstufen?

– Welchen Stellenwert sollen Fächer im Verhältnis zu fächerverbindenden oder fächerübergreifenden Themen haben?

– Wie soll eine allgemeine Grundbildung für alle gesichert werden, zum Beispiel durch Pflichtanteile bezogen auf einzelne Fächer oder Inhaltsbereiche oder durch die Orientierung an übergreifenden Prinzipien für alle Fächer, beispielsweise am Prinzip der Wissenschaftspropädeutik?

– Welchen Stellenwert sollen die verschiedenen Fachwissenschaften für die Lehrpläne haben, zum Beispiel systematische Basis, offener Rahmen oder nur Korrektur für die Inhaltsauswahl?

– Wie kann eine hinreichende individuelle Schwerpunktsetzung ermöglicht werden, zum Beispiel durch einzelne Wahlpflicht- oder Wahlbereiche?

– Wie soll das Verhältnis von zentraler Vorgabe und schulischer Gestaltung aussehen, beispielsweise größere oder engere Freiräume für die Gestaltung von schulspezifischen Curricula?

– Wie sollen das Vorgehen und das Beteiligungsverfahren bei der Entwicklung der Lehrpläne gestaltet werden?

– Welche Maßnahmen der Umsetzung, Evaluation und Qualitätssicherung erweisen sich unter Umständen als sinnvoll beziehungsweise notwendig?

Stellen Sie sich nun bitte einmal vor, Sie seien ein Mitglied einer Lehrplankommission eines Bundeslandes. Notieren Sie zu den obigen Fragen erste Gedanken und Ideen für eine von Ihnen zu wählende Schulstufe und ein Fach oder einen Lernbereich. Wenn Ihnen in diesem Kontext weitere Fragen wichtig erscheinen, so notieren Sie bitte auch diese.

Um begründete und differenzierte Stellungnahmen zu den obigen Punkten abgeben zu können, ist es sinnvoll, folgenden Fragen nachzugehen:
- Welche Funktionen kommen Lehrplänen – im Zusammenhang mit ihrer allgemeinen Steuerungsfunktion – im Detail zu?
- Wie sehen einzelne Lehrpläne in ihrer Konkretisierung aus?
- Welche Anregungen bietet die Lehrplan- und Curriculumtheorie?
- Welche Ergebnisse liefert die empirische Forschung zur Bedeutung von Lehrplänen für die Unterrichtspraxis?

Eine Bearbeitung dieser Punkte führt nicht nur zu der Möglichkeit, Lehrplanfragen besser einschätzen zu können, sondern auch dazu, ziel- und inhaltsbezogene Verpflichtungen und Gestaltungsmöglichkeiten in Unterricht und Schule in reflektierter Weise wahrnehmen zu können.

6.2 Grundlegende Information

Im Folgenden sollen zunächst allgemeine Funktionen, die Lehrplänen zukommen, vorgestellt werden. Dadurch wird der grundsätzliche Stellenwert von Lehrplänen für Schule und Unterricht verdeutlicht. Danach skizzieren wir das Beispiel eines konkreten Lehrplans, um eine anschauliche Basis für die dann folgenden Überlegungen zur Lehrplan- und Curriculumtheorie zur Verfügung zu stellen. Die grundlegenden Informationen schließen mit Hinweisen zu empirischen Ergebnissen im Zusammenhang mit Lehrplanfragen, um zu einer realistischen Einschätzung des Umgangs mit Lehrplänen in der Praxis zu kommen.

6.2.1 Funktionen von Lehrplänen

Generell nehmen die Bundesländer mit den – von den zuständigen Ministerien erlassenen oder verordneten – Lehrplänen ihre *Planungs- und Lenkungsfunktion* für das Schulwesen wahr. Die Lehrpläne präzisieren damit zugleich den jeweiligen Bildungsauftrag, der in den Schulgesetzen der einzelnen Bundesländer formuliert ist. So heißt es beispielsweise im Schulgesetz für den Freistaat Sachsen „Grundlage für Unterricht und Erziehung bilden die Lehrpläne und die Stundentafeln, in denen Inhalt, Art und Umfang des Unterrichtsangebots einer Schulart festgelegt werden, sowie sonstige Richtlinien."

Damit kommt den Lehrplänen neben der Planungs- und Lenkungsfunktion eine *Legitimationsfunktion* für den schulischen Unterricht zu: Das Unterrichtsvorgehen erhält durch die Lehrpläne eine rechtmäßige Basis. Des Weiteren kann man in Anlehnung an VOLLSTÄDT u.a. (1999, S. 19 ff.) die Orientierungsfunktion, die Innovationsfunktion, die Anregungs- und Entlastungsfunktion von Lehrplänen unterscheiden. Mit der *Orientierungsfunktion* ist unter anderem gemeint, dass Lehrpläne für Lehrkräfte Orientierungen hinsichtlich ihres unterschiedlichen Handelns mit Blick auf die angestrebten Lernprozesse bei den Lernenden vermitteln – wobei VOLLSTÄDT und andere (1999, S. 21) in der Orientierungsfunktion die oftmals angeführte

Steuerungsfunktion von Lehrplänen zwar mitdenken, aber skeptisch beurteilen, weil die Steuerungsmöglichkeiten durch Lehrpläne ihrer Meinung nach häufig überschätzt werden. Die *Innovationsfunktion* soll vor allem bei der Einführung neuer Lehrpläne zum Tragen kommen, wenn dadurch zugleich schul- und unterrichtsreformerische Prozesse angestrebt werden. Die *Anregungsfunktion* kann sich zum Beispiel darin äußern, dass durch die Lehrplanentwicklung auch Maßnahmen für die Lehrerausbildung und Lehrerfortbildung nahegelegt werden. Die *Entlastungsfunktion* zeigt sich in der Möglichkeit, dass die Unterrichtsplanung durch entsprechende ausgearbeitete Lehrpläne unterstützt wird und damit der entsprechende Aufwand auf Seiten der einzelnen Lernperson verringert wird.

Solche und weitere Aspekte zeigen sich unter anderem auch in entsprechenden Verlautbarungen oder Papieren von einzelnen Ministerien. So heißt es beispielsweise auf der Homepage des Niedersächsischen Kultusministeriums (o.J.):

„Die Rahmenrichtlinien haben mehrere Funktionen. Den Lehrkräften bieten sie einen verbindlichen Rahmen für die Unterrichtstätigkeit, Anregungen und Orientierungen für eigene Entscheidungen. Den Schülerinnen und Schülern und den Eltern ermöglichen sie zu durchschauen, was im Unterricht geleistet und erreicht werden soll. Für die Schulaufsicht bieten die Rahmenrichtlinien Anhaltspunkte für die Wahrnehmung der Fachaufsicht. Die Schulbuchverlage orientieren sich bei der Herstellung der Schulbücher recht genau an den geltenden Rahmenrichtlinien, weil sie damit die Chancen verbessern können, dass die Bücher für den Einsatz im Unterricht genehmigt werden."

In solchen und weiteren Äußerungen zeigen sich neben oder im Zusammenhang mit den bereits genannten Funktionen weitere Funktionen, beispielsweise Unterstützung von *Transparenz*, *Kontrolle* und *Qualitätssicherung*. Außerdem werden manchmal die Ermöglichung von *Kontinuität* und die Sicherung von *Vergleichbarkeit* als Funktionen genannt. Die Sicherung von Vergleichbarkeit bezieht sich dabei sowohl auf die Vergleichbarkeit von Lehrplänen verschiedener Schulformen des jeweiligen Bundeslandes als auch auf die Vergleichbarkeit von Lehrplänen verschiedener Bundesländer der Bundesrepublik Deutschland.

Die Vielfalt der angesprochenen möglichen Funktionen lässt zum einen noch einmal die grundsätzliche Bedeutung von Lehrplänen offenbar werden, zum anderen ergibt sich mit der Vielfalt aber auch die Frage, ob mit Lehrplänen alle diese Funktionen sinnvoll wahrgenommen werden können. Darüber hinaus macht schon die aufzählende Darstellung sichtbar, dass unter Umständen Konflikte oder Widersprüche mit den einzelnen Funktionen verbunden sein können. So kann beispielsweise die Planungs- und Lenkungsfunktion in Widerspruch zu notwendigen Gestaltungsanforderungen und Gestaltungsfreiheiten in der einzelnen Schule vor Ort geraten.

Das Spannungsfeld, in dem Lehrpläne stehen, wird unter anderem auch durch einen Blick auf Akteure und Konkretisierungsformen bei der Entwicklung und Umsetzung von Lehrplänen deutlich. In Anlehnung an Goodlad (1993) und Vollstädt und andere (1999) können die Konkretisierungsformen mit Bezug auf die jeweiligen Akteure so zusammengefasst werden, wie es Darstellung 6.1 zeigt. Selbst wenn mit dieser Darstellung bestimmte Vereinfachungen vorgenommen werden, zeigt sie doch die vielfältigen Transformationen, denen Lehrpläne in der Praxis unterworfen sind.

Darstellung 6.1: Akteure und Konkretisierungsformen, denen Lehrplanvorgaben unterworfen sind

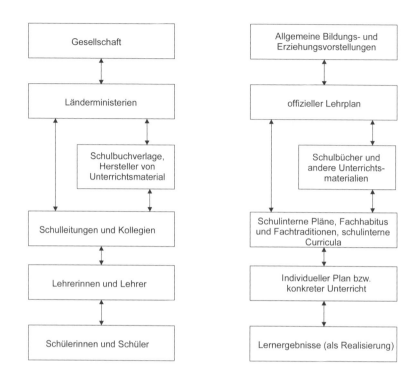

6.2.2 Ein Beispiel für die Lehrplanentwicklung

Im Folgenden wird das Beispiel einer Lehrplanentwicklung dargestellt, um konkrete Bezugspunkte für die später folgenden theorieorientierten Überlegungen zu schaffen. Als Beispiel wählen wir die Reform der Lehrpläne im Freistaat Sachsen. Die Auswahl erfolgt zum einen unter dem Aspekt der Aktualität – die Lehrpläne wurden 2004 fertiggestellt und werden vom Schuljahr 2004/2005 an eingeführt. Zum anderen werden die Lehrpläne ausgewählt, weil mit ihnen beansprucht wird, Diskussionspunkte der letzten Jahre aufzunehmen und umzusetzen, zumBeispiel die Diskussion um Standards und Kernlehrpläne. Hinzu kommt, dass begleitende Papiere und Überlegungen gut dokumentiert und zugänglich sind (unter http://www.sachsen-macht-schule.de/lehrplanarbeit/). An dem Beispiel wird außerdem die Vielfältigkeit der Überlegungen, die in eine Lehrplanentwicklung explizit oder implizit eingehen (können), deutlich.

Allgemeine Hinweise zur sächsischen Lehrplanreform

Das Reformvorhaben für die Entwicklung neuer Lehrpläne wurde in Sachsen 2002 unter der Regie des SÄCHSISCHEN STAATSMINISTERIUMS FÜR KULTUS begonnen. Das Vorhaben wurde gemeinsam mit dem SÄCHSISCHEN STAATSINSTITUT FÜR BILDUNG UND

SCHULENTWICKLUNG (COMENIUS-INSTITUT) durchgeführt. Die Arbeit an den Fachlehrplänen erfolgte in 80 Lehrplankommissionen, in denen insgesamt circa 400 Lehrerinnen und Lehrer mitwirkten. (vgl. Die Reform der Lehrpläne – eine Aufgabe für alle?!, o.J., S. 1).

Die Notwendigkeit der Reform ergab sich für das Sächsische Staatsministerium für Kultus zunächst aus der allgemeinen Anforderung, dass der Bildungs- und Erziehungsauftrag der Schule immer wieder vor dem Hintergrund des gesellschaftlichen Wandels überprüft werden müsse. Als wesentliche Wandlungsprozesse werden in diesem Zusammenhang der Übergang zur Wissensgesellschaft und die Globalisierungstendenzen angeführt (vgl. ebd., S. 1).

Aus sachlicher Sicht wurde die Reform als notwendig erachtet, „um z.B. durch Neuerungen im Rahmen des Fächerkanons der großen Bedeutung des Fremdsprachenlernens, informatischer Bildung und ökonomischer Bildung in der heutigen Zeit Rechnung zu tragen, um eine gemeinsame Wissensbasis zu schaffen, Verknüpfung von Wissenserwerb und Kompetenzentwicklung in den Lehrplänen zu verankern, Freiräume für mehr Differenzierung und Individualisierung zu ermöglichen sowie durch eine bessere horizontale und vertikale Abstimmung zwischen den Lehrplänen Synergieeffekte zu ermöglichen und Anschlussfähigkeit zu sichern." (ebd., S. 2)

Vor dem Hintergrund solcher Notwendigkeiten werden mit der Lehrplanreform folgende Ziele angestrebt:

– Sicherung und Weiterentwicklung der Unterrichtsqualität,
– Vergleichbarkeit und Überprüfbarkeit von Lernprozessen,
– Unterstützung der Innovation von Lehr- und Lernkultur,
– Wahrung von Kontinuität zwischen den verschiedenen Schulstufen (vgl. ebd., S. 2).

Diese Ziele basieren auf der (optimistischen) Einschätzung, dass Lehrplänen eine wesentliche Planungs- und Steuerungsfunktion zukommt: „Die in den Lehrplänen genannten Aufgaben, Ziele und Inhalte sind verbindliche Grundlage für die Planung, Durchführung und Bewertung schulischen Lehrens und Lernens. So haben sie Rechtssatzcharakter und sind – zumal in einem Bundesland mit zentralen Abschlussprüfungen – ein wesentliches Instrument zur Qualitätsentwicklung und -sicherung. Sie begleiten den abgestimmten Ablauf schulischer Lehr- und Lernprozesse, gewährleisten, indem sie Bezugspunkte für die Bewertung von Schülerleistungen liefern, die Vergleichbarkeit von Abschlüssen und Chancengerechtigkeit für alle Schülerinnen und Schüler." (ebd., S. 1).

Dabei wird den entwickelten Lehrplänen im Vergleich zu früheren eine neue Qualität unterstellt. Diese wird durch die folgenden sechs Tendenzen charakterisiert (vgl. ebd., S. 2 f.):

– von Zielen für jeden Lernbereich zu *langfristigen, die ganze Klassenstufe und den Lernfortschritt/die Progression umfassenden Zielen,*
– von nur ergebnisorientierten Zielformulierungen zu *ergebnis- und prozessorientierten Zielformulierungen,*
– von einer Stoffsammlung zu *klaren Zielstellungen und einer stärkeren Verbindung der Lerninhalte mit Lernzielen,*

– von der starken Orientierung auf Wissen zur engeren *Verbindung zwischen Wissens-erwerb, Entwicklung von Methoden-, Lern- und Sozialkompetenz und Werte-orientierung,*

– von der überwiegenden Orientierung an der Fachsystematik zum *fächerverbindenden Lernen und zu stärkerer Anwendungs- und Schülerorientierung,*

– von einem hohen Maß an zentralen Vorgaben zu *mehr Freiraum* (bei der Wahrung eines einheitlichen Grundbestandes).

Um den so angestrebten Prozess der Lehrplanreform weitergehend zu fundieren, wurde das Vorhaben in den Gesamtzusammenhang von Schule, Gesellschaft und Bildungspolitik eingebettet. Dabei entstand – begleitend zur Arbeit an den neuen Lehrplänen – ein „Leitbild für Schulentwicklung" (vgl. SÄCHSISCHES STAATSMINISTERIUM FÜR KULTUS 2004).

Das Leitbild nimmt vielfältige Diskussionsstränge auf, die für die Lehrplanentwicklung relevant sind: allgemeine Voraussetzungen von Bildung und Erziehung, gesellschaftliche Rahmenbedingungen, Anforderungen an schulische Bildung und Erziehung, schulpolitische Leitlinien sowie Entwicklung und Sicherung von Schulqualität (vgl. ebd.).

Um den damit verbundenen Ansprüchen gerecht zu werden und gleichzeitig eine Vergleichbarkeit der vielen zu entwickelnden Lehrpläne zu gewährleisten, ist für die verschiedenen Lehrpläne ein übergreifendes Lehrplanmodell entwickelt worden (vgl. COMENIUS INSTITUT 2004a). Mit diesem wird eine einheitliche Gliederung für alle Lehrpläne festgelegt.

Zum Lehrplanmodell

Gemäß Lehrplanmodell beginnen alle Lehrpläne in Sachsen mit einem Vorwort des Ministers. Daran schließen sich ein Grundlagenteil und ein fachspezifischer Teil für die allgemein bildenden Schulen oder ein handlungsbereichsspezifischer Teil für die berufsbildenden Schulen an.

Der *Grundlagenteil* umfasst für die allgemein bildenden sächsischen Schulen jeweils folgende Gliederungspunkte:

– Aufbau und Verbindlichkeit der Lehrpläne,

– Ziele und Aufgaben der Schulart,

– fächerverbindender Unterricht,

– Lernen lernen.

Der *fachspezifische Teil* der Lehrpläne basiert auf grundlegenden Zielformulierungen in so genannten „Leistungsbeschreibungen" für die allgemein bildenden Schulformen. In diesem sind für die einzelnen Schulformen auch die jeweiligen Fächer festgelegt. So weist die „Leistungsbeschreibung der Grundschule" zum Beispiel folgende Fächer aus: Religion/Ethik, Deutsch, Sachunterricht, Mathematik, Englisch, Kunst, Werken, Musik und Sport (vgl. COMENIUS-INSTITUT 2004b).

Zum Grundlagenteil der Lehrpläne

Im Grundlagenteil werden jeweils – wie oben angesprochen – zunächst der „Aufbau und die Verbindlichkeit der Lehrpläne" herausgestellt. So heißt es beispielsweise im Grundlagenteil für die Grundschule (LEHRPLÄNE FÜR DIE GRUNDSCHULE 2004):

„In jeder Klassenstufe sind Lernbereiche mit Pflichtcharakter im Umfang von 25 Wochen verbindlich festgeschrieben. Zusätzlich muss in jeder Klassenstufe ein Lernbereich mit Wahlpflichtcharakter im Umfang von zwei Wochen bearbeitet werden. In den Kernfächern Deutsch, Sorbisch, Sachunterricht und Mathematik ist in jeder Klassenstufe ein Lernbereich zur Festigung und Vernetzung im Umfang von einer Unterrichtswoche vorgesehen.

Entscheidungen über eine zweckmäßige zeitliche Reihenfolge der Lernbereiche innerhalb einer Klassenstufe beziehungsweise zu Schwerpunkten innerhalb eines Lernbereiches liegen in der Verantwortung des Lehrers. Zeitrichtwerte können, soweit das Erreichen der Ziele gewährleistet ist, variiert werden."

Ähnliche Formulierungen sind in den Lehrplänen für die anderen Schularten zu finden.

Im dann jeweils folgenden Abschnitt zu „Zielen und Aufgaben der Schulart" werden
– der Bildungs- und Erziehungsauftrag gemäß dem Schulgesetz des Freistaates Sachsen,
– die Struktur der Schulart im Kontext des Schulsystems,
– die überfachlichen Bildungs- und Erziehungsziele der Schulart sowie
– Gestaltungsmerkmale und Gestaltungsprinzipien des Bildungs- und Erziehungsprozesses beschrieben (vgl. COMENIUS INSTITUT 2004a, S. 3 f.).

So finden sich in den Lehrplänen für die Mittelschule hinsichtlich des *Bildungs- und Erziehungsauftrags* sowie der *Struktur der Schulart* unter anderem folgende Ausführungen (vgl. COMENIUS INSTITUT 2004c):

„Die Mittelschule ist eine differenzierte Schulart der Sekundarstufe I, die den Bildungs- und Erziehungsprozess der Grundschule auf der Grundlage von Fachlehrplänen systematisch fortführt. Sie integriert Hauptschulbildungsgang und Realschulbildungsgang und umfasst die Klassenstufen 5 bis 9 beziehungsweise 5 bis 10.

Für die Mittelschule ist als Leistungsauftrag bestimmt, dass sie eine allgemeine und berufsvorbereitende Bildung vermittelt und Voraussetzungen beruflicher Qualifizierung schafft. […]

Die Klassenstufen 5 und 6 orientieren sich dabei auf den weiteren Bildungsgang beziehungsweise Bildungsweg (orientierende Funktion). In den Klassenstufen 7 bis 9 steht eine auf Leistungsentwicklung und Abschlüsse sowie Neigungen und Interessen bezogene Differenzierung im Mittelpunkt (Differenzierungsfunktion). Die Klassenstufe 10 zielt auf eine Vertiefung und Erweiterung der Bildung (Vertiefungsfunktion)."

Bezüglich der *überfachlichen Bildungs- und Erziehungsziele* werden genannt und ausgeführt: strukturiertes und anwendungsfähiges Wissen, Kommunikationsfähigkeit, Methodenkompetenz, informatische Bildung, Bewusstsein für individuelle Stärken und Schwächen, Umweltbewusstsein, Mehrperspektivität, ästhetisches Empfinden, Sozialkompetenz und Werteorientierung (vgl. ebd., S. 5 f.).

Im Hinblick auf die *Gestaltung des Bildungs- und Erziehungsprozesses* werden unter anderem folgende Aspekte angesprochen: angemessenes Verhältnis zwischen fächersystematischem Lernen und praktischem Umgang mit lebensbezogenen Problemen, Aktivierung der Lernenden sowie Einbezug in die Unterrichtsplanung und Unterrichtsgestaltung, Differenzierung und Nutzung verschiedener Kooperationsformen, anregungs- und erfahrungsreiche Aktivitäten des Schullebens, Zusammenarbeit mit außerschulischen Einrichtungen, Toleranz sowie Transparenz und Verlässlichkeit als handlungsleitende Prinzipien.

Im dritten Bestandteil der Grundlagen – „Fächerverbindender Unterricht" – wird für alle Schularten des allgemein bildenden Bereichs (Grundschule, Mittelschule, Gymnasium) bestimmt, dass jede Schülerin und jeder Schüler Gelegenheit erhält, pro Schuljahr mindestens im Umfang von zwei Wochen fächerverbindend zu lernen. Jede Schule hat die Aufgabe, zur Realisierung des fächerverbindenden Lernens eine Konzeption zu entwickeln. Basis für die Wahl beziehungsweise Festlegung geeigneter Themen sind so genannte Perspektiven und thematische Bereiche. *Perspektiven* beziehen sich auf Grundfragen und Grundkonstanten des menschlichen Lebens. Als Perspektiven werden für alle Schularten angeführt: Raum und Zeit, Sprache und Denken, Individualität und Sozialität, Natur und Kultur. Als thematische Bereiche werden genannt: Verkehr, Medien, Kommunikation, Kunst, Verhältnis der Generationen, Eine Welt, Arbeit, Beruf, Gesundheit, Umwelt, Wirtschaft und Technik (vgl. zum Beispiel LEHRPLÄNE FÜR DAS GYMNASIUM 2004).

Schließlich werden in den jeweiligen Grundlagen für die allgemein bildenden Schulen Regelungen zum „Lernen lernen" getroffen. Danach sind alle Schulen verpflichtet, eine Konzeption zur Lernkompetenzförderung zu entwickeln und diese in Schulorganisation und Unterricht zu realisieren. Im Zusammenhang mit Fachinhalten soll ein Teil der Unterrichtszeit ausdrücklich dem Lernen des Lernens gewidmet werden. Dabei wird unter Lernkompetenz „die Fähigkeit verstanden, selbstständig Lernvorgänge zu planen, zu strukturieren, zu überwachen, ggf. zu korrigieren und abschließend auszuwerten. […] Ziel der Entwicklung von Lernkompetenz ist es, dass Schüler ihre eigenen Lernvoraussetzungen realistisch einschätzen können und in der Lage sind, individuell geeignete Techniken situationsgerecht zu nutzen" (ebd., S. X).

Zum fachspezifischen Teil

In diesem Teil der Lehrpläne werden jeweils folgende Punkte dargestellt:
– Ziele und Aufgaben des Faches,
– Übersicht über die Lernbereiche und Zeitrichtwerte,
– Ziele für die einzelnen Klassenstufen.

Bei den „Zielen und Aufgaben des Faches" wird zunächst auf den *Beitrag des Faches zur allgemeinen Bildung* eingegangen. So heißt es zum Beispiel in dem Fachlehrplan für das Fach Deutsch der Mittelschule:

„Ziel und Gegenstand des Faches ist die deutsche Sprache. Die produktive und rezeptive Auseinandersetzung mit dem gesprochenen und dem geschriebenen Wort trägt dazu bei, eigene Lebenswirklichkeit, Erkenntnisse und Erfahrungen zu betrachten, zu hinterfragen und einzuordnen" (ebd., S. 2).

Des Weiteren wird auf die Bedeutung des Faches für die Kommunikationsfähigkeit, das lebenslange Lernen, die Ausbildungsfähigkeit und die Ausprägung vieler Interessen hingewiesen.

Im Anschluss an den Beitrag des Faches zur allgemeinen Bildung geht es um die *allgemeinen fachlichen Ziele*.

Die entsprechende Passage im – als Beispiel gewählten – Lehrplan für das Fach Deutsch in den Mittelschulen lautet:

„Abgeleitet aus dem Beitrag des Faches zur allgemeinen Bildung werden folgende allgemeine fachliche Ziele formuliert:
– Entwickeln des Leseverstehens
– Entwickeln der mündlichen Sprachfähigkeit
– Entwickeln der schriftlichen Sprachfähigkeit
– Entwickeln der Reflexionsfähigkeit über Sprache" (ebd. S. 2).

Danach folgen Hinweise zur Strukturierung der Lerngegenstände, wobei insbesondere betont wird, dass der Unterricht den Grundsätzen eines Spiralcurriculums folgen soll. Das bedeutet, dass zentrale Lerngegenstände im Unterricht – aufbauend auf vorherigen Lernzielen und Lerninhalten – jeweils aufgegriffen und vertiefend sowie erweiternd bearbeitet werden, sodass ein kontinuierlicher Lernfortschritt – versinnbildlicht als „Spirale" – erfolgen kann und die Vernetzung zwischen den jeweils behandelten Lerngegenständen sichtbar wird (vgl. ebd., S. 7).

Der Abschnitt zu Zielen und Aufgaben des jeweiligen Faches schließt mit *didaktischen Grundsätzen*. Für das Beispiel des Faches Deutsch werden unter anderem genannt: „kriterienorientierte Sprachrezeption und -produktion zur Sensibilisierung für sprachliche Richtigkeit, Zweckmäßigkeit und Schönheit; vielgestaltiger, verantwortungsvoller Umgang mit gesprochenen und geschriebenen Texten zur Entwicklung von Fähigkeiten des Leseverstehens, der Perspektivübernahme und der Metakognition; regelmäßiges Wiederholen und Üben zur Sicherung solider Grundlagen in der deutschen Grammatik und Orthographie sowie zur gezielten Schulung der Ausdrucksfähigkeit; fantasie- und freudvoller Umgang mit Zeitschriften, Buch, Theater und Film zur Ausprägung stabiler und effektiver Rezeptionsgewohnheiten sowie zur Leseförderung; kritische Auseinandersetzung mit Gestaltungsmitteln und Produktionsbedingungen von Medien zur verantwortungsvollen Nutzung von Medien" (vgl. ebd. S. 3 f.).

An die Ausführungen zu den Zielen und Aufgaben schließen sich jeweils eine „Übersicht über die Lernbereiche des jeweiligen Faches und Zeitrichtwerte" an. Für die Klassenstufe 5 sind im Fach Deutsch die folgenden Angaben zu finden (ebd. S. 5):

Lernbereich 1:	Gewusst wie	15 Ustd.
Lernbereich 2:	Schritt für Schritt: Wort – Satz – Text	45 Ustd.
Lernbereich 3:	Über mich und andere: Heimat	10 Ustd.
Lernbereich 4:	Entdeckungen: Natur und Geschichte	15 Ustd.
Lernbereich 5:	Die Welt der Bücher: Bibliotheken	20 Ustd.
Lernbereich 6:	Fantasie und Wirklichkeit: Märchenhaftes und Unglaubliches	20 Ustd.

Lernbereiche mit Wahlpflichtcharakter

Wahlpflicht 1:	Vorhang auf – Das Spiel mit Licht und Schatten
Wahlpflicht 2:	Reise in die Vergangenheit
Wahlpflicht 3:	Lyrik verstehen

Danach werden die jeweiligen „Ziele für die einzelnen Klassenstufen" angegeben und eine weitere Differenzierung nach *Lernzielen*, *Lerninhalten* und *Bemerkungen* vorgenommen. Diese werden in tabellarischer Form für die einzelnen Lernbereiche dargestellt. Darstellung 6.2 zeigt ein Beispiel.

Während die Lernziele und Lerninhalte der linken Spalte verbindlich sind, haben die Bemerkungen in der rechten Spalte nur Empfehlungscharakter. Gegenstand der Bemerkungen sind generell: Hinweise auf geeignete Lehr- und Lernmethoden, inhaltliche Erläuterungen und Beispiele für Möglichkeiten einer differenzierten Förderung der Schülerinnen und Schüler sowie Bezüge zu Lernzielen und Lerninhalten des gleichen Faches, zu anderen Fächern und zu den überfachlichen Bildungs- und Erziehungszielen.

Darstellung 6.2: Lernziele, Lerninhalte und Bemerkungen für den Lernbereich 1 aus dem Deutschlehrplan für die Klassenstufe 5 der Mittelschule in Sachsen (dabei bedeuten: GS→ Gesamtschule, DE → Deutsch, TC → Technik/Computer, Kl. → Klasse, LB → Lernbereich)

Lernbereich 1: Gewusst wie	15 Ustd.
Lernziele und Lerninhalte	**Bemerkungen**
Kennen von verschiedenen Lesetechniken	Lesegeschwindigkeit erhöhen ▢ GS DE Kl. 4, LB Lesen/ Mit Medien umgehen
Orientierendes, verweilendes Lesen	Sinneinheiten überschauen, Verstehensschwierigkeiten lokalisieren
Kennen von Strategien der Texterschließung	Texte mit eingebetteten und konkurrierenden Informationen ▢ GS DE, Kl. 4, LB Lesen/ Mit Medien umgehen
- mit Überschriften arbeiten - Markierungstechniken	Symbole, Farbmarkierungen, Unterstreichungen
- Einzelinformationen aus kontinuierlichen und nichtkontinuierlichen Texten erfassen, ordnen und veranschaulichen	Wortbedeutung aus dem Kontext erschließen, nachschlagen, Inhalte vergleichen, Schaubilder, Illustrationen, Tabelle, Flussdiagramm, Cluster, Mindmap, Stichwortnotizen
- Sinnabschnitte erfassen	Teilüberschriften bilden
- Hauptgedanken erkennen	mit eigenen Worten formulieren
- Informationen des Textes mit dem Alltagswissen verbinden	begründen und bewerten
Kennen von Möglichkeiten der Informationsbeschaffung	konkrete Fragestellung, Begriffe, Stichwortnotizen ▢ GS DE, Kl. 4, LB Lesen/ Mit Medien umgehen
- nachfragen	Wegbeschreibung nach Stadtplan, Öffnungszeiten, Telefonat, Befragung im Rollenspiel
- nachschlagen	Telefonbuch, Lexikon, weitere Printmedien
- Internetrecherche	CD, DVD, feste Internetadressen, Nutzen von Katalogen und Suchmaschinen ▢ TC, Kl. 5, LB 2 ▢ GS DE, Kl. 4, LB Lesen/ Mit Medien umgehen

Mit dem Beispiel der sächsischen Lehrpläne sind mögliche Konkretisierungen zu allgemeinen Fragen der Lehrplanentwicklung verdeutlicht worden. Zugleich veranschaulicht das Beispiel, wie Lehrpläne konkret aussehen können. Neben Konkretisierungen solcher Art ist für den Bereich der Lehrpläne interessant, wie sich Ziel- und Inhaltsentscheidungen sowie gegebenenfalls weitere Lehrplanfragen aus einer übergreifenden Sicht, und zwar aus der Sicht der Lehrplan- und Curriculumtheorie darstellen.

6.2.3 Lehrplanentscheidungen aus der Sicht von Lehrplan- und Curriculumtheorie

Zur Lehrplan- und Curriculumtheorie gibt es unterschiedliche Ansätze. Aus der Diskussion greifen wir zunächst die Lehrplantheorie von WENIGER (1965) heraus, die einige – bis heute wichtige Einsichten zum Lehrplan – enthält und die Lehrplandiskussion maßgeblich beeinflusst hat. Nach der Darstellung des Ansatzes von WENIGER (1965) und einer kurzen Kritik skizzieren wir den Ansatz von ROBINSOHN (1967), der ebenfalls bis heute für die Lehrplan- beziehungsweise Curriculumdiskussion bedeutsam ist. Zugleich wird durch die Wahl des Ansatzes von ROBINSOHN die analytisch orientierte Sichtweise von WENIGER durch eine auf Entwicklung zielende Perspektive erweitert. Im Anschluss an die Darstellung dieser beiden Ansätze nehmen wir die gegenwärtige Diskussion um Bildungsstandards und so genannte Kerncurricula auf, die unter anderem auch die Entwicklung der sächsischen Lehrpläne beeinflusst hat, beispielsweise bei dem Gedanken, die zentralen Vorgaben (im Sinne eines Kerns) festzulegen und darüber hinaus Freiräume für die schulspezifische Arbeit zu schaffen. Zunächst sollen jedoch die Überlegungen zur Lehrplantheorie von WENIGER dargestellt werden.

Der Ansatz von WENIGER
WENIGER (1965) hat seine Überlegungen zur Lehrplantheorie auf der Grundlage der Auseinandersetzung mit bestehenden Lehrplänen entwickelt. Sein Ansatz lässt sich in Anlehnung an KLAFKI (1972) und BLANKERTZ (1977) thesenartig wie folgt charakterisieren:
(1) Lehrplantheorie und Lehrplangestaltung sollen ihren Ausgangspunkt in der Analyse vorgegebener Lehrpläne und in Überlegungen zu den Aufgaben der Schule in der Gegenwart haben. Dies bedeutet gleichzeitig, dass es kein allgemeingültiges und von allen anerkanntes System von Normen und Werten, von Zielen und Inhalten gibt, das den Ausgangspunkt für die Lehrplangestaltung darstellen kann.
(2) Demgemäß sind Lehrpläne als geschichtliche Gebilde zu verstehen, die unter jeweils spezifischen historischen Konstellationen zustande gekommen sind.
(3) In der jeweiligen historischen Situation (seit der Neuzeit) sind Lehrpläne das Ergebnis des Kampfes „geistiger Mächte" – man würde heute eher sagen: der Auseinandersetzung gesellschaftlicher Kräfte und Interessengruppen: Kirchen, staatliche Einrichtungen, Institutionen von Wirtschaft und Wissenschaft, Kunst sowie Kultur und andere ringen darum, dass sich ihre Vorstellungen zur Erziehung und Bildung der nachwachsenden Generation in den Lehrplänen niederschlagen und

damit ihre wirtschaftlichen, weltanschaulichen oder kulturellen Interessen gewahrt werden.

(4) Die Entscheidungen zu Zielen und Inhalten des Unterrichts können und sollen **nicht** von den auf die Schulfächer bezogenen Fachwissenschaften übernommen werden. Erstens wäre es irreführend und historisch falsch anzunehmen, die traditionellen Schulfächer, zum Beispiel Mathematik und Sprachen, seien im Sinne elementarer Vorformen von Einzelwissenschaften in Lehrpläne aufgenommen worden. Zweitens zeigt die Analyse des Verhältnisses von Schulfächern und Wissenschaften, dass Ziele und Inhalte von Schulfächern nicht einfach aus den Wissenschaften abgeleitet werden können. Den einzelnen Fachwissenschaften kommt nur eine Kontrollfunktion bezüglich der Lehrinhalte zu.

(5) Demgegenüber soll der Staat die Entscheidungsinstanz in grundlegenden Lehrplanfragen sein. „Träger des Lehrplans und der regulierende Faktor ist, seit es Lehrpläne im modernen Sinne gibt und bis zur Gegenwart hin, der Staat." (WENIGER 1965, S. 5). Der Staat wird dabei als ein „demokratischer Rechts- und Kulturstaat" begriffen, in dem gesellschaftliche Gruppen Spielräume und Unterstützung erhalten, ohne dass sie reglementiert werden.

(6) Der Staat muss sich die Idee der Mündigkeit für die jungen Menschen zu Eigen machen. Insofern soll er der Garant für eine zweckfreie Form der Bildung im Lebensraum Schule sein. Auf dieser Basis soll der Staat den „lebendig bildenden Mächten" [siehe (3)] Gelegenheit zur Einwirkung auf die Jugend geben und diese in Form der Lehrpläne absichern.

(7) Lehrplanforschung und Lehrplantheorie haben für die Lehrplanpraxis eine aufklärende, keine vorschreibende Funktion. Sie sollen den Lehrplangestalterinnen und -gestaltern Hilfen geben, damit Lehrpläne pädagogisch verantwortlich und sachgemäß gestaltet werden. Es ist jedoch nicht die Aufgabe der Lehrplanforschung und -theorie die Aufgabe der Lehrplanentwicklung selbst zu übernehmen.

(8) Im Lehrplan soll in einer ersten Lehrplanschicht das „Bildungsideal" mit Blick auf die Aufgaben formuliert werden, die in Staat, Gesellschaft und Kultur in Gegenwart und absehbarer Zukunft zu leisten sind. Das „Bildungsideal" bedarf des Einverständnisses der gesellschaftlichen Gruppen, die an der Lehrplangestaltung beteiligt sind. In einer zweiten Lehrplanschicht muss dann das allgemeine Bildungsideal in Form von Bildungsinhalten im Sinne von „geistigen Grundrichtungen und der Kunde" ausgestaltet werden. Die dritte Lehrplanschicht bezieht sich schließlich auf die konkret zu erwerbenden Kenntnisse und Fertigkeiten.

Neben bis heute gültigen Einsichten, enthält die Lehrplantheorie von WENIGER auch einige Schwächen. Diese liegen unter anderem in dem harmonistischen und ideologieanfälligen Staats- und Demokratieverständnis sowie in der Tatsache, dass die Theorie zwar auf wichtige Einflüsse und Prozesse bei der Lehrplanentstehung verweist, jeweils aber konkretere Untersuchungen zur genaueren Bestimmung der Einflüsse und der dabei wirksam werdenden Interessen und Prozesse fehlen. Zugleich wird die Bedeutung der Wissenschaften für die Lehrplanentwicklung aus heutiger Sicht nicht hinreichend bedacht. Insgesamt bleibt der Ansatz von WENIGER letztlich auf der Ebene der Analyse ohne in konstruktiver Weise ein angemessenes Vorgehen für die Entwicklung von Lehrplänen und Curricula zu beschreiben. Letzteres ist das Anliegen der Curriculumforschung und -theorie, wie sie Ende der sechziger und Anfang der siebziger Jahre des 20. Jahrhunderts vom MAX-PLANCK-INSTITUT FÜR BILDUNGS- FORSCHUNG und dessen Direktor, ROBINSOHN, propagiert wurde.

Der Ansatz von ROBINSOHN

ROBINSOHN war mit seiner Programmschrift „Bildungsreform als Revision des Curriculums" (1967) sowohl von angelsächsischen und skandinavischen Überlegungen als auch von der deutschen Lehrplantheorie beeinflusst. Er geht in seinen Überlegungen zur Curriculumentwicklung von drei Vorentscheidungen aus, formuliert grundlegende Forderungen beziehungsweise Annahmen, fragt dann nach einer Prozedur zur Entwicklung von Curricula und thematisiert die Instanzen, die an dem Verfahren zur Entwicklung beteiligt sein sollen.

Die *drei Vorentscheidungen* beziehen sich auf folgende Aspekte (vgl. dazu auch BLANKERTZ 1977, S. 167 ff.):

(1) Die Curriculumforschung und -entwicklung soll auf die gesamte Schulerziehung gerichtet sein und nicht von vornherein auf einzelne Stufen und Schulformen. Erst vor dem Hintergrund einer Gesamtsicht der schulischen Erziehung und Bildung sind dann sinnvolle Differenzierungen möglich, durch die unter Umständen auch bestehende Schulstrukturen in Frage zu stellen sind.

(2) Bei der Bestimmung der Inhalte soll den Fachwissenschaften zwar aufgrund ihrer wissenschaftlichen Beobachtung und Interpretation von Welt eine wichtige Rolle zukommen, allerdings kann es nicht darum gehen, in den Unterrichtsfächern die zugehörigen Fachwissenschaften mit ihren vielfältigen Aussagen einfach „abzubilden". Vielmehr ist es wichtig, die Frage zu stellen, wodurch die einzelnen Disziplinen in struktureller Hinsicht gekennzeichnet sind, und damit die „Struktur der Disziplin" zu einem wichtigen Orientierungspunkt für die Auswahl von Unterrichtsinhalten zu machen. Bei der Struktur einer Disziplin geht es um grundlegende Fragestellungen, Methoden, Lehrsätze, Erkenntnisweisen oder Prinzipien, von denen aus die vielen Einzelaussagen einer Wissenschaft erschlossen werden können. Entsprechende Einsichten sollen jeweils altersgemäß auf verschiedenen Stufen entwickelt und im Sinne eines Spiralcurriculums immer weiter ausdifferenziert werden.

(3) Neben fachwissenschaftlich fundierten Inhalten soll das Curriculum auch auf Bereiche zielen, die nicht unmittelbar den Fachwissenschaften zu entnehmen sind, beispielsweise Kunst und Sport.

Vor dem Hintergrund dieser Vorentscheidungen geht ROBINSOHN von der grundlegenden *Forderung* aus, dass Unterricht und Schule den jungen Menschen für gegenwärtige und zukünftige Lebenssituationen auszustatten habe. Diese Forderung ist mit der *Annahme* verknüpft, dass durch die Analyse von Lebenssituationen die notwendigen Qualifikationen ermittelt werden können und dass sich den so ermittelten Qualifikationen geeignete Lehrinhalte zuordnen lassen.

Für eine *Prozedur* zur Entwicklung von Curricula ergeben sich daraus weitreichende Konsequenzen. Zunächst wird die Ermittlung von Qualifikationen und Lehrinhalten auf der Basis einer Analyse von Lebenssituationen zu einer entscheidenden Aufgabe der Curriculumentwicklung.

Da die empirische Analyse von Lebenssituationen mit dem Ziel der Qualifikationsermittlung ein riesiges und außerordentlich zeitaufwändiges Verfahren und in absehbarer Zeit nicht zu leisten wäre, schlägt ROBINSOHN für die Curriculumrevision folgendes Verfahren vor:

– Zunächst ist ein Katalog hypothetischer Qualifikationen in einer Forschergruppe zu entwickeln, der Didaktiker, Fachwissenschaftler, Vertreter der Sozialwissenschaften und anthropologischen Wissenschaften angehören sollen. Dabei soll die Forschergruppe die fachdidaktische Literatur, vorliegende Lehrpläne, vorhandene Analysen zu Berufsanforderungen, Ansprüche des akademischen Studiums, politische Situationsanalysen und soziologische Freizeituntersuchungen auswerten.

– Danach soll der hypothetische Katalog von Qualifikationen einer systematischen Überprüfung durch Expertinnen und Experten aus verschiedenen Lebens- und Berufsbereichen unterzogen werden, wobei es um die kritische Beurteilung und Gewichtung geht. Als Expertinnen und Experten sollen unter anderem herangezogen werden: Fachleute aus Industrie, Landwirtschaft, Handel und Verwaltung, Vertreter aus Gewerkschaften und Unternehmer, Wissenschaftler aller Wissenschaftszweige einschließlich der Fachdidaktiken und Sozialwissenschaften.

– Nach der Auswertung der Expertenbefragung und -begutachtung soll auf der Basis des verbesserten Qualifikationskatalogs wieder eine Forschergruppe aktiv werden, um die Curriculumelemente beziehungsweise Inhalte zu bestimmen, mit denen die Qualifikationen erreicht werden können: Begriffe, Zusammenhänge, Arbeitstechniken, Experimente, Erfahrungssituationen und so weiter, die dann zu Fächern, Fächergruppen, Lehrgängen, fächerübergreifenden Projekten und anderem zusammenzufassen sind.

– Auch dieser Katalog der Curriculumelemente beziehungsweise Inhalte ist dann einer erneuten Expertenbegutachtung und -befragung zu unterziehen, in die nun auch pädagogische Praktiker einbezogen werden sollen.

In dem Prozess sollen insgesamt drei Kriterien für die Auswahl und Gewichtung der Inhalte zur Geltung kommen: die Bedeutung eines Inhalts im Gefüge der Wissenschaft, die Leistung für das Weltverstehen und die Funktion in Verwendungssituationen des privaten und öffentlichen Lehrens (vgl. auch BLANKERTZ 1977, S. 172).

Auf diese Weise sollten Curricula entstehen, die gegenwärtigen und zukünftigen Anforderungen an Schule und Unterricht gerecht werden, umsetzbar sind und eine kriterienbezogene Begründung der ausgewählten Inhalte ermöglichen. Die so entstehenden Curricula wären allerdings nicht als endgültige Curricula zu verstehen, sondern immer nur als vorläufige, die ständiger Revision und Weiterentwicklung bedürfen. Damit würde Curriculumentwicklung zu einem andauernden Forschungsprozess.

Bei allen wichtigen Anregungen, die der Ansatz von ROBINSOHN für Curriculumfragen gegeben hat und gibt, sind mit ihm doch auch einige Schwächen verbunden (vgl. z.B. BLANKERTZ 1977, S. 173 ff.). So ist auch aus unserer Sicht an dem Ansatz zu kritisieren, dass mit der Orientierung an Qualifikationen die Gefahr verbunden ist, den Bildungs- und Erziehungsauftrag der Schule vor allem funktional im Sinne der Bewältigung von privaten und beruflichen Lebenssituationen zu verstehen und dabei zugleich eine starke Anpassung an gegenwärtige und zukünftig erwartete Lebenssituationen zu bewirken. Dabei werden unter Umständen kulturelle Aspekte und die Subjektseite im Bildungs- und Erziehungsprozess vernachlässigt.

Des Weiteren war das Programm von Robinsohn – wie bereits angedeutet – zu komplex, um realisiert zu werden. Insbesondere seine Hoffnung, in einem Zuge eine Gesamtrevision der Curricula leisten zu können, erwies sich als trügerisch. Immerhin hat aber die Bildungskommission des Deutschen Bildungsrats – beeinflusst von den Überlegungen Robinsohns – versucht, einen Rahmen für eine Gesamtrevision des Curriculums zu formulieren (vgl. Deutscher Bildungsrat 1972). Allerdings konnten dabei die Prozessvorschläge nicht oder höchstens in einzelnen Ansätzen umgesetzt werden.

Dennoch stellt der Ansatz von Robinsohn aus unserer Sicht – mit seiner Orientierung an Lebenssituationen und an Handlungsfähigkeit sowie durch den Einbezug empirisch-analytischer Vorgehensweisen mit der besonderen Betonung von Prozessen und Verfahren der Curriculumentwicklung – einen wichtigen Meilenstein in der deutschen Curriculumdiskussion dar. Facetten seines Ansatzes sind unter anderem auch in der zurzeit vom Max-Planck-Institut für Bildungsforschung forcierten Entwicklung von Bildungsstandards erkennbar (vgl. dazu den nächsten Abschnitt sowie Kapitel 7).

Zur Diskussion von Bildungsstandards und Kerncurricula

Die Diskussion um Bildungsstandards und der mit dieser Diskussion verbundene Gedanke, Kerncurricula in Orientierung an Bildungsstandards zu entwickeln, wird zum einen durch die internationalen Vergleichsstudien zu schulischen Leistungen motiviert, zum anderen spiegelt sich darin eine gewisse Umorientierung gegenüber dem qualifikationsorientierten Curriculum-Ansatz von Robinsohn wider. Die Kritik am Ansatz von Robinsohn führte schon früh zu der Forderung, schulische Leistungsanforderungen nicht so sehr als zu vermittelnde Qualifikationen zu beschreiben, sondern als Kompetenzen. Dabei wird betont, dass Qualifikationen die Perspektive einer von außen gesetzten Anforderung an das Individuum betonen und damit Gefahr laufen, die beim Individuum verfügbaren oder erlernbaren Fähigkeiten und Fertigkeiten, Motivationen und Bereitschaften zur Bewältigung von Anforderungen nicht hinreichend zu berücksichtigen. Diese werden dagegen durch den Kompetenzbegriff erfasst, wie er zum Beispiel von Weinert (2001b, S. 27 f.) entwickelt wurde. Der damit verbundenen Forderung, angestrebte schulische Leistungen kompetenzorientiert zu beschreiben, folgt auch die Diskussion um Bildungsstandards. Damit fußt diese Diskussion zugleich auf dem – den internationalen Vergleichsstudien wie beispielsweise PISA – zugrunde liegenden Grundbildungskonzept, bei dem Bildung vor allem als Kompetenzerwerb verstanden wird (vgl. Fuchs 2003, S. 165). So heißt es dann auch in der Expertise von Klieme und andere:

„Bildungsstandards [...] greifen allgemeine *Bildungsziele* auf. Sie benennen die Kompetenzen, welche die Schule ihren Schülerinnen und Schülern vermitteln muss, damit bestimmte zentrale Bildungsziele erreicht werden. Die Bildungsstandards legen fest, welche Kompetenzen die Kinder und Jugendlichen bis zu einer bestimmten Jahrgangsstufe erworben haben sollen." (2003, S. 13)

Es ist offensichtlich, dass die Einführung nationaler Bildungsstandards Konsequenzen für den traditionellen Versuch hat, Schule durch staatlich vorgegebene Lehrpläne zu steuern (vgl. ebd., S. 14). In diesem Zusammenhang wird die bisherige – von staatlicher Seite vorgegebene – „Eingabe" von Lehrplänen in das Bildungssystem auch als Input-Steuerung bezeichnet, während die Orientierung an Bildungsstandards und der damit gegebene Blick auf die angestrebten und empirisch zu kontrollierenden Ergebnisse von Lernprozessen als „output-Steuerung" verstanden wird (vgl. dazu auch Kapitel 7).

Denkt man den Versuch einer output-orientierten Steuerung des Bildungssystems konsequent weiter, so gilt:

„In radikalen Modellen der output-orientierten Steuerung verlieren zentrale Lehrpläne auf nationaler oder – wie in Deutschland – Länderebene nahezu vollständig ihre Bedeutung als strukturierendes Element von Unterricht. Hier geht man von der These aus, dass langfristig keine Doppelregelung Bestand haben könne: Lehrpläne der herkömmlichen Art müssen und werden, so die These, bei einer Output-Steuerung des Bildungssystems ihre Funktion an eine zielgerichtete, der Autonomie der Einzelschule verpflichtete Standardorientierung abgeben, damit die angestrebten Kompetenzziele auch wirklich ermöglicht werden." (ebd., S. 76)

Allerdings wäre schon aus pragmatischer Sicht – selbst wenn man es prinzipiell wollte – eine radikale Umstellung von einer input-orientierten Steuerung auf eine output-orientierte Steuerung mit vielfältigen Problemen behaftet. Es wäre vorauszusehen, dass bei einer auch nur mittelfristigen Umstellung alle Beteiligten überfordert wären und die möglicherweise negativen Nebenwirkungen unüberschaubar würden (vgl. ebd., S. 77).

Darüber hinaus kritisiert BENNER die Einseitigkeit der an Bildungsstandards, Kompetenzen und internationalen Vergleichsdaten orientierten Diskussion und verweist unseres Erachtens zu Recht darauf, dass diese Diskussion „dringend einer bildungstheoretischen Ergänzung und Rahmung bedarf, welche die pädagogischen Implikationen dieser Forschungsrichtung offen legt und ihre Anschlussprobleme an pädagogische Theorieentwicklung, erziehungswissenschaftliche Forschung und pädagogische Praxisoptimierung reflektiert." (2002, S. 68).

Diese Kritik spiegelt sich ansatzweise auch in der schon genannten Expertise von KLIEME und andere (2003) wider. Dort heißt es zusammenfassend:

„Im schulischen Kontext repräsentiert das Kerncurriculum [...] die Struktur allgemeiner Bildung und die Initiation in die für das Leben notwendigen Modi der Welterschließung: sprachlich-literarische, mathematisch-naturwissenschaftliche, historisch-sozialwissenschaftliche sowie ästhetisch-expressive Dimensionen grundlegender Allgemeinbildung. Schule als Institution wird damit zu der gesellschaftlichen Form, in der Kulturen, weltweit einander zunehmend gleich, Inhalte und Normen des Lebens definieren und sie wird damit zugleich zur pädagogischen Form, in der unsere Kultur ihre eigene Lehrbarkeit umsetzt und dabei ihren Kern an Wissen und Orientierungen verbindlich macht." (ebd., S. 79.)

Kerncurricula sollen solche Leistungen ermöglichen, indem sie ein obligatorisches Fächergefüge beschreiben, zentrale Themen und Inhalte benennen und die erwarte-

ten Kompetenzen „klar, eindeutig und verbindlich" festlegen (vgl. ebd., S. 80).
Die Funktion von Kerncurricula wird dabei folgendermaßen gesehen: „In einem System deregulierter, offener und dezentraler Steuerung bilden Kerncurricula die Instanz, um lokale Entwürfe und partikulare Ambitionen an einem Modell zu prüfen, das den Anspruch des Allgemeinen mit sich führt, aber der Konkretisierung bedarf, um wirksam zu sein. Kerncurricula und Bildungsstandards gemeinsam stellen insofern den Referenzrahmen dar, der innerschulische Arbeit anregen, unterstützen, orientieren und normieren kann; aber sie sind nicht selbst schon der einzelschulische Lehrplan, sondern sie ermöglichen die von der Schule, dem einzelnen Lehrer und den Kollegien ausgehende, mithin professionsbasierte und mit Hilfe von empirischen Verfahren kontrollierbare Konstruktion von Unterricht." (ebd., S. 80.)
Somit wird auch für Kerncurricula – wie für Lehrpläne generell (siehe Abschnitt 6.2.1) – unterstellt, dass ihnen im Hinblick auf Unterricht und Schule eine große Bedeutung zukommt. Dies wirft die Frage auf, ob sich ein entsprechender Stellenwert auch in empirischen Studien nachweisen lässt.

6.2.4 Empirische Untersuchungen zur Bedeutung von Lehrplänen für den Schulalltag

Angesichts der Bedeutung, die Lehrplänen zugesprochen wird, überrascht die relativ geringe Häufigkeit, mit der Lehrplanfragen empirisch untersucht wurden. Trotz eines großen wissenschaftlichen Interesses an Lehrplan- und Curriculumfragen in den 1970er und Anfang der 1980er Jahre gibt es in Deutschland nur relativ wenige empirische Untersuchungen (vgl. VOLLSTÄDT u.a. 1999). Dabei wird schon an den vorliegenden empirischen Studien aus den 1970er Jahren kritisiert, dass sie sich häufig auf die Analyse beziehungsweise Einschätzung vorhandener Lehrpläne beschränken und die Frage, wie Lehrerinnen und Lehrer Lehrpläne nutzen, vernachlässigen (vgl. z.B. KUNERT 1983). So kommen HAENISCH/ SCHIRP (1985) unter anderem zu der Schlussfolgerung, dass Lehrplanentwicklerinnen und -entwickler wenig darüber wissen, wie Lehrpersonen mit Lehrplänen umgehen (vgl. ebd., S. 37). Außerdem wird der Curriculumforschung der damaligen Zeit insgesamt eine mangelnde Relevanz für das Lehrplanhandeln vorgeworfen (vgl. z.B. TERHART 1983). Für die Folgezeit stellt HAMEYER (1992) darüber hinaus ein rückläufiges Interesse an Fragen von Lehrplan und Curriculum sowie – damit verbunden – eine Reduzierung der Forschungstätigkeit in diesem Bereich fest.
Die wenigen vorliegenden empirischen Ergebnisse zeigen allerdings bereits, dass Lehrpläne nur von einem geringen Teil der Lehrerinnen und Lehrer intensiv gelesen und als Maßstab für die eigene Unterrichtsplanung und Unterrichtsdurchführung genutzt werden (vgl. z.B. HAENISCH 1985).
Trotz einzelner interessanter Studien sehen VOLLSTÄDT und andere (1999) vielfältige Desiderata bisheriger Lehrplanforschung. Wichtige Perspektiven für die zukünftige Lehrplanforschung liegen für sie in der Bearbeitung folgender Themen (vgl. S. 35 ff.):

– Umgang mit Lehrplänen im praktischen Handeln von Lehrpersonen,
– Funktionen beziehungsweise Alltagsbedeutung von Lehrplänen,
– Förderliche Konstruktionsprinzipien von Lehrplänen,
– Bedeutung der Lehrpläne für Innovationsprozesse,
– Verhältnis von staatlichem Lehrplan und schulischem Curriculum.

Vor dem Hintergrund solcher Einschätzungen haben VOLLSTÄDT und andere (1999) eine eigene umfangreiche empirische Untersuchung durchgeführt. Diese ging vor allem der Frage nach, ob und inwieweit Lehrpläne die ihnen unterstellte Orientierungs- und Innovationsfunktion tatsächlich erfüllen (vgl. S. 40 ff.).

Die Untersuchung wurde zwischen 1994 und 1997 in mehreren Schritten durchgeführt und bezog sich auf Lehrpläne für die Jahrgänge 5 bis 10 der Sekundarschulen I des Bundeslandes Hessen. In diesem Bundesland wurde zwischen 1993 und 1996 eine Lehrplanrevision durchgeführt, bei der die bisherigen Lehrpläne, die zum Teil seit 1970 in Kraft waren, durch neue Lehrpläne abgelöst wurden. Mit der Untersuchung wurde der Revisionsprozess kritisch begleitet und empirisch evaluiert. Die Untersuchung bestand vor allem aus zwei schriftlichen Befragungen, die mit einer repräsentativen Stichprobe hessischer Lehrerinnen und Lehrer zum Beginn und nach Abschluss des Revisionsprozesses durchgeführt wurde, sowie aus drei umfassenden Fallstudien an ausgewählten Schulen.

Die Autoren fassen die Ergebnisse ihrer Studien unter anderem so zusammen:
„Unsere Ergebnisse belegen, dass die hohen Erwartungen der Kultusbehörde und Bildungspolitiker an die Orientierungsleistung von neuen Lehrplänen, die mit der Reform in Hessen verbunden waren [...], im Schulalltag nicht eingelöst werden können. Das ist nicht sonderlich überraschend. Erstaunlich ist dagegen das hohe Ausmaß der Lehrplanskepsis bei den Lehrenden. In unserer Untersuchung zeigt sich ein Geflecht von individuellen und kollektiven Einstellungen und professionstypischen Arbeitsweisen, die der erhofften Orientierungsleistung von Lehrplänen im Wege stehen" (VOLLSTÄDT u.a. 1999, S. 149).

Als wichtigste Tendenzen, die sich aus der Untersuchung ableiten lassen, stellen die Autoren an anderer Stelle fest:
– „Die Bedeutung der Lehrpläne für die Alltagsarbeit der Lehrer(innen) scheint relativ gering zu sein. Lehrpläne – insbesondere, wenn sie schon längere Zeit in Kraft sind – werden nur selten rezipiert und auch nur von einer Minderheit ‚gut' gekannt. Die orientierende Wirkung auf direktem Weg ist also eher gering, eine indirekte Orientierung (über Lehrbücher, über den Fachhabitus) dürfte wirksamer sein.
– Lehrer(innen) aller Fächer haben relativ übereinstimmende Vorstellungen davon, wie Lehrpläne aussehen sollten: ‚Gebt uns knappe, gut lesbare Pläne, die verbindliche Festlegungen für die Grobstruktur des Unterrichts treffen, ansonsten aber unsere Handlungsfreiheit nicht einengen.' Die neuen hessischen Rahmenpläne werden von den Lehrkräften insgesamt recht positiv beurteilt, weil sie knapper und verständlicher sind als die alten und weil sie Mindestanforderungen deutlich ausweisen. Dennoch wird die Lehrplanrevision insgesamt nicht für sehr wichtig gehalten. In der Sicht der Lehrer(innen) werden die Hauptprobleme des gegenwärtigen Lehreralltags (Heterogenität der Schülerschaft, nachlassende Lernmotivation, zu-

nehmende ‚Vergreisung' der Kollegien etc.) durch eine Lehrplanrevision nicht berührt.

– Die Fallstudien zeigen, dass die Adaptation und Verarbeitung der neuen Rahmenpläne ganz überwiegend im Sinne einer Minimal-Strategie erfolgt: In den Schulen wird für die einzelnen Fächer ermittelt, welche inhaltlichen Veränderungen unvermeidbar sind. Durch thematische Umstellungen und Verschiebungen wird versucht, diese unabweisbaren Ansprüche zu erfüllen. Dabei besteht ein großes Interesse, den bisher gültigen schulinternen Lehrplan möglichst unangetastet zu lassen. Eine innovative Funktion können Lehrpläne wohl nur dann erhalten, wenn sie in umfängliche Maßnahmen der Schulentwicklung (schulinterne Lehrerfortbildung, Organisationsentwicklung etc.) eingebunden werden." (TILLMAN u.a. 2002, S. 1 f.).

Diese Tendenzen spiegeln zum einen generelle Merkmale von Organisationen wieder (vgl. Kapitel 1). Zum anderen verweisen die Untersuchungsergebnisse auf die Bedeutung, die der Schulentwicklung auch für curriculcare Fragen zukommt. Dieser Gedanke wird im Kapitel 12 noch einmal aufgenommen und weiter entfaltet.

6.3 Zusammenfassung und Anwendung

In diesem Kapitel wurde zunächst aufgezeigt, dass Lehrplänen in der wissenschaftlichen und bildungspolitischen Diskussion vielfältige Funktionen zugeschrieben werden, die zum Teil miteinander zusammenhängen, aber auch in Widerspruch zu Gestaltungsspielräumen vor Ort geraten können. So sollen Lehrpläne unter anderem der staatlichen Planung und Lenkung, der Legitimierung und Orientierung, der Innovation und Anregung, der Entlastung und Kontrolle, der Qualitätssicherung und Transparenz sowie der Kontinuität und Vergleichbarkeit dienen.

Vor dem Hintergrund solch vielfältiger und zum Teil auch divergierender Erwartungen an Lehrpläne stellt sich die Frage, wie sie im Sinne der Umsetzung verschiedener Funktionen gestaltet werden können. Um dies an einem Beispiel zu verdeutlichen, wurden die Lehrpläne und begleitende Überlegungen, wie sie bei der sächsischen Lehrplanreform von 2002 bis 2004 entstanden sind, dargestellt: Basierend auf einem generellen Leitbild für die Schulentwicklung sowie einem Lehrplanmodell bestehen alle sächsischen Lehrpläne aus einem Grundlagenteil und einem fach- oder handlungsbereichsspezifischen Teil. Der Grundlagenteil umfasst für die allgemeinbildenden Schulen jeweils folgende Abschnitte: Aufbau und Verbindlichkeit der Lehrpläne, Ziele und Aufgaben der Schulart sowie Ausführungen zum fächerverbindenden Unterricht und zum Lernen des Lernens. Der fachspezifische Teil beginnt jeweils mit der Darstellung von Zielen und Aufgaben des Faches (Beitrag des Faches zur allgemeinen Bildung, allgemeinfachliche Ziele, Handlungsfelder zur Strukturierung der Lerngegenstände, didaktische Grundsätze). Im Anschluss daran wird jeweils eine Übersicht über die Lernbereiche des Faches mit Zeitrichtwerten gegeben, ehe die Ziele und Inhalte für die einzelnen Jahrgangsstufen benannt und weiter ausdifferenziert sowie mit erläuternden Bemerkungen, zum Beispiel zum methodischen Vorgehen, versehen werden.

Das Beispiel des sächsischen Lehrplans wirft – wie andere konkrete Lehrplanentwicklungen – die Frage nach weiteren Fundierungen und Gestaltungs- sowie Einschätzungsmöglichkeiten für Lehrpläne auf. Um solche aufzuzeigen, wurde im Abschnitt 6.2.3 ein Blick auf die Lehrplan- und Curriculumtheorie geworfen. Ausgehend von der geisteswissenschaftlichen Lehrplantheorie, wie sie in der ersten Hälfte des 20. Jahrhunderts entstand, kamen die sozialwissenschaftlich orientierte Curriculumtheorie von ROBINSOHN der 1960er und 1970er Jahre sowie die Weiterführung der Diskussion im Kontext der Auseinandersetzung um Bildungsstandards und Kerncurricula zur Sprache. Dabei wurden sowohl unterschiedliche Auffassungen zu den Zielen und Inhalten eines Lehrplans als auch zu dem Vorgehen bei der Lehrplanentwicklung und zu seiner Gestaltung beziehungsweise Formulierung deutlich. Damit müssen Lehrplan- und Curriculumentwicklung als ständige Forschungs- und Gestaltungsaufgabe begriffen werden.

Funktionsbestimmungen, konkrete Lehrplanentwürfe sowie lehrplantheoretische Überlegungen lassen die Frage aufkommen, welcher Stellenwert Lehrplänen im Schulalltag zukommt und wie Lehrerinnen und Lehrer mit Lehrplänen umgehen. Zur Bearbeitung dieser Frage wurden Ergebnisse empirischer Untersuchungen aufgezeigt, insbesondere Ergebnisse aus einer begleitenden Untersuchung zur Revision hessischer Lehrpläne in den 1990er Jahren. Dabei wird unter anderem deutlich, dass die mit der Orientierungs- und Innovationsfunktion verbundenen Erwartungen an Lehrpläne in der Regel zu hoch gesteckt sind. Eine direkte orientierende Wirkung für die Praxis ist nur in geringem Ausmaß vorhanden. Eher ergeben sich indirekte Wirkungen über die Umsetzung von Lehrplanvorgaben in Schulbüchern und Unterrichtsmaterialien. So verlieren Lehrpläne „schon kurz nach der Einführung ihre Bedeutung, da schulinterne Absprachen oder Stoffverbreitungspläne an ihre Stelle treten und ihre Orientierungsleistung ersetzen" (VOLLSTÄDT u.a. 1999, S. 113).

Damit ist auch eine direkte Innovationswirkung von Lehrplänen eher als gering einzuschätzen. Nur wenn sich ein Kollegium den Gehalt eines neuen Lehrplans zu Eigen macht und diesen in schulinterne Curricula oder Handlungspläne umsetzt, kann sich das innovative Potential eines neuen Lehrplans entfalten.

Nehmen Sie sich bitte nun noch einmal Ihre Notizen zu den Eingangsfragen im Abschnitt 6.1 vor. Überdenken Sie Ihre spontanen Ideen und Vorschläge zu den Eingangsfragen aus der Sicht eines (vorgestellten) Mitglieds einer Lehrplankommission. Erarbeiten Sie eine differenzierte Stellungnahme zu den einzelnen Fragen. Diskutieren Sie Ihre Stellungnahme möglichst in einer Lerngruppe.

7| Bildungsstandards

7.1 Einleitende Hinweise und Fragestellungen

Die in den letzten Jahren offenkundig gewordenen Defizite des deutschen Schulsystems haben den Ruf nach Reformen laut werden lassen. Die Schülerleistungen, wie sie in den internationalen Vergleichen geprüft werden, sollen deutlich besser werden. Als *ein* mögliches Element, wie dies erreicht werden soll, ist die Entwicklung von „Bildungsstandards" in die Diskussion gebracht worden. Dabei handelt es sich um die Festlegung von Leistungserwartungen, die Schülerinnen und Schüler nach Durchlaufen eines längeren Ausbildungsabschnitts – zum Beispiel am Ende der Primarstufe oder der Sekundarstufe I – erfüllen sollen.

In Deutschland sind Standards ein neues Instrument. Unser Schulsystem ist bisher durch eine *input*-Steuerung geprägt: Eine Qualitätssicherung wird vor allem dadurch versucht, dass Bildungsziele und -inhalte staatlicherseits in Richtlinien und Lehrplänen festgelegt werden (siehe das vorhergehende Kapitel). Vor allem in den älteren Ausgaben dieser Richtlinien und Rahmenlehrpläne wird in einigen Bundesländern eine inhaltliche und zeitliche Regulierung des Unterrichts bis ins Detail versucht, indem nicht nur allgemeine Bildungsziele, sondern explizit auch Feinziele, Inhalte, Unterrichtsmethoden, Umfänge und Lernzielkontrollen vorgegeben werden. Für die Erfüllung ihres Bildungsauftrags wird Schulen ergänzend ein detailliert aufgeschlüsseltes Personal- und Finanzvolumen zur Verfügung gestellt, das zweckgebunden einzusetzen ist. Schulbücher, die die Richtlinien weiter konkretisieren, bedürfen einer staatlichen Zulassung.

Da diese Steuerung durch Vorgaben im internationalen Vergleich nicht hinreichend Qualität garantieren konnte, soll sie nun um eine *output*-Steuerung ergänzt (im Extremfall sogar ersetzt) werden. Die Einführung von Bildungsstandards wird dabei in der Regel mit dem Vorschlag verbunden, den Grad ihrer Erreichung durch zentral zu entwickelnde Prüfungen und Tests zu kontrollieren.

Versuchen Sie, für eines Ihrer Unterrichtsfächer zwei bis drei „Standards" für den Mittleren Bildungsabschluss nach der Klasse 10 zu formulieren. Welche Anforderungen sollen Schülerinnen und Schüler als gesammeltes Ergebnis ihrer Schulzeit zu diesem Zeitpunkt mindestens, in der Regel und optimalerweise bewältigen können? Versuchen Sie auch, Ihre Standards von solchen Regelungen abzugrenzen, wie sie in Lehrplänen festgehalten sind. Verwenden Sie dafür zur Orientierung den Lehrplan, den Sie in Kapitel 6 kennen gelernt haben. Die betreffenden Regelungen finden Sie unter der angegebenen Internetadresse.

Nach Bearbeitung der grundlegenden Informationen besteht Gelegenheit, sich erneut mit der einführenden Aufgabe auseinander zu setzen. Um Bildungsstandards formulieren zu können und sich mit ihren Chancen und Grenzen vertraut zu machen, ist es sinnvoll, im Einzelnen folgenden Fragen nachzugehen:

– Welche Vorstellung von „Kompetenz" liegt Standards zugrunde?
– Wie können Standards vor diesem Hintergrund akzentuiert werden?
– Wie sollen die Standards überprüft werden?
– Mit welchen Chancen und Problemen ist die Einführung von Bildungsstandards verbunden?

Die Bearbeitung dieser Informationen kann dabei helfen, als Lehrerin beziehungsweise Lehrer im Unterricht neben richtlinien-bezogenen auch kompetenz- und standard-bezogene Aspekte zu berücksichtigen. Darüber hinaus wird es möglich, sich an schulischen Überlegungen zu beteiligen, wie die Kompetenz der Schülerinnen und Schüler über die Jahre langfristig aufgebaut und damit staatlich vorgegebene Bildungsstandards erreicht werden können.

7.2 Grundlegende Informationen

Bildungsstandards werden derzeit für die Schule und die Lehrerausbildung diskutiert. Die Diskussion ist eingebettet in Überlegungen zu *Kompetenzmodellen*, die solchen Standards zugrunde liegen, zu *Aufgaben*, die Standards in konkrete Anforderungen umsetzen, zu *Tests*, mit denen Standards überprüft werden können, und zu möglichen *Reaktionen* auf Über- oder Untererfüllung von Standards durch ganze Schulen oder einzelne Schülerinnen und Schüler. Im Folgenden wird zunächst schulbezogen auf diese Elemente von Bildungsstandards eingegangen, bevor ihre Chancen und Grenzen reflektiert werden. Abschließend erfolgt eine kurze Bezugnahme auf die Lehrerausbildung.

7.2.1 Kompetenzmodelle als Basis von Bildungsstandards

Die komplexeste Ebene in der derzeitigen Diskussion um Bildungsstandards stellt die Ebene der Kompetenzen dar, die Kinder und Jugendliche in der Schule erwerben sollen und die durch Standards konkretisiert werden. In der Diskussion um die Schule spielt der Kompetenzbegriff seit rund 30 Jahren eine Rolle. Eingeführt hat ihn ROTH (1971) mit seiner Differenzierung von Sachkompetenz, Sozialkompetenz und Selbstkompetenz. Sachkompetenz wird von ROTH als „sacheinsichtiges Verhalten und Handeln" beschrieben, Sozialkompetenz umfasst „sozialeinsichtiges Verhalten und Handeln" und mit Selbstkompetenz ist „werteinsichtiges Verhalten und Handeln" gemeint. Der DEUTSCHE BILDUNGSRAT (1974) hat diese Dreiteilung in seinen Empfehlungen zur Curriculumentwicklung als Ziele für das westdeutsche Schulsystem übernommen (siehe Kapitel 6).

In der gegenwärtigen Diskussion um Bildungsstandards wird von vielen Wissenschaftlern WEINERT gefolgt. WEINERT (2001b, S. 27 f.) definiert Kompetenzen als „die bei

Individuen verfügbaren oder durch sie erlernbaren kognitiven Fähigkeiten und Fertigkeiten, um bestimmte Probleme zu lösen, sowie die damit verbundenen motivationalen, volitionalen und sozialen Bereitschaften und Fähigkeiten, um die Problemlösungen in variablen Situationen erfolgreich und verantwortungsvoll nutzen zu können". In diesem Verständnis geht es also wie bei ROTH zum einen um kognitive Fähigkeiten. Zum anderen spielen Motivation und Interesse sowie Werthaltungen eine wichtige Rolle. Kognitive und wertbezogene Fähigkeiten, Fertigkeiten und Bereitschaften werden zusammengenommen als eine vergleichsweise dauerhafte Basis dafür angesehen, mit bestimmten Anforderungen umgehen zu können.

Handeln, Inhalte oder Prozesse als Bezugspunkte von Kompetenzen
In Kompetenzmodellen wird systematisch festgehalten, aus welchen Teildimensionen eine Kompetenz besteht. Aufgrund unterschiedlicher Vorstellungen dazu, welchen Beitrag ein Unterrichtsfach zur Allgemeinbildung leisten soll, existieren drei verschiedene Modelle. Dabei kann zwischen einer funktionalen, einer kategorialen und einer methodischen Kompetenzvorstellung unterschieden werden. In einer funktionalen Kompetenzvorstellung wird – in Anlehnung an die oben angesprochene WEINERT'sche Kompetenzdefinition – auf die Bewältigung einer bestimmten Klasse von *Anforderungen* Bezug genommen, indem der handlungsbezogene Umgang mit Unterrichtsinhalten in Situationen im Vordergrund steht. In einer kategorialen Definition wird auf diese *Inhalte* selbst Bezug genommen, mit denen sich Schülerinnen und Schüler beschäftigen sollen (daher manchmal auch curriculare Definition genannt). In einer methodischen Definition steht der *Prozess* des Kompetenzerwerbs im Vordergrund, beispielsweise Erfahrungen wie individualisiertes Lernen oder sozialer Austausch, die von den Schülerinnen und Schülern im Unterricht gemacht werden sollen.

Bereits in die Auswahl eines Kompetenzmodells fließen also normative Aspekte ein, da ein Ziel als bedeutsamer für ein Unterrichtsfach angesehen wird als andere. Die KULTUSMINISTERKONFERENZ hat sich für den ersten Ansatz entschieden, weil sie mit den Bildungsstandards die funktionale beziehungsweise handlungsbezogene Dimension von schulischen Zielen gegenüber den vorwiegend inhaltsorientierten Lehrplänen hervorheben wollte – nicht zuletzt auch, weil deutsche Schülerinnen und Schüler bei TIMSS und PISA mit Anwendungsaufgaben Schwierigkeiten hatten.

Erneut kommen normative Aspekte zum Tragen, wenn es innerhalb der Modelle um ihre Füllung geht: Die Bewältigung welcher Anforderungen beziehungsweise Situationen wird konkret als wünschenswert angesehen? Welche Inhalte sind wichtiger als andere? Und welche Methoden werden ausgewählt?

Ist eine Entscheidung für eines der Kompetenzmodelle gefallen und sind die Teildimensionen dieser Kompetenz näher bestimmt, müssen jeweils Niveaustufen festgelegt werden: Was soll mindestens, in der Regel oder optimalerweise von Schülerinnen und Schülern zu einem bestimmten Zeitpunkt ihrer Schullaufbahn erwartet werden? Anhand dieser Ausdifferenzierung werden dann schließlich Aufgaben und Tests entwickelt, mit denen überprüft werden kann, inwieweit ein Individuum, eine Klasse, eine Schule oder ein ganzes Schulsystem die Standards erfüllt (kriteriale Bezugsnorm).[1]

Was den Geltungsbereich von Kompetenzmodellen angeht, besteht in der aktuellen Diskussion um Bildungsstandards weitgehend Einigkeit, dass die Modelle schulform-übergreifend angelegt sein sollten. Schließlich werden in Kompetenzmodellen über-individuelle Ausprägungen von Können zusammengefasst. Die verschiedenen Niveau-stufen würden diesem Verständnis zufolge in den unterschiedlichen Schulformen nur unterschiedlich häufig erreicht. Dagegen wird bei den Standards, die aus diesen Modellen abgeleitet werden, diskutiert, ob sie im Hinblick auf die Dreiteilung der Sekundarstufe I für jede Schulform differenziert entwickelt werden sollen (siehe dazu Abschnitt 7.2.2).

Beispiel: Das Lesekompetenz-Modell der PISA-Studien

Wie Kompetenzen konkret beschrieben sein können, soll am Beispiel der PISA-Studien verdeutlicht werden, denen Kompetenzmodelle zugrunde liegen (vgl. BAUMERT u.a. 2001). In Bezug auf die Lesekompetenz wird an Modelle aus früheren internationalen Studien angeknüpft, die den funktionalen – das heißt handlungsbezogenen – Charakter des Lesens betonen. In diesem Sinne ist in den PISA-Studien definiert: „Lesekompetenz (*reading literacy*) heißt, geschriebene Texte zu verstehen, zu nutzen und über sie zu reflektieren, um eigene Ziele zu erreichen, das eigene Wissen und Potenzial weiterzuentwickeln und am gesellschaftlichen Leben teilzunehmen." (DEUT-SCHES PISA-KONSORTIUM 2000, S. 24) Auf der Basis der Leseforschung wurde die in Darstellung 7.1 angeführte theoretische Struktur von Lesekompetenz entwickelt und in Stufen unterteilt:

Die unterste *Kompetenzstufe I* bezeichnet elementare Lesefähigkeiten im Sinne eines oberflächlichen Verständnisses einfacher Texte. In Bezug auf die Teildimension „Informationen ermitteln" bedeutet dies beispielsweise, dass in den entsprechenden Aufgaben eine oder mehrere unabhängige, aber ausdrücklich angegebene Informationen zu lokalisieren sind. Schülerinnen und Schüler, denen es nicht gelang, die für das Erreichen dieser Kompetenzstufe notwendige Punktzahl zu erzielen (335 von 1000 Punkten), werden als „Risikogruppe" bezeichnet, da für sie erhebliche Probleme beim Übergang in den Beruf erwartet werden.

Kompetenzstufe II umfasst über ein oberflächliches Textverständnis hinaus das „Herstellen einfacher Verknüpfungen". *Kompetenzstufe III* bezeichnet die „Integration von Textelementen und Schlussfolgerungen". Schülerinnen und Schüler, die auf der *vierten Kompetenzstufe* eingeordnet werden, können durch Lesen ein detailliertes Verständnis komplexer Texte erreichen. Für die oberste *Kompetenzstufe V* ist eine flexible Nutzung unvertrauter, komplexer Texte notwendig. Das bedeutet in Bezug auf die Teildimension „Informationen ermitteln" beispielsweise, dass es die entsprechenden Aufgaben erfordern, aus einem Text verschiedene, tief eingebettete Informationen zu einem unbekannten Thema zu lokalisieren und geordnet wiederzugeben.

Durch diese Ausdifferenzierung in Dimensionen und Niveaustufen lässt sich Lese-kompetenz in Form einer Matrix beschreiben. Zu deren Feldern wurden Aufgaben entwickelt, die aus kontinuierlichen (zum Beispiel Zeitungsartikel) und diskontinu-ierlichen Texten (zum Beispiel Tabellen und Grafiken) bestehen. Die Aufgaben beziehen sich auf Themen des gesellschaftlichen Alltags: eine Arbeitslosenstatistik, eine Debatte über Graffitis oder ein Bericht über Produktionsprinzipien einer Firma (vgl.

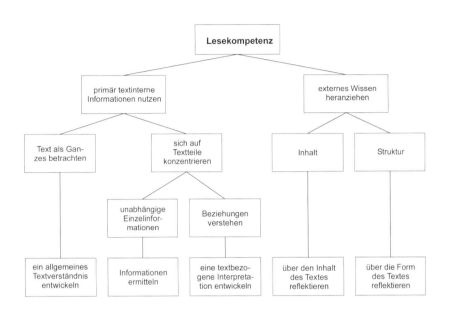

Darstellung
7.1:
Theoretische
Struktur der
Lesekompe-
tenz in PISA
(in Anleh-
nung an
DEUTSCHES
PISA-
KONSORTIUM
2000, S. 82)

MAX-PLANCK-INSTITUT FÜR BILDUNGSFORSCHUNG 2004). Dem funktionalen Verständnis von Lesekompetenz entsprechend sind literarische Texte kein Bestandteil der PISA-Aufgaben.

Die Fachdidaktik Deutsch kritisiert das Kompetenzmodell der PISA-Studie vor diesem Hintergrund als einseitig psychologisch ausgerichtet (KÄMPER-VAN DEN BOOGART 2003, S. 28). Die fehlende fachdidaktische Verankerung schlage bis in die Testitems und die Codierung der Schülerantworten selbst durch, die – den subjektiven Faktor von Lesen verkennend – auf nur eine richtige und dazu noch unterkomplexe Lösung ausgelegt seien: „Statt nachdenklicher, Alternativen sondierender und präziser Lektüren werden leichtfertige und eher brachiale Leseweisen ausgezeichnet" (KÄMPER-VAN DEN BOOGART 2004, S. 76). Und den Bogen zur Schule schlagend hält KÄMPER-VAN DEN BOOGART (ebd., S. 77) im Weiteren fest: „Für unsere Testeinheit könnte meines Erachtens mit größerem Recht behauptet werden, dass der Deutschunterricht zu offen, problemorientiert und pluralistisch ist, um Schüler zu motivieren, jene Antworten zu geben, die höhere Punktzahlen eintragen."

7.2.2 Modelle und Merkmale von Bildungsstandards

Standards stellen Konkretisierungen von Kompetenzmodellen dar. In ihnen wird normativ festgelegt, was Schülerinnen und Schüler am Ende eines bestimmten Ausbildungsabschnittes erreicht haben sollen und wie – je nach Verständnis des Begriffs „Standard", ob dieser handlungs-, inhalts- oder prozessbezogen gefasst wird – das Erreichte konkret in Handeln, Wissen oder Lernmethoden gefasst werden kann. Dazu wird einerseits auf allgemeine Bildungsziele von Schule Bezug genommen und

Darstellung 7.2a: Beispielaufgabe aus dem PISA-Lesetest (Quelle: MPIB 2004)

Fühl Dich wohl in Deinen Turnschuhen

Das Sportmedizinische Zentrum von Lyon (Frankreich) hat 14 Jahre lang die Verletzungen von jungen und professionellen Fußballern untersucht. Die Studie hat ergeben, dass die beste Strategie Vorbeugen ist ... und gute Schuhe.

Stöße, Stürze und Verschleiß ...

Achtzehn Prozent der Spieler im Alter von 8 bis 12 haben bereits Verletzungen an den Fersen. Der Knorpel im Knöchel eines Fußballers steckt Erschütterungen schlecht weg. 25% der Profis haben für sich selbst herausgefunden, dass dies ein besonderer Schwachpunkt ist. Der Knorpel des empfindlichen Kniegelenks kann ebenfalls irreparabel geschädigt werden, und wenn man nicht bereits von Kindheit an aufpasst (im Alter von 10-12 Jahren), kann dies zu frühzeitiger Arthrose führen. Auch die Hüfte bleibt von Schaden nicht verschont, und besonders wenn er müde ist, läuft eibn Spieler Gefahr, sich bei einem Sturz oder Zusammenstoß Knochenbrüche zuzuziehen.
Die Untersuchung besagt, dass sich bei Fußballern, die seit mehr als zehn Jahren spielen, Knochenauswüchse am Schien-

bei oder an der Ferse entwickeln. Dies ist der so genannte "Fußballerfuß", eine Deformierung, die durch zu flexible Sohlen und Knöchelbereiche der Schuhe entsteht.

Schützen, stützen, stabilisieren, dämpfen

Wenn ein Schuh zu steif ist, schränkt er die Bewegung ein. Wenn er zu flexibel ist, vergrößert sich das Verletzungs- und Verstauchungsrisiko. Ein guter Sportschuh sollte vier Kriterien erfüllen:
Erstens muss er *äußeren Schutz bieten*: gegen Stöße durch den Ball oder einen anderen Spieler Widerstand leisten, Bodenunebenheiten ausgleichen und den Fuß warm und trocken halten, selbst wenn es eiskalt ist und regnet.
Er muss *den Fuß* und besonders das Knöchelgelenk *stützen*, um Verstauchungen, Schwellungen und andere Schmerzen zu ver-

meiden, die sogar das Knie betreffen können. Er muss denSpieler auch eine gute *Standfestigkeit* bieten, so dass sie auf nassem Boden oder einer zu trockenen Oberfläche nicht rutschen.
Schließlich muss er *Stöße dämpfen*, besonders bei Volleyball- und Basketballspielern, die permanent springen.

Trockene Füße

Um kleine, aber schmerzhafte Beschwerden, wie z.B. Blasen und sogar Risswunden oder Pilzinfektionen zu verhindern, muss der Schuh das Verdunsten des Schweißes ermöglichen und äußere Feuchtigkeit am Eindringen hindern. Das ideale Material hierfür ist Leder, das imprägniert werden kann, um zu verhindern, dass der Schuh beim ersten Regen durchnässt wird.

andererseits auf das Selbstverständnis der Unterrichtsfächer, die unterschiedliche Beiträge zur Allgemeinbildung leisten.

Handeln, Inhalte oder Prozesse als Bezugspunkte von Standards
In der Diskussion über Bildungsstandards überschneiden sich unterschiedliche Begriffsverständnisse von Standards, die – wie im Fall des Kompetenzbegriffs – auf unterschiedlichen Akzentsetzungen der Elemente Handeln, Wissen oder Methoden beruhen (vgl. GEW-HAUPTVORSTAND 2003, REISS 2003):

Verwende den Artikel auf der gegenüberliegenden Seite, um folgende Fragen zu beantworten.

Frage 1: TURNSCHUHE

Was will der Verfasser mit diesem Text zeigen?
A Die Qualität vieler Sportschuhe ist sehr viel besser geworden.
B Man soll am besten nicht Fußball spielen, wenn man unter 12 Jahre alt ist.
C Junge Menschen erleiden wegen ihrer schlechten körperlichen Verfassung immer mehr Verletzungen.
D Für junge Spieler ist es sehr wichtig, gute Sportschuhe zu tragen.

Frage 2: TURNSCHUHE

Warum sollten laut Artikel Sportschuhe nicht zu steif sein?

Frage 3: TURNSCHUHE

In einem Teil des Artikels steht: "Ein guter Sportschuh soll vier Kriterien erfüllen."
Welche Kriterien sind dies?

Frage 4: TURNSCHUHE

Sieh dir diesen Satz an, der fast am Ende des Artikels steht. Er wird hier in zwei Teilen wiedergegeben:

"Um kleinere, aber schmerzhafte Beschwerden, wie z.B. Blasen und sogar auch Risswunden oder Pilzinfektionen zu verhindern ..." *(erster Teil)*

"muss der Schuh das Verdunsten und Schwitzen ermöglichen und äußere Feuchtigkeit am Eindrigen hindern."
(zweiter Teil)

Welche Beziehung besteht zwischen dem ersten und zweiten Teil des Satzes?
Der zweite Teil ...
A widerspricht dem ersten Teil.
B wiederholt den ersten Teil.
C veranschaulicht das Problem, das im ersten Teil beschrieben wurde.
D bietet die Lösung für das Problem, das im ersten Teil beschrieben wurde.

Darstellung 7.2b: Beispielaufgabe aus dem PISA-Lesetest (Quelle: MPIB 2004)[2]

Spricht man von *performance standards* steht ergebnisbezogen das gewünschte Können nach einem entsprechenden Ausbildungsabschnitt im Vordergrund, das anhand von Tests überprüft wird. *Performance standards* können daher auch als „Verhaltensstandards" bezeichnet werden, die sich vor allem in Bezug auf den Erwerb von Fertigkeiten eignen. Die von der KMK für die Klassen 4, 9 und 10 verabschiedeten Bildungsstandards für die Fächer Deutsch und Mathematik sowie zusätzlich für die erste Fremdsprache sowie Biologie, Chemie und Physik für die Klasse 10 können hier eingeordnet werden.

Bei *content standards* handelt es sich um eine Bestimmung von gewünschten Lernergebnissen in inhaltlicher Hinsicht, was also Schülerinnen und Schüler nach mehreren Jahren unbedingt wissen sollen. *Content standards* können daher auch als „Wissensstandards" bezeichnet werden, die die inhaltliche Prägung des individuellen Lernprozesses im Blick haben. In einer weiten Interpretation würden hierunter auch Richtlinien und Lehrpläne mancher Bundesländer fallen.

Eine dritte Variante stellen *prozessbezogene Standards* dar, nach denen erwünschte Wege des Lernens (zum Beispiel entdeckendes und forschendes Lernen) betont werden. Dabei wird darauf verzichtet, im Vorhinein festzulegen, was Schülerinnen und Schüler am Ende können sollen. Stattdessen wird versucht zu klären, welche Lernerfahrungen gemacht werden müssen, damit bestimmte Fähigkeiten erworben werden können (daher werden sie zum Teil auch als *opportunity-to-learn standards* bezeichnet). So stehen beispielsweise im Fall des Mathematikunterrichts Problemlösen, Argumentieren und Beweisen und im Philosophie-Unterricht zum Beispiel philosophisches Argumentieren im Vordergrund.

Standards als Steuerungsinstrument
Alle drei Konzepte von Standards streben an, gegenüber der bisher vielfach beklagten Überfrachtung der Lehrpläne eine Reduzierung und Fokussierung auf das Wesentliche (zentrale Handlungsweisen, Wissensbereiche oder Lernmethoden) zu leisten. Dadurch soll eine Lösung vom kleinschrittigen jahrgangsstufenbezogenen Denken gefördert und eine Orientierung auf kumulatives und nachhaltiges Lernen unterstützt werden. Mit Standards wird also festgelegt, was nach mehreren Jahren, am Ende einer Schulstufe, quasi „übrig" bleiben soll.

Besonders deutlich wird der Unterschied an der Frage der Überprüfung: Bisher existieren Lernzielkontrollen überwiegend in einem mehrwöchigen Rhythmus nach Abschluss einer Unterrichtsreihe. Eine Überprüfung langfristiger Wirkungen findet nicht statt – sieht man vom Abitur ab, das auf die Inhalte von immerhin zwei Jahrgangsstufen fokussiert ist, oder von selten praktizierten Formen wie Schüler-Portfolios. In Standards werden daher zwei Grundideen verbunden: Fokussierung auf zentrale Leitideen eines Unterrichtsfachs (statt auf Details) und Festlegung der langfristig erwünschten Wirkung.

Kontroversen um Schulformbezug, Stufung und Fächerorientierung
Eine bedeutsame Diskussion, die in diesem Zusammenhang geführt wird, ist die um den Schulformbezug der Bildungsstandards. Sollen Standards übergreifend sein oder spezifisch auf die Hauptschule, die Realschule und das Gymnasium bezogen? Während auf der einen Seite die Gleichwertigkeit der Bildungsabschlüsse nach der Sekundarstufe I betont wird, sodass für die Schulformen innerhalb dieser auch einheitliche Standards gelten müssten, wird auf der anderen Seite auf die unterschiedlichen Profile der einzelnen Schulformen verwiesen, die sich in unterschiedlichen Standards manifestieren müssten. Einheitliche Standards werden hier als eine implizite Untergrabung der Dreigliederigkeit angesehen. Die KMK hat dazu eine mittlere Position eingenommen und Standards für den Hauptschulabschluss nach den Klassen 9 und 10 einerseits sowie für den Mittleren Bildungsabschluss nach Klasse 10, der an allen Schulformen erworben werden kann, andererseits entwickeln lassen.

Eine zweite Diskussionslinie kreist um die Frage, ob Standards – wie die zugrunde liegenden Kompetenzmodelle – gestuft werden sollen. Damit verbunden ist die Frage: Sollen „Mindeststandards" festgelegt werden, die beschreiben, was *alle* Schülerinnen und Schüler – unabhängig von ihrer Herkunft, ihren Lernvoraussetzungen und der von ihnen besuchten Schule – nach einem bestimmten Ausbildungsabschnitt mindestens können müssen? Oder soll in „Regelstandards" festgehalten werden, was Schülerinnen und Schüler im Mittel können sollen? Oder soll stärker eine Bandbreite herausgearbeitet werden, die aufnimmt, was mindestens („Mindeststandards"), im Durchschnitt („Regelstandards") und von der Leistungsspitze („Maximalstandards") erreicht werden soll? Dahinter stehen jeweils unterschiedliche Bildungsphilosophien. In einer Expertise für die KULTUSMINISTERKONFERENZ wird die folgende Position eingenommen: „Die Vorgabe von Mindestanforderungen zwingt jede Schule besonders dazu, für die Förderung der Leistungsschwächeren selbst Verantwortung zu übernehmen und in deren Förderung zu investieren" (BUHLMANN/ WOLFF/ KLIEME 2003, S. 43). Die Autoren befürchten, dass mit der Einführung von Regel- und Maximalstandards die in Deutschland traditionell dominierende Defizitorientierung (wieder) Einzug halten würde. Gemeint ist damit, dass die jahrhundertealte Gliederung des deutschen Schulsystems das problematische Phänomen mit sich gebracht hat, Schülerinnen und Schüler, die einem mittleren beziehungsweise hohen Maßstab nicht gerecht werden, als leistungsmäßig defizitär und damit „falsch" in einer Klasse und schließlich an einer Schule einzuordnen, statt sie individuell zu fördern – verbunden mit der Entscheidung, sie an eine andere Schulform „abzuschieben". Festgemacht werden kann dieses Phänomen an hohen Rückläuferraten (vom Gymnasium zur Realschule und von dieser zur Hauptschule), während kaum Bildungsaufsteigerinnen und -aufsteiger zu verzeichnen sind. Etwas polemischer, aber entsprechend mehr auf den Punkt gebracht, nimmt BÖTTCHER (2003, S. 162) dieselbe Position ein: „Wenn Standards für alle gelten, sind Maßnahmen zur Förderung derjenigen zwingend, die drohen, sie nicht zu erreichen. Das ist ein Plädoyer für das Ende der ‚Glockenkurvenmentalität', die es für normal hält, dass der Durchschnitt mit einem die Oberflächlichkeit und Unvollständigkeit des Gelernten widerspiegelnden ‚befriedigend' zertifiziert wird und dass es durchaus normal sei, wenn 20% der Kinder nur ein mangelhaftes oder ungenügendes Wissen und Können erwerben." Während sich in der pädagogischen Diskussion hierzu eine weitgehende Einigkeit herauskristallisiert hat, haben die Kultusminister anders entschieden: Es wurden lediglich Regelstandards entwickelt und verabschiedet, selbst *ergänzende* Mindeststandards sind nicht geplant – aus Sorge vor öffentlichem Druck, wenn diese von größeren Gruppen nicht erreicht werden, beziehungsweise aus Sorge vor anschließenden Forderungen nach besserer Finanzierung des Schulsystems, zum Teil sogar aus Sorge vor juristischen Konsequenzen.

Beispiel: Bildungsstandards Deutsch
Von der KMK wurden innerhalb kurzer Zeit Bildungsstandards in Deutsch und Mathematik für die Jahrgangsstufe 4 (vgl. KMK 2004 a, b) sowie in Deutsch, Mathematik und erster Fremdsprache für den Hauptschulabschluss nach der Jahrgangsstufe 9 (vgl. KMK 2004 c, d, e) und für den Mittleren Bildungsabschluss nach der

Jahrgangsstufe 10 vorgelegt (vgl. KMK 2003 a, b, c). Ende 2004 kamen noch Bildungsstandards in Biologie, Chemie und Physik für den Mittleren Bildungsabschluss hinzu. Sie gelten trotz anfänglicher Kontroversen um die Hoheit der Bundesländer in diesem Zusammenhang bundesweit. Entgegen den Empfehlungen der oben angesprochenen Expertengruppe handelt es sich um Regelstandards, mit denen ein mittleres Anforderungsniveau beschrieben wird. Die Standards werden durch Aufgabenbeispiele konkretisiert und sollen in Zukunft regelmäßig durch das Institut zur Qualitätsentwicklung im Bildungswesen an der Humboldt-Universität zu Berlin überprüft werden.

Am Beispiel der Bildungsstandards, die im Fach Deutsch nach der Jahrgangsstufe 10 erreicht werden sollen, können Grundprinzipien dieser neuen Form der *output*-Steuerung deutlich gemacht werden. Sie gelten auch für die übrigen Ausgaben der Bildungsstandards (vgl. im Folgenden KMK 2003a).

Einleitend wird der Beitrag des Unterrichtsfachs Deutsch zur Allgemeinbildung dargestellt. Angeführt sind die drei großen Bereiche der Teilhabe am gesellschaftlichen Leben, der Vorbereitung auf eine berufliche Ausbildung und die Fortsetzung der Schullaufbahn. Inhaltlich ist das Fach in vier Kompetenzbereiche unterteilt (siehe Darstellung 7.3). In allen vier Kompetenzbereichen sollen zudem kontinuierlich Methoden und Arbeitstechniken vermittelt werden.

Zu den Kompetenzbereichen sind insgesamt circa 100 Standards formuliert, die die Erwartungen sehr detailliert spezifizieren. So ist beispielsweise der Kompetenzbereich „Lesen – Umgang mit Texten und Medien" fünffach unterteilt. Die entsprechenden Teildimensionen sind noch einmal in drei bis sieben Standards ausdifferenziert. Standards für die Teildimension „Sach- und Gebrauchstexte verstehen und nutzen" sind dann (vgl. KMK 2003a, S. 15):

– verschiedene Textfunktionen und Textsorten unterscheiden,
– Informationen zielgerichtet entnehmen, ordnen, vergleichen, prüfen, ergänzen,
– nichtlineare Texte auswerten,
– Intention(en) eines Textes erkennen, insbesondere Zusammenhang zwischen Autorintention(en), Textmerkmalen, Leseerwartungen und Wirkungen,
– Information und Wertung in Texten unterscheiden.

7.2.3 Überprüfung von Bildungsstandards

Die Ebene der Standards ist noch zu abstrakt, um feststellen zu können, ob das Bildungssystem insgesamt oder eine einzelne Schule sie erfüllt. Zur Überprüfung müssen Schülerinnen und Schüler mit darauf ausgerichteten Aufgaben konfrontiert werden, die bestimmten Niveaustufen zugeordnet sind. Aus der Bearbeitung ergeben sich dann Erkenntnisse über ihren Leistungsstand.

Solche Aufgaben zu entwickeln, erfordert die Zusammenführung fachdidaktischer und diagnostischer Expertise. Um verlässliche Erkenntnisse zu erhalten, müssen zu jeder Teildimension und Niveaustufe mehrere Aufgaben formuliert werden, sodass die Tests in der Regel sehr umfangreich sind. In den internationalen Leistungsvergleichen wird hier als Lösung gewählt, dass nicht alle Schülerinnen und Schüler

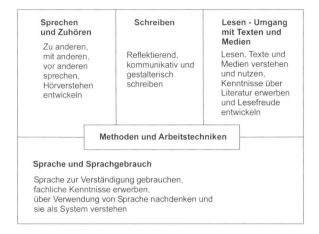

Darstellung 7.3: Kompetenzmodell der Bildungsstandards für den Mittleren Bildungsabschluss (Quelle: KMK 2003a, S. 9)

alle Testaufgaben bearbeiten, sondern zur Aufrechterhaltung der Motivation nur Teile. Erst eine Gesamtschau der Ergebnisse einer großen Zahl an Schülerinnen und Schülern ergibt somit ein repräsentatives Ergebnis. An dieser Stelle ist daher darauf aufmerksam zu machen, dass die mit dieser Art von Tests gewonnenen Erkenntnisse nur über *System*fragen verlässliche Auskünfte geben (also über ein ganzes Land oder – als kleinste Einheit – eine ganze Schule). Für die Individualdiagnostik sind solche Tests nicht geeignet, da die Grundlage für individuelle Bewertungszwecke zu schmal ist.

Verwendung der Testergebnisse

Eine brisante Frage im Zusammenhang der Überprüfung von Bildungsstandards ist, wer die Daten erhält, die sich aus den Tests ergeben: nur die Schulen selbst (als Rückmeldung), auch die Schulverwaltung (um gegebenenfalls auf Probleme reagieren zu können) oder sogar die Öffentlichkeit (im Interesse von mehr Transparenz und besserer Kontrolle). Die deutschen Kultusminister haben bisher immer versichert, dass keine Schulrankings geplant sind, sodass die letzte Möglichkeit prinzipiell ausscheidet.

Darüber hinaus stellt sich die Frage, mit welchen Folgen Schulen beziehungsweise einzelne Schülerinnen und Schüler rechnen müssen, wenn sie die Bildungsstandards verfehlen. Im angelsächsischen Raum werden Testergebnisse nicht nur mit großer Selbstverständlichkeit öffentlich diskutiert, sondern sie werden von Eltern in Form von Rankinglisten auch als Basis ihrer Schulwahlentscheidungen genommen. Dahinter steht der Gedanke, dass ein Wettbewerb von Schulen zur höchsten Qualität des Bildungssystems führt. Seit einigen Jahren sind in den USA auch die Höhe der staatlichen Finanzmittel für Schulen und die Dauer von Arbeitsverträgen der Lehrpersonen an Testergebnisse gebunden. Auf diese Weise sollen gute Schulen belohnt und Schulen mit schwächeren Ergebnissen Anreize geliefert werden, sich zu verbessern. Im nordeuropäischen Raum, wo ebenfalls eine vergleichsweise lange Tradition mit zentralen Tests existiert, wird dagegen mit Testergebnissen vorsichtig umgegangen, indem zwar die einzelnen Schulen und Schulverwaltungen die Informationen im Sinne einer Rückmeldung erhalten, die Öffentlichkeit allerdings nicht. Hier haben zentrale Tests stärker die Funktion, im Interesse höchstmöglicher Autonomie und Profilbildung der Einzelschule ein Mindestmaß an vergleichbarem Bildungsstand im ganzen Land zu sichern (siehe im Einzelnen Kapitel 4).

Standardisierte Tests, zentrale Prüfungen und Kerncurricula
Zentrale Prüfungen können ebenfalls als eine Form der Überprüfung von Bildungsstandards angesehen werden. Bisher wurde der Mittlere Bildungsabschluss nach Klasse 10 ohne eine zusätzliche Prüfung vergeben, sobald die Versetzung in Klasse 11 erreicht war. Die bildungspolitische Tendenz in den Bundesländern geht derzeit (Stand: Juli 2006) allerdings in Richtung einer Einführung von zentralen Abschlussprüfungen. Mit Berlin und Brandenburg haben bereits zwei Bundesländer solche nach Klasse 10 eingeführt; Nordrhein-Westfalen plant dies für das Jahr 2006. In allen drei Bundesländern sollen Vornoten aus der schulischen Leistung und Prüfungsergebnisse im Verhältnis 1:1 gewichtet werden.

In Ergänzung dazu plädieren viele Befürworterinnen und Befürworter von Bildungsstandards (vgl. z.B. BÖTTCHER 2003), sie mit Kerncurricula zu verbinden. Solche konzentrierten Lehrpläne könnten den Lehrerinnen und Lehrern Hinweise geben, welche Inhalte unverzichtbar sind, anhand welcher Inhalte und gegebenenfalls mit welchen Lernmethoden die Standards besonders gut erreicht sowie entsprechende Leistungen festgestellt und bewertet werden können. Kerncurricula würden in diesem Sinne einen Mittelweg zwischen *input*-orientierten Richtlinien und Lehrplänen sowie *output*-orientierten Bildungsstandards darstellen, indem in ihnen zur Orientierung konzentrierte Empfehlungen dazu zu finden sind, wann in einem auf Standards zielenden Unterricht welche Inhalte sinnvoll sind und wie sie erarbeitet werden können (siehe hierzu im Einzelnen Kapitel 6). Auf diese Weise könnte auch eine systematische Verbindung zwischen Handlungs- und Wissenszielen sowie Lernmethoden hergestellt werden, die sich auf der Ebene von Standards in unterschiedlichen Formen ausdrücken.

7.2.4 Chancen und Grenzen von Bildungsstandards

Im Vorhergehenden wurden die mit einer Einführung von Bildungsstandards verbundenen Konzepte und einzelne Kontroversen beschrieben. Mit Standards sind Grundannahmen verbunden, die als Chancen angesehen werden können. Es gibt derzeit aber fast keine empirischen Befunde zur Wirksamkeit von Standards, sodass eine Entscheidung über ihre Leistungsfähigkeit letztlich noch nicht möglich ist. Im Folgenden werden die mit Bildungsstandards verbundenen Chancen jeweils vorgestellt, um deutlich zu machen, an welchen Stellen plausibel Verbesserungen gegenüber der derzeitigen Situation erwartet werden können. Gleichzeitig werden Grenzen der beabsichtigten Reform beleuchtet, um die Kritik der Gegnerinnen und Gegner aufzunehmen, die wichtige Bedenken einbringen, ohne deren Reflexion gegebenenfalls unerwünschte Nebenwirkungen der Reform auftreten.

7.2.4.1 Chancen von Bildungsstandards

Mit der Einführung von Bildungsstandards sind Chancen für die einzelne Lehrperson, für die einzelne Schule und für das Schulsystem verbunden.

Bisher fehlte Lehrerinnen und Lehrern ein Maßstab, was an kumulierten Lernerfolgen nach einem bestimmten Ausbildungsabschnitt erreicht sein soll. Diese fehlende Zielorientierung kann als ein bedeutsamer Schwachpunkt des deutschen Schulsystems ausgemacht werden, sodass hier ein erstes Plus von Bildungsstandards festgestellt werden kann. Lehrpersonen würden im Zuge der klassen- und schulübergreifenden Überprüfung der Standards erstmals auch eine Rückmeldung zu ihrer Arbeit erhalten sowie die Gelegenheit, ihre Leistungsbewertung vergleichend zu reflektieren. Die Einführung objektiver Kriterien ermöglicht es, beispielsweise Übergangsempfehlungen von der Grundschule in die weiterführenden Schulen auf soziale oder persönliche Vorurteile hin zu überprüfen.

Erfahrungen aus den bisherigen Ergebnisrückmeldungen aus TIMSS, PISA, MARKUS, QUASSU (Qualitätssicherung an Schulen unter besonderer Berücksichtigung des mathematisch-naturwissenschaftlichen Unterrichts in Bayern) und QUASUM (Qualitätsuntersuchung an Schulen zum Unterricht in Mathematik in Brandenburg) zeigen zum Teil auch bereits eine Bereitschaft der Lehrerinnen und Lehrer, in dieser Form zu agieren. Während die frühen Erfahrungen mit den TIMSS-Rückmeldungen noch negativ waren, da sich Lehrerinnen und Lehrer kaum für die Ergebnisse interessierten (KOHLER 2002), sind die aktuellen Erfahrungen positiver. In Brandenburg haben sich mehr als 90 Prozent der Lehrpersonen mit den Ergebnissen der eigenen Klasse auseinandergesetzt, wobei Differenzen zu den eigenen Erwartungen im Vordergrund gestanden haben (vgl. PEEK 2004, S. 96ff.). Die unmittelbare Verwendbarkeit der Ergebnisse für den Unterricht wird von den Lehrpersonen allerdings eher gering eingeschätzt (DITTON/ ARNOLDT/ BORNEMANN 2002), sodass es anschließend kaum zu Veränderungen des eigenen Handelns gekommen ist (SCHRADER/ HELMKE 2004, S. 150 ff.).

Unabhängig von der individuellen Dimension könnten Bildungsstandards und ihre regelmäßige Überprüfung durch Tests auf der Ebene des Schulsystems zu mehr Chancengleichheit beitragen. Die PISA-Ergebnisse haben die deutsche Öffentlichkeit auch deshalb so aufgeschreckt, weil sie darauf aufmerksam gemacht haben, wie stark in Deutschland Bildungschancen von sozialer Herkunft abhängen. Die Ergebnisse anderer Länder – insbesondere der nordeuropäischen mit ihrer egalitären Tradition – haben gezeigt, dass dieser Zusammenhang nicht so eng sein muss wie in Deutschland, wo er weltweit mit am höchsten ist. Eine Auswertung von standardbezogenen Tests unter sozio-strukturellen Gesichtspunkten könnte regelmäßig offen legen, inwieweit das Schulsystem als Ganzes in der Lage ist, Bildungsgerechtigkeit zu produzieren. Wichtig wäre dabei allerdings, dass – wie in der Vergangenheit in Bezug auf die PISA-Ergebnisse schon geschehen – bestimmte Anforderungen eingehalten werden: nur Vergleiche von Schulen mit ähnlicher Schülerschaft und angesichts der geringen Stichprobengröße pro Schule und unterschiedlicher Schulprofile Vorsicht gegenüber vorschnellen Konsequenzen im Einzelfall (WATERMANN/ STANAT 2004).

Über mehr soziale Chancengleichheit hinaus besteht eine dritte Chance von Bildungs-standards in einer besseren Vergleichbarkeit der Schülerleistungen mit dem Ziel, die bisher großen Unterschiede zwischen Schulen eines Bundeslandes und zwischen den Bundesländern zu verringern. Der Ländervergleich im Rahmen der PISA 2000-Stu-die hatte einen Abstand von bis zu zwei (!) Schuljahren herausgestellt, der zwischen den durchschnittlichen Leistungen des besten und des schwächsten Landes lag. Die-se Unterschiede gehen mit einer großen Bildungsungerechtigkeit einher, indem Schülerinnen und Schüler aus schwächer abschneidenden Bundesländern geringere Chancen auf individuelle Persönlichkeitsentwicklung und gesellschaftliche Teilhabe besitzen. Unterschiede im Leistungsniveau finden sich auch innerhalb der Bundes-länder zwischen Regionen, Schulen einer Region und Klassen einer Schule wieder. Ursächlich für diese Unterschiede ist, dass sich die Mehrheit der Lehrpersonen bei der Leistungsbewertung zum Teil intuitiv, zum Teil aber auch durch staatliche Vorga-ben gefordert am Leistungsspektrum der Klasse orientiert und diese in Form einer „Glocke" ausdrückt. Die Konsequenz ist, dass Schülerinnen und Schüler in einer überdurchschnittlich guten Klasse mehr leisten müssen, um dieselbe Note zu erhal-ten, als Schülerinnen und Schüler aus schwächeren Klassen. Zudem wird in allen Klassen immer einer kleinen Gruppe das Nichterreichen des Lernziels attestiert – obwohl diese gegebenenfalls mehr kann als Schülerinnen und Schüler mit weit besse-ren Noten in anderen Klassen. Unter pädagogischen Gesichtspunkten und aus Gerechtigkeitsgründen wäre eine Orientierung an der kriterialen Bezugsnorm sehr viel überzeugender (vgl. hierzu im Einzelnen Kapitel 10) – gegebenenfalls wird dies nun durch die Einführung von Standards gefördert.

7.2.4.2 Grenzen von Bildungsstandards

Die Diskussion um die Grenzen von Bildungsstandards wird im Wesentlichen aus drei Perspektiven geführt: In einer ersten Argumentationsrichtung werden zentrale Standards aus prinzipiellen Erwägungen komplett abgelehnt. Auf diese Kritik wird im Folgenden als erstes eingegangen, da mit ihr bedeutsame bildungstheoretische Überlegungen zur Grundorientierung unseres Schulwesens verbunden sind. In einer zweiten Argumentationsrichtung wird nicht negiert, dass es für Lehrpersonen und Schule hilfreich und wichtig sein kann, die Ziele des Bildungswesens expliziter zu machen. Allerdings werden die zahlreichen, in einer bestimmten normativen Weise geprägten Entscheidungen, die mit der Einführung von Bildungsstandards in Deutsch-land verbunden waren, kritisch betrachtet. Darauf wird im zweiten Schritt eingegan-gen. Und in einer dritten Argumentationsrichtung wird die Praktikabilität und Wirk-samkeit der Standards im schulischen Alltag in Frage gestellt, was abschließend the-matisiert wird.

Argumente zur Ablehnung von Standards
Zentralen Standards stehen vor allem jene skeptisch gegenüber, die sich schon lange in der Schulentwicklung engagieren (vgl. MEIER 2000). Sie wollen Reformen vor Ort entwickelt wissen und greifen daher Erkenntnisse aus der Organisationsentwicklung auf: Nicht national einheitliche Standards würden dann weiterhelfen, sondern im gemeinsamen Prozess von Lehrpersonen, Schülerinnen und Schülern, Eltern und

Verantwortlichen vor Ort entwickelte Konzepte, die auf das Profil und die Stärken der spezifischen Institution abgestimmt sind und die dann von den Mitgliedern dieser Institution selbst ohne „Einmischung" von außen evaluiert werden könnten. Vertreterinnen und Vertreter dieser Position können auf zahlreiche Erfolge von Einzelschulen verweisen, die den Prozess der Schulentwicklung engagiert angegangen sind. Allerdings stellt sich die Frage, ob nicht gerade eine starke dezentrale Organisation des Schulwesens mit hoher Autonomie der Einzelschulen ein Mindestmaß an zentraler Sicherung von Qualität erfordert – wie auch immer diese aussieht. Es muss sich vermutlich nicht um Tests handeln (siehe hierzu auch den nächsten Abschnitt „Diskussionen um die normative Ausrichtung von Standards").

Mit der Betonung lokaler Profile und Kontrolle treffen Kritikerinnen und Kritiker aus der Perspektive der Schulentwicklung eine zentrale Forderung von Kritikerinnen und Kritikern neo-liberaler Tendenzen in der Schulpolitik. Diese richten ihre Kritik gegen globale Tendenzen der Privatisierung und Deregulierung, die mit der Einführung von Standards nun auch den Bildungsbereich erreichen würden (vgl. GEW-HAUPTVORSTAND 2003). Ihr zentrales Argument ist, dass der Bildungsbereich eine öffentliche Angelegenheit und nicht mit einem Markt vergleichbar sei, sodass dessen Mechanismen auch nicht greifen könnten beziehungsweise sollten. Bildungsstandards – so die Befürchtung – machen aber den Weg frei, dass sich verstärkt auch private Anbieter engagieren können, wenn sie nur nachweisen können, dass die Schülerinnen und Schüler in ihren Schulen die Standards genauso gut beziehungsweise gegebenenfalls sogar besser erreichen wie in öffentlichen Schulen. Unter welchen Arbeitsbedingungen von Lehrpersonen dies geschieht und was außerhalb der getesteten Bereiche den Schülerinnen und Schülern geboten wird, sei dann nachrangig. Genau dort bestehe aber ebenfalls eine Verantwortung, und zwar sowohl Lehrpersonen als Arbeitnehmerinnen und Arbeitnehmer sowie Kindern und Jugendlichen gegenüber. Dass diese Befürchtungen nicht grundlos sind, zeigt die Entwicklung in den USA. Dort sind in den letzten Jahren einige Hundert so genannte *charter schools* mit dem Ziel gegründet worden, mit der Ausbildung von Kindern und Jugendlichen Geld zu verdienen. Damit dies möglich ist, müssen aber niedrig bezahlte und daher oftmals formal nicht hinreichend qualifizierte Personen als Lehrkräfte eingestellt werden. Der ganze Schulalltag wird unter Effizienzgesichtspunkten betrachtet, sodass jede „unnötige" Ausgabe gestrichen wird: Sport- und Kulturangebote, Elternarbeit und Exkursionen in die Nachbarschaft, sozialpädagogische Betreuung und so weiter. Aus einem umfassenden Allgemeinbildungsanspruch an die Schule wird so eine kurzsichtige Reduzierung auf die Vermittlung kognitiver Fähigkeiten in wenigen Kernfächern. Verschärft wird diese Problematik dadurch, dass selbst das Versagen einer Schule in diesen Kernbereichen erst spät bemerkt werden kann – nach einigen Jahren bei einer Überprüfung, ob die Standards erreicht wurden oder nicht. Für die betroffenen Kinder und Jugendlichen wäre das aber zu spät, sie hätten wertvolle Bildungsjahre verloren. Aus pädagogischer Sicht ist das nicht zu verantworten. Es stellt sich allerdings die Frage, ob dies eine zwangsläufige Folge von Standards sein muss – zumindest für Deutschland kann dies bezweifelt werden, da die Marktorientierung im Bildungsbereich hier generell deutlich geringer ist als in den USA. Zudem sind keinerlei Tendenzen zu erkennen, das Bildungswesen vollständig zu deregulieren, das heißt auch auf Vorgaben hinsichtlich der formalen Qualifikationen und Bezahlung von Lehrpersonen sowie Kerncurricula zu verzichten.

Kritik an Standards

In einer pluralen Demokratie gibt es notgedrungen unterschiedliche Vorstellungen zu den Kompetenzen, die Schülerinnen und Schüler erwerben sollen. Das PISA und TIMSS zugrunde liegende funktionale – das heißt auf konkretes Handeln in spezifischen Situationen ausgerichtete – Bildungsverständnis, das auch die von der KMK verabschiedeten Bildungsstandards prägt, stammt aus dem angelsächsischen Raum und wird in Deutschland nur von einem kleinen, eher psychologisch orientierten Teil der Erziehungswissenschaft und der Fachdidaktiken vertreten. Andere, stärker fachsystematisch, bildungstheoretisch oder unterrichtsmethodisch orientierte Positionen finden sich dagegen in der bundesdeutschen Pädagogik sehr viel häufiger. Ihre Vertreterinnen und Vertreter kritisieren heftig, dass das funktionale Kompetenzverständnis nach Bekanntgabe der PISA-Ergebnisse innerhalb kürzester Zeit *de facto* als neue Norm für das Ziel von Unterricht gesetzt wurde, ohne dass darüber eine umfassende gesellschaftliche Diskussion geführt wurde – unter Beteiligung aller gesellschaftlich relevanten Gruppen wie zum Beispiel der Lehrer-, Eltern- und Schülerverbände. Dieses Problem kann unseres Erachtens tatsächlich festgestellt werden.

Darüber hinaus weisen diese Kritikerinnen und Kritiker auf die Enge des funktionalen Konzeptes hin, das Bildungselemente, die aus ihrer Sicht jeweils wichtiger sind, gänzlich unberücksichtigt lässt. Stärker fachsystematisch orientierte Pädagoginnen und Pädagogen richten sich bei der Bestimmung von unterrichtlichen Inhalten beispielsweise in erster Linie an den Strukturen der akademischen Disziplin aus, was zwar zu deren tieferer Durchdringung führt, aber gegebenenfalls nicht unmittelbar handlungsrelevant wird. Diese Position trifft sich mit einem Teil der bildungstheoretisch orientierten Pädagoginnen und Pädagogen, die im Sinne „grundlegender Bildung" die Auseinandersetzung mit kulturell bedeutsamen „Bildungsgütern" (FLITNER 1957) betonen (Stichwort: Kanon). Insofern wird auch kritisch hinterfragt, ob Normen für die Schule – und diese manifestieren sich in Standards – tatsächlich aus einer Beschreibung des Vorhandenen abgeleitet werden könnten. Notwendig sei eher eine Analyse des Bildungsauftrags der Schule, aus dem dann wünschenswerte Ziele abgeleitet werden könnten. Andere bildungstheoretisch orientierte Pädagoginnen und Pädagogen stellen im Sinne KLAFKIs einen komplexen Bildungsbegriff in den Vordergrund, der *vor* einer Diskussion über Unterrichtsinhalte die Frage nach der personalen Entwicklung von Kindern und Jugendlichen im Hinblick auf die Unterstützung von Autonomie, Mitbestimmung und Mündigkeit anhand „epochaltypischer Schlüsselprobleme" stellt. Vor diesem Hintergrund betonen sie neben kognitiven Aspekten, die die Standardentwicklung in Deutschland bisher dominieren (womit im Übrigen die ursprünglich vorgesehenen affektiv-motivationalen Aspekte vernachlässigt werden), Kreativität, Individualisierung, Emotionalität, Authentizität und Werteorientierung als prozessorientierte Qualitäten von Unterricht. Entsprechend heben stärker unterrichtsmethodisch orientierte Didaktiker die Bedeutsamkeit abwechslungsreicher Sozialformen, vielfältiger Formen der Leistungsüberprüfung und verschiedener Medien hervor.

Die funktionale, ausschließlich an der Bewältigung von Aufgaben orientierte Konzeption der deutschen Bildungsstandards wird vor diesem Hintergrund von allen Kritikerinnen und Kritikern mit den Vorwürfen der Entpädagogisierung und des Reduktionismus konfrontiert (vgl. z.B. BENNER 2002, LADENTHIN 2003, SACHER 2003, SPINNER 2003). Mit entsprechenden Tests würde nur ein reduziertes Bildungsverständnis geprüft, da sowohl die Prozessperspektive als auch komplexere Ziele von Schule unberücksichtigt blieben.

Auch diese Kritik ist mindestens zum Teil berechtigt, da manche Elemente der Persönlichkeitsentwicklung nicht in großen Studien testbar sind. Auf diesen Aspekt haben die Befürworterinnen und Befürworter von Bildungsstandards im Übrigen immer wieder selbst hingewiesen (vgl. KLIEME u.a. 2003): Die Ansprüche von Schule gingen weit über das hinaus, was mit Standards erfasst wird – aber, und dies ist ihr zentrales Argument, in Standards sei klar und deutlich festgelegt, was die Schule *mindestens* leisten müsse. Dahinter steht die plausible Annahme, dass ohne diese Mindestleistungen auch die komplexen Ziele der Kritikerinnen und Kritiker nicht erreicht werden können.

Kritik an der von der KMK realisierten Form von Standards

Selbst wenn man Standards weder gänzlich noch in ihren grundlegenden Prinzipien ablehnt, bleibt Kritik an der Form, wie sie die KMK realisiert hat. Diese Kritik bezieht sich auf die Fachorientierung der Standards, auf ihren Detaillierungsgrad und den Verzicht auf unterstützende Förderung ihrer Etablierung.

Die Fachlichkeit der Standards wird mit der tradierten Unterrichtsstruktur gerechtfertigt. Hier stellt sich die Frage, ob nicht eine zukunftsorientierte Formulierung von Standards genauso gerechtfertigt wäre. Statt von fachlichen Tradierungen auszugehen, sind lebenswelt- oder persönlichkeitsbezogene Standards denkbar, die über Fächergrenzen hinausgehen. Entsprechende Vorarbeiten liegen mittlerweile aus der Schweiz vor (GROB/ MAAG MERKI 2001). Diese umfassen personale Konstrukte wie beispielsweise Selbstwirksamkeitserwartung, interpersonale Konstrukte wie zum Beispiel Kooperationsfähigkeit und gesellschaftsbezogene Konstrukte wie etwa Bereitschaft zur gesellschaftlichen Verantwortungsübernahme. Schulen würden dann von der Seite der gewünschten Ergebnisse her zu Veränderungen gezwungen. Erwähnt sind in diesem Zusammenhang auch „Schlüsselqualifikationen" wie problemlösendes Denken und Kooperation. Welche schulischen Aufgaben darüber hinaus betroffen sind, macht das Beispiel der sozial-moralischen Entwicklung von Kinder und Jugendlichen deutlich.

Oben ist bereits angesprochen worden, dass für das Fach Deutsch mehr als 100 Standards entwickelt wurden. Diese umfangreiche Liste, die stark der detaillierten Lernzielformulierung in älteren Richtlinien ähnelt, ist in der Praxis angesichts ihres Umfangs kaum zu handhaben, sodass sie Lehrerinnen und Lehrern keineswegs die gewünschte Orientierung bietet. Hinzu kommt, dass die exemplifizierenden Aufgaben die in den Standards formulierten Ansprüche konterkarieren. Danach soll der Deutschunterricht integrativ angelegt sein, indem nicht isolierte Textsorten eingeübt, sondern diese anhand lebensweltlicher Situationen eingeführt würden. Die Aufgaben gehen dagegen isoliert vor. „Pointiert gesagt forciert sie (die Kultusministerkonferenz; d. Verf.)

genau den systematischen und lernzielisolierten Unterricht, der vermutlich mitverantwortlich für die Misere unseres Bildungssystems ist" (PETERS 2004, S. 16).

Unter Professionalisierungsgesichtspunkten wird von Gegnerinnen und Gegner nationaler Bildungsstandards harsch darauf hingewiesen: „Eine Sau wird nicht dadurch fett, dass man sie wiegt." Die Kritikerinnen und Kritiker berufen sich auf die lange Testtradition in den USA, die weder zu einer flächendeckenden Steigerung des Leistungsniveaus noch zu mehr sozialer Chancengleichheit geführt habe (vgl. z.B. BRÜGELMANN 2003). Sie fordern, sich mehr darauf zu konzentrieren, wie die Qualifikationen der Lehrpersonen gesteigert und ihre schulischen Arbeitsbedingungen verbessert werden können. In der bereits mehrfach angesprochenen BMBF- und KMK-Expertise ist dieses Anliegen aufgenommen, indem eine breite Fortbildungsoffensive gefordert wird, die es Lehrerinnen und Lehrern möglich machen soll, Änderungen in ihrem Unterricht vorzunehmen (vgl. BUHLMANN/ WOLFF/ KLIEME 2003, S. 90 ff.). Inwieweit die Länder diese Forderung allerdings tatsächlich umsetzen werden, ist derzeit noch offen. Dass die knappen Finanzmittel möglicherweise eher dagegen sprechen, zeigt ein Beschluss des Landes Berlin, wonach zwar alle Kinder im Kindergarten-Alter auf ihre Deutschkenntnisse hin geprüft werden, aber weder zusätzliches Personal noch Fortbildungsmittel bereit gestellt werden, um Erzieherinnen und Erzieher auf ihre neue Aufgabe der Sprachförderung vorzubereiten. Die Senatsverwaltung appelliert (!) lediglich an die Schulen (!), freiwillig in der Fortbildung aktiv zu werden (vgl. MILLER 2004).

Empirische Erkenntnisse zu Standards

Viele der im Vorhergehenden dargelegten Befürchtungen der Kritikerinnen und Kritikern von Standards sind aus einer anderen „Bildungs*philosophie*" abgeleitet, ohne dass sie – darin den mit Standards verbundenen Chancen vergleichbar – bis jetzt empirisch belegt werden können. Anders ist dies im Fall der Verknüpfung von Standards mit folgenreichen Tests, wenn von ihrem Ergebnis beispielsweise Finanzmittel oder Schulabschlüsse abhängig gemacht werden. Die Erfahrungen in den USA zeigen, dass dann die intendierten Ziele der Leistungssteigerung offensichtlich nicht erreicht werden können. Zum Teil wirken sich die Tests sogar dahingehend aus, dass die sozialen Unterschiede in den Leistungen der Schülerinnen und Schüler verschärft werden (vgl. Kapitel 4.2.4). Gleichzeitig sind zahlreiche unerwünschte Nebenwirkungen des folgenreichen Testens (*high-stakes testing*) festzustellen: Im texanischen Schulbezirk Houston, der eine der Regionen mit der geringsten Zahl an Schulabschlüssen, besonders schwachen TIMSS-Ergebnissen und besonders großen ethnischen sowie sozialen Diskrepanzen war, wurden die folgenreichen Tests im Jahr 2000 eingeführt – mit dem geradezu sensationellen Ergebnis, dass die Schulabbruchrate fast gegen Null sank. Drei Jahre später stellte sich anlässlich einer Überprüfung dieser Ergebnisse an 16 ausgewählten *middle* und *high schools* allerdings heraus, dass im Schuljahr 2000/01 mehr als die Hälfte der 5.500 Jugendlichen, die diese Schule verlassen hatten, als Abbrecherinnen und Abbrecher hätten gemeldet werden müssen. Die Schulleiterinnen und -leiter hatten schlicht falsch gemeldet, dass die entsprechenden Schülerinnen und Schüler an andere Schulen gewechselt seien und so weiter (vgl. SCHEMO 2003a, b).

Eine weitere unerwünschte Nebenwirkung sind hohe und jährlich stark schwanken-de Durchfallquoten. Für die Konstruktion der Tests wird zwar ein hoher Aufwand betrieben: mehrere Begutachtungsdurchgänge unter unterschiedlichen Perspektiven, beispielsweise methodische Korrektheit, Verständlichkeit, inhaltliche Angemessenheit, sowie ein anschließender Feldtest. Dennoch gelingt es offensichtlich nicht, regelmä-ßig Tests zu entwickeln, die einer großen Mehrheit der Schülerinnen und Schüler das Bestehen auf der Basis ihres Unterrichts ermöglicht. Unmittelbar mit den hohen Durchfallquoten verbunden ist eine andere unerwünschte Nebenwirkung: die Verla-gerung unterrichtlicher Schwerpunktsetzungen. So sind im Staat New York die in den lokalen Standards festgesetzten Ziele bestimmter Ausbildungsabschnitte in Eng-lisch und Mathematik hoch gesetzt worden, um mehr Schülerinnen und Schülern das Bestehen der zentralen *high stakes*-Tests zu ermöglichen. Die neuen Standards lassen sich in der Regel nur durch zusätzlichen Unterricht oder durch Streichung anderer Kurse erreichen. Und genau dies geschieht derzeit (vgl. HERSZENHORN 2003). Davon betroffen sind vor allem die achten Klassen, an deren Ende die Tests in Eng-lisch und Mathematik stehen.

AMREIN und BERLINER (2002b, 35 ff.) berichten darüber hinaus von sprunghaft ange-stiegenen Wiederholungsraten in der Klasse 9 und von ebenso sprunghaft angestie-genen Prozentsätzen an *special needs* und *limited english proficient* Schülerinnen und Schülern, die von der Testung ausgenommen werden können. Geringere beziehungs-weise höhere Testergebnisse erklären sich also durch höhere beziehungsweise geringe-re Teilnehmerraten (*illusion from exclusion*). Im Hinblick auf die Unterrichtsinhalte scheinen sich zudem Lehren und Lernen in Schulen mit unterdurchschnittlichen Testergebnissen zu einem *teaching to the test* zu verschieben. So werden die Tests gleich-zeitig immer weniger valide im Hinblick auf ihr ursprüngliches Anliegen (das heißt, ein Indikator dafür zu sein, ob im Unterricht die gewünschten Standards erreicht werden). Kein Einzelfall scheinen auch unzulässige Hilfen zu sein. AMREIN und BER-LINER (ebd., S. 46) folgern: „As stakes attached to tests become more severe, the likelihood that school personnel will cheat on tests increases."

Ausblick

Inwieweit eher die Chancen oder eher die Probleme nationaler Bildungsstandards und ihrer Überprüfung durch Tests zum Zuge kommen, wird wohl stark von der konkreten Realisierung abhängen, die derzeit (Juli 2006) noch nicht abzusehen ist. Entscheidend wird unter anderem die Frage sein, zu welchem *Zeitpunkt* eine Über-prüfung stattfinden wird, inwieweit die Standards von den Schülerinnen und Schü-lern erreicht werden: eher am Ende eines Ausbildungsabschnittes oder in dessen Mit-te. Die Überprüfung am Ende birgt die Gefahr, dass sie zu einem versteckten Selektions-instrument auf individueller Ebene wird. Zudem käme die Rückmeldung für Schu-len sowie Schülerinnen und Schüler zu spät, sodass keine Korrektur der Lehr-Lern-wege mehr stattfinden könnte. In der Mitte eines Ausbildungsabschnittes könnten dagegen noch spezielle Förderungen vorgenommen werden, sodass die Orientierungs-funktion stärker betont würde. Dass die Standards auf den Abschluss der Primarstufe und der Sekundarstufe I bezogen entwickelt wurden, lässt allerdings befürchten, dass auch ihre Überprüfung zu diesem Zeitpunkt stattfinden soll.

Eine zweite wichtige Grundentscheidung wird sein, ob Standards als Hilfe beziehungsweise Orientierungs- oder als Kontrollinstrument angesehen werden. Die deutsche Schulgeschichte war lange Zeit durch wenig Vertrauen in die Tätigkeit der einzelnen Schulen und Lehrpersonen geprägt, was sich unter anderem in detaillierten zentral-staatlichen Richtlinien ausdrückte. Gerade als die Länder davon abzurücken begannen, wurden die Ergebnisse der internationalen Leistungsvergleiche veröffentlicht, die die Bemühungen um mehr Dezentralität und Eigenverantwortung der Einzelschule in den Hintergrund rücken ließen. Während international (siehe Finnland und Niederlande) auf staatlicher Ebene häufig nur knappe Ziele vorgegeben werden, die dann in lokale beziehungsweise sogar individuelle Lehrpläne umgesetzt werden, droht derzeit in Deutschland das bildungspolitische Misstrauen alle Reformansätze zu konterkarieren. Die Implementierung von Richtlinien *und* Kerncurricula *und* Standards führen die Gefahr einer noch viel größeren Übersteuerung des Schulsystems mit sich als es früher der Fall war.

Eine dritte wichtige Grundentscheidung betrifft die Frage, inwieweit die vorhandenen Regelstandards doch noch um Mindeststandards ergänzt werden. Aus pädagogischer Sicht wäre dies wünschenswert. Dass von der KMK zunächst Regelstandards eingeführt wurden, sodass nicht klar wird, was von allen Schülerinnen und Schülern jeweils mindestens erwartet werden kann, entspricht der traditionellen Bildungsphilosophie in Deutschland, dass statt individueller Förderung eine klassenmäßige Orientierung am mittleren Niveau stattfindet und Leistungen in etwa glockenförmig verteilt auftreten. Will man diese aufs Ganze gesehen leistungshemmende Position verändern, wird es unabdingbar sein, auch Mindest- und gegebenenfalls auch Maximalanforderungen festzulegen.

7.3 Zusammenfassung und Anwendung

Um Standards formulieren zu können, die auf einer gesicherten wissenschaftlichen Basis beruhen, muss in einem ersten Schritt systematisch geklärt werden, in welche Dimensionen und Stufen sich zugrunde liegende Kompetenzen unterteilen lassen. Bereits in der Auswahl eines bestimmten Kompetenzmodells – sei es handlungs-, inhalts- oder prozessbezogen formuliert – spiegeln sich normative Aspekte von Bildung und Erziehung. Bildungsstandards konkretisieren Kompetenzmodelle vor dem Hintergrund allgemeiner Bildungsziele von Schule. Sie legen eine Norm fest, die von allen Schülerinnen und Schüler einer Jahrgangsstufe (mindestens, in der Regel oder maximal) erreicht werden soll. In Deutschland hat sich die Kultusministerkonferenz entschieden, handlungsbezogene Regelstandards einzuführen. Mit Hilfe von Aufgaben, die gegebenenfalls auch zu Tests verdichtet werden können, lässt sich überprüfen, ob die Standards erreicht wurden.

Zentrale Chancen von Standards sind eine bessere Vergleichbarkeit von Institutionen innerhalb des Bildungssystems, eine Orientierung der Lehrpersonen und damit gegebenenfalls eine höhere Chancengleichheit für Schülerinnen und Schüler sowie –

in Verbindung mit einer größeren Autonomie der Einzelschule – Kontrollmöglichkeiten, ob avisierte Wirkungen auch tatsächlich erreicht werden. Insgesamt würden Bildungsstandards damit der Sicherung von Qualität in der Schule dienen. Verbunden mit weiteren Maßnahmen der Lehreraus- und -fortbildung ergäben sich auch Ansätze zur Qualitätsentwicklung. Da mit Standards aber auch zahlreiche Probleme und Gefahren verbunden sind – insbesondere die Reduktion schulischer Aufgaben auf messbare Indikatoren, eine Ökonomisierung von Bildung und der Verlust an demokratischer Kontrolle des Bildungswesens –, ist ihre Einführung umstritten. Die Kritikerinnen und Kritiker verweisen dabei insbesondere auf die jahrzehntelange Erfahrung mit standardbasierten Tests in den USA, die weder durchgängig zu einer höheren Leistungsfähigkeit des Schulsystems noch zu einer größeren Chancengleichheit geführt haben.

Blicken Sie vor dem Hintergrund der obigen Darlegungen noch einmal auf die von Ihnen eingangs entworfenen Bildungsstandards. An welchem Modell haben Sie sich intuitiv orientiert? Bitte überarbeiten Sie Ihre Lösung im Hinblick auf die Herausforderungen, die sich im Zusammenhang von Bildungsstandards stellen. Entwerfen Sie auch eine Aufgabe, mit der man das Erreichen Ihrer Standards überprüfen könnte. Welche Änderungen erwarten Sie konkret für das Handeln von Lehrpersonen im Unterricht, wenn sie sich nicht mehr nur an Lehrplänen, sondern auch an Bildungsstandards orientieren? Diskutieren Sie Ihre Ergebnisse nach Möglichkeit in einer Lerngruppe.

1 Mindestens in Bezug auf die internationalen Leistungsvergleiche (PISA etc.) ist allerdings festzuhalten, dass die Aufgabenschwierigkeit empirisch bestimmt wird. Das heißt, dass diejenigen Aufgaben als schwieriger eingestuft und damit einer höheren Niveaustufe zugeordnet werden, die von weniger Schülern bewältigt werden (soziale Bezugsnorm). Dieses Vorgehen kann zu einem theoretisch sauberen Kompetenzmodell führen, wenn alle Aufgaben so angeordnet werden können, dass sie jeweils immer nur von *der* Gruppe an Schülerinnen und Schülern gelöst werden, die auch alle einfacheren Aufgaben lösen, während umgekehrt Schülerinnen und Schüler, die diese einfachen Aufgaben nicht lösen können, *keine* einzige der schwierigeren Aufgaben lösen können. Diese Bedingung wurde allerdings bei den bisherigen Studien nicht eingehalten. Dort liegen jeweils (nur) Lösungswahrscheinlichkeiten zugrunde.
2 Im Original sind die beiden Teile aus den Darstellungen 7.2a und 7.2b nebeneinander angeordnet.

8| Lehrerausbildung und -fortbildung

8.1 Einleitende Hinweise und Fragestellungen

Einen zentralen Bereich, durch den schulische Qualität gesichert und weiterentwickelt werden kann, stellen die Lehrerausbildung und weitere Maßnahmen zur Unterstützung der professionellen Entwicklung von Lehrerinnen und Lehrern im Laufe ihres Berufslebens dar (Lehrerfortbildung). Rund 30 Prozent der Unterschiede in Schülerleistungen sind auf Unterschiede im Wissen, im Handeln und in den Einstellungen der sie unterrichtenden Lehrpersonen zurückzuführen (HATTIE 2003, S. 2). Ihre Bedeutung wird damit nur noch von den Voraussetzungen der Schülerinnen und Schüler selbst übertroffen. Nach WENGLINSKY (2002, S. 22) ist die Bedeutung der beiden Merkmalsgruppen sogar gleich hoch.

Stellen Sie sich vor, Sie seien Bildungsminister beziehungsweise Bildungsministerin in einem Bundesland, das eine grundlegende Reform der Lehreraus- und -fortbildung plant. Welche Ziele würden Sie verfolgen? Wie sollten Lehreraus- und -fortbildung organisiert sein? Denken Sie zum Beispiel an ihren zeitlichen Ablauf, an ihre örtliche Verankerung und an wichtige Bestandteile. Welche Inhalte und Methoden würden Sie als besonders bedeutsam ansehen? Zur ersten Bearbeitung der Aufgabe bietet es sich unter anderem an, die bisherigen Kapitel dieser Einführung zu rekapitulieren.

Für eine umfassende Bearbeitung am Ende des Kapitels ist es hilfreich, den folgenden Fragen nachzugehen:
– Wie entwickeln sich Lehrpersonen zu Unterrichtsexperten und welche kognitiven Strukturen liegen ihrem Handeln zugrunde?
– Welche empirischen Befunde liegen zur Lehrerausbildung vor?
– Wie lassen sich die von Lehrerinnen und Lehrern benötigten professionellen Kompetenzen für das Unterrichten vor diesem Hintergrund ausbilden?
– Welche Konsequenzen ergeben sich für die Lehrerausbildung in Bezug auf die Aufgaben der Lehrpersonen, die über das Unterrichten hinausgehen?

8.2 Grundlegende Informationen

Die Gestaltung der Lehrerbildung ist eine Frage, die in der Wissenschaft und – erst recht – in der Bildungspolitik umstritten ist. In die Diskussion über Ziele, Strukturen, Inhalte und Methoden fließen grundsätzliche gesellschaftliche Positionen ein. Dies wird beispielsweise sichtbar, wenn in einzelnen Bundesländern nach Schulstufen (Primarstufe, Sekundarstufe I, Sekundarstufe II) und nicht nach Schulformen (Hauptschule, Realschule, Gymnasium) ausgebildet wird. Bildungspolitisch ist die erste Position eher mit einer Befürwortung von Gesamtschule, die zweite eher mit einer Befürwortung der Dreigliedrigkeit des Schulsystems verbunden. Hinter diesen Positionen wiederum verbergen sich unterschiedliche Vorstellungen zur Reproduktion der Sozialstruktur der Gesellschaft (eher sozial ausgleichend versus eher sozial hierarchisierend). In der stark normativ bestimmten Diskussion über die Gestaltung der Lehrerbildung haben alle Beteiligten mit dem Problem umzugehen, dass empirische Erkenntnisse über die Wirksamkeit der unterschiedlichen Ausbildungsmodelle nur unzureichend vorliegen.

8.2.1 Entwicklung von Expertise im Arrangieren von Lernsituationen

Wir gehen davon aus, dass es das Ziel der Lehrerbildung ist, Lehrpersonen zu befähigen, ihre beruflichen Aufgaben auf einem hohen Qualitätsniveau und ein ganzes Berufsleben lang wahrnehmen zu können. Damit lehnen wir uns an die Definition von Expertise als „herausragende Leistung einer Person in einem bestimmten Gebiet" an (GRUBER 2001, S. 164). Im Fall der Expertise, Lernprozesse anregen und unterstützen zu können, äußert sich diese wie folgt: Ein Expertenlehrer ist zum einen in der Lage, mit Hilfe seines gespeicherten Wissens in jeder unterrichtlichen Situation unter dem hohen Handlungsdruck, den diese ausübt, aus der Vielzahl der Informationen im Klassenzimmer die relevanten auszuwählen und zu verarbeiten. Zum anderen kann dieser Experte schnell Entscheidungen zwischen den verschiedenen sich ergebenden Handlungsmöglichkeiten so treffen und Probleme so erkennen und lösen, dass er pädagogisch sensibel und gleichzeitig erfolgreich handelt (vgl. WEINERT 1996, S. 149).

Expertise im Arrangieren von Lernsituationen ist Ergebnis einer umfangreichen Ausbildung sowie langer und intensiver Erfahrung; sie ist keine angeborene Disposition. Auf der Basis der vorliegenden empirischen Befunde kann man davon ausgehen, dass der Entwicklungsprozess hin zum Expertentum sehr komplex ist, von situations- und personenspezifischen Faktoren abhängt und mindestens etwa zehn Jahre dauert. Grundsätzlich ist die Entwicklung von Expertise Ziel aller beruflichen Ausbildungen. In Bezug auf Lehrpersonen sind allerdings zwei Besonderheiten festzustellen, die an ihre berufliche Tätigkeit spezifische Anforderungen stellen und die Schwierigkeiten für die Lehrerbildung mit sich bringen (vgl. im Einzelnen BLÖMEKE 2002):

1. Ausgangspunkt des Handelns von Lehrerinnen und Lehrern sind so genannte „unstrukturierte Situationen". Das heißt, dass sich in der einzelnen Unterrichtssituation Faktoren mischen, die nur unter Rückgriff auf *unterschiedliche* Wissensge-

biete analysierbar sind. Am Beispiel des Englischunterrichts soll die Komplexität verdeutlicht werden. In die Wahrnehmung einer spezifischen unterrichtlichen Situation fließen die fachlichen Zusammenhänge des gerade behandelten Unterrichtsthemas ein (zum Beispiel aus der Sprachwissenschaft), ebenso fachdidaktische Erkenntnisse zu Chancen und Probleme des Spracherwerbs durch Schülerinnen und Schüler (beispielsweise das Problem der Interaktion von grammatikalischem Vorwissen aus bereits erlernten Sprachen und der in dieser Unterrichtsstunde zu erwerbenden grammatikalischen Form der neuen Sprache). Darüber hinaus ist psychologisches Wissen zum Lernprozess notwendig (zum Beispiel für die Diagnose der individuellen Stärken und Schwächen), der in dieser Stunde durchlaufen werden soll, sowie erziehungswissenschaftliches Wissen zu den Handlungsmöglichkeiten der Lehrperson (zum Beispiel Einsatz neuer Medien). Zu einer reflexiven Wahrnehmung der Unterrichtsaufgaben gehören schließlich der Soziologie zuzuordnende Informationen zur spezifischen Schülergruppe und zu den institutionellen Rahmenbedingungen der Schule und der Nachbarschaft (beispielsweise Anteil der mehrsprachig aufwachsenden Kinder). Die hier deutlich werdende Problematik der Unstrukturiertheit unterrichtlicher Situationen wird dadurch verschärft, dass sie in jeder Situation wieder neu gilt und nicht vorab bestimmbar ist. Im Unterschied beispielsweise zum Brückenbau als beruflicher Aufgabe von Ingenieuren gibt es für Lehrerinnen und Lehrer „kein objektiv definierbares Set von Tatsachen und Faktoren [...], das die Problemstellung, die zulässigen Handlungen und das Ziel der Aktivität vollständig bestimmt" (NEUWEG 1999, S. 297). Welche Kompetenzen sollen dann aber in der Ausbildung erworben werden?

2. Darüber hinaus sind die unterrichtlichen Momente abhängig von der Interpretation der Handelnden, die schrittweise auf beiden Seiten (auf Lehrer- und Schülerseite) erfolgen muss. Eine Unterrichtssituation erschließt sich nicht von selbst, da in ihr nicht gleich die Erklärung mitgeliefert ist, was gerade das Problem ist, sondern dies muss rekonstruiert und interpretiert werden. Die Lehrperson tut dies und jede einzelne Schülerin beziehungsweise jeder einzelne Schüler ebenso – alle vor dem Hintergrund ihres jeweiligen Vorwissens, ihrer jeweiligen Einstellungen und Emotionen. Insofern ist es keineswegs sicher, dass alle Beteiligten dieselbe Auffassung von einer Situation haben. Ein Beispiel: Eine Lehrperson fordert die Schülerinnen und Schüler auf, das Tafelbild abzuzeichnen. Ein Schüler reagiert nicht, was sowohl die Lehrperson als auch die Mitschülerinnen und Mitschüler registrieren. Je nach Vorwissen und Erfahrung mit diesem Schüler oder emotionaler Verfassung kann nun rekonstruiert werden, dass der Schüler inhaltliche Probleme mit dem Tafelbild hat oder dass er es nicht sehen kann. Möglich ist aber auch, dass er kein Papier oder kein Zeichenmaterial hat. Schließlich kann es sich schlicht um Verweigerung handeln. Die Lehrperson hat auf der Basis ihrer Rekonstruktion nicht nur zu entscheiden, ob sie eingreifen will. Sie entscheidet sich intuitiv auch für eine der Interpretationsmöglichkeiten und fragt gegebenenfalls dementsprechend. Der Schüler wiederum hat mit dieser Frage umzugehen, ohne dass er die Interpretation der Lehrperson kennt. Zur Einschätzung der Schwierigkeit von Lehrer-Schüler-Interaktionen sei noch gesagt, dass die Situation nicht

„eingefroren" ist, sondern dass die unterrichtliche Interaktion weiterläuft, und zwar in hohem Tempo. Zu jedem neuen Interaktionsschritt findet dann wieder eine Interpretation durch alle Beteiligten statt – wieder vor dem Hintergrund der eigenen kognitiven und affektiven Strukturen. Wie kann man mit dieser Herausforderung in der Lehrerbildung umgehen?

Angesichts dieser Komplexität beruflicher Anforderungen an Lehrpersonen muss zunächst einmal festgehalten werden, dass Lehramtsstudierende weder nach der ersten noch nach der zweiten Phase der Lehrerbildung als fertig ausgebildete Lehrpersonen angesehen werden können. Sie erreichen ein bestimmtes Entwicklungsniveau, das näher beschrieben werden kann (siehe Darstellung 8.1), das aber im Laufe des Berufslebens stetig weiterentwickelt werden muss, bevor von Expertise gesprochen werden kann. In der Erstausbildung werden also quasi nur die Grundlagen erworben, die eine solche Entwicklung erst ermöglichen.

Die Expertiseforschung hat Stufenmodelle entworfen, mit denen die Entwicklung des Lehrerhandelns beschrieben werden kann. Ermittelt werden konnte dies, indem Personen in unterschiedlichen Stadien ihrer berufsbiographischen Entwicklung systematisch beobachtet und unter Hinzuziehung von Videoaufnahmen zu ganz bestimmten Handlungsaspekten befragt wurden: warum sie beispielsweise beim Thema Bruchrechnen einen Schülerfehler gerade so und nicht anders behandelt oder warum sie auf eine Störung in einer bestimmten Weise reagiert haben. Anschließend wurden die Personen je nachdem, wie sie eine unterrichtliche Situation wahrnahmen, über welche Handlungsmöglichkeiten sie verfügten und welche Struktur die zugrunde liegenden Kognitionen besaßen, eingestuft. Die Entwicklung vom Novizen zum Experten lässt sich wie folgt darstellen (qualitative Sprünge sind hervorgehoben; in Anlehnung an NEUWEG 1999, S. 313):

Darstellung 8.1: Entwicklung vom Novizen zum Experten	Novize	Fortge-schrittener	Kompetenz-stadium	Könner	Experte
Wahrnehmung der Gesamt-situation	analytisch	analytisch	analytisch	*holistisch*	holistisch
berücksichtigte Elemente der Einschätzung	kontextfrei	kontextfrei und *situational*	kontextfrei und situational	kontextfrei und situational	kontextfrei und situational
Sinn für das Wesentliche	nein	nein	*erarbeitet*	*unmittelbar*	unmittelbar
Bestimmung des Verhaltens	durch Regeln	durch Regeln und Richtlinien	durch exten-sive *Planung*	durch begrenz-te Planung	*intuitiv*

Zu Beginn der Lehrerbildung sind die Studierenden in aller Regel Novizen, das heißt, sie haben noch kein systematisches Wissen in Bezug auf das Arrangieren von spezifischen Lernsituationen erworben und sie verfügen auch noch nicht über systematische Handlungserfahrungen in der Rolle von Lehrpersonen. Im Laufe des Lehramtsstudiums kann durch den Erwerb von situationsbezogenem Wissen und darauf bezogenen generellen Konzepten sowie vereinzelten Erfahrungen mit Handeln als Lehrpersonen das Stadium von Fortgeschrittenen durchlaufen werden. In der zweiten Phase der Lehrerbildung wird auf der nun vorhandenen breiten Wissensbasis der Fokus auf systematische Erfahrungen mit dem Handeln als Lehrperson gelegt. Ziel ist, eine Handlungskompetenz auszubilden, in der generalisiertes Wissen und situationsbezogenes Handeln zusammengeführt werden können. Beim Berufseinstieg befindet sich die Lehrperson damit im Übergang vom Kompetenzstadium zum Stadium eines Könners. Nun geht es darum, durch Routinisierung die erworbenen Handlungskompetenzen so zu erweitern, dass unterrichtliche Situationen als Ganzes wahrgenommen werden können – und nicht nur einzelne Schülerinnen und Schüler mit ihrem Verhalten –, dass auch ohne tiefere Analyse sofort klar ist, was in einer Situation wesentlich ist, was Berücksichtigung finden muss und was nicht, und dass zur Vorbereitung nicht mehr jedes Detail einer Unterrichtsstunde geplant werden muss.

Videoaufzeichnungen von Unterricht zeigen, dass das Handeln von Lehrerinnen und Lehrern deutschlandweit relativ ähnlich ist. Das ist auf das Vorhandensein entsprechend ähnlicher kognitiver Strukturen zurückzuführen. Dabei lassen sich zwei Formen als besonders bedeutsam für das Handeln im Unterricht identifizieren (vgl. BLÖMEKE/ EICHLER/ MÜLLER 2003): mentale Repräsentationen zum *Ablauf* des Unterrichts – so genannte Skripts – und explizites Lehrerwissen, das fachliches Wissen, curriculares Wissen, die „Philosophie" des Unterrichtsfaches, pädagogisches Wissen und fachspezifisch-pädagogisches Wissen umfasst (vgl. SHULMAN 1987, BROMME 1992, 1997).

Aufgabe der Lehrerbildung ist es, das vorhandene professionelle Wissen und die Skripts der Studierenden weiterzuentwickeln. Dafür ist es zum einen notwendig, diese bewusst zu machen, zu reflektieren und mit objektiven Erkenntnissen (im Sinne von „Theoriewissen") zu konfrontieren. Zum anderen geht es darum, die Ausbildung neuer Handlungsweisen zu unterstützen (im Sinne von „Praxiswissen"). Systematisch gesehen ist das Studium die Zeit, in der vor allem objektive Erkenntnisse erworben werden, während in der zweiten Phase neue Handlungsweisen ausgebildet werden. Durch die Art des Erwerbs von Theoriewissen (zum Beispiel ausschließlich frontal in Form der traditionellen Vorlesung oder durch Integration von neuen Lehr-Lernformen) hat die universitäre Lehre aber auch indirekt eine Wirkung auf die Skripts und durch die theoriegeleitete Planung neuer Handlungsweisen wird in der zweiten Phase auch das professionelle Wissen der zukünftigen Lehrerinnen und Lehrer weiterentwickelt, sodass eine scharfe Trennung zwischen Theorie und Praxis kaum möglich ist (vgl. im Einzelnen BLÖMEKE 2002, TULODZIECKI/ HERZIG/ BLÖMEKE 2004, S. 239 ff.).

Darstellung
8.2:
Heuristisches
Modell zur
Relation von
Kognitionen,
Handlungen
und
Situation

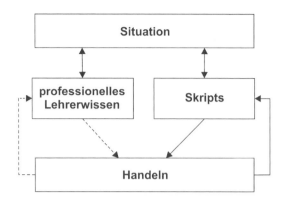

Im Anschluss an die Lehrerbildung besteht die Aufgabe, die beiden erworbenen Wissensformen zu verbinden. Das Verhältnis von Theorie und Praxis kann als Relationierung gesehen werden, durch die ein eigenständiger Wissensbereich entsteht, indem wissenschaftliche und praktische Betrachtungsweisen als solche erhalten bleiben, aber übereinander „geblendet" werden (vgl. BOMMES/ DEWE / RADTKE 1996). Eine Folge dieser Verschmelzung ist, dass die Bedeutung wissenschaftlichen Wissens für das pädagogische Handeln immer wieder unterschätzt wird.

Das genaue Zusammenspiel von Skripts und professionellem Lehrerwissen muss allerdings noch als weitgehend ungeklärt gelten. In den letzten 30 Jahren sind hierzu unterschiedliche Modelle entstanden. Überwiegend wird von einer gewissen Stabilität der beiden Elemente ausgegangen. Sie bestehen parallel und bedingen in Wechselwirkung mit der jeweiligen Situation das aktuelle Handeln (vgl. ANDERSON 1988, 1993). Empirische Untersuchungen (vgl. FISCHLER 2000, VOSNIADOU 1994) belegen eine handlungsleitende Wirkung von professionellem Wissen *und* Skripts, wobei je nach Handlungsdruck Verschiebungen in der Gewichtung festgestellt werden können. Das explizite Wissen wirkt vor allem im Zuge der Unterrichtsplanung. In der konkreten unterrichtlichen Situation handeln Lehrpersonen dann aber insbesondere in unübersichtlichen Situationen zum Teil anders als geplant. In diesem Moment werden stärker Skripts wirksam. Es kann daher das in Darstellung 8.2 dargestellte heuristische Modell zur Relation von Kognitionen und Handlungen formuliert werden. Verglichen mit dem allgemeinen Handlungsmodell, das wir in unserer „Einführung in die Didaktik" zugrunde legen (vgl. TULODZIECKI/ HERZIG/ BLÖMEKE 2004, S. 37), stellt diese Darstellung einen Ausschnitt dar, der zentrale Aspekte des Lehrerhandelns thematisiert (den bereichsspezifischen Wissens- und Erfahrungsstand sowie die unterrichtliche Situation) und in Beziehung setzt. Aus dem Vergleich wird auch deutlich, dass die Bedürfnisse der Lehrperson sowie ihr bereichsübergreifendes sozial-kognitives Niveau zunächst einmal unberücksichtigt bleiben, da zu deren Einfluss auf das Unterrichtshandeln kaum empirische Erkenntnisse vorliegen.

8.2.2 Empirische Befunde zu Wirkungen der Lehrerbildung

Im folgenden Überblick werden zunächst Probleme der Erfassung von „Wirksamkeit" der Lehrerbildung herausgearbeitet. Anschließend erfolgt eine Darlegung der vorliegenden empirischen Befunde (vgl. im Einzelnen BLÖMEKE 2004).

Empirische Forschung zur Wirksamkeit der Lehrerbildung steht vor der zentralen Herausforderung zu klären, welche *Faktoren* überhaupt als relevant angesehen werden, wenn es um die Evaluation von „Wirkungen" der Lehrerbildung geht. HERRMANN (2003, S. 625) macht die Komplexität deutlich: „Institutionen und Personen, Faktoren und Prozesse, Ziele, Erwartungen und Interessen, Realbedingungen und Beteiligungsvoraussetzungen bei Bildungsprozessen bilden fast unauflösbare Ursachen-, Bedingungs- und Wirkungszusammenhänge." Insofern ist die Variablenwahl umstritten und hängt unter anderem vom zugrunde liegenden Modell zum Zusammenhang von Lehrerbildung, Lehrerhandeln und Schülerleistungen ab. Für die Bundesrepublik Deutschland lässt sich ein generelles Defizit an lehrerbildungsbezogener empirischer Forschung feststellen. Zahlreichen Veröffentlichungen mit normativ-konzeptioneller Orientierung stehen nur punktuelle empirische Studien gegenüber, die zudem in der Regel lediglich auf Befragungen und Dokumentenanalysen beruhen (vgl. zum Überblick MERZYN 2002). LARCHER und OELKERS (2004, S. 129) gehen so weit zu sagen, „wenn es eine Krise in der Lehrerbildung gibt, dann ist es wesentlich eine Krise der fehlenden Daten".

Im Folgenden werden die wenigen Befunde dargelegt, die derzeit zur Wirksamkeit der Lehrerbildung vorliegen. Dabei wird zunächst darauf eingegangen, mit welchen Lernvoraussetzungen zukünftige Lehrerinnen und Lehrer ihre Ausbildung aufnehmen, bevor dargestellt wird, wie diese im Einzelnen wirkt.

Die Lernvoraussetzungen lassen sich hinsichtlich zweier Dimensionen unterscheiden: zum einen im Hinblick auf die Studienwahlmotive und zum anderen im Hinblick auf die Einstellungen und Überzeugungen von Studierenden sowie Referendarinnen und Referendaren (mangels konsistenter Begrifflichkeit in der Forschung im Folgenden mit dem in angelsächsischen Studien verbreiteten Begriff *beliefs* bezeichnet).

Zu den Studienwahlmotiven lassen sich im deutschsprachigen Raum zahlreiche Studien finden, die im Kern auf die beiden folgenden Aussagen reduziert werden können: Lehramtsstudierende nehmen ihr Studium in der eng berufsbezogenen Absicht auf, später als Lehrerin beziehungsweise Lehrer zu arbeiten (vgl. TERHART u.a. 1994, ULICH 2000), und sie haben dafür in erster Linie pädagogische beziehungsweise fachliche Motive (vgl. als Überblick SCHAEFFERS 2002, 67 f.). Es ist allerdings darauf hinzuweisen, dass die Ergebnisse aus Befragungen gewonnen wurden, die mit Lehramtsstudierenden oder Lehrpersonen gemacht wurden – also nachdem die Entscheidung schon lange gefallen war. Inwieweit dabei die wahren Motive eröffnet wurden, lässt sich nicht feststellen.

Im Hinblick auf die *beliefs* lassen sich folgende zentrale Ergebnisse der empirischen Forschung festhalten (vgl. KAGAN 1992, PAJARES 1992, BULLOUGH 1997, KANE/ SANDRETTO/ HEATH 2002): Lehramtsstudierende treten mit Vorstellungen über schul-

und unterrichtsrelevante Aspekte in die Ausbildung ein. Diese *beliefs* sind erfahrungsbasiert (LORTIE 1975: Schule als *apprenticeship of observation*). *Beliefs* sind weitgehend veränderungsresistent, sodass es im Laufe der Lehrerbildung eher selten zu grundlegenden Veränderungen kommt. Ihre Funktionsweise in der Ausbildung kann als Filter beschrieben werden. Es werden überwiegend nur solche Informationen aufgenommen, die sich in das vorhandene System an Überzeugungen einpassen lassen. In Bezug auf Veränderungsprozesse scheinen solche Lehrprozesse im Rahmen der Lehrerbildung Erfolg versprechend zu sein, die aktiv an die vorhandenen *beliefs* der Studierenden anknüpfen und diese so schrittweise verändern. In inhaltlicher Hinsicht ist als bedeutsames Ergebnis festzuhalten, dass die Lehramtsstudierenden sehr optimistisch sind, was ihre zukünftigen Fähigkeiten zu unterrichten angeht (vgl. KAGAN 1992, S. 140). Sie meinen zu wissen, wie Unterricht auszusehen hat: Eine Lehrperson überliefert Wissen frontal vor der Klasse an die Schülerinnen und Schüler, die dieses rezeptiv aufnehmen. Sie meinen zudem, nur noch ein bestimmtes Methodenrepertoire erlernen zu müssen, um starten zu können. Damit ist die Annahme verbunden, dass die Persönlichkeit einer Lehrkraft von höherer Bedeutung sei als ihre kognitiven Fähigkeiten oder ihr pädagogisches beziehungsweise fachliches Wissen (vgl. WIDEEN/ MAYER-SMITH/ MOON 1998, S. 142 f.).

Diese Erkenntnisse zu den Lernvoraussetzungen werden im Folgenden um Befunde zu den Wirkungen der Lehrerausbildung ergänzt. Eine Fokussierung erfolgt auf so genannte „*Programm*evaluationen", in denen die Lehrerbildung als Ganzes oder zumindest substanzielle Teile von ihr untersucht werden. Während sich entsprechende Studien in der Bundesrepublik Deutschland nicht finden lassen, stellt diese Art von Studien in den USA das Kernverständnis von „Evaluation der Lehrerausbildung" dar. Ihre zentralen Erkenntnisse können für die deutsche Diskussion wichtige Hinweise liefern, auch wenn sich die hiesige Situation aufgrund der historischen Entwicklung des Bildungssystems und der bildungspolitischen Strukturen sowie der individuellen Mentalität der Lehrpersonen unterscheidet.

Zunächst zur Frage, was sich generell in Bezug auf den Abschluss eines Lehramtsstudiengangs im Vergleich zu Notausbildungen beziehungsweise gänzlich fehlender Lehrerausbildung feststellen lässt (vgl. auch im Folgenden die umfassenden Reviews der ABELL FOUNDATION 2001a, b; DARLING-HAMMOND 2000 und WILSON/ FLODEN/ FERRINI-MUNDY 2001). Unter das Merkmal „Lehramtsstudiengang" fallen sowohl Studien in Erziehungswissenschaft als auch Studien in einer Fachwissenschaft, in der unterrichtet wird. Obwohl von diesem Merkmal vermutlich am ehesten Wirkungen auf Schülerleistungen beziehungsweise Lehrerhandeln erwartet werden könnten, sind die Ergebnisse der Studien aus den letzten 50 Jahren nicht durchgängig positiv. Auf der Ebene eines Bachelor-Abschlusses lässt sich zwar überwiegend folgern, dass Lehrpersonen mit einer abgeschlossenen Lehrerausbildung *höhere* Schülerleistungen beziehungsweise positivere Einschätzungen ihres Handelns erreichen als Lehrpersonen ohne Ausbildung beziehungsweise nur mit einer Notausbildung. Einer Minderheit an Studien lässt sich aber auch entnehmen, dass kein Unterschied in Bezug auf die Wirksamkeit dieser Personengruppen festgestellt werden kann. Die Art des Bachelors – ob in einer Fachwissenschaft oder in Erziehungswissenschaft – macht weder in die eine noch in die andere Richtung einen Unterschied.

Dieses widersprüchliche Ergebnis spiegelt sich auch auf der Ebene der Masterabschlüsse wider. Die Mehrzahl der Lehrpersonen hat einen solchen in Erziehungswissenschaft erworben. Den meisten Studien zufolge erreichen Lehrpersonen mit einem Master höhere Schülerleistungen und ihr Handeln wird besser beurteilt als das von Lehrpersonen, die nur einen Bachelor besitzen. Es liegen aber auch Studien vor, die einen solchen Unterschied nicht feststellen können.

In Bezug auf die Wirksamkeit einzelner Komponenten der Lehrerausbildung ist zunächst die Frage nach der fachwissenschaftlichen Ausbildung interessant. Diese wurde je nach Studie in Form von Tests des Lehrwissens, durch Zählungen belegter Fachkurse oder in Form von akademischen Abschlüssen erhoben. Auch hier konnte kein konsistent positiv-linearer Zusammenhang zwischen dem Umfang des Fachwissens und Schülerleistungen beziehungsweise Lehrerhandeln (nach dem Motto „je mehr – desto besser") gefunden werden. Zwar spricht erneut eine Mehrheit der Studien *für* die Wirksamkeit einer umfassenden fachwissenschaftlichen Ausbildung, gleichzeitig liegen allerdings auch Studien vor, die nicht-signifikante oder sogar negative Zusammenhänge festgestellt haben.

Um diese Befunde angemessen zu interpretieren, kann die Langzeitstudie von MONK und KING (1994) herangezogen werden. In dieser wird von einem „Deckeneffekt" ausgegangen: Um hohe Schülerleistungen zu erreichen, ist ein gewisses Maß an Fachwissen notwendig; über einer gewissen Schwelle ist aber kein zusätzlicher positiver Effekt mehr festzustellen. Diesem Interpretationsansatz wird auch in der mathematikspezifischen Lehrerausbildungsforschung gefolgt. In deren Studien wird der „Deckeneffekt" wie folgt erklärt: Die aus dem höheren fachwissenschaftlichen Niveau folgende Art der Strukturierung von Inhalten macht einerseits deren Aufbereitung für ein schulangemessenes Niveau schwieriger. Andererseits ist die Vertiefung fachwissenschaftlicher Inhalte in der Regel mit einer stärkeren Orientierung an konventionellen Lehrmethoden verbunden, was schülerorientiertem Lehren entgegensteht (vgl. BALL/ BASS 2000, BALL/ LUBIENSKI/ MEWBORN 2001). Diese beiden Mechanismen – die Aufbereitung von Inhalten für Schülerinnen und Schüler sowie ihre methodische Vermittlung – beeinflussen Schülerleistungen.

Die Frage nach der Wirksamkeit lässt sich auch in Bezug auf die fachdidaktische Ausbildung stellen. Den wenigen Studien hierzu lässt sich im Unterschied zu den bisher angesprochenen Merkmalen ein konsistent positiver Zusammenhang zu Schülerleistungen beziehungsweise Lehrerhandeln entnehmen. Die Bedeutung dieser Erkenntnis gleich wieder einschränkend ist jedoch darauf hinzuweisen, dass das Verständnis von „Fachdidaktik" in den USA vergleichsweise eng ist. Vor dem Hintergrund eines pragmatischen *literacy*-Konzepts werden vor allem fachspezifische Unterrichts*methoden* gelehrt. Lehrveranstaltungen zum Beitrag der Mathematik zur Allgemeinbildung von Schülerinnen und Schülern, zur Geschichte der Mathematik oder des Mathematikunterrichts und ähnliche Angebote gehören in der Regel nicht dazu.

In Bezug auf die erziehungswissenschaftliche Ausbildung findet sich die Widersprüchlichkeit wieder, die für die zuvor angesprochenen Merkmale galt. Einzelne Studien lassen keine förderliche Wirkung erkennen, in der überwiegenden Mehrheit können aber positive Einflüsse auf Schülerleistungen beziehungsweise Lehrerhandeln festgestellt werden. Die positiven Effekte sind aber vermutlich nur bei einem Zusammenspiel von umfangreicher erziehungswissenschaftlicher- und fachlicher Ausbildung zu verzeichnen. Darüber hinaus ist das Verständnis von Erziehungswissenschaft in der US-amerikanischen Lehrerbildung wie im Fall der Fachdidaktik deutlich eingeschränkter als in Mitteleuropa. Es gibt in der Regel nur Angebote, die unmittelbar auf den Lernprozess der Schülerinnen und Schüler (also zum Beispiel psychologische Lerntheorien) beziehungsweise auf das methodische Handeln der Lehrpersonen bezogen sind. Selbst Bereiche wie Geschichte und Theorie der Schule oder Allgemeine Didaktik, vor allem aber fast sämtliche Angebote, die in Deutschland traditionell unter die Allgemeine Pädagogik fallen, sind für die Lehrerausbildung in den USA so gut wie unbedeutend.

Was das Vorhandensein berufsunspezifischer Fähigkeiten der Lehrpersonen betrifft, wurden in Bezug auf das generelle intellektuelle Niveau von Lehrpersonen widersprüchliche Zusammenhänge festgestellt. Die verbalen Fähigkeiten einer Lehrperson sind dagegen durchgängig signifikant positiv mit Schülerleistungen und Lehrerhandeln assoziiert. Im Hinblick auf die Persönlichkeitsmerkmale von Lehrpersonen kann festgestellt werden, dass gewisse Mindestbedingungen erfüllt sein müssen, damit sie langfristig beruflichen Erfolg haben: eine gewisse Kontaktbereitschaft, emotionale Stabilität und psychische Belastbarkeit, ein gewisses Maß an Selbstkontrolle und eine nicht zu geringe Selbstwirksamkeitserwartung (MAYR/ MAYRHOFER 1994, BECKER 2001, SCHMITZ/ SCHWARZER 2002, LIPOWSKY 2003). Ein subjektiv hohes Belastungserleben führt nicht nur das Risiko eines vorzeitigen „Ausgebranntseins" (burn out) mit sich, sondern es geht auch mit einer negativen Leistungsentwicklung bei den Schülerinnen und Schülern einher (HELMKE/ HOSENFELD/ SCHRADER 2002, S. 430 ff.).

8.2.3 Konsequenzen für die Gestaltung der Lehrerausbildung

Im Folgenden sollen in aller Kürze und in aller Vorsicht Konsequenzen aus dem bisher Dargelegten für die Gestaltung der Lehrerausbildung gezogen werden, um deutlich zu machen, welchen Stellenwert manche Studienelemente für die Weiterentwicklung von Unterrichtsskripts und professionellem Lehrerwissen haben. Im Einzelnen wird auf die Gestaltung der Lehre und auf die Funktion von Praxisphasen im Lehramtsstudium als Ansatzpunkte für eine Weiterentwicklung der Skripts und auf Fallarbeit als eine bedeutende Methode zur Weiterentwicklung des professionellen Wissens der Lehramtsstudierenden eingegangen.

Eine wesentliche Chance, Skripts weiterzuentwickeln, liegt in einer didaktisch-methodisch innovativen Gestaltung aller Lehrveranstaltungen. In der Lehrerausbildung bewegen sich Hochschullehrende in der Rolle von Praktikerinnen und Praktikern. Daher kann die hochschulische Lehre unmittelbar auf die spätere schulische Lehre wirken, indem Lehrveranstaltungen ein Modell darstellen. BAUER (1998, S. 357) führt hierzu aus: „Allerdings üben sie diese Modellfunktion auch dann aus, wenn sie nicht optimal gestaltet sind, dann aber eher im Sinne eines heimlichen und unerwünschten Lehrplans." Die Modellfunktion gilt in zweierlei Hinsicht: im Hinblick auf das spätere Handeln der Lehramtsstudierenden als Lehrerinnen und Lehrer und im Hinblick auf das erwartete Handeln der Schülerinnen und Schüler. Sie kann als „Habitualisierung der Regeln der Praxis" (WILDT 1996, S. 100) bezeichnet werden. WILDT (2000, S. 174) plädiert daher dafür, das in der späteren Berufspraxis erwünschte Handeln von Lehrerinnen und Lehrern als didaktisch-methodischen Ausgangspunkt universitärer Lehre zu nehmen: „Das Lehren in der Hochschule wird zu einem Erfahrungs- und Handlungsfeld, in dem sich dem Anspruch nach didaktische Praxis in Sichtweite erziehungswissenschaftlicher Theorie abspielt." In dieser *golden rule* – „Teacher educators should treat teachers as they expect teachers to treat students" (PUTNAM/ BORKO 1997, S. 1227) – ergibt sich eine wichtige Chance, die Ausbildung von Professionalität im Berufsleben vorzubereiten, ohne der Universität eine Aufgabe zu überantworten, die ihr als in der Hauptsache wissenschaftliche (und nicht praktische) Einrichtung nicht zukommt.

Mit Praxisphasen im Lehramtsstudium wird häufig die Erwartung verbunden, dass die Studierenden lernen, wie Lehrpersonen zu handeln. Der Erwerb einer solchen Handlungskompetenz ist allerdings erst Aufgabe der zweiten Phase der Lehrerausbildung. Im Zuge des Studiums dienen Praktika der Überprüfung der Studienwahl sowie der Reflexion und Weiterentwicklung der Unterrichtsskripts. Dazu gehört, dass die Studierenden die berufstypische Unsicherheit von Erfolgsaussichten in unterrichtlichen Situationen erfahren, die eigene Rolle reflektieren, von der Schüler- in die Lehrerperspektive wechseln sowie die Schule als Institution kennen lernen. Beobachtungen und Analysen von Unterrichtssituationen bieten Gelegenheit, systematisch Handlungsalternativen zu den eigenen Vorstellungen zu entwickeln. Diese komplexen Ziele sind allerdings nur bei einer intensiven Betreuung der Praktikantinnen und Praktikanten durch Hochschullehrerinnen und Hochschullehrer – und nicht ausschließlich durch Lehrerinnen und Lehrer wie gegenwärtig häufig – möglich. Die schulpraktischen Studien stellen in diesem Sinne eine Schnittstelle von Theorie und Praxis dar, indem wissenschaftliches und praktisches Wissen aufeinander bezogen werden können. Geschieht dies nicht, können unter Umständen von Praxisphasen sogar negative Wirkungen ausgehen, wie BAUER/ KOPKA/ BRINDT (1996, S. 240) verdeutlichen: „Einübung in Alltagspraxis allein, ohne wissenschaftliche Kritik und Kontrolle, begünstigt die Fixierung an Traditionen und Überzeugungssysteme, die unter Bedingungen entstanden sind, die oft nicht mehr gegeben sind."

Eine wichtige Methode zur Weiterentwicklung des professionellen Lehrerwissens ist die Methode der Fallarbeit im Studium und im Referendariat, um Situationen besser interpretieren zu lernen. Die Fallmethode wurde historisch gesehen für die juristische und betriebswirtschaftliche Ausbildung in den USA entwickelt, um die Absolventinnen und Absolventen auf die berufliche Praxis vorzubereiten. Seit Ende der 80er Jahre spielt sie in den angelsächsischen Ländern in der Diskussion um die Gestaltung der Lehrerausbildung eine wichtige Rolle. Die Studierenden sollen durch die Behandlung einzelfallbezogener Dilemmata aus dem realen Schulalltag, zu dem es keine einfache beziehungsweise „richtige" Antwort gibt, auf die Komplexität ihrer Arbeit vorbereitet werden. Hier besteht also ein deutlicher Bezug zu unserem didaktischen Modell für das Lernen in der Schule. Die Studierenden sind in Kleingruppen aufgefordert, unter der Frage: „Was wäre, wenn ich in dieser Situation wäre?" diverse Lösungen, eventuell auch erst das Problem zu suchen und die Handlungsalternativen im Plenum zu diskutieren. Unter Entlastung vom Handlungszwang der Praxis und „im Primat des Theoretischen" können die Studierenden Unterrichtssituationen analysieren, reflektieren und Handlungsalternativen entwickeln. Den Unterschied zu Unterrichtsbeobachtungen oder gar eigenen Unterrichtsversuchen macht HELSPER (1999, S. 122) deutlich: „Detaillierte Protokolle praktischer pädagogischer Handlungsabläufe und sonstiger Ausdrucksgestalten pädagogischer Institutionen können immer und immer wieder zum Gegenstand der Sinnrekonstruktion und Analyse gemacht werden und dabei an jeder ‚Anschlussstelle' der sequenziellen Analyse alternative Möglichkeiten gedankenexperimentell entworfen werden."

Empirische Befunde liegen zu dieser Form der Lehre nur in begrenztem Maße vor, da eine systematische Erhebung schwierig ist. Vergleiche mit traditionell an der Fachsystematik orientierten Veranstaltungen zeigen aber mindestens für die motivationale Ebene positive Effekte, und zwar ergeben sich besonders hohe Werte für das Interesse, wenn die Fälle dargestellt, diskutiert und anschließend handelnd simuliert werden (vgl. SCHAUER 2003).

8.2.4 Vorbereitung auf Erziehen, Beurteilen, Beraten und Mitwirken an der Schulentwicklung als berufliche Aufgaben von Lehrpersonen

Die bisherige Darstellung war auf die Aufgabe der Anregung und Unterstützung von Lernprozessen fokussiert. Neben der begrenzten empirischen Basis ist eine Ursache hierfür, dass auch Erziehen und Beraten letztlich auf das Anregen von Lernprozessen zielt – nur eben nicht in erster Linie auf fachliche Lernprozesse, sondern im Hinblick auf Prozesse der individuellen Persönlichkeitsentwicklung. Insofern ergeben sich Konsequenzen für die Lehrerausbildung, die sich mit den obigen Anforderungen decken und die auch eine Basis für das Beurteilen und das Mitwirken an der Schulentwicklung legen: angemessene didaktisch-methodische Gestaltung entsprechender Lehrveranstaltungen, um das eigene Wissen und die eigenen Routinen zur jeweiligen Thematik bewusst machen und weiterentwickeln zu können. Wird dabei die Produktivität von Gruppenprozessen erfahrbar gemacht, ist auch ein wichtiger Baustein für eine spätere Zusammenarbeit von Lehrpersonen in Prozessen der Schulentwicklung gelegt.

Darüber hinaus sind mit den weiteren Aufgaben von Lehrpersonen spezifische Inhalte verbunden, die über die Ausbildung für das Unterrichten hinausgehen. Dies gilt für die Klärung der Begriffe „Erziehung", „Beurteilen", „Beratung" und „Schulentwicklung" in Abgrenzung zu anderen Begriffen in diesen Feldern (zum Beispiel „Bildung" und „Sozialisation", „Diagnose" und „Lernkontrolle", „Moderation" und „Supervision" beziehungsweise „Organisationsentwicklung" und „Schulprofile"). Darüber hinaus sind Studierende mit Konzepten der Erziehung und Beratung in der Schule vertraut zu machen sowie mit Formen und Problemen der Beurteilung und mit Prinzipien der Organisationsentwicklung.

Allerdings stellt sich die Frage, ob diese Aspekte als Ausbildungsanspruch hinreichend sind. Mit vielen Handlungen einer Lehrperson sind normative Entscheidungen verbunden. Dies gilt nicht nur für Erziehungsabsichten (beispielsweise bei Disziplinkonflikten oder Gesundheitsprojekten), sondern auch für Unterrichtseinheiten, die – wie beispielsweise der Religions-, Philosophie- oder Sozialkundeunterricht – auf Werteerziehung ausgerichtet sind. Ebenso stellt sich das Normenproblem für unterrichtliche Inhalte, bei denen aufgrund der zunehmenden Pluralisierung der Lebenswelten unterschiedliche Grundhaltungen in sozialer, ethnischer, kultureller oder religiöser Hinsicht in einer Klasse vorliegen können (zum Beispiel in Biologie oder im Sprachunterricht). Außerdem stellt die Interaktion mit den Schülerinnen und Schülern Lehrpersonen regelmäßig vor weitere Situationen, mit denen „ethische Blitzanalysen" (ZUTAVERN) einhergehen, ohne dass dies den Betroffenen bewusst ist (beispielsweise im Fall von Mobbing). Und schließlich ist die Leistungsbeurteilung eine hochgradig normativ besetzte Aufgabe (zum Beispiel individuelle Bezugsnorm versus soziale Bezugsnorm), die mit weitreichenden Folgen verbunden ist, was die Chance der Schülerinnen und Schüler auf gesellschaftliche Teilhabe angeht.

Lehrerinnen und Lehrer müssen vor diesem Hintergrund über ein professionelles Ethos verfügen, ohne das die Gefahr ungerechten Handelns besteht. Daher stellt sich die Frage, wie in der Lehrerausbildung die Entwicklung eines solchen professionellen Ethos' unterstützt werden kann. Mit dem Schlagwort der Ausbildung „diagnostischer Kompetenz" ist es selbst im Hinblick auf die Leistungsbewertung nicht getan. Die Frage ist, vor welchem normativen Hintergrund diagnostiziert wird. Lehrpersonen müssen beispielsweise die Norm sozialer Gleichheit unabhängig von sozialer, ethnischer oder geschlechtsspezifischer Herkunft sowie die Norm der Verminderung herkunftsbedingter Ungleichheiten erst einmal teilen. Doch kann die Lehrerausbildung hier wirksam werden?

Die universitäre Ausbildung wird heute als sachliche, weitgehend wertfreie Auseinandersetzung mit komplexen wissenschaftlichen Inhalten angesehen, woraus sich – quasi indirekt – ein Effekt im Hinblick auf die Persönlichkeitsentwicklung ergeben soll. Diese Zurückhaltung gegenüber einer stärkeren normativen Herausforderung der Studierenden ist nicht zuletzt eine Folge der Ideologisierung der deutschen Universitäten in der Zeit des Nationalsozialismus, in der die Wissenschaft gezielt in den Dienst parteilicher Interessen gestellt wurde. Eine Rückkehr zu dem damit verbundenen Wissenschaftsverständnis ist nicht vertretbar – auch nicht, wenn es sich (wie zum Beispiel in der DDR) um andere Ziele handeln würde. Es stellt sich dennoch die Frage, ob im Hinblick auf die Entwicklung eines professionellen Ethos' nicht mehr geleistet werden könnte, als es gegenwärtig der Fall ist. Unter dem Druck großer Studierendenzahlen sind individuelle Ansprüche an die Studierenden als Personen fast gänzlich aus dem Blick geraten, und zwar von beiden Seiten. Weder nehmen Lehrende die Studierenden als Individuen wahr, denen später gesellschaftliche Schlüsselpositionen zukommen, mit denen eine hohe ethische Verpflichtung verbunden ist, noch sehen Studierende in der Universität mehr als einen Lernort, zum Beispiel einen bedeutsamen Lebensmittelpunkt. Hier ist ein zentraler Unterschied zum angelsächsischen Raum zu erkennen, wo – begünstigt durch vergleichsweise niedrige Studierendenzahlen und hohe Studiengebühren – der Universitätscampus einerseits der Ort ist, wo sich auch die Freizeitgestaltung abspielt, wo andererseits aber auch immer wieder die Verpflichtung betont wird, sich der durch das Studium erworbenen Rechte und Privilegien im Beruf würdig zu zeigen.

OSER (1998) hat ein Konzept für die Lehrerausbildung entwickelt, das auf die Förderung des Berufsethos' zukünftiger Lehrerinnen und Lehrer zielt. In dieses sind „situierte Ethoskurse" integriert. Diese beruhen auf der Erkenntnis, dass das Professionsethos von Lehrpersonen spezifische Strukturmerkmale aufweist, und zwar in prozessbezogener Hinsicht und in wertbezogener Hinsicht. Prozessbezogen lassen sich fünf Ethosstufen unterscheiden:

1. Auf der untersten Stufe, der Stufe der Vermeidung, verneint eine Lehrperson ihre Zuständigkeit, im Unterricht auch auf ethisch-moralische Fragen einzugehen. Sie entscheidet, in dieser Hinsicht keine Verantwortung tragen zu wollen, da sie sich zuallererst als Unterrichtende und nicht als Erziehende sieht.
2. Es folgt die Stufe der Absicherung beziehungsweise der Delegation. Die Lehrperson akzeptiert die Verantwortung, gibt sie aber an andere Personen (zum Beispiel Vorgesetzte, Expertinnen und Experten oder die Schulaufsicht) weiter.
3. Auf der dritten Stufe, die als Alleinentscheidung gekennzeichnet ist, entscheidet die Lehrperson selber intuitiv, was in der vorliegenden Situation zu tun sei. Sie verzichtet gegenüber den Schülerinnen und Schülern auf eine Begründung.
4. Die vierte Stufe wird als unvollständiger Diskurs bezeichnet. Die Lehrperson spricht mit den betroffenen Personen, lässt sich ihre Positionen schildern und meint sie zu verstehen. Die Entscheidung über das Vorgehen trifft sie aber allein.
5. Die oberste Stufe des Professionsethos' stellt der vollständige Diskurs dar. Die Lehrperson geht hier davon aus, dass alle betroffenen Personen eine Balance der sich widersprechenden Interessen erstellen können und verantwortlich handeln wollen. Alle Betroffenen – auch die Schülerinnen und Schüler – partizipieren daher gleichberechtigt an der Lösungssuche.

In Ergänzung zu diesen prozessbezogenen Strukturmerkmalen des Professionsethos' lassen sich wertbezogene Merkmale feststellen. Handelt jemand unter der Leitnorm der Gerechtigkeit im Sinne von Gleichbehandlung wird die Beurteilung einer Schülerhandlung in Beziehung zur Beurteilung von anderen Schülerinnen und Schülern gestellt. Alle Beteiligten werden gleich oder ihren Verdiensten gemäß behandelt. Handelt jemand unter der Leitnorm der Fürsorge ist die Lehrperson darauf bedacht, das Wohl des Kindes beziehungsweise Jugendlichen in den Vordergrund zu stellen. Sie widmet sich den einzelnen Personen gemäß ihrer jeweiligen Bedürftigkeit. Unter der Leitnorm der Wahrhaftigkeit wird die eigene Überzeugung der Lehrperson nicht zugunsten anderer Überlegungen aufs Spiel gesetzt, sondern eine Entscheidung wird im Einklang mit den eigenen Wertvorstellungen getroffen.

In den von OSER entwickelten Ethoskursen werden nun ausgehend von Fällen aus der alltäglichen Unterrichtspraxis, die ein ethisch-moralisches Dilemma darstellen, die jeweiligen Anforderungen an das Berufsethos von Lehrpersonen reflektiert. Ein Beispiel: „Der 12-jährige Peter ist in seiner Klasse zwar der Älteste, aber auch der Kleinste. Deswegen wird er häufig gehänselt. In Ihrer heutigen Mathematikstunde behandeln Sie Längenmaße und Sie merken, dass Sie mit Ihrer Zeitplanung knapp zurechtkommen werden. Da fällt kurz vor Schluss wieder eine Bemerkung über Peters Größe, und die Klasse kichert." Die Studierenden erhalten die Aufforderung, zunächst individuell über den präsentierten Fall nachzudenken und sich eine Meinung zu bilden. Sie sollen sich fragen: „Wie würde ich handeln, wenn ich in dieser Situation wäre?" Anschließend werden die Handlungsalternativen in der Gruppe diskutiert. Die Studierenden sollen dabei insbesondere *advocatus diaboli*-Fragen stellen, das heißt, sie sollen versuchen Fragen zu finden, die eine Handlungsweise in Frage stellen. Ziel ist, dass alle Gruppenmitglieder gezwungen sind, ihre Entscheidungen zu reflektieren, zu begründen und weiterzuentwickeln, um oberflächliche Antworten zu vermeiden.

OSER begründet die Notwendigkeit von Ethoskursen mit der Anforderung, dass eigene Verfahren zur Bewältigung moralischer Herausforderungen im Unterricht erlernt werden müssen, die in fachwissenschaftlichen oder didaktischen Zusammenhängen so nicht thematisiert werden. Zudem sei es nur so möglich, die Ethosfrage systematisch zu reflektieren (vgl. KESSELRING 2002, S. 331). Das Konzept der Situierung ist Resultat von vergleichenden Evaluationen, in denen Kurse, die ausgehend von typischen Unterrichtssituationen Möglichkeiten der Lehrerreaktion thematisierten, anderen Kursen, die Verfahren zur moralisch angemessenen Handelns generell vermitteln wollten, deutlich überlegen waren.

8.3 Zusammenfassung und Anwendung

Die Lehrerausbildung wird immer wieder stark kritisiert. In den Diskussionen zeigt sich, dass dabei jeweils unterschiedliche Vorstellungen darüber existieren, wie sie inhaltlich, methodisch und organisatorisch gestaltet sein soll. In diesem Kapitel wurde aus einer theoretischen und einer empirischen Perspektive dargelegt, welche Hinweise für eine Lehrerausbildung wichtig sind, die auf ein angemessenes berufliches Handeln ausgerichtet ist. Im Mittelpunkt stand die Frage, welche kognitiven Strukturen dem Handeln von Lehrerinnen und Lehrern zugrunde liegen. Es konnten zwei Elemente identifiziert werden: Unterrichtsskripts als mentale Repräsentationen des Unterrichtsablaufs und professionelles Lehrerwissen zu allen Dimensionen des Lehrens und Lernens. Skripts und Wissen bedingen im Wechselspiel mit der unterrichtlichen Situation das Handeln von Lehrerinnen und Lehrern. Skripts und Wissen entwickeln sich im Laufe der Lehrerausbildung und des beruflichen Lebens stufenartig weiter, vom Stadium eines Novizen hin zu dem eines Experten. Entsprechende Prozesse können in der Ausbildung durch die Verknüpfung von Theorie und Praxis, durch eine innovative didaktisch-methodische Gestaltung der Lehrveranstaltungen und durch Fallarbeit gefördert werden.

Die Lehrerausbildung erschöpft sich aber nicht in der Vorbereitung auf das Unterrichten. Erziehen, Beurteilen, Beraten und Mitwirken an der Schulentwicklung stellen weitere bedeutsame Aufgaben dar. Während sich die didaktisch-methodischen Hinweise, die in Bezug auf das Unterrichten herausgearbeitet wurden, zur Vorbereitung auf die weiteren Aufgaben übertragen lassen, ist in inhaltlicher Sicht die Thematisierung je spezifischer Fragen notwendig. Dazu gehören die Klärung der Gegenstände, das Kennenlernen von Erziehungs-, Beratungs- und Schulentwicklungskonzepten und die Reflexion ihrer Chancen und Grenzen. Darüber hinaus erfordern die ethisch-moralischen Implikationen des Lehrerhandelns ein Berufsethos von Lehrpersonen, das diese in die Lage versetzt, entsprechende Situationen wahrzunehmen.

Sie müssen darüber hinaus bereit sein, in diesen Verantwortung zu übernehmen, und sie stehen vor der Herausforderung, widerstreitenden Werten gerecht werden zu müssen (Gerechtigkeit, Wahrhaftigkeit und Fürsorge).

Gehen Sie noch einmal zur einleitenden Aufgabe zurück. Sie standen als Bildungsministerin beziehungsweise Bildungsminister vor der Aufgabe, eine Reform der Lehrerausbildung zu initiieren. Arbeiten Sie Ihre Ausbildungsziele, -inhalte und -formen vor dem Hintergrund der grundlegenden Informationen nun im Detail aus. Im Text wurde insbesondere auf die Bedeutung (und Schwierigkeit) einer Veränderung von Kognitionen hingewiesen. Welche Ideen haben Sie, diese im Rahmen der Lehrerausbildung weiterzuentwickeln? Denken Sie auch darüber nach, wie eine angemessene Vorbereitung auf Aufgaben aussehen könnte, die über das Unterrichten hinausgehen. Konzepte zur Lehrerausbildung sollten schließlich die Anforderungen des lebenslangen Lernens berücksichtigen.

Gestaltung der Einzelschule durch Lehrerinnen und Lehrer

9| Anregung und Unterstützung von Lernprozessen

9.1 Einleitende Hinweise und Fragestellungen

Bei allen Wandlungsprozessen, denen Schule unterworfen ist, bleibt es ihre zentrale Aufgabe, die grundsätzliche Lernbereitschaft von Kindern und Jugendlichen aufzunehmen sowie Lernen zu ermöglichen beziehungsweise zu fördern. In diesem Sinne liegt eine Hauptaufgabe von Lehrerinnen und Lehrern beziehungsweise von Schule darin, Lernbedürfnisse und Interessen von Schülerinnen und Schülern zu erkennen sowie Lernprozesse vor dem Hintergrund der schulischen Richtlinien und Lehrpläne anzuregen und zu unterstützen. Im Rahmen von Schule geht es dabei nicht nur um die individuelle Unterrichtsplanung, -durchführung und -reflexion, sondern auch um eine Verständigung im Kollegium über gemeinsame Grundsätze für das Lehren und Lernen in der Schule. Eine solche Verständigung wird zum Beispiel im Kontext der Entwicklung von Schulprogrammen gefordert (vgl. dazu auch Kapitel 13).

Ein Schulprogramm kann als „das schriftlich fixierte Handlungskonzept" einer Schule verschiedene Leitideen und Grundsätze für die Unterrichts- und Erziehungsarbeit enthalten (NIEDERSÄCHSISCHES KULTUSMINISTERIUM 1998, S. 10). Diese lassen sich auf unterschiedliche Qualitätsbereiche der Schule beziehen, beispielsweise Lehren und Lernen, Lebensraum Klasse und Schule, Schulpartnerschaft und Außenbeziehung, Schulmanagement, Professionalität und Personalförderung (vgl. SCHRATZ/ BAUK-VAN VUGT 2000, S. 2).

Stellen Sie sich nun bitte einmal vor, Sie sollten in einer Gruppe mit Kolleginnen und Kollegen einen Vorschlag dafür entwickeln, welche Grundsätze für das Lehren und Lernen in das Schulprogramm Ihrer Schule aufgenommen werden sollten. Dazu soll zunächst jedes Mitglied der Gruppe einen eigenen Vorschlag formulieren. Wenn Sie schon in einer Schule tätig sind, können Sie den Vorschlag auf Ihre Schule beziehen, wenn Sie noch nicht an einer Schule tätig sind, können Sie sich dazu eine fiktive Schule vorstellen, an der Sie später gern unterrichten möchten.

Formulieren Sie bitte einen ersten Vorschlag.

Um die von Ihnen formulierten Grundsätze weitergehend zu durchdenken und zu fundieren, empfiehlt es sich, zunächst folgenden Fragen nachzugehen:

– Welche Grundsätze zu Lernen und Lehren beziehungsweise Unterricht sind in vorhandenen allgemeindidaktischen Ansätzen enthalten?
– Welche Empfehlungen für Lernen und Lehren können lehr-lerntheoretischen und entwicklungsorientierten Ansätzen entnommen werden?
– Welche Anregungen zur Formulierung von Grundsätzen für Lernen und Lehren lassen sich der empirischen Lern- beziehungsweise Unterrichtsforschung entnehmen?
– Welche Forderungen für Lernen und Lehren lassen sich bei einem Versuch der Integration didaktischer und lehr-lerntheoretischer Ansätze sowie empirischer Ergebnisse formulieren?

Die Bearbeitung dieser Fragen kann nicht nur helfen, im Prozess der Schulprogrammentwicklung fundierte Grundsätze zum Lernen und Lehren beziehungsweise zum Unterricht zu entwerfen, sondern auch dazu beitragen, sich im Rahmen der schulischen Absprachen selbst geeignete Orientierungspunkte zu setzen.

9.2 Grundlegende Informationen

Die zentrale Aufgabe von Lehrpersonen, Lernbedürfnisse und Interessen von Kindern und Jugendlichen aufzunehmen sowie Lernprozesse vor dem Hintergrund von Richtlinien und Lehrplänen anzuregen und zu unterstützen, lässt sich bereichsübergreifend aus verschiedenen Perspektiven beleuchten. So kann man beispielsweise danach fragen, welche Hilfen die Didaktik – als der Bereich, der sich im Rahmen der Erziehungswissenschaft mit dem Unterricht auseinander setzt – bietet, um diese berufliche Aufgabe angemessen wahrzunehmen. Ein anderer Zugang liegt darin, psychologisch orientierte Lehr-Lerntheorien sowie Entwicklungstheorien unter der Frage auszuwerten, welche Impulse ihnen für die Anregung und Unterstützung von Lernprozessen zu entnehmen sind. Des Weiteren kann ein Blick in die Lehr-Lernforschung dazu dienen, Hilfen für die Realisierung dieser beruflichen Aufgabe zu erhalten.

Für eine Formulierung von Grundsätzen für Lernen und Lehren beziehungsweise Unterrichten in der Schule ist eine Auseinandersetzung mit allen drei Diskussions- und Arbeitssträngen wünschenswert. Bei der folgenden Darstellung heben wir Aspekte und Schlussfolgerungen aus verschiedenen Ansätzen, die uns besonders wichtig erscheinen und die Affinitäten zu unserer Auffassung von Unterricht aufweisen, besonders hervor. Zugleich sollen mögliche Bezüge zwischen den verschiedenen Zugängen in den Blick kommen – zumal diese häufig nicht beachtet werden. Im Anschluss an die – notwendigerweise – kurze Darstellung der drei Diskussions- und Arbeitsstränge erfolgt eine resümierende Empfehlung für die Gestaltung von Unterricht aus unserer Sicht.

Der Beitrag versteht sich zugleich als Zusammenfassung eines Teils der Überlegungen zur „Gestaltung von Unterricht", wie sie in dem betreffenden Band von uns dargestellt sind (vgl. TULODZIECKI/ HERZIG/ BLÖMEKE 2004).

9.2.1 Anregung und Unterstützung von Lernprozessen aus der Sicht didaktischer Ansätze

COMENIUS – als einer der Begründer neuzeitlicher Didaktik – sieht das erste und letzte Ziel der Didaktik darin, „die Unterrichtsweise aufzuspüren und zu erkunden, bei welcher die Lehrer weniger zu lehren brauchen, die Schüler dennoch mehr lernen" (1657/1954, S. 1). In der Folgezeit sind dazu vielfältige Entwürfe für Unterricht und Erziehung entstanden (vgl. als Übersicht z.B. SCHWERDT 1955, MENCK 1999).

Vor dem Hintergrund solcher Entwürfe wurde die didaktische Diskussion seit den 1950er Jahren in Westdeutschland zunächst durch den bildungstheoretischen Ansatz zur Didaktik bestimmt. Der bildungstheoretische Ansatz ist dadurch gekennzeichnet, dass der Begriff der Bildung als zentraler Bezugspunkt für unterrichtliche Überlegungen gilt (vgl. auch Abschnitt 12.2.2). Dies ist in besonderer Weise in den Arbeiten von KLAFKI der Fall. Vor dem Hintergrund seiner bildungstheoretischen Überlegungen besteht für KLAFKI (1958) die Aufgabe von Unterricht darin, eine bildende Begegnung der Kinder mit geeigneten Inhalten anzustreben (vgl. ebd., S. 126 ff.). Dabei geht er (zunächst) von folgendem Bildungsbegriff aus:

„Bildung ist das Erschlossensein einer dinglichen und geistigen Wirklichkeit für einen Menschen – das ist der objektive oder materiale Aspekt; aber das heißt zugleich: Erschlossensein eines Menschen für seine Wirklichkeit – das ist der subjektive oder formale Aspekt zugleich im ‚funktionalen' wie im ‚methodischen Sinne'" (1963, S. 43).

KLAFKI hat den Ansatz der bildungstheoretischen Didaktik – unter dem Eindruck verschiedener kritischer Stellungnahmen – später zu einer kritisch-konstruktiven Didaktik weiterentwickelt. Die kritischen Stellungnahmen ergaben sich vor allem aus der Perspektive unterrichtsanalytischer, lehr-lerntheoretischer sowie kritisch-kommunikativer Ansätze (siehe weiter unten sowie TULODZIECKI/ HERZIG/ BLÖMEKE 2004, S. 193 ff.). Vor diesem Hintergrund war die Weiterentwicklung des bildungstheoretischen Ansatzes zum kritisch-konstruktiven Ansatz vor allem dadurch gekennzeichnet, dass die gesellschaftliche Dimension der Didaktik ausdrücklich thematisiert, Selbstbestimmungs-, Mitbestimmungs- und Solidaritätsfähigkeit zu Zielen erklärt, Lehren und Lernen als Interaktionsprozess verstanden und entdeckendes beziehungsweise nach-entdeckendes sowie sinnhaft-verstehendes Lernen anhand exemplarischer Themen gefordert wurden (vgl. KLAFKI 1985, S.199 f.).

Im Hinblick auf die Anregung und Unterstützung von Lernprozessen sind den ursprünglichen Arbeiten von KLAFKI unter anderem folgende Grundaussagen zu entnehmen:

(1) Lernen und Lehren beziehungsweise Unterricht sollen auf eine bildende Begegnung mit relevanten Inhalten zielen, die für die Lernenden in der jeweiligen ge-

schichtlichen und gesellschaftlichen Situation bedeutsam sind. Die Bedeutsamkeit der Inhalte für Gegenwart und Zukunft soll den Lernenden bewusst gemacht werden.

(2) Unterrichtsvorbereitung soll darauf gerichtet sein, Möglichkeiten einer bildenden Begegnung der Lernenden mit exemplarischen Inhalten zu entwerfen. Sie kann die bildende Begegnung jedoch nicht vorwegnehmen und muss schon deshalb als offener Entwurf aufgefasst werden.

In der Auseinandersetzung mit dem bildungstheoretischen Ansatz sind in den 1960er Jahren unterrichtsanalytische Ansätze entwickelt worden. Sie sind mit dem Anspruch verknüpft, relevante Strukturelemente des Unterrichts sowie ihre Beziehungen zu erfassen und theoretisch zu durchdringen. Eine besonders bedeutsame unterrichtsanalytische Konzeption der Didaktik ist 1962 von HEIMANN formuliert und 1965 von SCHULZ überarbeitet und ergänzt worden.

Die Grundlegung von Unterrichtsbeobachtung und Unterrichtsplanung ist nach HEIMANNs Auffassung nicht auf der Basis des Bildungsbegriffs zu leisten, da dieser unscharf und ideologisch aufgeladen sei (1962, S. 410). Dem Bildungsbegriff misst er demgemäß keinen zentralen, sondern nur einen abhängigen Stellenwert zu. Für das Unterrichts- und Theorieverständnis von HEIMANN ist entscheidend, dass er „Unterrichts-, Lehr-, Lern- und ‚Bildungs'-Vorgänge als sehr dynamische Interaktionsprozesse von strenger gegenseitiger Bezogenheit, betonter Singularität und Augenblicks-Gebundenheit betrachtet, die trotzdem einer bestimmten Strukturgesetzlichkeit gehorchen und deshalb auch manipulierbar sind" (1962, S. 412). Hinsichtlich der Anregung und Unterstützung von Lernprozessen sind folgende Überlegungen besonders bedeutsam:

(1) Für eine Strukturanalyse von Unterricht sind verschiedene Bedingungs- und Entscheidungsfelder zu beachten. Als Bedingungsfelder gelten anthropogene und sozial-kulturelle Voraussetzungen; bedeutsame Entscheidungsfelder sind Intentionen, Thematik, Methodik und Medienwahl.

(2) Bei der Unterrichtsvorbereitung muss die Interdependenz beziehungsweise Wechselwirkung aller Strukturmomente beachtet und in einen angemessenen Zusammenhang gebracht werden. Für die Unterrichtsanalyse ist neben der Strukturbetrachtung eine kritische Reflexion von unterrichtlichen Normen, Annahmen und Formen notwendig.

In den 1970er Jahren wurde die didaktische Diskussion durch kritisch-kommunikative Ansätze erweitert. In diesen Ansätzen werden unterrichtliche Überlegungen auf der Basis einer Kritik bestehender Schul- und Gesellschaftsverhältnisse sowie unter der Leitidee kommunikativen Handelns entfaltet. Ein solcher Ansatz ist von SCHÄFER/ SCHALLER (1971) mit besonderem Rückgriff auf die kritische Theorie der Frankfurter Schule (vgl. HABERMAS 1971) und auf die Kommunikationstheorie (vgl. WATZLAWICK/ BEAVIN/ JACKSON 1969) entwickelt worden. Eine Weiterentwicklung im Hinblick auf unterrichtliche Analysen und Planungen hat vor allem WINKEL (1983) geleistet. Für die Anregung und Unterstützung von Lernprozessen ergeben sich hieraus vor allem folgende Schlussfolgerungen:

(1) Für Lernen und Lehren in der Schule (und auch generell) ist es wichtig, die vorhandenen individuellen beziehungsweise gesellschaftlichen Bedingungen menschlichen Handelns nicht einfach als gegeben zu akzeptieren, sondern jeweils zu prüfen, inwieweit sie einer Emanzipation, Demokratisierung und Humanisierung entgegenstehen. Auf dieser Basis soll eine permanente Verbesserung angestrebt werden.

(2) Unterricht soll als Prozess im Sinne kommunikativen Handelns gestaltet werden. Dies setzt voraus, dass Lernende im Lehr-Lernprozess prinzipiell als gleichberechtigte Partnerinnen und Partner anerkannt und Entwicklungen in Richtung auf herrschaftsfreie Sprechsituationen gefördert werden. Störungen auf diesem Weg sollten nicht als Disziplinprobleme behandelt oder verdrängt, sondern mit Sensibilität für Inhalts- und Beziehungsaspekte von Kommunikation sowie unter Reflexion institutioneller Rahmenbedingungen aufgearbeitet werden.

Parallel zur didaktischen Diskussion in Westdeutschland hat in der ehemaligen DDR neben anderen Konzepten, beispielsweise von DREFENSTEDT/ NEUNER (1970), vor allem der Ansatz von KLINGBERG (1986) Bedeutung gewonnen. Dieser Ansatz kann in Abhebung von anderen didaktischen Konzepten als dialektischer Ansatz bezeichnet werden. In der Dialektik geht es um den Aufweis und die Überwindung von Widersprüchen im Denken und im Sein. Widersprüche werden dabei als treibende Kraft für Entwicklungsprozesse verstanden. Gemäß dem dialektischen Ansatz von KLINGBERG stehen auch Lehren und Lernen in einem Verhältnis, das durch Widersprüche seine Dynamik im Sinne der Entwicklung entfalten soll. Solche Widersprüche ergeben sich im Unterrichtsprozess beispielsweise zwischen gesellschaftlichen Anforderungen einerseits und den Bedürfnissen der Schülerinnen und Schüler andererseits sowie zwischen Vermittlungsbemühungen als „äußeren" Einwirkungen durch die Lehrperson auf der einen Seite und den individuellen „inneren" Entwicklungen als Aneignungsprozess bei den Lernenden auf der anderen Seite. Neben der dialektischen Grundrelation von Lehren und Lernen betont KLINGBERG die Grundrelation von Inhalt und Methode. Bezogen auf den Inhalt ergibt sich beispielsweise der Widerspruch zwischen der Übermittlung von tradiertem Wissen und dem Anspruch, auf das Leben von morgen vorzubereiten. Hinsichtlich der Methode geht es unter anderem um den Widerspruch zwischen notwendiger Führung durch die Lehrperson und der wünschenswerten Selbsttätigkeit der Lernenden. Zugleich stehen Inhalte und Unterrichtsmethoden in einem dialektischen Verhältnis: Einerseits geht es um den Inhalt im Sinne sachlogischer Richtigkeit, andererseits um die psychologische Angemessenheit des methodischen Vorgehens. Für die Anregung und Unterstützung von Lernprozessen folgt daraus unter anderem (vgl. KLINGBERG 1986; 1990):

(1) Schülerinnen und Schüler sind zwar vorrangig „Subjekte" der jeweils individuellen Aneignungsprozesse, zugleich aber auch „Objekte" der Vermittlung durch den Lehrer.

(2) Als Subjekte ihrer Aneignungsprozesse sind Schülerinnen und Schüler auf die Kooperation mit der Lehrperson angewiesen. Dabei muss für die Lernenden die Möglichkeit eingeräumt werden, die Gestaltung des Unterrichts mitzubestimmen. „Letzten Endes entscheiden die Schüler selbst, was aus einem ‚vorgegebenen' Inhalt in ihren ‚Köpfen' und ‚Händen' wird" (1990, S. 56).

In der Didaktikdiskussion sind neben den bisher skizzierten Positionen – seit der Reformpädagogik – projektorientierte Ansätze entwickelt worden. Projektorientierte Ansätze lassen sich dadurch kennzeichnen, dass Schülerinnen und Schüler bestimmte Produkte, Verfahren oder Situationen planen und realisieren. Ein solches Vorgehen hat eine lange Tradition und steht unter anderem im Kontext der philosophischen Strömung des (amerikanischen) Pragmatismus. Dieser philosophische Ansatz ist durch die Arbeiten von DEWEY, insbesondere durch sein Werk „Demokratie und Erziehung" (1916), für die Pädagogik bedeutsam geworden.

Der projektorientierte Ansatz ist in neuerer Zeit unter anderem von GUDJONS (1994) aufgegriffen worden. Aus seinen Überlegungen ergeben sich vor allem folgende wichtige Forderungen:

(1) Unterricht und Lebenssituation von Kindern und Jugendlichen sollen miteinander in Beziehung stehen, sodass das zu Lernende für gegenwärtige und zukünftige Lebenssituationen bedeutsam ist und gesellschaftliche Relevanz besitzt. Zugleich sollen Kinder und Jugendliche an der Planung und Gestaltung von Unterricht beteiligt sein und ihre Interessen einbringen können.

(2) Bei der Bearbeitung relevanter Fälle sollen verschiedene Sinne angesprochen und soziales Lernen gefördert werden. Dabei sollten verwertbare Produkte oder Ergebnisse angestrebt werden und fachüberschreitende Perspektiven Berücksichtigung finden.

In gewisser Parallelität zur didaktischen Diskussion im engeren Sinne haben sich – zum Teil aus der pädagogischen Psychologie heraus – Konzepte entwickelt, die man unter dem Begriff der lehr-lerntheoretischen und entwicklungsorientierten Ansätze zusammenfassen kann. Solche Ansätze haben dann auch wieder die didaktische Diskussion beeinflusst und zum Teil zu eigenständigen didaktischen Entwürfen geführt, wie das zum Beispiel bei der konstruktivistischen Didaktik der Fall ist (vgl. REICH 2004 und den folgenden Abschnitt).

9.2.2 Anregung und Unterstützung von Lernprozessen aus der Sicht lehr-lerntheoretischer und entwicklungsorientierter Ansätze

Lehr-lerntheoretische Ansätze sind dadurch gekennzeichnet, dass unterrichtliche Handlungen vor allem aus der Perspektive des Lernvorgangs betrachtet werden. Der damit verbundene Grundgedanke, dass sich das Lehren nach den Lerngesetzlichkeiten und Lernmöglichkeiten richten müsse, ist schon in frühen Arbeiten zur Didaktik zu finden (vgl. z.B. COMENIUS 1657, HERBART 1805). In diesem Sinne sollen differenzierte pädagogisch-psychologische Analysen zum Lernvorgang den Ausgangspunkt für unterrichtliche Überlegungen bilden (vgl. STRAKA/ MACKE 2002). Im Folgenden wird zunächst das Konzept von ROTH als exemplarisch für lehr-lerntheoretische Ansätze dargestellt – nicht zuletzt deshalb, weil ROTH die deutschsprachige Didaktik-Diskussion in besonderer Weise beeinflusst hat.

ROTH (1963) sieht die Aufgabe einer pädagogisch ausgerichteten Lernpsychologie darin, „die steuerungsfähigen Gelenkpunkte beim Lernprozess zu entdecken, sie den Lehrenden aufzuweisen und ihnen verfügbar zu machen" (ebd. S. 179). Um dies zu leisten, analysiert er zunächst verschiedene Lernarten. In einer Zusammenschau der Analysen beschreibt er sechs Lernschritte, die er auch als Stufen bezeichnet (vgl. ebd., S. 223 ff.): Stufe der Motivation, Stufe der Schwierigkeiten, Stufe der Lösung, Stufe des Tuns und Ausführens, Stufe des Behaltens und Einübens, Stufe des Bereitstellens, der Übertragung und der Integration des Gelernten.

Ein solcher Stufenablauf darf nach ROTH allerdings nicht als gesetzhafte Abfolge von Lernschritten missverstanden werden. Es handelt sich vielmehr um ein offenes Orientierungsschema, bei dem es Vorausgriffe und Rückgriffe, Abweichungen und unterschiedliche Akzentsetzungen geben kann (vgl. 1963, S. 226).

Für die Anregung und Unterstützung von Lernprozessen sind folgende Grundgedanken von ROTH besonders bedeutsam:

(1) Der Lernprozess sollte mit einer motivierenden Lernanforderung angeregt werden. Diese muss einen angemessenen Schwierigkeitsgrad aufweisen, sodass den Lernenden die Notwendigkeit bewusst wird, etwas lernen zu müssen, wenn man die Anforderungen bewältigen will.

(2) Zu einem Lehr-Lernprozess gehört nicht nur die exemplarische Bearbeitung einer neuen Lernanforderung bis zu ihrer Bewältigung, sondern auch die Sorge um eine Konsolidierung, Anwendung und Verankerung beziehungsweise Integration des Gelernten. Dabei besteht die Aufgabe von Lehrpersonen vor allem darin, Anregungen und Lernhilfen zu geben, die den Lernprozess bei den Lernenden initiieren und unterstützen.

In der Didaktikdiskussion ist der Ansatz von ROTH dadurch ausgezeichnet, dass er den Fokus von den – in den 1950er Jahren vorherrschenden – bildungstheoretischen Ziel- und Inhaltsdiskussionen auf den Lernprozess verschob. Sein Ansatz markiert damit eine „realistische Wende" vom Nachdenken über wünschenswerte Ziele zur Betrachtung des „realen" Lernvorgangs. Zugleich zeigt sich bei ihm die so genannte „kognitive Wende", weil der Blick von einer behavioristischen Perspektive – die von dem Gedanken bestimmt war, dass sich das Verhalten und Lernen eines Individuums durch äußere Hinweisreize und Verstärkungen steuern lässt – auf kognitive Prozesse beim Lernen gelenkt wird.

Bei der kognitionstheoretischen Grundposition wird der Lernende als ein Individuum begriffen, das äußere Reize aktiv und selbstständig verarbeitet. In diesem Sinne gelten Lernende als interaktiv agierende Individuen, die Instruktionsangebote, zum Beispiel didaktisch aufbereitete Informationen, auf der Basis ihres Erfahrungs- und Entwicklungsstandes in selektiver Weise wahrnehmen, interpretieren und verarbeiten. Der jeweilige Entwicklungs- und Erfahrungsstand eines Individuums drückt sich in der Gesamtheit der zur Verfügung stehenden Wahrnehmungs-, Verstehens- und Verarbeitungsmuster oder -schemata aus, welche die kognitive Struktur eines Individuums ausmachen (vgl. PIAGET 1947). Im Rahmen dieser Grundposition gibt es verschiedene Varianten mit unterschiedlichen Akzentsetzungen.

Solche Varianten lassen sich beispielsweise danach unterscheiden, ob interne Prozesse vor allem unter der Zielperspektive betrachtet werden, eine bestimmte Wissensstruktur aufzubauen, oder schwerpunktmäßig unter der Perspektive, eine generelle Problemlösefähigkeit zu entwickeln. Für die Instruktion geht es im ersten Falle – zum Beispiel gemäß dem Ansatz von AUSUBEL (1974) – um die Frage, wie interne Prozesse zum Aufbau geordneten Wissens unterstützt werden können. Im zweiten Falle steht die Frage im Mittelpunkt, welche Problemstellungen und welche prozessbezogenen Lernhilfen sowie welche Rückmeldungen die Entwicklung von Problemlösefähigkeiten fördern können. Diese Frage wird beispielsweise von BRUNER (1974) in seinem Konzept des entdeckenden Lernens behandelt.

Aus beiden Konzepten ergeben sich bestimmte Forderungen für die Anregung und Unterstützung von Lernprozessen:

Nach AUSUBEL sollen die Prinzipien der Vorausorganisation des Lernens, der fortschreitenden Differenzierung, des integrierten Verbindens, der sequentiellen Organisation und der Konsolidierung besondere Beachtung erfahren.

Nach BRUNER soll Lehren vor allem darauf zielen, Problemlösesituationen zu arrangieren, die eine aktiv-selbständige Informationsverarbeitung und eine generalisierende Organisation der Wissensstruktur herausfordern sowie von extrinsischer zu intrinsischer Motivierung mit einer positiven Einstellung zu eigenständiger geistiger Arbeit führen.

Eine weitere Unterscheidung bei den kognitionstheoretischen Ansätzen kann sich darauf beziehen, ob der Akzent mehr auf einer themenorientierten Ausprägung kognitiver Strukturen liegt oder auf generellen Entwicklungsperspektiven. Bei den Entwicklungsperspektiven lassen sich Konzepte, die vor allem auf die intellektuelle Entwicklung zielen (vgl. z.B. SCHRODER/ DRIVER/ STREUFERT 1975), von Konzepten unterscheiden, welche die sozial-moralische Entwicklung betonen (vgl. z.B. KOHLBERG/ TURIEL 1978). Bei beiden Entwicklungsperspektiven geht es darum, Lernen durch Aufgaben beziehungsweise Fälle anzuregen, zu deren Bearbeitung Anforderungen bewältigt werden müssen, die etwas oberhalb des zunächst vorhandenen Entwicklungsstandes liegen. Die Auseinandersetzung mit den Aufgaben beziehungsweise Fällen ist dann so zu gestalten, dass die Lernenden mit Gesichtspunkten beziehungsweise Perspektiven konfrontiert werden, die auf eine Weiterentwicklung des Ausgangsniveaus zielen.

Konzepte der intellektuellen und sozial-moralischen Entwicklung legen folgende Forderungen für die Gestaltung von Lernprozessen nahe:

(1) Der Lernprozess soll durch Aufgaben beziehungsweise Fälle angeregt werden, die zwar zum Zwecke eines angemessenen Verständnisses auf den gegenwärtigen Entwicklungsstand abgestimmt sind, zugleich aber über diesen mit ihren Anforderungen hinausweisen, sodass ein „Ungleichgewicht" entsteht, das nur durch den Einbezug neuer Perspektiven oder Denkweisen wieder in einen „Gleichgewichtszustand" überführt werden kann.

(2) Entwicklungsprozesse müssen als längerfristige Prozesse begriffen werden, die erst über die Auseinandersetzung mit verschiedenen Aufgaben beziehungsweise Fällen und Situationen zu einer generellen Umstrukturierung im Sinne des Erreichens einer nächsten Entwicklungsstufe führen.

Bei aller Bedeutung, die von kognitionstheoretischen Ansätzen der individuellen Verarbeitung von Informationen beim Lernen zugemessen wird, halten sie doch konsequent an der Wechselwirkungsannahme zwischen externen Bedingungen und internen Verarbeitungsprozessen fest. Damit ist die Position verbunden, dass das Lernen durch Konfrontation mit Aufgaben sowie durch Lernhilfen und Instruktion angeleitet werden kann. Die Möglichkeit der Anleitung von Lernprozessen wird allerdings aus einer anderen Perspektive – und zwar der konstruktivistischen – wesentlich skeptischer eingeschätzt. Konstruktivistische Lerntheorien betonen noch stärker als kognitionstheoretische die Bedeutung, die der individuellen Wahrnehmung und Verarbeitung von Erlebnissen in der Umwelt zukommt. Im konstruktivistischen Verständnis strukturiert das Individuum Situationen, in denen es sich befindet, im Sinne einer „bedeutungstragenden Gestalt" und gestaltet zugleich die Situation in Wahrnehmung und Handeln mit. Erkenntnisse sind danach individuelle Konstruktionen von Wirklichkeit auf der Basis subjektiver Erfahrungen. Auch empirisches Wissen gilt zunächst nur als eine subjektive Konstruktion von Wirklichkeit, die allerdings über sprachliche Verständigungsprozesse zu einer sozialen Wirklichkeitskonstruktion führen kann (vgl. MATURANA/ VARELA 1987).

Die konstruktivistische Auffassung ist – insbesondere in ihren radikalen Ausprägungen mit der Ablehnung instruktionaler Komponenten im Lernprozess – umstritten. Mittlerweile zeichnet sich eine „pragmatische Zwischenposition" (MERRILL 1991) ab, die sich auch in dem Konzept des situierten Lernens widerspiegelt, das sich vor allem in der angloamerikanischen Diskussion entwickelt hat (vgl. z.B. COLLINS/ BROWN/ NEWMAN 1989, COGNITION AND TECHNOLOGY GROUP AT VANDERBILT 1997). Für die Gestaltung von Lernumgebungen fassen MANDL/ GRUBER/ RENKL (2002) die Gemeinsamkeiten entsprechender Ansätze in den folgenden grundlegenden Merkmalen zusammen (vgl. S. 139 ff.):

– komplexe Ausgangsprobleme: Ein für die Lernenden interessantes und intrinsisch motivierendes Problem soll den Ausgangspunkt für das Lernen bilden,
– Authentizität und Situiertheit: Durch authentische und realistische Probleme soll ein Anwendungskontext für das zu erwerbende Wissen bereitgestellt werden,
– multiple Perspektiven: Das zu Lernende soll in mehrere Kontexte eingebettet werden, sodass es später flexibel auf neue Situationen übertragen werden kann,
– Artikulation und Reflexion: Problemlöseprozesse sollen verbal beschrieben und hinsichtlich ihrer Bedeutung für unterschiedliche Zusammenhänge reflektiert werden,
– Lernen im sozialen Austausch: Dem sozialen Kontext soll im Sinne kooperativen Lernens ein besonderer Stellenwert zugemessen werden.

Mit diesen Forderungen werden zugleich viele Übereinstimmungen zwischen didaktischen Ansätzen im engeren Sinne (siehe Abschnitt 9.2.1) und den lehr-lerntheoretischen Ansätzen sichtbar. Darüber hinaus hat die konstruktivistische Sichtweise von Lernprozessen zur Entwicklung einer eigenständigen konstruktivistischen Didaktik geführt (vgl. REICH 2004). Wesentliche Forderungen für die Gestaltung von Lehr-Lernprozessen aus diesem Ansatz lauten:

(1) Lernende sollen die Möglichkeit haben, in den Unterricht ihre individuellen Vorstellungen, Sinn- und Bedeutungskonstruktionen einzubringen und diese mit den Vorstellungen beziehungsweise Konstruktionen der Mitschülerinnen und Mitschüler zu vergleichen. Der Vergleich soll auch eine Prüfung im Hinblick auf die Angemessenheit von Konstruktionen für die Lösung von Problemen umfassen.

(2) Lerninhalte sollen aus verschiedenen Perspektiven und mit unterschiedlichen Methoden erschlossen werden. In damit verbundenen Reflexionen soll die Situationsgebundenheit und Vorläufigkeit vorhandener Konstruktionen erfahren werden.

Die verschiedenen lehr-lerntheoretischen und entwicklungsorientierten sowie didaktischen Ansätze lassen die Frage nach der empirischen Bewährung unterschiedlicher Annahmen zum Lehr-Lernprozess aufkommen.

9.2.3 Ergebnisse empirischer Lehr-Lernforschung

Die bisherigen Darstellungen waren im Wesentlichen konzeptioneller Art. Zum Teil sind mit den konzeptionellen Ansätzen jedoch empirisch prüfbare Annahmen verbunden. Im Folgenden soll der Blick deshalb in besonderer Weise auf die empirische Lehr-Lernforschung gerichtet werden.

Die empirische Unterrichtsforschung hat sehr unterschiedliche Fragen verfolgt. Der „Suche nach dem idealen Lehrer" folgte die „Suche nach der idealen Methode" (vgl. EINSIEDLER 1981). Dabei wurden die Fragestellungen jeweils ausdifferenziert, beispielsweise wurde die Frage nach der idealen Methode zunächst dahingehend relativiert, dass es „die" ideale Methode an sich nicht gibt. Bestimmte Methoden erweisen sich nur unter bestimmten Bedingungen als günstig oder weniger günstig. Solche Bedingungen können Unterrichtsziele, Unterrichtsinhalte, Lernvoraussetzungen, Lehrpersonen, Medien, schulische Rahmenbedingungen oder Ähnliches sein (vgl. z.B. TULODZIECKI 1973, EINSIEDLER 1981). So ist beispielsweise für Lernende mit geringen Vorkenntnissen und schwächeren Lernfähigkeiten eine gute Strukturierung des Unterrichts sehr wichtig, während Lernende mit besseren Voraussetzungen unter Umständen durch offenere Unterrichtsformen stärker profitieren. Dabei darf eine gute Strukturierung des Unterrichts allerdings *nicht* mit Frontalunterricht gleichgesetzt werden. Eine gute Strukturierung des Unterrichts kann in vielfältigen methodischen Formen des Unterrichts erreicht werden (vgl. dazu TULODZIECKI/ HERZIG/ BLÖMEKE 2004, S. 79 ff.).

Wenn auch unbestritten ist, dass Lehren und Lernen durch komplexe Zusammenhänge und Wechselwirkungen gekennzeichnet sind, ist bis heute in der Lehr- und Lernforschung das so genannte Prozess-Produkt-Paradigma vorherrschend (vgl. DITTON 2002, S. 201). In Untersuchungen nach dem Prozess-Produkt-Paradigma geht es vor allem um Zusammenhänge zwischen beobachtbaren Merkmalen des Unterrichtsprozesses und dem Lernerfolg – in der Regel als fachliche Leistung verstanden. Dabei besteht unter anderem zwar die Gefahr, dass interne Prozesse bei den Lernenden zu wenig Beachtung finden, dass einzelne Merkmale von Unterrichtsprozessen zu isoliert betrachtet werden und dass die Ergebnisse unter Umständen keine hinreichende theoretische Basis haben (vgl. z. B. KÖNIG/ ZEDLER 1998, S. 79 ff.). Dennoch kommt DITTON insgesamt zu folgender – letztlich auch von uns geteilter – Einschätzung: „Trotz aller Kritik entstammt diesem Paradigma eine breite Fülle an Untersuchungen mit teils stabilen Ergebnissen. In einer Zusammenschau weisen die Ergebnisse der Prozess-Produkt-Forschung auf eine Reihe bedeutsamer Faktoren guten Unterrichts hin. Dazu gehören die Klarheit und Verständlichkeit sowie Sequenzierung und Strukturierung des Unterrichts, (positive) Verstärkung, Zeit- beziehungsweise Klassenmanagement sowie die Motivierungsqualität und Adaptivität des Unterrichts (bezüglich Schwierigkeits- und Anspruchsniveau sowie Unterrichtstempo)." (2002, S. 202). In ähnliche Richtung weisen auch die Ergebnisse anderer Studien, beispielsweise der „Mathematik-Gesamterhebung Rheinland-Pfalz" (HELMKE/ JÄGER 2002). Die Erhebung wurde in allen achten Klassen des Landes Rheinland-Pfalz durchgeführt. Dabei kamen sowohl anwendungs- als auch lehrplanbezogene Aufgaben zum Einsatz. Der Vergleich von sehr guten mit sehr schwachen Klassen sollte helfen, guten und schlechten Unterricht hinsichtlich seiner Merkmale zu bestimmen. Als entscheidende Merkmale guten Unterrichts erwiesen sich (vgl. HELMKE/ JÄGER 2002): eine auf Verständnis zielende Aufgabenkultur, die Motivierung der Schüler durch Herstellen von Alltagsbezügen, innere Leistungsdifferenzierung mit Sicherung eines Grundverständnisses für alle, Arbeit in Kleingruppen, durchschaubare Strukturierung der Unterrichtseinheiten, hohe Leistungserwartungen mit häufigen schriftlichen Lernerfolgskontrollen, effiziente Klassenführung mit eindeutigen Verhaltensregeln und Ausschöpfung der Lernzeit.

Vor dem Hintergrund dieser Ergebnisse soll im Folgenden der von uns in dem Band „Gestaltung von Unterricht" dargestellte und vertretene handlungs- und entwicklungsorientierte Ansatz mit seinen Empfehlungen für die Anregung und Unterstützung von Lernprozessen in aller Kürze als integrativer Ansatz zusammenfassend dargestellt werden (vgl. TULODZIECKI/ HERZIG/ BLÖMEKE 2004).

9.2.4 Das Konzept eines handlungs- und entwicklungsorientierten Unterrichts als integrativer Ansatz

Geht man zunächst von expliziten oder impliziten normativen Überlegungen in didaktischen und lehr-lerntheoretischen sowie entwicklungsorientierten Ansätzen aus, lässt sich feststellen, dass die Anregung und Unterstützung von Lernprozessen unter die Leitidee eines sachgerechten, selbstbestimmten und kreativen Handelns in humaner und sozialer Verantwortung gestellt werden sollte (vgl. auch KLAFKI 1985, S. 29 f., TULODZIECKI 1996, S. 50)

Ein solches Handeln ist von verschiedenen Bedingungen abhängig. Dazu zählen insbesondere

– die Bedürfnislage von Kindern und Jugendlichen sowie ihre jeweilige Lebenssituation,
– der Erfahrungs- und Kenntnisstand der Lernenden in Bezug auf die jeweiligen Anforderung sowie
– das Niveau der intellektuellen und sozial-moralischen Entwicklung.

Auf dieser Grundlage gilt als generelle Forderung an Unterricht,

– dass die Bedürfnislage und die Lebenssituation von Kindern und Jugendlichen zu beachten sind,
– dass der Erfahrungs- und Kenntnisstand den Bezugspunkt für Lernprozesse darstellen sollte und es im Unterricht um dessen Weiterentwicklung geht und

– dass mit der Weiterentwicklung des Erfahrungs- und Kenntnisstandes eine Förderung des intellektuellen und sozial-moralischen Urteilsniveaus angestrebt werden sollte.

Fasst man vor diesem Hintergrund didaktische sowie lehr-lerntheoretische und entwicklungsorientierte Überlegungen sowie Schlussfolgerungen aus zentralen empirischen Ergebnissen für die Anregung und Unterstützung entsprechender Lernprozesse zusammen, so lässt sich feststellen, dass Lehren und Lernen durch folgende Merkmale gekennzeichnet sein sollten (vgl. MANDL/ GRUBER/ RENKL 2002, TULODZIECKI 1996, S. 108 ff.):

(1) Bedeutsame Aufgabe mit angemessenem Komplexitätsgrad als Ausgangspunkt: Lehren und Lernen sollen jeweils von einer – für die Lernenden – bedeutsamen *Aufgabe* ausgehen. Solche Aufgaben können beispielsweise Erkundungsaufgaben, Probleme, Entscheidungsfälle, Gestaltungs- und Beurteilungsaufgaben sein. Sie sollen einerseits für eine Auseinandersetzung mit einem Thema motivieren und zugleich vorhandenes Wissen und Können als Basis für den folgenden Lernprozess aktivieren.

(2) Verständigung über Ziele und Vorgehensweisen: Die Lernenden sollen an der *Planung von Lehren und Lernen* durch gemeinsame Überlegungen und Vereinbarungen zu Zielen und Vorgehen in angemessener Weise beteiligt sein.

(3) Selbsttätige und kooperative Auseinandersetzung mit bedeutsamen Aufgaben beziehungsweise Inhalten: Lehren soll eine *eigenaktive* und *kooperative Auseinandersetzung* der Lernenden mit einer Aufgabe ermöglichen, indem – auf der Basis geeigneter Informationen beziehungsweise Grundlagen – selbstständig Lösungswege entwickelt und erprobt werden. Dabei soll es zu einer Korrektur, Ausdifferenzierung oder Erweiterung vorhandenen Wissens und Könnens kommen.

(4) Vergleich und Systematisierung: Lehren soll den *Vergleich* unterschiedlicher Lösungen sowie eine *Systematisierung* anstreben. Verschiedene Lösungs- oder Handlungsmöglichkeiten sollen diskutiert und zusammenfassend eingeordnet werden.

(5) Anwendung und Reflexion des Gelernten: Lehren und Lernen sollen auf die *Anwendung* angemessener Kenntnisse und Vorgehensweisen sowie deren Weiterführung und *Reflexion* zielen. So können eine Integration von neuen Kenntnissen und Fähigkeiten und ihre kritische Einordnung erreicht werden.

Mit Bezug auf diese Merkmale bietet es sich an, im Unterricht die folgenden Phasen zu berücksichtigen (vgl. TULODZIECKI/ HERZIG/ BLÖMEKE 2004, S. 101 ff.):

(1) Einführung einer bedeutsamen Aufgabenstellung mit angemessenem Komplexitätsgrad als Erkundungsaufgabe, als Problem, als Entscheidungsfall, als Gestaltungs- oder als Beurteilungsaufgabe, Herstellen von Erfahrungsbezügen, spontane Lösungsvorschläge und Problematisierung, sodass den Lernenden die in der Aufgabe liegenden Schwierigkeiten bewusst werden,

(2) Vereinbarung von Zielen mit einer Besprechung der Bedeutsamkeit des zu Lernenden für die gegenwärtige oder zukünftige Lebenssituation der Schülerinnen und Schüler,

(3) Verständigung über Vorgehensweisen mit einer Zusammenstellung von Fragen, die geklärt werden müssen, um die Eingangsaufgabe lösen zu können, und mit Absprachen, wie die Fragen bearbeitet werden sollen, welche Informationsquellen heranzuziehen sind und so weiter,

(4) Erarbeitung von Grundlagen für Aufgabenlösungen unter Nutzung verschiedener Informationsquellen, dabei ist unter Umständen eine innere Differenzierung nach unterschiedlichen Lernwegen sinnvoll, wobei allerdings Basisqualifikationen für alle gesichert werden müssen,

(5) Aufgabenlösung, indem erarbeitete Grundlagen auf die Eingangsaufgabe bezogen werden und so Erkundungsergebnisse zusammengestellt oder Problemlösungen, Entscheidungen, Gestaltungen oder Beurteilungen von den Schülerinnen und Schülern entwickelt werden,

(6) Vergleich von Aufgabenlösungen beziehungsweise Lösungswegen, wobei die Schülerinnen und Schüler ihre Arbeitsergebnisse vorstellen, vergleichend diskutieren und Rückmeldungen erhalten, ehe eine systematische Zusammenfassung des Gelernten erfolgt,

(7) Anwendung, indem Anwendungsaufgaben, die auf Verständnis und Transfer des Gelernten zielen, eingebracht und bearbeitet werden, wobei sich unter Umständen Differenzierungen nach dem Schwierigkeitsgrad anbieten, mit anschließender Vorstellung und Besprechung von Lösungen beziehungsweise Lösungswegen,

(8) Weiterführung, indem Fragen, welche die Lernenden noch ergänzend und erweiternd interessieren, aufgenommen und bearbeitet werden, wobei unter Umständen Differenzierungsmaßnahmen angebracht sind, ehe der Lernweg und das Lernergebnis reflektiert werden.

Die verschiedenen Phasen können in ihrer Abfolge zugleich als ein idealtypischer Ablauf verstanden werden. Dieser ist jedoch nicht als starres Schema des Vorgehens, sondern nur als flexibles Grundmuster zu verstehen.

9.3 Zusammenfassung und Anwendung

Die Aufgabe des Anregens und Unterstützens von Lernprozessen stellt eine zentrale Anforderung für Lehrerinnen und Lehrer dar. Die Bedeutung dieser Anforderung wird besonders dadurch unterstrichen, dass die Schule aus gesellschaftlicher Perspektive in Gegenwart und Zukunft der wichtigste Lernort für alle Kinder und Jugendlichen ist und bleiben sollte. Damit ist die Anregung und Unterstützung von Lernprozessen nicht nur als individuelle Aufgabe der einzelnen Lehrperson zu verstehen, sondern zugleich als eine zentrale Aufgabe der gesamten Schule. Deshalb bedarf es innerhalb der Schule einer Verständigung über gemeinsame Grundsätze für Lehren und Lernen unter Beachtung der jeweils geltenden Richtlinien und Lehrpläne.

Anregungen für die Formulierung gemeinsamer Grundsätze für Lehren und Lernen bieten didaktische, lehr-lerntheoretische und entwicklungsorientierte Ansätze sowie Ergebnisse der empirischen Unterrichtsforschung. Solche Ergebnisse lassen sich in dem Konzept eines handlungs- und entwicklungsorientierten Ansatzes als Versuch einer integrativen Betrachtungsweise zusammenfassen. Im Sinne dieses Ansatzes sind für Lehr-Lernprozesse folgende Phasen wichtig: Einführung einer bedeutsamen Aufgabe, Vereinbarung von Zielen, Verständigung über das Vorgehen, Erarbeitung von Grundlagen für die Aufgabenlösung, Durchführung der Aufgabenlösung, Vergleich und Zusammenfassung, Einführung von Anwendungsaufgaben und ihre Bearbeitung, Weiterführung und Reflexion.

Vor dem Hintergrund der Überlegungen in den grundlegenden Informationen können Sie sich nun Ihren ersten Vorschlag zu Grundsätzen für das Lehren und Lernen in einer Schule mit dem Ziel der Verankerung im Schulprogramm noch einmal vornehmen. Überdenken Sie bitte Ihre anfangs formulierten Grundsätze und nehmen Sie gegebenenfalls Änderungen, Ergänzungen oder Erweiterungen vor. Diskutieren Sie Ihre Überlegungen – wenn möglich – in einer Lerngruppe.

10| Lern- und Leistungskontrollen als schulische Aufgabe von Lehrpersonen

10.1 Einleitende Hinweise und Fragestellungen

Im institutionellen Rahmen von Schule gelten die Überprüfung des Lernerfolgs und seine Bewertung – neben dem Lehren beziehungsweise Unterrichten und dem Erziehen sowie der Mitwirkung an der Schulentwicklung – als wichtige Aufgaben. Schon während des Unterrichtsverlaufs entsteht – mit Bezug auf die Lernaktivitäten der Schülerinnen und Schüler – die Frage nach dem Lernerfolg. Bei Klassenarbeiten tritt die Lern- und Leistungskontrolle ganz in den Mittelpunkt. Außerdem wird von Lehrerinnen und Lehrern zunehmend eine Beteiligung an Parallel- oder Vergleichsarbeiten beziehungsweise Lernstandserhebungen gefordert. Darüber hinaus gilt es, weitere Formen der Erfassung, Feststellung und Einschätzung von Lernergebnissen und Lernentwicklungen zu ermöglichen, beispielsweise Projektdokumentationen, Kompetenzeinschätzungen, Lerntagebücher oder Portfolios mit der Zusammenstellung von selbst erstellten Produkten sowie deren Einordnung und Reflexion. Wird die Lernerfolgskontrolle in Form einer Prüfung durchgeführt, müssen die Leistungen ausdrücklich durch freie verbale Bewertungen, durch Bewertungen mit vorgegebenen Kategorien oder durch Ziffernoten eingeschätzt werden. Dabei stellt sich jeweils die Frage, wie die Schülerinnen und die Schüler bei Entscheidungen und Umsetzungen zur Erfassung, Feststellung und Bewertung von Lernleistungen einbezogen werden können und sollen. Auf der Basis mehrerer Lern- und Leistungskontrollen sind schließlich Zeugnisse zu verfassen, in denen Entwicklungsaspekte und/oder Zustandsbewertungen dominieren können. Dies kann in Form von Zifferzeugnissen, frei formulierten Gutachten oder Gutachten mit vorgegebenen Kategorien (Rasterzeugnissen) sowie in Mischformen geschehen.

Wie immer die Erfassung, die Feststellung und die Bewertung von Lernleistungen erfolgen – für die Kinder und Jugendlichen haben sie eine außerordentlich große Bedeutung, entscheiden sie in unserem Bildungssystem doch darüber, ob angestrebte Abschlüsse erreicht und weitere Bildungschancen eröffnet oder verwehrt werden.

Vor diesem Hintergrund ist es nicht verwunderlich, dass gerade die Überprüfung des Lernerfolgs und seine Bewertung – wie keine andere Aufgabe von Lehrpersonen und Schule – in einer spannungsreichen Diskussion stehen und in unserem Bildungssystem zum Teil mit Widersprüchlichkeiten belastet sind. Auf drei dieser Spannungsverhältnisse sei einleitend in aller Kürze verwiesen:

(1) Kinder und Jugendliche sollen sowohl aus der Sicht übergreifender Bildungsziele als auch aus der Sicht eines wirkungsvollen Lernens als Subjekte ihrer Lernprozesse verstanden werden, während Lernerfolgskontrollen die Gefahr in sich tragen, dass Kinder und Jugendliche zu Objekten externer gesellschaftlicher Leistungskontrolle werden. Diese Gefahr ist besonders dann gegeben, wenn Schülerinnen und Schüler in Leistungskontrollen Anforderungen ausgesetzt sind, deren Sinnhaftigkeit ihnen verschlossen bleibt und auf die sie kaum Einfluss nehmen können beziehungsweise zu denen keine Verständigung stattgefunden hat. Demgegenüber ist es aus der Sicht eines auf Mündigkeit und Autonomie zielenden Bildungsprozess wünschenswert, dass Kinder und Jugendliche an der Leistungserfassung, Leistungsfeststellung und Leistungsbewertung in angemessener Weise beteiligt werden. Dies legt auch eine konstruktivistische Sicht des Lernprozesses nahe, bei der Wissen und Können, Einstellungen und Handlungsdispositionen als subjektive Konstruktionen des Individuums begriffen werden, die zwar durch sozialen Austausch beziehungsweise durch Kommunikation auf ihre Angemessenheit geprüft, aber nicht im Sinne einer Übernahme von außen vorgegebener Normen vermittelt werden können.

(2) Ein weiteres Spannungsverhältnis ist in der Widersprüchlichkeit der Anforderungen begründet, einerseits Kinder und Jugendliche individuell so zu fördern, dass ihnen im Sinne von Chancengerechtigkeit alle Möglichkeiten in ihrem Leben offenstehen, und andererseits ihre Leistungen bewerten zu müssen und damit – gewollt oder ungewollt – einen Beitrag zu Selektionsentscheidungen zu liefern. Diese Widersprüchlichkeit hängt unter anderem damit zusammen, dass Zeugnisse im Kontext gesellschaftlicher Funktionen von Schule – unabhängig davon, ob sie als Wort- oder Zifferzeugnisse zu formulieren sind – von jeher eine Berechtigungs- oder Selektionsfunktion haben (vgl. dazu auch Abschnitt 3.2.1). Allerdings betrifft diese Selektionsfunktion in der Ursprungssituation und bis heute vor allem die unteren Bevölkerungsschichten und ist insofern schichtspezifisch verzerrt. Das heißt unter anderem, dass Kinder aus unteren Bevölkerungsschichten zwar grundsätzlich die Chance auf höhere Bildungsabschlüsse haben, dafür jedoch Anforderungen gerecht werden und Anstrengungen unternehmen müssen, denen Kinder aus höheren Schichten nicht in gleichem Maße ausgesetzt sind. So verwundert es auch nicht, dass Kinder beziehungsweise Jugendliche aus unteren Schichten bis heute bei den höheren Bildungsabschlüssen deutlich unterrepräsentiert und damit benachteiligt sind (vgl. dazu Abschnitt 10.2.1 und SACHER 2001, S. 8).

(3) Ein drittes Spannungsverhältnis ist mit der Übertragung des gesellschaftlichen Leistungsprinzips auf die Schule verbunden. Das gesellschaftliche Leistungsprinzip bedeutete in seiner bürgerlichen Ausprägung im 18. und 19. Jahrhundert zunächst, dass die gesellschaftliche Position eines Menschen und seine Lebenschancen nicht durch seine Geburt (wie in der ständischen Gesellschaft) festgelegt sein sollten, sondern durch das, was er leistet. Insofern entsprach das Leistungsprinzip als Verteilungsprinzip für Berufs- und Verdienstchancen, für Besitz und Einfluss zunächst dem Gleichheitspostulat der Französischen Revolution und bekam für das Bürgertum eine emanzipatorische Funktion. In dem Maße, wie das Leistungsprinzip dann später vom Bürgertum genutzt wurde, um im eigenen Sinne zu bestimmen, was als Leistung gelten sollte, und damit zugleich die eigenen Privilegien gegen das nachdrängende Proletariat zu verteidigen, wurde allerdings sein ideologischer Charakter offenbar (vgl. SACHER 2001, S. 3 ff.). Im Zusammenhang mit solchen gesellschaftlichen Entwicklungen wurde das Leistungsprinzip auf die Schule übertragen. Damit ist – auch abgesehen von der Notwendigkeit, den jeweiligen Leistungsbegriff ideologiekritisch zu prüfen – grundsätzlich das Problem verbunden, inwieweit es überhaupt zulässig und sinnvoll ist, ein gesellschaftliches Orientierungsmuster für die Schule zu übernehmen.

Im Bewusstsein solcher Spannungsverhältnisse und Widersprüchlichkeiten bleibt es Aufgabe von Lehrpersonen, im Bereich der Erfassung, der Feststellung und Bewertung von Lernleistungen unter angemessenem Einbezug von Schülerinnen und Schülern im Schulalltag zu handeln.

Versetzen Sie sich vor diesem Hintergrund bitte in die Situation eines Lehrerkollegiums, das für seine Schule Grundsätze für die Erfassung, Feststellung und Bewertung von Lernleistungen entwickeln möchte. Die Grundsätze sollen allen Kolleginnen und Kollegen als Richtlinien für den Bereich der Leistungskontrolle dienen.
Schreiben Sie bitte spontan einige Grundsätze auf, die Ihnen wichtig erscheinen.
Um die von Ihnen spontan formulierten Grundsätze weitergehend zu reflektieren und gegebenenfalls auszudifferenzieren oder zu ergänzen beziehungsweise zu modifizieren, bietet es sich an, zunächst folgenden Fragen nachzugehen:

– Welche Funktionen haben Lern- und Leistungskontrollen in Schule und Gesellschaft?
– Welche Möglichkeiten gibt es, Lern- und Leistungskontrollen zu gestalten?
– Welchen Gütekriterien sollten Lern- und Leistungskontrollen genügen?
– Welche Schritte bieten sich zur Entwicklung einer Lern- und Leistungskontrolle an?

Die Bearbeitung dieser Fragen bietet Hilfen, um Lern- und Leistungskontrollen in angemessener Weise zu gestalten und zu verwenden. Bei aller oben aufgezeigten Problematik dieses Feldes sollen dabei Möglichkeiten aufgezeigt werden, wie man unter den gegebenen und auf absehbarer Zeit zu erwartenden Rahmenbedingungen in reflektierter Weise handeln kann.

10.2 Grundlegende Informationen

10.2.1 Funktionen von Lern- und Leistungskontrollen

Als wichtige Vorläufer heutiger Zeugnisse werden die sogenannten Benefizzeugnisse angesehen, die im 16. Jahrhundert ausgestellt wurden (vgl. SACHER 2001, S. 7). Benefizzeugnisse waren für Schüler mittelloser Eltern oder vaterlose Kinder wichtig, um gegebenenfalls in eine Klosterschule aufgenommen zu werden und dort beispielsweise einen Freitisch zu erhalten, das heißt, kostenlos verpflegt zu werden. Dabei sagten Benefizzeugnisse vor allem etwas über den Fleiß und die allgemeine Führung beziehungsweise das Wohlverhalten des Empfängers aus. Während Kinder bemittelter Eltern kein solches Zeugnis benötigten, um in eine Klosterschule aufgenommen zu werden, eröffnete es für Kinder mittelloser Eltern – in einer Zeit, in der die Bildungschancen von der sozialen Herkunft abhingen – die Möglichkeit zum Besuch einer Klosterschule. Mit der Eröffnung von Bildungschancen war zugleich eine gewisse Auslesefunktion verbunden, denn nur die – über ein Benefizzeugnis – ausgewählten Kinder aus armen sozialen Schichten wurden in die Klosterschule aufgenommen (vgl. ZIEGENSPECK 1999, S. 65 f.).

Ein ausgeprägtes Prüfungs- und Beurteilungswesen entwickelte sich zunächst im 16. und 17. Jahrhundert vor allem an jesuitischen Schulen. Im staatlichen Schulwesen setzte es sich erst im 18. und 19. Jahrhundert durch, wobei davon zunächst die höheren Schulen, dann die Realschulen und schließlich die Volksschulen betroffen waren. Bei den höheren Schulen spiegelte sich von Anfang an die Auslesefunktion von Zeugnissen wider. Das 1788 in Preußen eingeführte Abiturientenexamen diente zunächst vor allem einer Auslese von begabten Schülern aus ärmeren Schichten der Bevölkerung, während es Mitgliedern wohlhabender Schichten lange Zeit möglich war, auch ohne Abiturientenzeugnis an einer Universität zu studieren. Immerhin hatten so Abiturienten aus ärmeren Schichten die Chance, ein Stipendium für das Studium an der Universität zu erhalten. Erst in den dreißiger Jahren des 19. Jahrhunderts setzte der Zugang zur Universität in den meisten deutschen Staaten das Reifezeugnis voraus. Damit wandelte sich die Funktion des Reifezeugnisses: die Auslesefunktion wurde stärker durch die Berechtigungsfunktion überlagert (vgl. ZIEGENSPECK 1999, S. 68 ff.).

Während das Abiturientenzeugnis bis heute mit der Auslese und Berechtigung für ein Universitätsstudium verbunden ist, kann der Ursprung des Realschulzeugnisses unter anderem im Kontext militärischer Berechtigungen gesehen werden. Das Zeugnis hat sich aus Entlassungsprüfungen für Realschulen in Preußen entwickelt, deren erfolgreicher Abschluss bis zum ersten Weltkrieg – wie der Abschluss der zehnten Klasse des Gymnasiums – unter anderem dazu berechtigte, einen einjährigen Militärdienst mit Zugang zur Reserveoffizierslaufbahn und damit zum Offizierscorps zu absolvieren (vgl. auch Abschnitt 2.2.1 und 2.2.4). Deshalb wurde das Zeugnis zunächst als das „Einjährige" bezeichnet. Mit der Einführung der Reichswehr nach dem ersten Weltkrieg entfiel der einjährig-freiwillige Militärdienst. Die Bezeichnung „Einjähriges" wurde durch den Begriff der „Mittleren Reife" abgelöst. Diese galt als Zugangsvoraussetzung für den mittleren Verwaltungsdienst. Aufgrund der Fragwürdigkeit des Begriffs „Mittlere Reife" wird seit 1938 offiziell auf diese Bezeichnung verzichtet und vom Abschlusszeugnis der Realschule oder vom Realschulzeugnis gesprochen. Insgesamt kamen und kommen einem Realschulzeugnis – im Vergleich zu dem früheren Volksschulzeugnis – erweiterte Berufs- und Bildungsmöglichkeiten und damit die Funktionen der Auslese und Berechtigung zu. (vgl. ZIEGENSPECK 1999, S. 72, REBLE 1964, S. 248)

Demgegenüber war mit dem Volksschulzeugnis keine besondere Auslese- oder Berechtigungsfunktion verbunden. Es diente vielmehr und vor allem dazu, die Einhaltung der Schulpflicht zu kontrollieren, und zwar als Abschlusszeugnis (nach ordnungsgemäßem Durchlaufen aller Volksschulklassen) oder als Abgangszeugnis (wenn die Schulpflicht zwar erfüllt, aber nicht alle Klassen durchlaufen wurden).

Die Entwicklung des Zeugnis- und Prüfungswesens ist zum einen dadurch gekennzeichnet, dass – neben der Beurteilung charakterlicher Eigenschaften – die Leistungsbewertung stärker in den Vordergrund rückte. Zum anderen ist eine Tendenz vom beschreibenden Wortzeugnis zur Verwendung der Zifferzensur erkennbar (vgl. ZIEGENSPECK 1999, S. 73 ff.). Des Weiteren führte die Entwicklung dazu, dass immer mehr gesellschaftliche und dann auch pädagogische Funktionen auf Zeugnis und Zensur übertragen wurden. So registriert zum Beispiel DOHSE (1996) im Rückblick, dass die Auslese- und Kontrollfunktionen von Zeugnissen im Ablauf der Geschichte zunächst mit einer rechtlichen Funktion im Sinne von rechtlich notwendigen Voraussetzungen für bestimmte Bildungsgänge verbunden wurden (vgl. auch Abschnitt 2.2.1 und 2.2.2). Des Weiteren kamen eine Anreizfunktion im Sinne der Motivierung, eine Zuchtfunktion im Sinne der Disziplinierung und eine Orientierungsfunktion im Sinne der Information über Anforderungen und Leistungsstand hinzu (vgl. ebd., S. 53 f.).

Insgesamt lassen sich die Funktionen von Lern- und Leistungskontrollen beziehungsweise von Zensur und Zeugnis vor dem Hintergrund der historischen Entwicklung in unterschiedlicher Weise klassifizieren. So unterscheidet und problematisiert SACHER (2001) beispielsweise die Funktionen der Selektion und Stigmatisierung, der Sozialisation, der Legitimation, der Kontrolle, der Prognose, der Information und Rückmeldung, der Disziplinierung, der Lehr- und Lerndiagnose sowie der Lern- und Leistungserziehung (vgl. ebd., S. 9 ff.). ZIEGENSPECK (1999) erläutert die Orientierungs- und Berichtfunktion, thematisiert Zensuren und Zeugnisse als Beratungsanlässe, problematisiert pädagogische Funktionen wie Motivierung und Leistungserziehung und diskutiert die Auslese-, Rangierungs- und Berechtigungsfunktion.

Vor dem Hintergrund solcher Klassifizierungsfunktionen unterscheiden wir in Anlehnung an BEINER (1982) folgende Funktionsbereiche (vgl. ebd., S. 21 ff.):

Motivierung und Disziplinierung:

Das Bewusstsein, dass Gelerntes überprüft und kontrolliert wird, soll Schülerinnen und Schüler zum Lernen anspornen. Allerdings ist die Motivierung auf Dauer davon abhängig, ob die Schülerinnen und Schüler mit ihren Anstrengungen auch positive Rückmeldungen erzielen, ansonsten besteht die Gefahr der Demotivierung (vgl. auch Punkt 4 im Abschnitt 10.2.2). Mit der Motivierung sollen Lern- und Leistungskontrollen Schülerinnen und Schüler zu einem disziplinierten Arbeitsverhalten anleiten. Dabei ist es wichtig, dass Lern- und Leistungskontrollen nicht als Mittel der Drohung oder Bestrafung genutzt werden – weil sich sonst eine generell negative Grundeinstellung gegenüber diesen ausbilden kann –, sondern als Anregung und Unterstützung für ein kontinuierliches Lernen.

Orientierung und Sozialisierung:

Lern- und Leistungskontrollen sollen Lernenden Orientierungen über das vermitteln, was von ihnen verlangt wird. Hiermit kann unter anderem eine Orientierung im Hinblick auf Leistungsanforderungen in der Gesellschaft verbunden sein. Insofern ist mit der Orientierungsfunktion zugleich eine Sozialisationsfunktion verbunden. Aus pädagogischer Sicht ist allerdings bedeutsam, dass entsprechende Orientierungen nicht einfach implizit durch Lern- und Leistungskontrollen vermittelt, sondern ausdrücklich im Unterricht thematisiert und reflektiert werden sollten. Dabei ist es – wie eingangs bereits angesprochen – wichtig, den gesellschaftlichen Leistungsbegriff nicht unreflektiert auf Lernprozesse zu übertragen. Es geht vielmehr darum, einen angemessenen pädagogischen Leistungsbegriff zu entwickeln (vgl. dazu die Ausführungen weiter unten).

Diagnose und Rückmeldung:

Durch Lern- und Leistungskontrollen soll der Leistungsstand im Hinblick auf bestimmte Zielvorstellungen festgestellt und eine Rückmeldung über den Leistungsstand ermöglicht werden. Diese Rückmeldung ist zunächst für die Lernenden selbst, aber auch für die Lehrperson und die Eltern, unter Umständen auch für gesellschaftliche Institutionen wichtig. Allerdings setzen Diagnose und Rückmeldung, die den Lernenden zeigen sollen, was sie bereits können und was sie noch nicht können, und die der Lehrperson als Grundlage weiterer Unterrichtsplanung dienen, differenzierte Leistungsfeststellungen und Leistungsbewertungen voraus, die weit über die Vergabe einer bloßen Zifferzensur hinausgehen. Letztere sind zu pauschal, um daraus gezielte Lernaktivitäten ableiten zu können (vgl. dazu Abschnitt 10.2.4).

Vorhersage und Berechtigung:

Die Ergebnisse von Lern- und Leistungskontrollen, zum Beispiel ausgedrückt in Wortgutachten oder Noten, sollen eine Prognose über den wahrscheinlichen Erfolg (oder Misserfolg) für den weiteren Bildungs- oder Berufsweg ermöglichen. Im Zusammenhang damit werden in unserer Gesellschaft mit dem Erreichen bestimmter Abschlüsse einzelne Berechtigungen vergeben. So ist das Abitur beispielsweise die übliche Voraussetzung für ein Studium an einer Universität. Allerdings zeigen verschiedene Untersuchungen, dass die Schulnoten keine hinreichende Sicherheit für Vorhersagen bieten und insofern in ihrer Aussagekraft sehr begrenzt sind. Dies hängt unter anderem auch damit zusammen, dass mit der Betonung der Vorhersagefunktion von Zensuren die Entwicklungsfähigkeit von Kindern und Jugendlichen unterschätzt wird.

Einordnung und Auslese:

Die Ergebnisse von Lern- und Leistungskontrollen eignen sich dazu, die Lernenden einzuteilen, und zwar in solche, die eine bestimmte Leistung gezeigt oder nicht gezeigt, eine Prüfung bestanden oder nicht bestanden haben. Die Vergabe von Leistungspunkten oder Zensuren ermöglicht es darüber hinaus, die Lernenden in eine Rangfolge nach der erreichten Punktzahl oder Note zu bringen. Vor allem dann, wenn für bestimmte Bildungs- oder Berufswünsche nur eine begrenzte Zahl von Plätzen vorhanden ist, können solche Rangfolgen für die Auslese von Bewerberinnen und Bewerbern genutzt werden. Damit werden zugleich den abgewiesenen Bewerberinnen und Bewerbern bestimmte Bildungs- oder Berufschancen versagt.

Diese kurzen Ausführungen zu verschiedenen Funktionen von Lern- und Leistungskontrollen verweisen noch einmal auf die eingangs angesprochenen Spannungsverhältnisse, in denen die Kontrolle beziehungsweise Bewertung von Lernleistungen stehen. Diese sind insgesamt durch den potenziellen Widerspruch zwischen Selbstbestimmung und Fremdbestimmung, zwischen größtmöglicher Förderung und einer begrenzten Zahl begehrter Positionen, zwischen dem Recht des Kindes und Jugendlichen auf erfüllte Gegenwart sowie freie Entfaltung der Persönlichkeit und den gesellschaftlichen Ansprüchen und Bedingungen gekennzeichnet. Im Kontext solcher Widersprüche ist auch die Frage des gesellschaftlichen Leistungsbegriffs zu thematisieren. So charakterisieren beispielsweise BARTNITZKY/ CHRISTIANI (1987, S. 8) den gesellschaftlichen Leistungsbegriff durch die Merkmale: produktorientiert, konkurrenzorientiert und ausleseorientiert. Demgegenüber fordern sie in Anlehnung an KLAFKI (1985) einen pädagogischen Leistungsbegriff, der orientiert ist
– an individuellen Lern- und Entwicklungsprozessen der Kinder und Jugendlichen (und nicht nur an Lernprodukten beziehungsweise -ergebnissen),
– an der Entwicklung von sozialem Verhalten und Kooperation (statt an Konkurrenzdenken und rivalisierendem Lernen),
– an den Prinzipien des Ermutigens und Förderns (statt an Auslese beziehungsweise Selektion) (vgl. BARTNITZKY/ CHRISTIANI 1987, S. 8).

Mit dieser Beschreibung eines pädagogischen Leistungsbegriffs wird einerseits zwar anerkannt beziehungsweise nicht verschleiert, dass es auch in der Schule um Leistung geht, andererseits wird mit der Entgegensetzung zu einem gesellschaftlichen Leistungsbegriff erneut die Problemlage deutlich, in der sich die schulische Leistungskontrolle befindet.

Diese wird – vor allem hinsichtlich der Selektionsfunktion – noch dadurch verstärkt, dass Leistungspunkte und Noten die notwendigen Gütekriterien nicht in hinreichender Weise erfüllen, um weitreichende Selektionsentscheidungen zu rechtfertigen (vgl. Abschnitt 10.2.3 und SACHER 2001, S. 29 ff.). Hinzu kommt, dass die Selektionsentscheidungen im Bildungssystem zum Teil zu früh angesetzt sind, dass bis heute für die Selektion der sozio-ökonomische Hintergrund der Kinder oder Jugendlichen von ausschlaggebender Bedeutung ist, dass unter Umständen Probleme des Arbeitsmarktes auf die Leistungsbewertung des Bildungssystems übertragen werden und dass der einzelnen Lehrperson eine zu weit reichende Verantwortung für den Bildungs- und Berufsweg der Schülerinnen und Schüler aufgebürdet wird.

Die obigen Überlegungen zu ausgewählten Funktionen von Lern- und Leistungskontrollen, von Zensur und Zeugnis und ihrer Kritik verweisen darauf, welch große Bedeutung dieser Aufgabe im Schulalltag zukommt. Dies wirft die Frage auf, welche Konsequenzen sich aus der aufgezeigten Problematik ergeben und welche Möglichkeiten zu einer – den Rechten des Kindes und Jugendlichen angemessenen – Wahrnehmung dieser Aufgabe überhaupt gegeben sind.

10.2.2 Möglichkeiten der Beschreibung und Erfassung sowie der Feststellung und Bewertung von Lernleistungen

Wenn Lernleistungen bewertet werden sollen, müssen sie zunächst beschrieben, erfasst und festgestellt werden. Insgesamt ergeben sich so folgende Fragen:
– Wie können erwünschte Lernleistungen beschrieben werden?
– In welcher Form lassen sich Lernleistungen erfassen?
– Wie können erbrachte Lernleistungen festgestellt beziehungsweise gemessen werden?
– Was ist bei der Bewertung von Lernleistungen zu beachten?

Solche Fragen setzen zwar voraus, dass Leistungen überhaupt erfasst werden sollen, sie stellen sich grundsätzlich jedoch unabhängig davon, ob die Lernerfolgskontrolle nur von der Lehrperson oder unter Beteiligung der Schülerinnen und Schüler, gegebenenfalls auch nur durch die Lernenden durchgeführt werden soll. Außerdem stellen diese Fragen keine Vorentscheidung zu der jeweiligen Form dar. Insbesondere gelten sie grundsätzlich sowohl für frei zu formulierende Gutachten und eigene Dokumentationen sowie Selbstreflexionen der Lernenden als auch für Bewertungen mit vorgegebenen Kategorien oder mit Noten.

Zur Beschreibung wünschenswerter Lernleistungen
Angestrebte Lernleistungen werden in der Regel in Form von Lernzielen beschrieben.
Für die Lernzielformulierung lassen sich verschiedene Abstraktionsgrade, Lernzieldimensionen und Lernzielstufen unterscheiden.
Beim Abstraktionsgrad kann man differenzieren zwischen
– Richtzielen, zum Beispiel: eine positive Einstellung zur Demokratie gewinnen.
– Grobzielen, zum Beispiel: die Hochsprungtechnik des Fosbury-Flop beherrschen.
– Feinzielen, zum Beispiel: von zehn Gemälden, die per Diaprojektion gezeigt werden, mindestens sieben der jeweiligen Kunstepoche zuordnen können.

Als Lernzieldimensionen lassen sich in Anlehnung an BLOOM und andere (1977) affektive, kognitive und psychomotorische Zielbereiche nennen. So ist das obige Ziel „eine positive Einstellung zur Demokratie gewinnen" ein affektives Lernziel, das Ziel „den Fosbury-Flop beherrschen" ein psychomotorisches Lernziel und das Ziel „Gemälde der jeweiligen Kunstepoche zuordnen können" ein kognitives Lernziel.

Innerhalb der einzelnen Lernzieldimensionen können verschiedene Lernzielniveaus oder -stufen unterschieden werden. Beispielsweise unterscheiden ANDERSON/ KRATHWOHL (2001) in einer Weiterentwicklung der Lernzieltaxonomie von BLOOM und andere (1977) für den kognitiven Bereich zunächst zwischen Wissen und kognitiven Prozessen. Beim Wissen werden vier Kategorien genannt:
– Faktenwissen, zum Beispiel: das Jahr der Krönung von Karl dem Großen zum Kaiser nennen können,

– Konzeptuelles Wissen, zum Beispiel: Grundbegriffe der Mechanik und ihre Zusammenhänge beschreiben können,

– Prozedurales Wissen, zum Beispiel: Vorgehen bei einer empirischen Untersuchung erläutern können,

– Metakognitives Wissens, zum Beispiel: Problemlösestrategien skizzieren können.

Bei kognitiven Prozessen werden unterschieden:

– Erinnerung, zum Beispiel: die Hauptaussage einer unterrichtlich behandelten Novelle rekonstruieren können,

– Verstehen, zum Beispiel: ein Diagramm, das den Zusammenhang zweier Variablen zeigt, richtig interpretieren können,

– Anwenden, zum Beispiel: drei Textaufgaben mit verschiedenen bekannten und unbekannten Größen auf der Basis des Ohmschen Gesetzes richtig lösen können,

– Analyse, zum Beispiel: einen Dokumentarfilm im Hinblick auf die mit ihm verbundenen Interessen untersuchen und die Interessen herausfinden können,

– Bewertung, zum Beispiel: eine eigenständige Stellungnahme beziehungsweise Einschätzung nach mehreren Kriterien zu einem politischen Kommentar abgeben können,

– Gestaltung, zum Beispiel: einen Versuchsplan zur Überprüfung einer Hypothese in einem Experiment selbstständig entwickeln können.

Insgesamt gibt es zur Frage der Lernziele und ihrer Formulierung unterschiedliche Einschätzungen. Einerseits wird betont, dass ein Nachdenken über Lernziele wichtig für ein angemessenes Anspruchsniveau und eine sinnvolle Zielorientierung des Unterrichts ist; andererseits wird mit Blick auf die Unterrichtsplanung die Gefahr einer zu großen Vorab-Festlegung des Unterrichtsprozesses gesehen – insbesondere wenn die Ziele als Feinziele formuliert werden. Aus der Sicht einer Lern- und Leistungskontrolle stellt sich dieses Problem allerdings nicht, weil der Unterrichtsablauf *im Rückblick* reflektiert werden kann und die zu formulierenden Aufgaben ohnehin einen noch höheren Konkretisierungsgrad aufweisen als ein Feinziel.

Unabhängig von unterschiedlichen Einschätzungen dieser Art bleibt es wichtig, die Schülerinnen und Schüler schon bei der Unterrichtsgestaltung in den Prozess der Zielbeschreibung im Sinne von Zielvereinbarungen einzubeziehen. In Projektphasen kann ihnen unter Umständen die Zielformulierung auch ganz überlassen bleiben (vgl. zur Umsetzung z.B. TULODZIECKI/ HERZIG/ BLÖMEKE 2004, S. 101 ff., BOHL 2004, S. 89 ff.).

Betrachtet man den Lernprozess insgesamt, müssen über die Lernziele einzelner Unterrichtseinheiten und Unterrichtsreihen hinaus, die zu entwickelnden Kompetenzen und die in diesem Zusammenhang anzustrebenden Leistungsstandards beachtet werden. Den damit zusammenhängenden Fragen ist ein eigenes Kapitel in diesem Buch gewidmet, sodass hier auf weitere Ausführungen dazu verzichtet werden kann (vgl. Kapitel 7).

Zur Erbringung und Erfassung von Lernleistungen

Für eine Feststellung und Bewertung von Lernleistungen müssen diese zunächst einmal geäußert und erfasst werden. Die Lernleistungen können grundsätzlich in drei Varianten erbracht werden: in schriftlicher, in mündlicher oder in praktischer Form.

Bei der *schriftlichen Form* bearbeiten die Lernenden Aufgaben, in denen sie Gedanken beziehungsweise Lösungen aufschreiben. Die Aufgaben können dabei gebundener oder ungebundener beziehungsweise freier Art sein. Bei gebundenen Aufgaben werden verschiedene Antwortmöglichkeiten vorgegeben, zwischen denen die Lernenden auswählen können oder die sie in bestimmter Weise anordnen sollen. Bei ungebundenen Aufgaben muss die Antwort von den Lernenden selbst formuliert werden (vgl. z.B. BEINER 1982, S. 165 ff., SACHER 2001, S. 114 ff.; dort sind auch Beispiele für die verschiedenen Aufgabenformen zu finden).

Mündliche Lern- und Leistungskontrollen bestehen darin, dass die oder der Lernende etwas in sprechender Weise darstellt beziehungsweise auf Fragen in mündlicher Weise antwortet. In Prüfungssituationen werden die mündlichen Leistungen in der Regel durch ein Protokoll festgehalten. Aufgrund der direkten Kommunikation zwischen Prüfenden und Prüflingen können die Fragen jeweils an das Leistungsniveau angepasst werden.

Als dritte Form der Lern- und Leistungskontrolle bietet sich in manchen Fällen die praktische Lernerfolgskontrolle an. Bei *praktischen Lern- und Leistungskontrollen* ist aufgrund einer Aufgabenstellung ein Produkt zu erstellen, beispielsweise eine Collage, oder eine Situation zu gestalten, zum Beispiel ein Rollenspiel, oder ein Bewegungsablauf auszuführen, zum Beispiel Hochsprung. Als Leistungsindikatoren können dabei Merkmale des Prozesses, der zu einem bestimmten Produkt oder Ergebnis führt, und/oder das Produkt oder Ergebnis selbst und/oder die Präsentation eines Ergebnisses dienen.

Jede Form der Lern- und Leistungskontrolle hat bestimmte Vorzüge und Probleme. Diese zeigen sich unter anderem, wenn man einzelne Formen im Hinblick auf ihre Eignung zur Überprüfung bestimmter Ziele und Inhalte in den Blick nimmt. Beispielsweise lässt sich die Frage, ob jemand eine bestimmte Hochsprungtechnik beherrscht, letztlich nur durch eine praktische Prüfung und nicht durch eine schriftliche oder mündliche Prüfung feststellen. Letztere würden nur die Beschreibung und Einschätzung von Bewegungsabläufen, jedoch nicht ihre Ausführung kontrollierbar machen.

Bei der Darstellung der verschiedenen *Erbringungsformen* von Lernleistungen ist bereits deutlich geworden, dass die Lernleistungen in unterschiedlicher Weise *erfasst* werden können. So lassen sich verschiedene Formen unterscheiden, in denen die *erfasste Leistung* vorliegen kann, unter anderem als

– schriftliche Prüfungsleistung, zum Beispiel als Klausur oder Facharbeit,
– Protokoll, zum Beispiel von einer mündlichen Prüfung,
– Beobachtungsbogen, zum Beispiel zur Erfassung bestimmter Merkmale oder Kategorien bei praktischen Prüfungen,
– Ton- oder Videoaufzeichnung, zum Beispiel von mündlichen oder praktischen Prüfungen,
– erstelltes Produkt, zum Beispiel als Ergebnis einer praktischen Prüfung,
– schriftliche Dokumentation, zum Beispiel im Zusammenhang eines Projektes,
– Mischform, zum Beispiel im Rahmen eines Portfolios.

Mit der jeweiligen Form der Leistungserfassung sind – wie mit der jeweils zugrunde liegenden Prüfungsform – unterschiedliche Möglichkeiten und Probleme verbunden. Auch dabei sind Vorteile und Nachteile abzuwägen. So hätten Tonaufzeichnung und Transkription einer mündlichen Prüfung den Vorteil einer präzisen Dokumentation, wären jedoch gegenüber einem einfachen Protokoll um vieles aufwändiger. Letztlich verlangt die Entscheidung für bestimmte Formen der Leistungserbringung beziehungsweise Leistungserfassung eine Abwägung unter verschiedenen Kriterien. (vgl. dazu Abschnitt 10.2.3 und 10.2.4).

Zur Feststellung beziehungsweise Messung von Lernleistungen
Wenn die Leistung in einer der oben genannten Formen erfasst worden ist beziehungsweise vorliegt, stellt sich die Frage, wie sie im Sinne der Leistungsfeststellung charakterisiert werden kann. Auch hier bieten sich verschiedene Möglichkeiten an. Eine – in vielen Fächern verwendete – Form ist die Zuteilung von Punkten. Dabei wird eine erfasste Leistung durch Punkte ausgedrückt. Eine andere Möglichkeit der Leistungsfeststellung ist die Charakterisierung der Leistung in verbaler Form. Dabei wird die Leistung nach bestimmten Gesichtspunkten, zum Beispiel sachlicher Gehalt eines Aufsatzes oder Aufbau und Gliederung, in Worten beschrieben. Eine dritte Möglichkeit der Leistungsfeststellung ist mit der Verwendung von Schätzskalen gegeben. Dabei wird eine Leistung hinsichtlich einzelner Kategorien eingeschätzt. Beispielsweise kann der Grad der selbstständigen Leistung bei einer Klausur als „sehr hoch", „hoch", „mittel", „gering" oder „sehr gering" eingeschätzt werden. Entsprechende Leistungsfeststellungen können grundsätzlich von der Lehrperson oder von den Lernenden selbst oder auch gemeinsam vorgenommen werden. Die jeweils gewählte Form der Leistungsfeststellung ist von verschiedenen Gesichtspunkten abhängig. Diese reichen von inhaltlichen und fachlichen Aspekten über ziel- und voraussetzungsbezogene Fragen bis zu institutionellen Rahmenvorgaben (vgl. z.B. Baumann/ Dehn 2004).

Im weitesten Sinne des Wortes handelt es sich bei allen Formen der Leistungsfeststellung um eine Messung. Grundsätzlich ist eine Messung dadurch gekennzeichnet, dass ein Sachverhalt in einen Bezug zu einer Bezugseinheit gesetzt wird. Bei der Messung der Länge einer Strecke, der Masse eines Körpers oder der Temperatur eines Gegenstandes ist dies offensichtlich. Mit entsprechenden Maßeinheiten für Längen, Massen oder Temperaturen liegen genau definierte Bezugseinheiten vor. Bei der Messung von Lernleistungen ist dies ungleich schwieriger, weil es keine generell anwendbaren Bezugseinheiten gibt und diese für die jeweilige Leistungsmessung erst definiert werden müssen. Ehe darauf näher eingegangen wird, ist zunächst wichtig, dass sich ein Messvorgang auf unterschiedliche Skalenniveaus beziehen kann. Diese lassen sich durch folgende Fragen charakterisieren (vgl. Beiner 1982, S. 28):

– Ist ein bestimmtes Merkmal, beispielsweise Wissen zum Hebelgesetz, vorhanden oder nicht vorhanden?
– Bis zu welchem Grad ist ein bestimmtes Merkmal ausgeprägt, beispielsweise Ausmaß des Verständnisses des Hebelgesetzes? Oder: Welche von zwei Merkmalausprägungen ist größer?

– Wie groß ist der Unterschied zwischen zwei Merkmalausprägungen, beispielsweise Umfang des Wissens in zwei unterschiedlichen Klausuren?
– Wie groß ist das Verhältnis zweier Merkmalausprägungen? Ist es beispielsweise möglich festzustellen, ob ein Schüler in einem Gebiet doppelt so viel weiß wie ein anderer Schüler?

Im Falle der ersten Frage spricht man von einer Messung auf Nominalskalenniveau. So kann man beispielsweise auszählen, wie viele Gesichtspunkte ein Lernender bei der Auseinandersetzung mit einem Thema berücksichtigt hat oder wie viele Schülerinnen und Schüler einer Klasse über ein zuvor definiertes Wissen verfügen.

Bei der zweiten Frage geht es um eine Messung auf Ordinal- oder Rangskalenniveau. Dabei kann der Ausprägungsgrad einer Schülerleistung bestimmt werden, beispielsweise bis zu welchem Grad ein Lernender ein bestimmtes Verfahren beherrscht (beispielsweise „vollständig", „zum größeren Teil", „in mittlerer Weise", zum „geringeren Teil" oder „gar nicht"). Außerdem können die Leistungen verschiedener Schülerinnen und Schüler im Vergleich zueinander in eine Rangfolge gebracht werden.

Die Beantwortung der dritten Frage setzt die Definition einer Maßeinheit voraus, mit der Unterschiede präzise beschrieben werden, etwa in der Form: Heute ist es 3° Celsius kälter als gestern. Hier spricht man von Intervallskalenniveau.

Bei der Beantwortung der vierten Frage braucht man neben einer Maßeinheit einen absoluten Nullpunkt der Maßskala: Wenn dieser gegeben ist, spricht man von einer Rational- oder Verhältnisskala. So kann man zum Beispiel feststellen: Strecke X ist doppelt so lang wie Strecke Y. Allerdings wäre es bei Verwendung der Celsius-Temperaturskala falsch zu sagen, es sei doppelt so warm, wenn die Temperatur von 3° C auf 6° C gestiegen ist, weil die Celsius-Temperaturskala keinen absoluten Nullpunkt aufweist.

Bei der Messung von Lernleistungen muss man davon ausgehen, dass in der Regel nur eine Messung auf dem Ordinal- oder Rangskalenniveau möglich ist. So sind durchaus Formulierungen folgender Art für Lernleistungen möglich:

– Die Schülerin A verfügt über ein umfangreicheres Wissen zu Grundstrukturen der Datenverarbeitung als Schüler B.
– Der Schüler C verfügt über geringere Fähigkeiten, naturwissenschaftliche Gesetzesaussagen auf Alltagsphänomene zu beziehen, als die Schülerin D.

Das Rangskalenniveau einer Messung wird direkt offenbar, wenn man mit einer Schätzskala arbeitet, also zum Beispiel eine Leistung auf einer Fünferskala von „umfangreiche Kenntnisse" bis „keine Kenntnisse" einschätzt.

Auch wenn die verbale Beschreibung einer Leistung oder die Einschätzung auf einer Schätzskala durch Punktzuordnungen ersetzt wird, ändert dies in der Regel nichts an der Tatsache, dass damit letztlich nur das Rangskalenniveau erreicht wird. Allerdings können Punktzuordnungen helfen, die Rangskalenmessung zu präzisieren. Deshalb soll im Folgenden kurz auf Möglichkeiten der Punktzuordnung eingegangen werden. Solche Punktzuordnungen werden in der gängigen Praxis von den *Lehrpersonen* vorgenommen, grundsätzlich können Schülerinnen und Schüler jedoch an Prozessen der Punktzuordnung beteiligt werden und sie unter Umständen auch selbst übernehmen.

Eine erste Möglichkeit der Punktzuordnung besteht darin, einer richtigen Lösung einen Punkt und einer falschen Lösung keinen Punkt zuzuordnen. Dieses Verfahren ist – wenn es auf alle Aufgaben einer Lern- und Leistungskontrolle angewendet wird – nur dann vertretbar, wenn alle Aufgaben den gleichen Komplexitätsgrad haben und Abstufungen in Lösungsvarianten nicht sinnvoll sind.

Bei unterschiedlichem Komplexitätsgrad von Aufgaben besteht die Möglichkeit, die Lösungen oder Teillösungen gemäß dem Komplexitätsgrad zu gewichten. Dazu kann beispielsweise die Taxonomie der kognitiven Lernziele herangezogen werden. Diese lässt sich unter anderem so benutzen, dass eine richtige Lösung auf der Ebene des Erinnerns einen Punkt, auf der Ebene des Verstehens zwei Punkte, auf der Ebene der Anwendung drei Punkte und so weiter erhält.

Die in der Regel am ehesten zu empfehlende Art der Punktzuweisung ist nach unserer Auffassung eine Analyse der erwünschten Lösung hinsichtlich der erforderlichen gedanklichen Schritte oder hinsichtlich der zu berücksichtigenden Gesichtspunkte. Wenn zum Beispiel zur Lösung einer Aufgabe sieben gedankliche Schritte vollzogen werden müssen, können bei einer richtigen Lösung sieben Punkte vergeben werden. Oder: Wenn für eine Stellungnahme zu einem Ereignis drei Kriterien berücksichtigt werden sollen und jedes Kriterium im Hinblick darauf diskutiert werden soll, ob es voll, zum Teil oder gar nicht erfüllt ist, dann liegt es bei einer vollständigen Stellungnahme nahe, 3 (Kriterien) x 3 (Ausprägungsgrade) = 9 Punkte zu vergeben. Je nach der Bedeutung der Vollständigkeit oder Richtigkeit einer Lösung ist zu überlegen, ob für vollständige beziehungsweise richtige Lösungen weitere Punkte vergeben werden.

Es sei noch einmal ausdrücklich betont, dass die Zuordnung von Punkten zwar ein häufiges Verfahren der Leistungsfeststellung in der Praxis darstellt, dabei jedoch nur als eine von verschiedenen Möglichkeiten gelten kann. Vor allem für sehr komplexe Schülerleistungen mit besonderen individuellen oder kreativen Anteilen – etwa für freie Aufsätze, komplexe Bewegungsabläufe oder künstlerische Produkte und Leistungen – ist es unter Umständen angemessen, die Leistungsfeststellung mit Hilfe von Schätzskalen oder freien Berichten beziehungsweise Kommentaren vorzunehmen (vgl. dazu z.B. BOHL 2004, S. 41 ff.).

Zur Bewertung von Lernleistungen

Neben der Leistungsfeststellung ist es im schulischen Alltag üblich und in vielen Fällen bei den gegebenen Rahmenbedingungen auch notwendig, die Leistung zu beurteilen beziehungsweise zu bewerten (vgl. dazu auch Abschnitt 10.2.1). Auch bei der Leistungsbewertung kann man grundsätzlich eine Bewertung durch die Lehrperson von einer Bewertung durch die Lernenden selbst unterscheiden.

Für die Bewertung durch eine Lehrperson ist in Deutschland – im Regelfall – die Vergabe einer Note vorgesehen. Dazu werden im schulischen Alltag die Noten von „sehr gut" bis „ungenügend" (1 bis 6) verwendet. Neben der Bewertung durch eine Note gibt es auch die Bewertung im Rahmen eines freien Wortgutachtens, die vor allem in den ersten Jahrgängen der Grundschule üblich ist. Darüber hinaus gibt es Lern- und Entwicklungsgutachten, bei denen unter anderem mit vorgegebenen Kategorien gearbeitet werden kann. Zum Teil werden frei oder mit Hilfe vorgegebener

Kategorien erstellte Einschätzungen auch in Kombination mit einem Zifferzeugnis vergeben (vgl. BOHL 2003, S. 552 ff. und 2004, S. 132 ff.).

Bewertungen, bei denen Lernende ihre eigenen Leistungen beurteilen, können ebenfalls als Noten oder im Sinne einer verbalen Beurteilung erfolgen. Beispielsweise kann ein Portfolio neben der Dokumentation eigener Leistungen, zum Beispiel im Bereich des Sprachenlernens, und ihrer Reflexion im Sinne der Leistungseinschätzung eine ausdrückliche Beurteilung des eigenen Leistungsstandes beziehungsweise der eigenen Lernfortschritte enthalten.

Eine transparente Leistungsbewertung setzt eine bewusste Entscheidung für eine reflektierte Bezugsnorm voraus. Wie wichtig eine entsprechende Reflexion ist, zeigt zum Beispiel folgende Überlegung:

In der Praxis wird in mehr oder weniger willkürlicher Form die Grenze für eine ausreichende Leistung häufig so gelegt, dass 50 Prozent der Gesamtpunktzahl erreicht werden müssen. Stellt man sich einmal vor, dass für eine Prüfung von Ärztinnen und Ärzten verlangt würde, dass (nur) 50 Prozent der Diagnosen richtig oder 50 Prozent der Operationen erfolgreich abgeschlossen sein müssten, oder dass für eine Prüfung von Piloten nur 50 Prozent der in einem Flugsimulator praktizierten Landungen erfolgreich verlaufen müssten, so wird die Problematik einer solchen 50 Prozent-Grenze unmittelbar einsichtig.

Somit stellt sich die Frage, wie eine pädagogisch sinnvolle Bezugsnorm für Leistungsbewertungen aussehen könnte. Um zu einer Antwort zu kommen, lassen sich zunächst drei grundsätzlich mögliche Bezugsnormen unterscheiden:

– Lehrziele als Bezugsnorm (kriteriale Bezugsnorm),
– Leistungsverteilung in einer Gruppe als Bezugsnorm (soziale Bezugsnorm),
– eigene frühere Leistungen als Bezugsnorm (individuelle Bezugsnorm).

Diese Bezugsnormen werden im Folgenden mit Bezug auf die zur Zeit dominante Praxis der Notengebung diskutiert. Allerdings bleiben die Überlegungen zu den Bezugsnormen auch relevant, wenn statt Ziffernoten Bewertungen in Form von freien oder kategoriengebundenen Gutachten vorgenommen werden. Auf die damit verbundene Diskussion gehen wir im Abschnitt 10.2.5 ausdrücklich ein.

Bei der *kriterialen Bezugsnorm* wird lehrzielbezogen eine Mindestleistung definiert. Diese ist für die Note „ausreichend" maßgebend. Danach können – ebenfalls lehrzielbezogen – eine befriedigende, gute und sehr gute sowie eine mangelhafte und ungenügende Leistung definiert werden. Beispielsweise könnte mit Rückgriff auf die Lernzieltaxonomie bei einer Lern- und Leistungskontrolle mit Aufgaben unterschiedlicher Niveaus festgelegt werden, dass für eine ausreichende Leistung mindestens die Erinnerungs- und Verstehensaufgaben richtig gelöst sein müssen, dass eine befriedigende Leistung zudem eine gewisse Anwendungsfähigkeit des Gelernten voraussetzt, eine gute Leistung durch eine umfassende Anwendungsfähigkeit gekennzeichnet ist und eine sehr gute Leistung Analyse- und Bewertungsfähigkeiten erforderlich macht.

Bei der kriterialen Bezugsnorm ergibt sich – neben der Transparenz der Anforderungen – die Notwendigkeit zu einer Reflexion der Anforderungen im Sinne ihrer Bedeutung und Angemessenheit. Zugleich schafft sie förderliche Bedingungen für die Kooperation, weil Noten nicht auf einem Vergleich zu anderen Schülerinnen und Schülern, sondern nur auf den erreichten Lernzielen beruhen.

Bei der *sozialen Bezugsnorm* werden die Noten dagegen mit Bezug auf die Leistungs-verteilung in einer Zielgruppe festgelegt. Dabei kann beispielsweise eine Leistungs-verteilung gemäß der so genannten Gauß'schen Normalverteilung angenommen wer-den (vgl. dazu z.B. SACHER 2001, S. 100 ff.). Die für die angenommene Normal-verteilung zugrunde liegende Stichprobe kann von einer Klasse bis zur repräsentati-ven Stichprobe für einen Schuljahrgang reichen.

Bei einer Notenverteilung nach der Gauß'schen Normalverteilung geht man von der Annahme aus, dass sich Leistungen derart verteilen, dass die meisten Leistungen im Mittelfeld einzuordnen sind und gute beziehungsweise sehr gute sowie schlechte be-ziehungsweise sehr schlechte Leistungen in geringerer Häufigkeit auftreten. Eine sol-che Annahme wird in der Testtheorie zum Beispiel bei Messung von Persönlichkeits-merkmalen zugrunde gelegt, bei denen vermutet wird, dass sie durch sehr viele Fak-toren bedingt sind, die insgesamt keiner unmittelbaren Steuerung unterliegen.

Wird die Gauß'sche Normalverteilung der Notengebung unterlegt, kann man mit Hilfe statistischer Maße die Anteile für die einzelnen Noten festlegen. So könnte man für die Notenbereiche zum Beispiel folgende Festlegung treffen (vgl. ebd., S. 100):

In einer nach der Punktzahl erstellten Rangreihe der Schülerleistungen, sollen
– die ersten 2,5 Prozent der Schüler ein „sehr gut" erhalten,
– die nächsten 13,5 Prozent ein „gut",
– die nächsten 34 Prozent ein „befriedigend",
– die nächsten 34 Prozent ein „ausreichend",
– die nächsten 13,5 Prozent ein „mangelhaft" und
– die letzten 2,5 Prozent ein „ungenügend".

Bei einer Rangreihe für beispielsweise 26 Schülerinnen und Schüler würde der Noten-spiegel stets so aussehen, dass ein Schüler ein „sehr gut" erhält, drei Schüler ein „gut" bekommen, jeweils acht Schülern ein „befriedigend" und ein „ausreichend" zuer-kannt wird, drei Schüler in ihren Leistungen mit „mangelhaft" bewertet werden und einer ein „ungenügend" erhält.

Eine solche – am Beispiel – demonstrierte Umsetzung einer sozialen Bezugsnorm macht die generelle Problematik dieser Bezugsnorm offensichtlich. Letztlich ist die Bewertung einer Leistung immer nur davon abhängig, wie gut oder schlecht die an-deren Schülerinnen und Schüler der Lern- oder Zielgruppe beziehungsweise der Stich-probe im Vergleich zur einzelnen Leistung sind. Die Note ist unabhängig vom Errei-chen eines inhaltlichen beziehungsweise lernzielbezogenen Gütemaßstabs. Die imp-lizite Nebenwirkung eines solchen Vorgehens könnte ein permanenter Konkurrenz-kampf zwischen den Schülerinnen und Schülern sein.

Außerdem hätte man das skizzierte Vorgehen schon unter dem Gesichtspunkt kriti-sieren können, dass die oben genannte testtheoretische Annahme zur Merkmals-verteilung (als Voraussetzung für die Verwendung der Gauß'schen Normalverteilung) bei der schulischen Leistungsmessung nicht vorliegt. Schulische Leistungsmessung soll ja stets auf einen Unterricht bezogen sein, in dem bewusst auf eine bestimmte Leistung hin gelernt beziehungsweise gesteuert wird. Aber auch wenn man von vornherein andere Annahmen über die Verteilung der Leistungen in einer Gruppe trifft oder wenn man nach Vorliegen aller Ergebnisse eine Mindestnorm so festlegt, dass ein bestimmter Anteil der Schülerinnen und Schüler mindestens „ausreichend" oder höchstens ein „mangelhaft" erhält, handelt es sich um eine soziale Bezugsnorm, sodass die oben aufgezeigte generelle Problematik dieser Bezugsnorm auch in diesen Fällen erhalten bleibt.

Des Weiteren gilt die generelle Problematik der sozialen Bezugsnorm unabhängig davon, ob für die Notenvergabe nur die Leistungen einer Klasse oder mehrerer Klassen oder sogar repräsentativer Stichproben als Bezugspunkte dienen. Stets bleibt die Note – ohne Beachtung von Lernzielbezügen – davon abhängig, wie gut oder schlecht die Leistungen der anderen Schülerinnen und Schüler sind.

Diese Kritikpunkte gelten in erster Linie für die Vergabe von individuellen Noten nach der sozialen Bezugsnorm. Die Kritikpunkte sollen nicht besagen, dass es generell unzulässig sei, individuelle Ergebnisse in Bezug auf Ergebnisse einer größeren Stichprobe einzuordnen, wie dies beispielsweise bei großen nationalen oder internationalen Vergleichstudien geschieht. Ein solcher Zusammenhang bedarf einer gesonderten Diskussion (vgl. dazu Kapitel 14 sowie BAUMERT/ STANAT/ DEMMRICH 2001, 34 ff.). Schließlich widersprechen die obigen Kritikpunkte nicht dem Anliegen, bei der Festlegung von Mindestnormen im Sinne der kriterialen Bezugsnorm die Leistungsmöglichkeiten und -fähigkeiten der jeweiligen Zielgruppe zu berücksichtigen. Dies ist im Sinne angemessener Schwierigkeitsgrade durchaus sinnvoll (vgl. SACHER 2001, S. 53 ff.).

Neben der kriterialen und der sozialen Bezugsnorm ist die *individuelle Bezugsnorm* zu nennen. Hier wird die aktuelle Leistung im Vergleich zu eigenen früheren Leistungen bewertet und danach beurteilt, ob die Leistungen besser oder schlechter geworden sind oder stagnieren. Eine individuelle Bezugsnorm würde auch schwächeren Schülerinnen und Schülern bei kleinen Leistungsverbesserungen eine positive Rückmeldung vermitteln und insofern für die Leistungsentwicklung sehr wichtig sein. Allerdings könnte auf Dauer die Orientierung an einer sachlichen Anforderung beziehungsweise einem inhaltlichen oder lernzielbezogenen Gütemaßstab erschwert werden, weil die Konfrontation mit solchen Normen bei alleiniger individueller Orientierung ausbliebe. Darüber hinaus gäbe es – in Abhängigkeit vom Entwicklungsstand der Kinder und Jugendlichen – Probleme mit der Vorstellung von einer „gerechten" Bewertung, weil das Gerechtigkeitsverständnis in bestimmten Entwicklungsphasen auf dem Gedanken der Gleichheit basiert, sodass die Bewertung ungleicher Leistungen mit gleicher Rückmeldung oder gar mit gleicher Note als ungerecht empfunden würde.

Insgesamt empfiehlt sich für den schulischen Zusammenhang letztlich die kriteriale Bezugsnorm, wobei diese nach unserer Auffassung – durch eine freie Kommentierung von Leistungen – mit Aspekten der individuellen Bezugsnorm verbunden werden sollte. Solche Verbindungen von kriterialer und individueller Bezugsnorm sind besonders für Länder wie Deutschland wichtig, in denen zum Beispiel im Vergleich zu skandinavischen Ländern schon viel früher und häufiger Noten vergeben werden. Generell lassen sich die Vorzüge und Probleme verschiedener Möglichkeiten bei einer Lern- und Leistungskontrolle im Aspekt so genannter Gütekriterien diskutieren. Auf diese soll im Folgenden eingegangen werden.

10.2.3 Gütekriterien für Lern- und Leistungskontrollen

Bei den bisherigen Überlegungen wurden verschiedene Möglichkeiten für zentrale Fragen der Lern- und Leistungskontrolle beschrieben. Dabei wurden Möglichkeiten der Erbringung einer Leistung, ihrer Erfassung, ihrer Charakterisierung beziehungsweise Feststellung sowie ihrer Bewertung unterschieden. So kann beispielsweise das Wissen eines Prüflings dadurch geprüft werden, dass er mit Hilfe einer Frage zu einer mündlichen *Äußerung* veranlasst wird, die dann in einem Protokoll schriftlich *erfasst* wird. Der Umfang, die Detailliertheit und Richtigkeit des Wissens lassen sich dann zum Beispiel durch eine Punktzahl oder mit Hilfe einer Schätzskala *feststellen*. Danach kann die festgestellte Leistung im Hinblick auf ein Lernziel *bewertet* werden.

Aus dieser kurzen Darstellung lässt sich schließen, dass eine Lern- und Leistungskontrolle, die in eine Bewertung einmünden soll, an verschiedenen Stellen mit Fehlern behaftet sein kann. Fehler können bereits im Verhältnis von Aufgabenstellung und Leistungserbringung auftauchen, sie können sich des Weiteren bei der Leistungserfassung, bei der Leistungsfeststellung und der Leistungsbewertung einschleichen. Um solche Fehler kontrollieren zu können, sind unter anderen zwei Vorgehensweisen wichtig:

a) Die verschiedenen Phasen einer Lern- und Leistungskontrolle sollten getrennt bedacht werden, insbesondere sollte die Leistungsfeststellung von der Leistungsbewertung getrennt werden und nacheinander in zwei Schritten erfolgen.

b) Lern- und Leistungskontrollen sollten unter Beachtung von Gütekriterien entwickelt beziehungsweise hinsichtlich ihrer Qualität reflektiert werden.

Auf die Forderung a) gehen wir im Abschnitt 10.2.4 näher ein. Zunächst sollen in aller Kürze wichtige Gütekriterien erläutert werden. Solche Gütekriterien sind: Objektivität, Reliabilität und Validität.

Unter *Objektivität* versteht man, dass das Ergebnis eines Vorgangs unabhängig von den Durchführenden ist. Dabei kann man die Durchführungsobjektivität von der Auswertungs- und der Interpretationsobjektivität unterscheiden (vgl. Sacher 2001, S. 23 f.). Die Durchführungsobjektivität bezieht sich darauf, dass eine Lernerfolgskontrolle, zum Beispiel in zwei Parallelklassen, unter gleichen Bedingungen, beispielsweise mit gleichen Hilfsmitteln, durchgeführt wird. Auswertungsobjektivität ist mit der Leistungsfeststellung verbunden und bedeutet beispielsweise, dass zwei oder mehr Gutachterinnen oder Gutachter für eine bestimmte Schülerleistung dieselbe Punktzahl vergeben. Wenn zwei oder mehr Gutachterinnen oder Gutachter für eine vorliegende Arbeit darüber hinaus zu derselben Note als Bewertung kommen, spricht man von Interpretationsobjektivität. Objektivität ist zugleich eine wichtige Voraussetzung für das Gütekriterium der Reliabilität.

Reliabilität bezeichnet die Zuverlässigkeit einer Leistungsfeststellung oder Leistungsbewertung. Empirisch kann sie zum Beispiel dadurch überprüft werden, dass man einen Test nach einer gewissen Zeit wiederholt oder zwei Tests mit gleichen Anforderungen parallel durchführt oder einen Test in zwei anforderungsgleiche Teile aufteilt und die Ergebnisse miteinander vergleicht. Je größer die Übereinstimmung zwischen den Ergebnissen ist, desto höher ist die Reliabilität. In schulischen Zusammenhän-

gen kann eine Reliabilitätsprüfung zum Beispiel auch darin bestehen, dass eine Lehrperson eine Aufsatzbeurteilung nach einem gewissen Zeitraum ohne Erinnerung an die zunächst abgegebene Note wiederholt (vgl. unter anderem SACHER 2001, S. 24.).
Validität betrifft die Frage, ob durch eine Lern- und Leistungskontrolle auch wirklich das festgestellt und bewertet wird, was festgestellt und bewertet werden soll. Wenn es beispielsweise die erklärte Zielvorstellung für einen Aufsatz wäre, kreative Ideen zu einer Frage zu entwickeln, so wäre es ein Verstoß gegen die Validität, wenn die Note stärker von den Rechtschreibleistungen als von den geäußerten Ideen abhinge.

Neben diesen drei Hauptkriterien werden noch die Nebengütekriterien der Ökonomie (vertretbarer Aufwand), der Nützlichkeit und Zumutbarkeit (angemessene Beanspruchung im Verhältnis zur Bedeutung) und der Akzeptanz (Übereinstimmung mit vorhandenen Einstellungen) genannt (vgl. SACHER 2001, S. 29).

Verschiedene empirische Untersuchungen und zusammenfassende Darstellungen gehen der Frage nach, ob die Hauptgütekriterien für die in der Schule praktizierte Notengebung erfüllt oder nicht erfüllt sind. Die durchgängige Schlussfolgerung lautet, dass die Gütekriterien bei der schulischen Leistungsbewertung in der Regel nicht beziehungsweise höchstens zum Teil erfüllt sind (vgl. z.B. INGENKAMP 1976, ZIEGENSPECK 1999, SACHER 2001). Schon bei der Objektivität gibt es erhebliche Probleme. So stellt zum Beispiel SACHER fest, dass die Koeffizienten für die Übereinstimmung zwischen den Auswerterinnen und Auswertern bei (psychologischen) Intelligenztests zwischen 0,95 und 0,99 (bei einem möglichen Minimum von 0,00 und einem möglichen Maximum von 1.00) liegen, während sie für schulische Leistungsbeurteilungen zwischen 0,35 und 0,85 schwanken (2001, S. 29 f.).

Als Gründe für die relativ geringe Erfüllung der Gütekriterien bei schulischer Leistungsbeurteilung (im Vergleich zu psychologischen Messungen) sind unter anderem verschiedene sachfremde Einflüsse sowie Urteilsfehler und Voreingenommenheiten nachgewiesen.

Sachfremde Einflüsse ergeben sich zum Beispiel daraus,
– welche Schulform, welche Schulstufe und welche spezielle Schule besucht wird,
– in welcher Schulklasse oder in welchem Kurs man sich befindet,
– in welcher Region oder in welchem Bundesland man zur Schule geht,
– welcher sozialen Schicht man angehört,
– welche Verhaltensmerkmale und welche äußeren Gewohnheiten man aufweist,
– wie sich die äußere Form einer Leistung darstellt (vgl. SACHER 2001, S. 32 f.).

Bei *Urteilsfehlern* kann man Strengefehler (zu schlechte Noten), Mildefehler (zu gute Noten), Tendenzen zur Mitte (vor allem mittlere Noten) oder Tendenzen zu Extremurteilen (vor allem entweder gute oder schlechte Noten) unterscheiden (vgl. ebd., S. 35).

Bei *Voreingenommenheiten* kann es sich handeln um:
– Reihungsfehler (Einfluss vorangehender Notenvergabe auf die aktuelle Beurteilung),
– logische Fehler (unreflektierter Schluss von einem bekannten Leistungsmerkmal, zum Beispiel gute Leistungen im Fach Physik, auf ein anderes, zum Beispiel die Leistungsbeurteilung in der Mathematik),

– Kontrast- oder Ähnlichkeitsfehler (unreflektierter Schluss von eigenen Fähigkeiten, zum Beispiel bei der Gedichtinterpretation, auf erwartete Fähigkeiten, zum Beispiel bei einer Schülerinterpretation),

– Halo-Effekte (Einfluss eines globalen Eindrucks, zum Beispiel dass ein Schüler generell als guter Schüler wahrgenommen wird, auf die Beurteilung einer speziellen Leistung, zum Beispiel eines aktuell zu bewertenden Aufsatzes),

– Erwartungs-Effekte (auch Pygmalion-Effekt genannt: Einfluss vorgefasster Erwartungen auf die Leistungsbeurteilung, zum Beispiel dass Kinder von Journalisten gute Aufsätze schreiben),

– Wissen-um-die-Folgen-Fehler (Einfluss des Wissens um Konsequenzen einer Note, zum Beispiel Nicht-Versetzung, auf die Notengebung, zum Beispiel mildere Beurteilung). (vgl. Bohl 2004, S. 66 ff., Beiner 1982, S. 103.)

Vor dem Hintergrund dieser Forschungslage stellt sich die Frage, was man tun kann, um Beeinträchtigungen der Gütekriterien entgegenzuwirken. Dazu sind eine Reihe von Maßnahmen denkbar, die hier allerdings nicht alle diskutiert werden können (zumal es dazu in der Literatur hilfreiche Empfehlungen gibt, vgl. Sacher 2001, S. 29 ff., Bohl 2004, S. 68 ff). Im Folgenden soll der Akzent auf die Frage gelegt werden, welche Schritte – mit Blick auf die Gütekriterien – für die Entwicklung einer Lern- und Leistungskontrolle aus unserer Sicht zu empfehlen sind.

10.2.4 Schritte zur Entwicklung einer Lern- und Leistungskontrolle

Für die Entwicklung einer Lern- und Leistungskontrolle werden in der Literatur verschiedene Schritte mit einem unterschiedlichen Grad an Differenzierung vorgeschlagen (vgl. z.B. Beiner 1982, S. 176 ff., Sacher 2001, S. 109 ff.). Ausgehend von solchen Überlegungen legen wir im Folgenden zusammenfassend acht Schritte zugrunde: Diese Schritte tragen der Situation Rechnung, dass die Entwicklung und Durchführung von Lernerfolgskontrollen – bei aller möglichen Beteiligung von Schülerinnen und Schülern – eine Aufgabe ist, der sich die Lehrperson angesichts gegebener institutioneller und gesellschaftlicher Rahmenbedingungen annehmen muss. Dies schließt nicht aus, dass bei einzelnen Schritten Schülerinnen und Schüler beteiligt werden. Mindestens sollte an geeigneten Stellen eine Verständigung mit den Lernenden erfolgen. Die Schritte sind als idealtypisches Grundmuster des Vorgehens gedacht, das in der Praxis flexibel gehandhabt werden sollte. Als wichtige Schritte können gelten:

(1) Auswahl der Inhalte und Formulierung der Lernziele
Hierbei sollen die Prüfungsinhalte und ihr Bearbeitungsniveau den Unterricht möglichst in repräsentativer Form abbilden. Bei Auswahlentscheidungen sollten Aufgaben, die für den weiteren Unterricht grundlegend sind, den Vorzug vor weniger grundlegenden Aufgaben erhalten. Außerdem sollten Aufgaben, die für die Lernenden in Bezug auf ihre Lebenswelt wichtig sind, Vorrang vor Aufgaben haben, die weniger bedeutsam sind.

Mit der Bestimmung der Prüfungsinhalte ist es wichtig, sich die Lernziele bewusst zu machen. Falls sie aufgrund vorheriger Unterrichtsplanung noch nicht in ausdrücklicher Form vorliegen, müssten sie für die Lern- und Leistungskontrolle formuliert werden.

(2) Wahl der Form der Lern- und Leistungskontrolle

Nach den Überlegungen im Abschnitt 10.2.2 kann man unterscheiden: die schriftliche Form, die mündliche Form und die praktische Form.

Die gewählte Prüfungsform sollte geeignet sein, die Inhalte beziehungsweise Lernziele zu überprüfen. Darüber hinaus soll sie der Art der Bearbeitung des Themas im Unterricht weitgehend entsprechen und eine angemessene Form der Leistungserfassung auch im Hinblick auf die spätere Leistungsfeststellung und Leistungsbewertung ermöglichen.

(3) Formulierung und Anordnung der Aufgaben

Für die Formulierung der Aufgaben bei einer schriftlichen Prüfung kann man – wie im Abschnitt 10.2.2 angesprochen – zwischen gebundenen und freien Antwortformen unterscheiden.

Die gewählten Aufgabenformen sollten den zu prüfenden Zielen und Inhalten angemessen und den Schülerinnen und Schülern aus dem Unterricht bekannt sein. Sie sollten verständlich und eindeutig formuliert sein und bezogen auf die Voraussetzungen der Lernenden einen angemessenen Schwierigkeitsgrad aufweisen. Für den Beginn einer Lernerfolgskontrolle sollten Aufgaben mit einem geringeren Schwierigkeitsgrad gewählt werden.

(4) Entwickeln einer Lösungsskizze

Eine Lösungsskizze kann der Lehrperson helfen, auf vorliegende Schwächen in der Aufgabenstellung aufmerksam zu werden, die Anforderungen – einschließlich der erforderlichen Zeiten – für die Schülerinnen und Schüler besser abschätzen zu können und eine Voraussetzung für eine reflektierte Leistungsfeststellung zu schaffen.

(5) Feststellung der Lernleistung

Die Feststellung der Lernleistung ist – wie die Überlegungen im Abschnitt 10.2.3 gezeigt haben – ein Messvorgang auf Rangskalenniveau. Dieser „Messvorgang" kann durch eine charakterisierende Beschreibung der Leistung, durch die Verwendung von Schätzskalen oder durch die Zuordnung von Punkten zu den Lösungen transparenter gemacht werden. Bei der Zuordnung von Punkten ist vor allem eine Zuordnung auf der Basis einer Analyse der richtigen Aufgabenlösung zu empfehlen.

(6) Festlegen der Bewertung

Die Bewertung sollte in der Regel nach der kriterialen Bezugsnorm erfolgen. Wünschenswert ist es, über geeignete Kommentare eine Kombination mit der individuellen Bezugsnorm herzustellen. Die Anwendung der kriterialen Bezugsnorm erfordert eine lernzielbezogene Festlegung der Noten.

Eine „automatische" Bewertung nach der 50 Prozent-Norm sowie eine Bewertung nach der sozialen Bezugsnorm sollten aus den in Abschnitt 10.2.2 erläuterten Gründen vermieden werden.

(7) Einschätzung nach Gütekriterien

Für eine Einschätzung einer Lern- und Leistungskontrolle bieten sich die Gütekriterien der Objektivität, der Reliabilität, der Validität und der Ökonomie an (vgl. Abschnitt 10.2.3).

(8) Durchführung und Reflexion

Sind die Schritte (1) bis (7) vollzogen, kann die Lern- und Leistungskontrolle durchgeführt werden. Liegen die Ergebnisse vor, sollte die Lern- und Leistungskontrolle insgesamt noch einmal reflektiert werden. Dazu können beispielsweise folgende Fragen bedacht werden: War die Lern- und Leistungskontrolle insgesamt den Voraussetzungen der Schülerinnen und Schüler angemessen? Waren die Aufgaben angemessen formuliert und zugeordnet? Haben sich die Einschätzungen zu den Gütekriterien bestätigt? Waren Schülerinnen und Schüler in den Prozess der Lernerfolgskontrolle in angemessener Weise einbezogen? Welche Änderungen sollten bei den Aufgabenstellungen, bei der Leistungsfeststellung oder bei der Leistungsbewertung bei einer nächsten Lern- und Leistungskontrolle gegebenenfalls vorgenommen werden? Welche Hinweise lassen sich für den vorlaufenden und nachfolgenden Unterricht gewinnen? Welchen Stellenwert hatte die Lern- und Leistungskontrolle im Kontext von Erziehungs- und Bildungsaufgaben insgesamt? Welche Alternativen wären denkbar gewesen? Wie sind diese gegebenenfalls aus pädagogischer und gesellschaftlicher Sicht zu bewerten?

Mit entsprechenden Reflexionen bleiben nicht nur Gestaltungs- und Durchführungsfragen für Lern- und Leistungskontrollen im Blick, es kann so auch eine insgesamt reflexive Einstellung zum Aufgabenbereich der Lern- und Leistungskontrolle im pädagogischen und gesellschaftlichen Zusammenhang erreicht werden. Eine solche reflexive Einstellung ist auch vor dem Hintergrund der Diskussion um die Frage wichtig, ob für die Leistungskontrolle Zifferzensuren überhaupt notwendig und sinnvoll sind.

10.2.5 Zum Sinn oder Unsinn von Ziffernoten

Grundsätzlich können Leistungsbewertungen – wie oben dargelegt - durch die Lehrperson oder die Schülerinnen und Schüler selbst vorgenommen werden. Die Leistungsbewertung kann dabei in der Form von Ziffernoten erfolgen, aber auch durch Wortgutachten, die frei formuliert oder auf vorgegebene Kategorien bezogen sind. Gegnerinnen und Gegner der Ziffernote führen vor allem die empirisch nachgewiesene Tatsache ins Feld, dass die Ziffernote eine nicht vorhandene beziehungsweise unangemessene Genauigkeit suggeriere und bei der gängigen Bewertungspraxis weder hinreichend objektiv, noch reliabel, noch valide sei. Außerdem verweisen Gegnerinnen und Gegner der Ziffernote auf eine Reihe möglicher unerwünschter Nebenwirkungen, beispielsweise dass Ziffernoten zur Demotivierung schwächerer Schülerinnen und Schüler, zu Stress, Angst und Frustrationen, zu bloß extrinsischer (statt intrinsischer) Motivation, zu Konkurrenzverhalten, zu einer Schädigung des Lehrer-Schüler-Verhältnisses oder zu einer Behinderung einer sinnvollen Leistungserziehung führen können und insgesamt nachteilige Folgen für die Entwicklung der Schülerpersönlichkeit zu befürchten seien. Gegen diese Argumente wird für die Ziffernote zumBeispiel mit den Hinweisen geworben, dass es durchaus Möglichkeiten gäbe, bei der Ziffernote die Objektivität, die Reliabilität und die Validität zu erhöhen, dass die Ziffernote den Vorteil einer schnellen Orientierung für Schülerinnen und Schüler sowie für Lehrpersonen und potentielle „Abnehmer", vor allem aber auch für die wichtige Gruppe der Eltern habe, dass sie eine wirksame Rückmeldung für Schülerinnen und Schüler darstelle, dass sie der Leistungsentwicklung dienen könne, dass es keine hinreichenden Alternativen zur Ziffernote gäbe und dass mit der Abschaffung der Ziffernote die Gefahr bestehe, dass der Leistungswillen untergraben werde und dass für die Vergabe von Berechtigungen und Positionen nicht mehr die Leistung zähle und damit unkontrollierbaren Einflüssen und irrationalen Kriterien Tür und Tor geöffnet werde (vgl. zu der Diskussion unter anderem SACHER 2001, S. 70 ff., BARNITZKY/ CHRISTIANI 1994, S. 22 ff., SOLZBACHER/ FREITAG 2001).

Ohne diese Diskussion hier bis ins Einzelne wiederholen zu wollen, möchten wir doch drei Punkte betonen, die uns in dieser Diskussion wichtig sind:

– Das Argument, dass es Möglichkeiten gibt, die Objektivität, Reliabilität und Validität von Zifferzensuren gegenüber der jetzigen Situation zu verbessern, ist grundsätzlich richtig. Die obigen Überlegungen verweisen darauf, was getan werden könnte, um Zifferzensuren objektiver, reliabler und valider zu machen. Allerdings würde dies einen erheblich höheren Aufwand – gegenüber der jetzigen Handhabung und Praxis – und eine deutlich gesteigerte Qualifizierung von Lehrpersonen für diese wichtige Aufgabe voraussetzen. Außerdem ist festzustellen, dass mit Wortgutachten die Probleme der Objektivität, Reliabilität und Validität keineswegs gelöst, sondern zum Teil noch verschärft würden.

– Zugleich gilt aber auch, dass ein Wegfall von Zifferzensuren keineswegs den Leistungswillen untergraben müsste. Viele Beispiele aus dem Ausland zeigen, dass ohne Zifferzensuren deutlich bessere Leistungen als in Deutschland möglich sind. Insbesondere die PISA-Studie hat dies offenbar werden lassen (vgl. DEUTSCHES PISA-KONSORTIUM 2001). Auch in alternativen Schulen oder Schulversuchen in Deutschland zeigt sich, dass schulische Leistungen und Leistungsentwicklung auch ohne Zifferzensuren keinen Schaden nehmen.

– Betrachtet man die eingangs dargestellten Funktionen der Lern- und Leistungskontrolle unter der Frage, ob sie durch differenzierte, beschreibende Rückmeldungen oder durch Zifferzensuren besser wahrzunehmen sind, so gilt im Grundsatz für alle Funktionen – von der Motivierung bis zur Einordnung –, dass sie durch differenzierte, beschreibende Rückmeldungen beziehungsweise Gutachten besser zu erfüllen wären als durch eine bloße Ziffer. Allerdings würde das einen höheren Aufwand sowohl beim Verfassen der Rückmeldungen durch die Lehrpersonen als auch bei der angemessenen Entschlüsselung durch Schülerinnen und Schüler, Eltern und sonstige „Abnehmer" erfordern.

Trotz starker Argumente gegen die Zifferzensur ist jedoch nicht davon auszugehen, dass diese in Zukunft ihre Bedeutung verlieren wird. Dafür ist sie zu sehr im Denken und Handeln der im Bildungswesen agierenden Personen sowie in bildungspolitischer und gesellschaftlicher Hinsicht verankert. Vor diesem Hintergrund halten wir die folgenden Aspekte für besonders wichtig.

Grundsätzlich sollten Lernsituationen, in denen man in entspannter und stressfreier Situation unter anderem auch aus Fehlern lernen kann, und Leistungssituationen, in denen es um den Nachweis des Gelernten geht, deutlich unterschieden werden. Außerdem sollte es neben Bereichen, in denen Leistungskontrollen (gegebenenfalls mit Zifferzensuren) notwendig erscheinen, zensurenfreie Bereiche geben. Wenn zeugnisrelevante Bewertungen – als Ziffernoten oder Wortgutachten – vergeben werden, sollte auf eine klare Trennung von Leistungsfeststellung und Leistungsbewertung sowie auf eine größtmögliche Objektivität, Reliabilität und Validität geachtet werden.

Bei der Vergabe von Ziffernoten oder Wortgutachten sollten sich Lehrpersonen, Eltern und „Abnehmer" sowie Schülerinnen und Schüler (mindestens von einem gewissen Alter an) über Probleme der Objektivität, Reliabilität und Validität sowie über vielfältige individuelle und gesellschaftliche Bedingungen schulischer Leistungen bewusst sein. Für Lehrpersonen und für Eltern ist darüber hinaus wichtig, dass sie in der Lage sind, pädagogische und gesellschaftliche Funktionen von Leistungsdiagnose und Leistungsbewertung zu durchschauen, und ein Bewusstsein für Widersprüche zwischen Förderung und möglicher Auslese, zwischen gesellschaftlichem und pädagogischem Leistungsbegriff sowie zwischen gesellschaftlichen Ansprüchen und dem Recht von Kindern und Jugendlichen auf eine erfüllte Gegenwart haben.

Im Übrigen wird (auch) bei der Diskussion um Zifferzensuren und Wortgutachten in der Regel ohne weitere Reflexion davon ausgegangen, dass die Bewertung der Schülerleistungen durch die Lehrperson – letztlich im Sinne einer Fremdbegutachtung – erfolgt. Wenn auch gilt, dass Schülerinnen und Schüler bis zu einem gewissen Grad eine Rückmeldung durch die Lehrperson für ihre Leistungsentwicklung benötigen und die gegenwärtigen institutionellen Rahmenbedingungen die Bewertung durch die Lehrperson erforderlich machen, sollte doch dafür Sorge getragen werden, dass Schülerinnen und Schüler zu einer selbstständigen Bewertung ihrer Leistungen kommen können und deshalb schon früh in angemessener Weise in Bewertungsprozesse einbezogen werden und eigene Beurteilungsfähigkeiten entwickeln.

In diesem Sinne sollten Lehrpersonen hinreichende Kenntnisse zu den Möglichkeiten einer angemessenen Gestaltung von Lern- und Leistungskontrollen besitzen und diese umsetzen. Dazu gehört es unter anderem, verschiedene Formen der Leistungserfassung, Leistungsfeststellung und Leistungsbewertung – von der Schülerselbstbeurteilung und vom Portfolio über Wortzeugnisse bis zur Notengebung – einzusetzen sowie diagnostische Fähigkeiten zum Erkennen von Risikofaktoren in der Entwicklung von Kindern und Jugendlichen zu haben.

Insgesamt sollen Diagnose und Bewertung der Förderung von Kindern und Jugendlichen dienen. Dabei sollte auch Heterogenität nicht als Erschwernis, sondern als grundlegendes Merkmal unserer Gesellschaft und als Chance wahrgenommen werden und – beispielsweise durch innere Differenzierung in heterogenen Gruppen – fruchtbar gemacht werden.

10.3 Zusammenfassung und Anwendung

In diesem Kapitel wurden – ausgehend von der historischen Entwicklung von Zensur und Zeugnis – zunächst vielfältige Funktionen von Lern- und Leistungskontrollen thematisiert: Motivierung und Disziplinierung, Orientierung und Sozialisierung, Diagnose und Rückmeldung, Voraussage und Berechtigung, Einordnung und Auslese. Dabei wurde deutlich, dass Leistungskontrollen eine große Bedeutung für den Werdegang und die Entwicklung von Kindern und Jugendlichen haben und in einem Spannungsfeld von äußerem Zwang und Selbstbestimmung, von gesellschaftlichen Anforderungen und dem Recht des Kindes und Jugendlichen auf erfüllte Gegenwart sowie individuelle Förderung stehen. Dies führt aus pädagogischer Sicht zum Teil zu konträren Anforderungen an die Lehrperson.

Es stellte sich die Frage, wie die damit verbundenen Aufgaben in vertretbarer Weise wahrgenommen werden können. Möglichkeiten der Beschreibung, Erbringung beziehungsweise Erfassung sowie der Feststellung und Bewertung von Lernleistungen wurden in differenzierter Weise vorgestellt. Hinsichtlich der Erbringung und Erfassung von Lernleistungen lassen sich schriftliche, mündliche und praktische Formen unterscheiden. Bei der Feststellung von Lernleistungen müssen grundsätzliche Fragen der „Messung" psychischer und physischer Leistungen bedacht werden. Im Rahmen der Bewertung geht es unter anderem um die Entscheidung für eine bestimmte Bezugsnorm oder für eine Kombination verschiedener Bezugsnormen. Dabei kommen vor allem die kriteriale und die individuelle Bezugsnorm in Betracht. Da in Deutschland – bis auf gewisse Ausnahmen – Zifferzensuren vergeben werden, ist vor allem eine Orientierung an der kriterialen Bezugsnorm kombiniert mit Kommentaren in Orientierung an einer individuellen Bezugsnorm wichtig. Dabei sollen die Lern- und Leistungskontrollen möglichst den Güterkriterien der Objektivität, Reliabilität und Validität entsprechen. Diese sind allerdings bei der gängigen Bewertungspraxis – aus verschiedenen Gründen – nicht in hinreichendem Maße gegeben. Die Gefährdung der Gütekriterien macht bei der Entwicklung und Durchführung von Lern- und Leistungskontrollen ein besonders sorgfältiges Vorgehen nach verschiedenen Schritten notwendig. Dieses umfasst die Auswahl der Inhalte und Formulierung der Lernziele, die Wahl der Prüfungs- und Aufgabenformen, die Erstellung einer Lösungsskizze als Basis für die dann geforderte Leistungsfeststellung sowie die Leistungsbewertung und die Reflexion im Aspekt der Gütekriterien und der individuellen und gesellschaftlichen Bedeutung von Lern- und Leistungskontrollen.

Abschließend wurde in diesem Kapitel – vor dem Hintergrund der einführenden Überlegungen zu Funktionen und Stellenwert von Lern- und Leistungskontrollen – die Diskussion um den Sinn oder Unsinn von Zifferzensuren aufgenommen. Diese Diskussion ist auch im Rahmen der generellen Forderung nach alternativen Formen der Lern- und Leistungskontrolle – von der Schülerselbstbeurteilung über Portfolios bis zu Wortgutachten – zu sehen. Aus der Diskussion und gegenwärtigen Situation der Bewertungspraxis ergeben sich verschiedene Konsequenzen für Lern- und Leistungskontrollen sowie für notwendige Qualifikationen der in diesem Feld agierenden Personen (Schülerinnen und Schüler, Lehrpersonen, Eltern und „Abnehmer").

Wichtige Konsequenzen sind aus unserer Sicht unter anderem die Schaffung prüfungsfreier Räume, die klare Trennung von Lernsituationen und Prüfungen, die deutliche Unterscheidung zwischen Leistungsfeststellung und Leistungsbewertung, eine angemessene Qualifizierung der Lehrpersonen, der Einbezug von Eltern, das Bewusstsein um die vielfältigen Einflüsse und Probleme im Feld der Lern- und Leistungskontrolle, die Nutzung unterschiedlicher Formen und eine klare Indienststellung der Lern- und Leistungskontrolle für die Förderung der Schülerinnen und Schüler.

Sie kennen nun wichtige Fragestellungen, Überlegungen und Schritte zur Entwicklung von Lern- und Leistungskontrollen. Nehmen Sie sich auf dieser Basis bitte Ihre eingangs entwickelten Grundsätze für die Erfassung, Feststellung und Bewertung von Lernleistungen in einer Schule vor. Überdenken Sie die Grundsätze und nehmen Sie gegebenenfalls Modifikationen oder Ergänzungen vor. Diskutieren Sie Ihre Überlegungen – wenn möglich – in einer Lerngruppe.

11| Erziehen und Beraten als Aufgabe von Lehrpersonen

11.1 Einleitende Hinweise und Fragestellungen

In der öffentlichen Diskussion zu Aufgaben der Schule wird im Wesentlichen das Unterrichten genannt. Dabei gerät mitunter aus dem Blick, dass Schule sowohl einen Bildungsauftrag als auch einen Erziehungsauftrag hat. Dies bedeutet, dass neben der unbestritten wichtigen Aufgabe des Unterrichtens auch das Erziehen – und darüber hinaus das Beraten – eine Aufgabe von Lehrpersonen darstellt. Zentrale Konzepte und Forschungsergebnisse zu Erziehen und Beraten sind Gegenstand des vorliegenden Kapitels.

Frau Walid ist Informatiklehrerin an der Realschule Prenzlauer Berg. Für die nächste Lehrerkonferenz hat sie einen Tagesordnungspunkt zur Frage der Wahrnehmung von Erziehungsaufgaben durch Lehrpersonen in der Schule beantragt. Der aktuelle Anlass ist folgender Fall aus ihrer Klasse 8c, den sie vor einigen Tagen während ihrer Pausenaufsicht zufällig mitbekommen hat:

Rolf besitzt einen eigenen PC. Seine Freunde konnten ein Exemplar eines neuen Computerspiels besorgen, das zwar als jugendgefährdend eingestuft ist, das sie aber unbedingt ausprobieren möchten. Rolfs Eltern sind nicht zu Hause und Rolfs Freunde wollen bei ihm spielen. Rolf zögert, weil seine Eltern bei der Anschaffung des Computers ausdrücklich mit ihm vereinbart haben, dass er keine jugendgefährdenden Spiele darauf einsetzt. Seine Freunde sind überrascht und einige drängen ihn, er solle sich nicht so anstellen. Seine Eltern müssten ja nichts davon erfahren, sodass er schon nicht bestraft würde. Andere haben dagegen Verständnis und teilen mit, dass sie bei einem anderen Bekannten spielen würden, der ihnen noch einen Gefallen schuldig sei.

Unabhängig vom Ausgang der Diskussion hat sich Frau Walid darüber geärgert, dass einmal wieder – wie häufig in letzter Zeit bei ähnlich gelagerten Konflikten – keiner der beteiligten Schüler dafür plädiert hat, das elterliche Verbot zu berücksichtigen, und dass niemand auf das Problem der Jugendgefährdung eingegangen ist. Es hat sich auch keiner der Schüler gewundert, wie Rolfs Freunde überhaupt an das Spiel gelangen konnten. Frau Walid möchte daher die verbleibenden knapp drei Jahre nutzen, um ein größeres Schwergewicht auf die Förderung verantwortungsbewussten Handelns ihrer Schülerinnen und Schüler zu legen. Sie weiß aber, dass gerade Erziehungsaufgaben nur wirksam werden können, wenn ein inhaltlich abgestimmtes Vorgehen aller Beteiligten gewährleistet ist, wofür sie ihre Kolleginnen und Kollegen gewinnen möchte.

Bitte überlegen Sie, mit welchen Argumenten Frau Walid ihre Position, Erziehungsaufgaben in der Schule stärker wahrzunehmen, in der Lehrerkonferenz vertreten könnte. Bedenken Sie dabei auch mögliche Einwände von Kolleginnen und Kollegen. Sammeln Sie darüber hinaus erste Ideen, wie die soziale und moralische Entwicklung der Kinder und Jugendlichen in der Schule gefördert werden könnte.

Um die Frage nach der Erziehung als Aufgabe von Lehrpersonen einschätzen zu können und gezielte Maßnahmen zur schulischen Umsetzung entsprechender Zielvorstellungen entwerfen zu können, ist es hilfreich, folgenden Fragen im Einzelnen nachzugehen:

– Was ist überhaupt Erziehung – vor allem in Abgrenzung zu anderen Formen der Beeinflussung von Persönlichkeitsentwicklung?
– Inwieweit stellt Erziehung eine Aufgabe von Lehrerinnen und Lehrern dar?
– Welche Ansätze zur Förderung der sozial-moralischen Entwicklung in der Schule gibt es und mit welchen Chancen und Problemen sind sie verbunden?
– In welcher Hinsicht sind Lehrpersonen mit weiteren Erziehungsaufgaben konfrontiert und was folgt daraus in Bezug auf ihre ethische Grundhaltung?
– Welche beruflichen Anforderungen sind schließlich mit der Aufgabe der Beratung verbunden?

Eine Auseinandersetzung mit Informationen zu diesen Fragen kann dazu beitragen, als Lehrerin beziehungsweise als Lehrer berufliche Situationen wie die von Frau Walid bewältigen zu können. Darüber hinaus wird generell eine reflektierte Auseinandersetzung mit Erziehungs- und Beratungsaufgaben in der Schule unterstützt, denen im Vergleich zum Unterrichten häufig eine etwas randständige Stellung in schulischen Diskussionen zukommt.

11.2 Grundlegende Informationen

11.2.1 Zum Erziehungsbegriff

Der Begriff der „Erziehung" gehört zu unserem alltäglichen Sprachgebrauch, er scheint allgemein verständlich und in seiner Bedeutung klar zu sein. Wissenschaftlich gesehen ist dies allerdings keineswegs der Fall. „Erziehung" ist einer der umstrittensten und am uneinheitlichsten definierten Begriffe, die in der „Erziehungswissenschaft" – der er den Namen gegeben hat – verwendet werden (vgl. TENORTH 2004b). Dies hängt damit zusammen, dass der Begriff entweder mit einer *Norm* – also einer Idee, wie Erziehungsprozesse und -maßnahmen auszusehen haben – verbunden werden kann oder mit dem *Ergebnis* – der Wirkung – des Erziehungsprozesses. Darüber hinaus kann der Begriff unabhängig von diesen Merkmalen definiert werden. Um ein Beispiel anzuführen: Ein Vater bestraft sein Kind für eine „Fünf" in einer Englischarbeit mit „Stubenarrest". In einem normativen Begriffsverständnis würde dies – abhängig von der jeweils leitenden Idee – entweder als Erziehung angesehen (beispielsweise weil „Stubenarrest" angesichts der Notwendigkeit, Kinder zum Lernen zu zwingen, zulässig ist) oder auch nicht (weil sich der Erziehende „falscher" Mittel bedient). In einem deskriptiven – auf Beschreibung ausgerichteten – Verständnis würde die Maßnahme des Vaters in jedem Fall als Erziehung angesehen, da er die Persönlichkeitsentwicklung des Kindes beeinflussen möchte. Über die Angemessenheit des Mittels würde in dieser Sicht erst in einem Folgeschritt diskutiert. In einem dritten Begriffsverständnis würde schließlich betont, dass man erst von Erziehung sprechen könne, wenn man wüsste, dass der Vater auch Erfolg gehabt habe. Hier würde die Definition also vom Erreichen des intendierten Ergebnisses abhängen. Weitere begriffliche Differenzierungen ergeben sich, wenn die historisch und räumlich unterschiedlichen Verständnisse von Erziehung berücksichtigt werden – beispielsweise in der Vormoderne und in der Moderne beziehungsweise in Europa und in außereuropäischen Traditionen. Im Folgenden wird vor allem auf die europäische Tradition eingegangen, bevor wir eine Definition von „Erziehung" erarbeiten, die sich als weitgehend tragfähig erwiesen hat und welche die Grundlage der anschließenden Ausführungen bildet.

Weitgehende Einigkeit dürfte über viele erziehungswissenschaftlichen Strömungen und Theorietraditionen hinweg darin bestehen, dass zu einem Grundmerkmal von Erziehung das (intentionale) Einwirken der älteren Generation auf die jüngere gehört. BERNFELD (1925/2000, S. 51) fasste dies in der Definition zusammen, dass es sich bei Erziehung um die „Summe der Reaktionen einer Gesellschaft auf die Entwicklungstatsache" handelt. Umstritten ist, inwieweit es notwendig ist, auf das Kind einzuwirken. Bei der Beantwortung dieser Frage treten unterschiedliche Annahmen zum Begriff des „Kindes" und zum Verhältnis von Erzieher und zu Erziehendem zu Tage. In Bezug auf die Frage, ob ein Kind in seiner Entwicklung unterstützt und beeinflusst werden muss, stehen sich bis heute zwei grundlegend verschiedene Auffassungen gegenüber, die weit zurückreichende Traditionen haben (vgl. SCHWENK 2001). In griechisch-hellenistischer Tradition zielt *paideia* (griechisch) im Sinne von Lehre und Führung auf das Hervorbringen des „Schönen und Guten", das bereits im prinzipiell als tugendhaft und autonom gedachten Menschen angelegt ist. Als bedeutendster Vertreter des europäischen Humanismus' schließt ERASMUS VON ROTTERDAM mit seiner Betonung des „freien Willens" des Menschen hieran an. Erziehung ist in dieser – von einem optimistischen Menschenbild geprägten – Tradition also sehr zurückhaltend und lediglich als unterstützende Maßnahme von Selbstentwicklung gedacht. Demgegenüber zielt in christlich-jüdischer Tradition *musar* (hebräisch) im Sinne von Zucht und Belehrung darauf, das prinzipiell ungehorsame und „böse" Kind zur Furcht gegenüber Gott und den menschlichen Gesetzen zu erziehen. LUTHERS Betonung des strafenden Gottes und der Strafe als Erziehungsmittel greift dieses pessimistische Menschenbild auf. Ausdrücklich wendet er sich

1525 mit seiner Schrift „De servo arbitrio" gegen ERASMUS' Betonung des freien – auf das Gute gerichteten – menschlichen Willens. Das Verhältnis von Erzieher und zu Erziehendem ist in dieser reformatorischen Tradition demzufolge auch sehr viel mehr von Autorität und strikter Trennung von Subjekt und Objekt geprägt als im Humanismus, in dem auch gemeinsames Bemühen um das Erreichen eines Ziels als bedeutsames Erziehungsmittel angesehen wird.

Die beiden Grundpositionen zur Frage der Erziehungsbedürftigkeit finden auch in den Überlegungen von ROUSSEAU und PESTALOZZI deutlichen Ausdruck. ROUSSEAU geht davon aus, dass der Mensch von Natur aus gut ist und unter dem Einfluss des (erziehenden) Menschen beziehungsweise gesellschaftlicher Verhältnisse entartet. Dies bedeutet, dass eine angemessene Entwicklung nur durch das Wachsenlassen des Kindes und die Pflege beziehungsweise den Schutz des Kindes im Rahmen der natürlichen Umwelt gelingen kann (vgl. ROUSSEAU 1762/ 1963, S. 17). PESTALOZZI hingegen unterstellt die Schwachheit und Gier des Menschen, der für eine angemessene Entwicklung von einem „tierischen" zu einem „gesellschaftlichen" und „sittlichen" Zustand der Anleitung und Hilfe durch den Menschen bedürfe (vgl. PESTALOZZI 1781/ 1993, S. 237 f.).

Beiden Traditionen gemeinsam war noch die Grundidee der *Machbarkeit* von Erziehung, die im Kern auch die pädagogische Diskussion bis in die erste Hälfte des 20. Jahrhunderts hinein prägt. Im Mittelpunkt dieser stand die Frage danach, was das Ziel von Erziehung ist und wie sie sich vollziehen soll, wie sie vor allem auf den Dualismus von Individualität beziehungsweise Subjektivität und Anpassung an gesellschaftliche Bedürfnisse reagieren soll. FICHTE, SCHLEIERMACHER, HERBART und PESTALOZZI begründeten eine solche moderne Reflexion über Erziehung. HERBART rekurrierte beispielsweise darauf, dass Erziehung zwar unvermeidlich und notwendig sei, dass sie sich aber so zu vollziehen habe, dass das zu erziehende Individuum quasi rückwirkend zu jeder einzelnen Maßnahme seine Zustimmung geben können müsse. Dabei arbeitete er auch die Differenz von Hervorbringung des Guten im Kind durch Erziehung und durch Zucht – bei ihm gleichgesetzt mit „Regierung" beziehungsweise „Unterricht" – heraus (vgl. HERBART 1806/1965).

11.2.2 Erziehung und Sozialisation

Ernst KRIECK entwickelte in seiner „Philosophie der Erziehung" 1922 einen Diskussionsstrang, der nicht zuerst nach Erziehungs*zielen* fragte, sondern danach, wie sich Erziehung tatsächlich vollzieht (vgl. KRIECK 1922). Seine These war, dass sich Erziehung eben nicht vorrangig absichtsvoll (intentional), sondern ungeplant durch gesellschaftliche Einflüsse (funktional) vollziehe. Dies ist insofern bemerkenswert, als KRIECK – der am 1. Januar 1932 in die NSDAP eintrat – 1932 in seiner „Nationalpolitischen Erziehung" eine Abwendung von diesem deskriptiven Ansatz vollzog und als einer der führenden NS-Pädagogen die Ideologisierung von Erziehung in einem Maße betrieb wie niemals zuvor und nie wieder hernach (vgl. KEIM 1995).

Unabhängig von KRIECKs NS-Bindung beeinflusste seine frühe Differenzierung zwischen intentionaler und funktionaler Erziehung die Diskussion in der Erziehungswissenschaft seit den 60er Jahren des 20. Jahrhunderts, also nach der Ablösung der geisteswissenschaftlichen Pädagogik durch verschiedene (empirisch, gesellschafts-kritisch oder strukturanalytisch ausgerichtete) Strömungen. Wir werden im Folgen-den den Begriff der Erziehung im Sinne *intentionaler* Erziehung und den Begriff der Sozialisation im Sinne *funktionaler* Erziehung verwenden. Wenn diese Prozesse in der Praxis auch meist parallel verlaufen und nur schwer voneinander zu trennen sind, so ist es aus analytischen Gründen dennoch sinnvoll, zwischen Erziehung und Sozi-alisation zu unterscheiden.

Erziehung bezieht sich in diesem Verständnis auf bewusstes, intentionales und nor-mativ orientiertes Handeln, das „eine Beeinflussung der kindlichen Entwicklung durch das Schaffen von Bedingungen, durch Handlungen und spezielle Maßnahmen" (WEINERT 2001a, S. 128) anstrebt. Ohne Ziele ist Erziehung in diesem Sinne nicht denkbar. Sie müssen aber nicht zwangsläufig eng und dauerhaft festgelegt werden, da die Ziele in einem bestimmten historisch-gesellschaftlichen Kontext stehen und sich somit wandeln können. Ein solches Erziehungsverständnis impliziert auch keine ein-seitige Anpassungsleistung von zu Erziehenden oder gar unbedingten Gehorsam. So kann in einer Gesellschaft wie der heutigen Bundesrepublik Deutschland, deren po-litischer, sozialer und ökonomischer Entwicklungsstand selbstständig denkende und handelnde Individuen erfordert, ein mögliches Erziehungsziel gerade in der Kritik-fähigkeit gegenüber den vermittelten Normen und Werten liegen. Offenheit ist also bestimmendes Strukturmoment der hier vorgenommenen Begriffsdefinition. Allerdings ist generell festzuhalten, dass in einer pluralistischen Gesellschaft mit weit auseinander gehenden Normen und Werten Erziehung schwieriger ist als in einer traditionalen Gesellschaft mit einheitlichem Wertekanon, weil Ziele schwieriger zu definieren, zu rechtfertigen und zu erreichen sind.

Erzieherische Einflussnahme geschieht in direktem Handeln zwischen Erzieherin beziehungsweise Erzieher auf der einen Seite sowie Kindern und Jugendlichen auf der anderen Seite. Der Erziehungs*versuch* ist vom Ergebnis her gesehen nicht auto-matisch mit einem Gelingen verbunden, sondern Erziehung erfordert einen aktiven Verarbeitungsprozess auf Seiten des zu erziehenden Individuums. Diesem wird also Autonomie zugesprochen. Was ein so verstandener Erziehungsbegriff vor allem leis-tet, ist eine analytische Diskussion über die Legitimation von Zielvorstellungen, über ihre Qualität, über die Abgrenzung von Erziehung und Indoktrination, Anpassung und so weiter anhand geeigneter Kriterien sowie über Standards professioneller Er-ziehung, zum Beispiel im Lehrerberuf (vgl. VOGEL 1996).

Aus einer weniger normativen als empirisch-beobachtenden Perspektive nähert man sich dem Feld der Persönlichkeitsentwicklung von Kindern und Jugendlichen, wenn man den Begriff der *Sozialisation* verwendet. Dieser umfasst das Wechselspiel von Subjekt, gesellschaftlichen Institutionen und Gesamtgesellschaft. Dieser Prozess ist nicht zielgerichtet, er erfolgt aber ebenso wie Erziehung in direkter Interaktion. Auf Seiten des Individuums ist erneut Aktivität notwendig, damit Sozialisationswirkungen eintreten können. Die Verwendung des Begriffs Sozialisation leistet im Unterschied zum Erziehungsbegriff die Analyse von *Bedingungen* der Persönlichkeitsentwicklung in Abhängigkeit von und in Auseinandersetzung mit den Lebensbedingungen (vgl. HURRELMANN 1995).

Mit Erziehung und Sozialisation werden also unterschiedliche Perspektiven auf die Frage eingenommen, wie die Persönlichkeitsentwicklung von Kindern und Jugendlichen beeinflusst wird: „'Erziehung' und ‚Sozialisation' als Denkmodelle stehen weder in einem Konkurrenz- noch in einem Ergänzungs- noch in einem Subsumtionsverhältnis zueinander; sie entstammen unterschiedlichen ‚Erkenntnissphären'" (Vogel 1996, S. 487).

Wir folgen hier – zusammenfassend – einem Erziehungsverständnis, das von einer intentionalen Einwirkung der älteren auf die jüngere Generation ausgeht und insbesondere die Aufgaben des Behütens, des Gegenwirkens und des Unterstützens umfasst (vgl. Garz 2004, S. 512). Behütung meint die Auswahl und Gestaltung der Lebens(-um)welt, Gegenwirken bezieht sich darauf, Grenzen zu setzen, und Unterstützung verstehen wir als Förderung der kindlichen Entwicklung in kognitiver, emotionaler und sozialer Hinsicht. Gerade der Aspekt der Entwicklungsförderung als Erziehungsaufgabe nimmt im schulischen Kontext eine besondere Stellung ein (vgl. Abschnitt 11.2.4).

11.2.3 Lehrpersonen und Erziehungsaufgaben

Wichtigste Erziehungsinstanz stellt traditionell die Familie dar. Doch allenthalben beklagen Politikerinnen und Politiker, Medien, Lehrpersonen aber auch Eltern selbst die geringe Einflussnahme von Familien und Nahmilieus auf die Entwicklung von Kindern und Jugendlichen. Soziologisch gesehen ist dies eine unvermeidbare Folge moderner Gesellschaften, in denen traditionell vergleichsweise statische Gebilde mehr und mehr Auflösungs- beziehungsweise Individualisierungsprozessen unterliegen. Daher besteht Bedarf an einer über die Familie hinaus gehenden Wahrnehmung von Erziehungsaufgaben im Sinne beispielsweise der Förderung sozial-moralischer Entwicklung von Kindern und Jugendlichen. Ob Erziehen eine Aufgabe von Lehrpersonen sein soll, ist allerdings umstritten. Im Folgenden gehen wir zunächst auf einen internationalen Ländervergleich ein, in dem grundlegende Werthaltungen von Jugendlichen erhoben wurden, um die Notwendigkeit dieser Aufgabe stärker deutlich zu machen. Anschließend nehmen wir die Diskussion auf, ob Lehrerinnen und Lehrer diese Aufgabe wahrnehmen sollen. Damit soll auf Chancen und Gefahren aufmerksam gemacht werden, die mit der Wahrnehmung von Erziehungsaufgaben in der Schule verbunden sein können. Vorab weisen wir darauf hin, dass es sich bei dieser Frage um ein klassisches Thema der Pädagogik handelt – ohne dass eine generell anerkannte Klärung stattfinden konnte, da unterschiedliche gesellschaftliche Gruppen unterschiedliche Ansprüche an die Schule als gesellschaftliche Institution entwickeln.

Ende der 90er Jahre wurde versucht, grundlegende Werthaltungen von Schülerinnen und Schülern – festgemacht an ihrer Einstellung zu fundamentalen demokratischen Prinzipien – empirisch-quantitativ und im internationalen Vergleich zu erheben (vgl. Torney-Purta/ Schwille/ Amadeo 1999, Torney-Purta u.a. 1999). Als Kernergebnis ist in Bezug auf die Vierzehnjährigen aus 28 Ländern festzuhalten: „In den meisten Ländern kennen die Jugendlichen die grundlegenden demokratischen Werte und

Institutionen – ein tieferes Verständnis ist aber nicht überall gegeben" (TORNEY-PURTA u.a. 1999, S. 5). Die Bundesrepublik erreichte einen mittleren Platz, die Testergebnisse der deutschen Jugendlichen entsprechen dem Mittelwert der internationalen Stichprobe. Wie schon in anderen Vergleichsstudien wurde auch hier eine Abhängigkeit der Ergebnisse von der sozialen Herkunft festgestellt, indem Jugendliche aus bildungsnahen Elternhäusern ein vertieftes demokratisches Verständnis zeigen als andere. Aus Sicht von Lehrpersonen ist ein besonders bedeutsames Ergebnis: „Schulen, in denen demokratische Werte alltäglich eingeübt werden – etwa über die Herstellung eines offenen Diskussionsklimas oder die Aufforderung an die Schülerinnen und Schüler, das Leben an der Schule mitzugestalten – fördern nachweislich das politische Verstehen und Engagement." (ebd., S. 7)

Die Wahrnehmung von Erziehungsaufgaben durch Lehrpersonen wird in der erziehungswissenschaftlichen Diskussion unterschiedlich beurteilt. So argumentiert beispielsweise GIESECKE, dass das Aufwachsen von Kindern und Jugendlichen in einer pluralistischen Gesellschaft Ausdruck der freiheitlichen Demokratie in Deutschland sei und dass sich die Schule in ihrer Einflussnahme auf die Verhaltensweisen beschränken müsse, die für die Erfüllung ihres Zwecks unabdingbar sind, etwa das Einfordern von Disziplin oder die Nutzung von unterrichtlichen Gelegenheiten sozialen Lernens (vgl. 1996). Im Gegensatz dazu argumentiert STRUCK (1995, 1997), dass die Arbeitsteilung zwischen Schule und Familie aufgrund der gesellschaftlichen Veränderungen – insbesondere des Zerfalls der traditionellen Form von Familie und sozialen Milieus sowie eines medialen Überangebots –nicht mehr funktioniere. Infolgedessen fordert er eine erziehende und unterrichtende Schule, weil der Unterricht aufgrund der genannten Defizite den Vorlauf von oder die Einbettung in Erziehung braucht, damit er überhaupt effektiv wird. Institutionell sieht er eine integrierte Gesamtschule vor, die einen lebenskundlichen Lehrplan besitzt, in der in offenem Unterricht mit Kopf, Herz und Hand gelernt wird und Freistunden für eine präventive Auseinandersetzung mit einzelnen Schülerinnen und Schülern, ihren Familien sowie Nachbarinnen und Nachbarn vorhanden sind.

In Bezug auf die unterrichtliche Realität kann der Widerstreit nicht in der einen oder anderen Richtung aufgelöst werden, denn „auch wenn z.B. die Institution Schule das Kind lediglich in seiner Rolle als Schüler anspricht und auch wenn der Lehrer sich auf seine Funktion als Bereitsteller von Lernangeboten zurücknimmt – immer noch treffen in unseren Klassenzimmern allmorgendlich Menschen aufeinander" TERHART (1992, S. 118).

Das Verhältnis von Lehrpersonen und Schülerinnen und Schülern besteht aus einer Mischung von spezifischen und diffusen Beziehungskomponenten, was sich auch als Nähe-Distanz-Antinomie beschreiben lässt (vgl. HELSPER 1996a, b). Im Prinzip findet in der Schule also immer zweierlei statt: Unterricht und – nicht unbedingt Erziehung, aber in jedem Fall – Sozialisation. Ob diese intentionalisiert werden kann und soll, sind die beiden einzigen Fragen, über die überhaupt diskutiert werden kann und die „je nach dem Selbstverständnis der beziehungsweise einer Schule und je nach der darin eingelagerten normativen Option" (TERHART 1992, S. 119) beantwortet werden müssen.

Damit wird eine Argumentation wieder aufgenommen, die der DEUTSCHE BILDUNGS-RAT (1972, S. 217) bereits vor etwa 30 Jahren entworfen hat, indem Lehren – als eine von fünf Aufgaben von Lehrerinnen und Lehrern – als „der primäre Inhalt des Lehrerberufes" gesetzt und darunter „das Vermitteln von Kenntnissen und Fertigkeiten" sowie „das Verständnis für das Gelernte wecken und den Zusammenhang der Dinge sichtbar machen" verstanden wurde. Erziehen – beschrieben als „Hilfe zur persönlichen Entfaltung und Selbstbestimmung" – sei allerdings „von den Lehraufgaben […] nicht zu trennen", wenn diese Aufgabe mit dem zunehmenden Alter der Schülerinnen und Schüler auch eine geringere Rolle spielen könne.

11.2.4 Erziehungskonzepte am Beispiel der Förderung sozial-moralischer Entwicklung

Vor dem Hintergrund der dargestellten Auseinandersetzungen um den Erziehungsbegriff und die Bedeutung von Erziehung im Lehrerberuf sind seit dem 18. Jahrhundert umfassende Konzepte entstanden, wie Erziehung in Familie und Schule konkret realisiert werden könne. Neben der Frage der Veränderung konkreter Verhaltensäußerungen hat immer die Frage nach der Förderung sozial-moralischer Entwicklung von Kindern und Jugendlichen eine bedeutende Rolle gespielt. Auf entsprechende Förderungsmöglichkeiten gehen wir im Folgenden beispielhaft ein.

Moralerzieherische Ansätze lassen sich unterscheiden in „romantische" Ansätze, in wertklärende Ansätze, in erfahrungs- und kommunikationsorientierte Ansätze und in entwicklungsorientierte Ansätze.

„Romantische" Ansätze sind durch einen ausgeprägten Wertrelativismus gekennzeichnet (vgl. KOHLBERG 1981b). Das moralisch Gute wird als im Menschen angelegt unterstellt und Erziehung müsse für die Schaffung konfliktfreier Zonen sorgen, innerhalb derer sich die Kinder entwickeln können. Diese Position ist bereits bei ROUSSEAU zu finden (siehe oben) und wurde vor allem von NEILL in der Summerhill-School vertreten (vgl. NEILL 1960).

Wertklärerische Konzepte, wie das von RATHS/ HARMIN/ SIMON (1976), verfolgen das Ziel, den Heranwachsenden zu helfen, sich Klarheit über das zu verschaffen, was sie wertschätzen und wonach sie handeln möchten. Werte werden nicht indoktriniert, sondern in einem Klärungs- und Förderungsprozess bewusst gemacht: „Der Indoktrination setzen meine Kollegen und ich einen Prozessansatz für die Behandlung von Werten in den Schulen entgegen, in dessen Zentrum der Prozess des Wertens ist und nicht die Übermittlung eines ‚richtigen' Satzes von Werten. Wir nennen diesen Ansatz *Wertklärung*" (SIMON 1981, S. 202 – Hervorhebungen im Original, die Verf.).

RATHS/ HARMIN/ SIMON (1976) gehen von der Annahme aus, dass Werte aus der Erfahrung des Menschen erwachsen. Da die Erfahrungen unterschiedlich sind, entspringen ihnen auch unterschiedliche Werte, die sich ändern können, wenn der Mensch sein Verhältnis zur Umwelt ändert. Der Prozess des Wertens beruht auf drei Vorgängen: der Wahl (kognitiv), der Hochschätzung (emotional) und der Handlung (aktional). Zunächst müssen Schüler die Möglichkeit haben, frei entscheiden zu können. Die Wahl sollte aus verschiedenen Möglichkeiten erfolgen, deren jeweilige Konsequenzen sorgfältig bedacht werden. An der getroffenen Wahl – die zugleich Ausdruck des Willens ist, diese auch öffentlich zu bestätigen und danach zu handeln – sollte die Schülerin beziehungsweise der Schüler festhalten. Das Ergebnis dieses Bewertungsvorganges nennen RATHS/ HARMIN/ SIMON einen Wert (vgl. 1976, S. 46).

Zur praktischen Umsetzung des Wertklärungsansatzes wurde eine Vielzahl von Techniken entwickelt, die vom autobiographischen Fragebogen über das öffentliche Interview bis hin zum Wertbogen reichen. Eine der wichtigsten Techniken ist die klärende Entgegnung (*clarifying response*). In der Reaktion auf Schüleräußerungen gibt die Lehrperson Denkanstöße, die weder moralisierend noch belehrend oder kritisierend sind, sondern den Schüler in seiner Eigenverantwortlichkeit belassen. „Im Wesentlichen besteht die Strategie der Entgegnung darin, dem Schüler so zu antworten, dass er dazu gebracht wird, über das, was er gewählt hat, nachzudenken. Sie spornt ihn an, sich über sein Denken und seine Einstellung klar zu werden und folglich auch seine Werte abzuklären" (ebd., S. 69).

Ein zentraler Kritikpunkt am „romantischen" und am wertklärerischen Ansatz, der von Vertreterinnen und Vertretern anderer Konzepte der Werteerziehung erhoben wird, ist der des „Relativismus". Das Vorhandensein deduzierbarer universeller Normen werde zurückgewiesen. Als erster Schritt einer Werteerziehung werden die von SIMON entworfenen Strategien zwar positiv gewürdigt (vgl. z.B. OSER/ ALTHOF 1992). Auch trage das Verfahren zur Klärung der eigenen Werte bei. Da den Schülerinnen und Schülern jedoch keine Wertehierarchie an die Hand gegeben werde, sei es für sie letztlich nicht möglich, zwischen „Geschmacksfragen" und grundsätzlichen Normen zu unterscheiden. Darüber hinaus sei der entscheidende Beurteilungsmaßstab das eigene Selbstbild und kein universeller Standpunkt, der erst eine unparteiische Abwägung unter einem Außenkriterium und damit moralische Weiterentwicklung ermöglichen würde (vgl. OSER/ALTHOF 1992; OSER 1997; UHL 1995). In dieser Analyse ist insofern berechtigte Kritik enthalten, als nicht unterstellt werden kann, dass es heute einen weltweit gemeinsamen Wertekonsens gibt, wenngleich für einzelne Gruppen dies zu einem spezifischen Zeitpunkt sehr wohl der Fall sein kann (etwa für die heutige Bundesrepublik auf dem abstrakten Niveau des Grundgesetzes).

Ein stärker erfahrungsorientiertes Konzept stellt der sogenannte „Lifeline"-Ansatz dar, der in den 1960er Jahren in England als Projekt „Moral Education in the Secondary School" durchgeführt wurde. Ziel des Projektes ist es, Rücksichtnahme, Fürsorge für andere und für sich selbst, Verständnis, Offenheit und Kooperationsbereitschaft zu fördern.

Die Autoren des „Lifeline"-Projekts betonen die Bedeutung von Beziehungen und Interaktionen. Moralische oder sittliche Reife werde nicht allein über den rationalen Umgang mit Problemsituationen erreicht, sondern auch durch die Erfahrung eines verbesserten Umgangs mit anderen: „The persuasion of the morally educated adolescent depends on both on the practical impact of experience and on the rational validity of arguments" (MCPHAIL 1982, S. 96).

Zentrales Element moralischer Lernprozesse ist die soziale Erfahrung, die im Wesentlichen eine mit Kommunikation verbundene Erfahrung ist. Daher sehen die Vertreterinnen und Vertreter des „Lifeline"-Konzeptes Moral als kommunikative Moral, die durch vier Eigenschaften ausgezeichnet ist (vgl. ebd., S. 93). Diese sind die Fähigkeit und die Bereitschaft,

– Aufmerksamkeit zu schenken und Botschaften aufzunehmen, die andere senden (*reception*),
– die Botschaften anderer korrekt zu interpretieren (*interpretation*),
– über angemessenes Feedback zu entscheiden, das heißt, die Interessen, Gefühle und Bedürfnisse der Beteiligten zu berücksichtigen (*response*) und
– angemessene Reaktionen in klare und unmissverständliche Botschaften an andere umzusetzen (*message*).

Die Entwicklung moralischer Kognitionen – als moralische Urteilsfähigkeit – steht im Zentrum des entwicklungsorientierten Ansatzes von KOHLBERG, dem wohl einflussreichsten Konzept der Moralerziehung. KOHLBERG geht in seinem Ansatz davon aus, dass moralisches Denken und Urteilen im Wesentlichen durch die Vorstellung der oder des Einzelnen von dem, was gerecht oder ungerecht, fair oder unfair beziehungsweise richtig oder falsch ist, geprägt wird (1974, 1987, KOHLBERG/ TURIEL 1978). Diese Vorstellung, so eine zentrale Annahme des Konzeptes, entwickelt das Individuum in der Interaktion mit seiner Umwelt. Demnach sind Werthaltungen und -vorstellungen weder allein durch Reifungsprozesse noch als Resultat von „Formungsprozessen" durch Erziehende in ihrer Entstehung zu erklären. Moralische Denk- und Argumentationsstrukturen lassen sich nach KOHLBERG qualitativ in unterschiedlichen Stufen oder Niveaus beschreiben (vgl. im Einzelnen auch TULODZIECKI/ HERZIG/ BLÖMEKE 2004, S. 49 ff.).

Auf der ersten Stufe moralischer Urteilsfähigkeit (heteronome Stufe) wird eine Handlung oder ein Verhalten danach beurteilt, welche physischen Konsequenzen (Strafe, Belohnung) sie nach sich zieht. Die Durchsetzung eigener Interessen und Bedürfnisse wird auf dieser Stufe solange als gerechtfertigt angesehen, wie sie nicht durch strafende Autoritäten reglementiert wird. Gerechtigkeit wird als eine soziale Ordnung interpretiert, in der sich Schwache Stärkeren unterordnen müssen und Verfehlungen durch die Stärkeren geahndet werden dürfen.

Der zweiten Stufe liegt eine konkrete Reziprozität des Austauschs zugrunde (Stufe instrumenteller Zwecke und des Austauschs). Richtig ist eine Handlung dann, wenn dadurch die eigenen Bedürfnisse instrumentell befriedigt werden. Kompromisse einzugehen und Zugeständnisse zu machen ist eine Frage des Austausches im Sinne der – naiv-strategischen – Losung „Eine Hand wäscht die andere".

Auf der dritten Stufe wird ein Verhalten dann als richtig oder gerechtfertigt angesehen, wenn es der Erwartung von Bezugspersonen oder Bezugsgruppen entspricht (Stufe gegenseitiger interpersonaler Erwartungen). Mehrheitliches Verhalten und Verhalten nach stereotypen Mustern können auf dieser Stufe ebenso urteilsrelevant sein wie Handlungs- oder Verhaltensformen, die eine besondere Anerkennung von Bezugsgruppen versprechen.

Auf der vierten Stufe richtet sich der Blick auf die in Gesetzen manifestierte soziale Ordnung (Stufe des sozialen Systems und des Gewissens). Urteile über die Rechtfertigung oder Ablehnung von Handlungen oder Verhalten richten sich danach, ob gegen verbindliche Regeln der Sozial- und Rechtsgemeinschaft, insbesondere gegen bestehende Gesetze, verstoßen wird. Mit dieser Urteilsstruktur ist die Einsicht verbunden, dass eine soziale Gemeinschaft um ihrer selbst willen aufrechterhalten werden muss. Gesetze werden in ihrer Bedeutung für die Regelung eines ‚geordneten‘ Zusammenlebens erkannt. Dementsprechend hat die oder der Einzelne gerechtfertigte Pflichten zu erfüllen.

Auf der fünften Stufe findet die legalistische Orientierung am Gesellschaftsvertrag ihren Niederschlag (Stufe sozialer Verträge und individueller Rechte). Auf dieser Stufe neigt das Individuum dazu, richtiges Handeln durch Bezugnahme auf individuelle Rechte und Standards zu definieren, die kritisch geprüft sind und denen die Gesellschaft zustimmt. Gesetze werden auf dieser Stufe als grundsätzlich korrigierbar angesehen, wenn sie nicht mehr dem Wohl der menschlichen Gemeinschaft dienen. Die Gesellschaft ist die Institution, die dem Wohl der größtmöglichen Anzahl von Menschen dienen soll. Neben dem Gesetz bestehen auch Werte, die absolute Gültigkeit beanspruchen und einen übergeordneten Maßstab repräsentieren, wie zum Beispiel Leben oder Freiheit.

Die höchste Stufe moralischer Urteilsfähigkeit zeichnet sich durch eine Orientierung an universalen ethischen Prinzipien aus. Dies sind universale Prinzipien der Gerechtigkeit, der Gegenseitigkeit, der Gleichheit der Menschenrechte oder der Achtung vor der Würde des Menschen. In diesen Prinzipien wird der Würde des Menschen als Selbstzweck Rechnung getragen. Die Urteilsfindung auf dieser Stufe ist bestimmt durch den moralischen Standpunkt (*moral point of view*), von dem aus getroffene Entscheidungen reversibel und universalisierbar werden. Diese Reversibilität setzt das Verfahren der idealen Rollenübernahme voraus, indem sich der Entscheidungsträger in die Rolle aller Beteiligter versetzt und den Konflikt aus allen Perspektiven betrachtet. Die Berücksichtigung der Ansprüche aller soll so zu einem Urteil führen, das universalisierbar ist.

Die sechste Stufe ist allerdings in ihrer philosophischen Begründung umstritten und empirisch bei Jugendlichen bisher nicht nachgewiesen worden.

KOHLBERG verbindet mit seinem Stufenmodell strukturelle Annahmen. Zunächst ist das Modell hierarchisch, das heißt, die Denk- und Urteilsstrukturen höherer Stufen schließen solche der niedrigeren Stufen ein. Die Entwicklung schreitet von niedrigen zu höheren Stufen fort und ist irreversibel, ein Überspringen von Stufen ist nicht möglich. Die Höhe der im Verlaufe des Lebens erreichten Stufe hängt nicht vom Alter ab, sondern von den Entwicklungsanreizen und -impulsen der Umwelt. Empirisch lässt sich allerdings feststellen, dass bestimmte Urteilsstrukturen – beziehungsweise Stufen – erst ab einem bestimmten Alter auftreten. Dies hängt damit zusammen, dass eine bestimmte kognitive Entwicklung für einzelne Stufen erst erreicht sein muss. Zudem geht KOHLBERG davon aus, dass für ein Individuum auf der Stufe n Argumente der nächst höheren Stufe n+1 den größten Entwicklungsanreiz bieten, höhere Stufen jedoch nicht mehr adäquat verstanden werden.

Im Hinblick auf eine schulische Anwendung lassen sich auf der Basis des KOHLBERG-Ansatzes die folgenden Konsequenzen ziehen. Zunächst ist es wichtig, Schülerinnen und Schüler mit Konfliktfällen – so genannten Dilemmata – zu konfrontieren, die eine Wertproblematik enthalten. Die Erfahrung, dass verschiedene moralische/ ethische Beurteilungen eines Verhaltens nicht mit den eigenen Werthaltungen über-einstimmen, bildet – vor dem Hintergrund entwicklungstheoretischer Ansätze – die Motivation, sich mit diesen zum eigenen Urteil inkongruenten Einstellungen auseinander zu setzen. Dies bedeutet insbesondere, den Konflikt aus unterschiedlichen Perspektiven wahrzunehmen und entsprechende Rollenübernahmen zu üben. Dabei ist es zunächst nicht bedeutsam, welche Entscheidung jemand in einem Dilemma trifft (zum Beispiel stehlen oder nicht stehlen). Ausschlaggebend für die Beurteilung der moralischen Urteilsfähigkeit ist die Begründung der Entscheidung. Ab einer be-stimmen Stufe werden Dilemmata allerdings unsymmetrisch, das heißt, es kann nicht mehr jede Entscheidung auf allen Stufen begründet werden (vgl. HERZIG 2001).

Die Förderung moralischer Entwicklung und die damit verbundene fortschreitende Ausprägung und Differenzierung des Gerechtigkeitsbegriffs ist für KOHLBERG politi-sche und staatsbürgerliche Erziehung unter demokratischer Perspektive zugleich. Eine solche Erziehung „meint Erziehung zu analytischem Denken, zu prinzipiellen Wer-ten und zum Engagement. Das braucht ein Bürger in seiner Demokratie, wenn sie wirksam funktionieren soll" (KOHLBERG 1981a, S. 115). Die amerikanische und die deutsche Verfassung sind Beispiele demokratischer Systeme, die auf postkonventio-nellen Prinzipien beruhen.

Generell unterstellt KOHLBERG in seinem Ansatz, dass Werterziehung legitim ist, aber auf die Entwicklung von grundsätzlichen Werten beschränkt bleiben muss. Das bedeu-tet eine Absage an Formen indoktrinierender Erziehung zu Glaubens- oder Wertsy-stemen, jedoch nicht „das erkennende Hinführen zu Rechten und zu Prinzipien der Gerechtigkeit" (1981a, S. 114). Auf den höheren Stufen moralischer Urteilsfähigkeit entwickelt die oder der Einzelne solche Prinzipien selbst und ist einer Indoktrination gar nicht mehr zugänglich. Das folgende Zitat fasst die Erziehungsphilosophie KOHL-BERGS zusammen: „A notion of education for development and education for principles is liberal, democratic, and nonindoctrinative. It relies on open methods of stimulation through a sequence of stages, in a direction of movement that is universal to all children" (1981b, S. 95).

Zur Wirkung ist auf der Basis empirischer Untersuchungen – insbesondere einer dreißig Jahre währenden Längsschnittuntersuchung – festzuhalten, dass von einer hinreichenden Bewährung ausgegangen werden kann (vgl. COLBY/ KOHLBERG 1987, COLBY u.a. 1983 und KOHLBERG/ LEVINE/ HEWES 1983). In fast allen Fällen war eine deutliche sozial-moralische Weiterentwicklung zu registrieren. Die Untersuchungen haben im Übrigen auch gezeigt, dass reale Dilemmata aus dem alltäglichen Leben nicht entwicklungsfördernder sind als konstruierte.

Dennoch ist der Ansatz nicht ohne Kritik geblieben, die sich zum Beispiel auf theo-retische Unklarheiten, auf ideologische Implikationen, auf die Praxisrelevanz oder auf die empirische Bewährung beziehen (vgl. z.B. HERZIG 1998, S. 80 ff.). Die Kritik hat auch zu Weiterentwicklungen geführt, etwa im Hinblick auf die Ergänzung der Gerechtigkeitsperspektive um eine Verantwortungsorientierung (vgl. GILLIGAN 1991a, 1991b; zur schulischen Umsetzung: HERZIG 1998), in Bezug auf das Verhältnis von Affekt und Kognition (vgl. LIND 2002) oder im Hinblick auf die Führung morali-scher Diskurse (vgl. OSER/ ALTHOFF 1992).

Eine wesentliche – aber bisher nicht befriedigend geklärte Frage – ist das Verhältnis von Urteil und Handeln. Eine kognitive Urteilsfähigkeit stellt eine notwendige, aber nicht hinreichende Voraussetzung moralischen Handelns dar. KOHLBERG hat daher die Anwendung moralischer Urteilsfähigkeit im „just-community-Ansatz" erprobt. Das erklärte pädagogische Ziel der gerechten Gemeinschaften ist neben der Entwicklung des moralischen Denkens und dem Erreichen einer Übereinstimmung zwischen offenem und heimlichem Curriculum die Schaffung eines sozialen Klimas und einer moralischen Atmosphäre, in der Interaktionsstrukturen als fair und gerecht empfunden werden: „Im Mittelpunkt des Ansatzes steht also die Fairness der administrativen, kollegialen und Bezugsgruppen-Strukturen als kollektiver Ganzheiten. Eine Gerechte Kooperative ist nicht nur Mittel zur moralischen Erziehung ihrer einzelnen Mitglieder, sondern in sich ein Ziel. Eine demokratische, kohäsiv-kooperative und gerechte Gruppenstruktur ist daher sowohl Ziel an sich als auch universelles Mittel zum Zweck der individuellen moralischen Entwicklung" (KOHLBERG u.a. 1978, S. 249).

Im Entwurf und in der Realisierung gerechter Schulgemeinschaften wird der Ansatz der Dilemmadiskussionen nicht aufgehoben, sondern in das Curriculum integriert. KOHLBERG hebt jedoch hervor, dass die Erzeugung kognitiver Moralkonflikte durch die Diskussion von Dilemmata aus dem Erfahrungsbereich der Schülerinnen und Schüler erfolgen soll. Dies können Probleme aus dem Schulalltag sein, für die in Moraldiskussionen Lösungen erarbeitet und Entscheidungen getroffen werden. Methodisch werden der Rollentausch und das Rollenspiel eingesetzt. Allerdings erfolgte in der Moraldiskussion nicht nur eine Wende vom hypothetischen zum erfahrungsbezogenen Dilemma, auch die Auffassung von der Rolle und vom Selbstverständnis des Lehrers wandelte sich vom sokratischen Mäeutiker zum parteinehmenden Anwalt. In realen Konfliktsituationen des Alltags ist die Lehrperson angehalten, für universelle Prinzipien, Normen der Gerechtigkeit oder für spezifische Normen, auf die sich die Klasse geeinigt hat, Partei zu ergreifen. „Wir wollen Indoktrination nicht akzeptieren, können aber für den Unterricht moralischer Werte einen – wie wir das jetzt nennen – parteinehmenden Ansatz (*advocacy approach*) anerkennen" (KOHLBERG 1986, S. 26). Die Parteinahme erfolgt von einem rationalen Standpunkt aus und ist in KOHLBERGs Verständnis aus verschiedenen Gründen nicht indoktrinierend. Zum Ersten repräsentieren die Prinzipien der Gerechtigkeit Inhalte, über die ein vernünftiger Konsens möglich ist – zum Beispiel gleiche Rechte auf Leben, Freiheit und Glücksstreben. Zum Zweiten besteht die Methode der Parteinahme „eher in Appellen an Gründe, die der Lehrer selbst akzeptiert, als im Pochen auf seine Autorität" (ebd., S. 27). Und zuletzt beruht die Parteinahme der Lehrperson auf einer Haltung des Respekts vor der oder dem Lernenden als moralisch autonom handelndem Individuum. Das Modell der gerechten Schulgemeinde wurde in Schulen Nordrhein-Westfalens im Projekt „Erziehung und Demokratie in der Schule" erfolgreich praktiziert. Dabei zeigten sich insbesondere auch Veränderungen in den Einstellungen der Lehrkräfte (vgl. z.B. BARGEL/ LIND/ STEFFENS 1993; STEFFENS/ BARGEL 1993). In gewisser Weise kann auch das Streitschlichter- beziehungsweise Schülermediationsmodell als ein Versuch angesehen werden, Schülerinnen und Schüler durch Handeln bei der Ausbildung eines höheren sozial-moralischen Niveaus zu unterstützten.

11.2.5 Ethische Anforderungen an Lehrpersonen aufgrund beruflicher Aufgaben

Mit der Werteerziehung ist in jedem Fall der Versuch verbunden, die Persönlichkeits-entwicklung von Schülerinnen und Schülern zu beeinflussen. Angesichts der Schul-pflicht und der unterschiedlichen Wertvorstellungen in ihren Elternhäusern ergibt sich – quasi als begrenzendes Merkmal – die Notwendigkeit eines besonderen Ethos' der Lehrerinnen und Lehrer, das OSER (1998) mit den Begriffen Gerechtigkeit, Wahr-haftigkeit und Fürsorge umschreibt (siehe hierzu im Detail Kapitel 8). Dabei ist der Anspruch an Lehrpersonen mit der zunehmenden Pluralisierung der Lebenswelten ihrer Schülerinnen und Schüler in sozialer, ethnischer, kultureller und religiöser Hin-sicht stark gestiegen. Dennoch vernachlässigen viele Theorien und Modelle zum Lehrerhandeln den Ethosaspekt ebenso wie empirische Untersuchungen zum Lehrer-handeln. Juristinnen und Juristen sowie Medizinerinnen und Mediziner verfügen zur Sicherung eines Berufsethos' über eigens fixierte Codizes, die auf die Etablierung eines verantwortungsvollen Arbeitsstils zielen (vgl. STICHWEH 1994). Die Codizes schlagen sich in einem komplexen Gefüge aus Rollenerwartungen, Gratifikationen und Sanktionen, handlungsleitenden Überzeugungen, Einstellungen und Dispositi-onen nieder. Auf diese Weise sollen nicht nur die Klientinnen und Klienten geschützt werden, indem ein ethisch fundiertes Handeln des Professionellen gesichert wird, sondern auch die Professionellen selbst, wenn ein illegitimes Ansinnen an sie heran-getragen wird.

Für Professionen können spezifische Handlungsmotive (statt Diffusität), universalisti-sche Maßstäbe (statt Partikularismus), Leistungskriterien (statt sozial oder biologisch bedingter Zuschreibungen) und kognitive Handlungsbasierung (statt Emotionalität) als kennzeichnend genannt werden. Unter diesen Voraussetzungen lässt sich der Lehr-beruf als „gutes Beispiel" für eine Profession hervorheben: „Sie ist im Vergleich zur Elternrolle in der Familie universalistisch an der spezifischen, von der konkreten Per-son ablösbaren Unterrichtsaufgabe orientiert, auf affektiv neutralisierte Gleich-behandlung festgelegt und erfüllt ihre Selektionsfunktion durch Leistungsorientierung und nicht durch biologische oder sonst wie askriptiv festgelegte Kriterien" (BRUNKHORST 1996, S. 347).

Empirische Studien zeigen allerdings, dass der Bildungserfolg von Kindern und Ju-gendlichen sehr wohl stark von solchen „biologischen oder sonst wie askriptiv festge-legten Kriterien" abhängt (vgl. hierzu Kapitel 14). Hier gilt es, eine größere Sensibi-lität bei Lehrpersonen zu entwickeln, damit sie ihre Erziehungsaufgabe in angemes-sener – professioneller – Weise wahrnehmen können.

Über ein hohes Berufsethos zu verfügen stellt im Übrigen auch einen Schutz der Lehrperson dar. Empirische Untersuchungen zeigen, dass von Lehrerinnen und Leh-rern mit geringerem moralischen Urteilsvermögen Regelverstöße auf Schülerseite „meist als persönliche Angriffe gesehen werden" (OSER 1998, S. 32). Weitere Situati-onen sind schon weniger eindeutig moralisch besetzt und erfordern dennoch eine solche Reflexion: Die Orientierung der Leistungsbewertung an individuellen Fort-schritten von Schülerinnen und Schülern („individuelle Bezugsnorm", siehe Kapitel 10) widerspricht dem intuitiven Gerechtigkeitsgefühl der meisten Schülerinnen und

Schüler, die noch kein differenziertes Gerechtigkeitskonzept entwickelt haben. Darf sie trotzdem angewendet werden? Ein „schwieriger" Schüler soll trotz sehr schlechter Zeugnisnoten die Chance auf einen Ausbildungsplatz erhalten. Sein möglicher Ausbilder möchte aber zuvor eine Auskunft über sein Sozialverhalten haben (vgl. OSER 1998, S. 28). Welche Auskunft soll die Lehrperson ihm geben?

Ist diese Anforderung an das Berufsethos von Lehrpersonen prinzipiell auch nicht neu, stellt sie sich seit einigen Jahrzehnten doch insofern anders dar, als dass der Verzicht auf allein autoritäre Durchsetzung von Verhaltensweisen (nicht nur mangels geringer Erfolgsaussichten, sondern auch aus prinzipieller Kritik an einer solchen Verfahrensweise) die Fähigkeit erfordert, entsprechende Fragen mit den Schülerinnen und Schülern produktiv zu reflektieren und diskutieren. Diese Fähigkeit kann bei Lehrerinnen und Lehrern als durchaus defizitär bezeichnet werden (vgl. KESSELRING 2002, S. 333).

11.2.6 Beratung als berufliche Aufgabe von Lehrpersonen

Neben dem Unterrichten, Erziehen, Beurteilen und Innovieren wird Beraten im Strukturplan für das Bildungswesen von 1970 ausdrücklich als eine berufliche Aufgabe von Lehrerinnen und Lehrern benannt. Die Aufnahme dieser Tätigkeit in das professionelle Handlungsrepertoire von Lehrpersonen mag durchaus konsequent erscheinen, weil es viele Alltagssituationen in der Schule gibt, die in einem umgangssprachlichen Verständnis als Beratung gekennzeichnet werden können: Ein Schüler bittet den Lehrer, ihn hinsichtlich beruflicher Möglichkeiten nach dem Schulabschluss zu beraten, eine Lehrerin berät eine Arbeitsgruppe bei der Lösung einer Aufgabenstellung, ein Elternpaar besucht die Sprechstunde des Klassenlehrers, um sich über die interne Schullaufbahn der Tochter beraten zu lassen, eine Schulleiterin engagiert einen Supervisor, um die Effizienz von Konferenzen zu erhöhen, der Hausmeister lässt sich über die Gestaltung des Grünanlagen von einem Gartenbauingenieur beraten, ein Kollege bittet eine Kollegin um Beratung im Hinblick auf eine stärker schülerorientierte Gestaltung seines Unterrichts und so weiter. Die Schwierigkeit besteht darin, umgangs- und alltagssprachliche Verwendungen des Beratungsbegriffs von spezifischen Formen pädagogischer Beratung an Schulen abzugrenzen, um so auch auf die besonderen damit verbundenen Aufgaben und Kompetenzen der Lehrpersonen aufmerksam zu werden.

SCHWARZER/ POSSER (2005) verstehen unter Beratung „eine freiwillige, kurzfristige, soziale Interaktion zwischen mindestens zwei Personen. Das Ziel der Beratung besteht darin, in einem gemeinsam verorteten Beratungsprozess die Entscheidungs- und damit Handlungssicherheit zur Bewältigung eines aktuellen Problems zu erhöhen. Dies geschieht in der Regel durch die Vermittlung von neuen Informationen und/ oder durch die Analyse, Neustrukturierung und Neubewertung vorhandener Informationen" (ebd., S. 139). Eine solche Beratung kann in unserem Verständnis nicht mit Erziehung oder Therapie gleichgesetzt werden, wenngleich eine begriffliche Unterscheidung schwierig ist. Eine Beratung ist in der Regel über einen kürzeren Zeitraum angelegt als eine Therapie und bezieht sich meist auf aktuelle Probleme, wohingegen eine Therapie an schwerwiegenden Störungen ansetzt und eine tiefer gehende Arbeit erfordert (vgl. MUTZECK 1997, S. 7). Im Hinblick auf Erziehung stellt Beratung zwar eine Form erzieherischen Handelns dar, steht insgesamt jedoch in einem anderen Rahmen: „Nimmt man Erziehung als weiteren Aspekt kommunikativen Handelns hinzu, so lässt sich sagen: Erziehung, Beratung und Therapie lassen sich hinsichtlich der zeitlichen Intensität, der individuumsbezogenen und der fachlich anders gearteten Auseinandersetzung mit Sozialisations- und Entwicklungsstörungen voneinander unterscheiden" (ebd.). Erzieherischen Charakter erhält die Beratung zwar dadurch, dass es nicht nur darum geht, akute Probleme zu lösen, sondern auch darum, einen Lernprozess zu initiieren, zukünftig mit Problemlagen eigenständig umgehen und diese bewältigen zu können. Dennoch ist die Ausgangssituation bei Erziehung und Beratung grundsätzlich verschieden: Um Beratung wird in der Regel ersucht, Erziehung erhält ihre Legitimation durch die Gesellschaft oder gesellschaftliche Gruppen.

In analytischer Hinsicht lässt sich Beratung nach verschiedenen Kriterien differenzieren:

– Eine mögliche Unterscheidung geht auf SCHEIN (1990) zurück, der Beratung in Expertenberatung und Prozessberatung differenziert. In der Expertenberatung wird der oder dem Ratsuchenden eine Lösung vorgeschlagen, während in der Prozessberatung die Unterstützung des Ratsuchenden bei der Lösungsfindung im Mittelpunkt steht. Die letztgenannte Form der Beratung ist nicht-direktiv, das heißt, sie baut auf Freiwilligkeit auf und enthält keine expliziten Handlungserwartungen, sondern ist darauf gerichtet, Handlungs- und Entscheidungsmöglichkeiten auszuweiten. Beraterinnen oder Berater entscheiden hier nicht für die Ratsuchenden.

– Eine weitere Differenzierung lässt sich im Hinblick auf die Ratsuchenden vornehmen. Zum einen können Klientinnen und Klienten beraten werden, zum Beispiel Schülerinnen und Schüler von einer Beratungslehrerin beziehungsweise einem Beratungslehrer, zum anderen kann Beratung unter Gleichen stattfinden, beispielsweise als kollegiale Beratung unter Lehrpersonen (vgl. WILDT 2004, S. 523 f.). Beide Formen können weiter danach unterschieden werden, ob es sich um die Beratung einer Einzelperson, eines Teams oder einer Gruppe handelt.

– Im Hinblick auf den Beratungsgegenstand kann ebenfalls eine Differenzierung vorgenommen werden. MUTZECK schlägt hier folgende Unterscheidung vor (1997, S. 10):

   „– Schullaufbahnberatung:
   Beratung bei der Wahl von Fächern, Kursen, Klassen, Schulzweigen, Schularten, Praktika etc.

   – Pädagogisch-psychologische Beratung:
   Beratung bei Verhaltens-, Erlebens-, Lernschwierigkeiten und Kommunikationsproblemen; erste Schritte der Suchtberatung.

   – Unterrichtsberatung:
   Beratung bei methodischen und didaktischen Fragen des Unterrichts (diese sind allerdings getrennt von den Beurteilungsaufgaben der Schulaufsicht zu sehen), auch bei Spezialfragen, wie Suchtprävention.

– Beratung der Schule als Organisationssystem:
Fragen des Ablaufs und der Entwicklung von Schule als Organisationssystem."

Das Beratungsziel – die Lösung eines Problems, das Treffen einer Entscheidung und so weiter – wird in vielen Fällen über Information, Begleitung und Steuerung als drei wesentliche Aspekte von Beratung zu erreichen versucht (vgl. SCHWARZER/ POSSE 2005, S. 141). Die Information steht häufig am Anfang einer Beratung. So ist es beispielsweise notwendig, Eltern zunächst einmal über mögliche Schullaufbahnen und Bildungsangebote zu informieren, wenn es darum geht, eine Entscheidung für das eigene Kind zu treffen. Versteht man Beratung als einen Prozess, in dem die Ratsuchenden in ihrer Suche nach Problemlösungen unterstützt werden (anstatt ihnen solche vorzugeben), dann kommt es weiter darauf an, die Ratsuchenden in der Formulierung ihrer individuellen Sichtweise von Problemen, in der Formulierung von subjektiven Zielen sowie bei der Auswahl von Mitteln zum Erreichen der Ziele zu unterstützen. An den Stellen, wo subjektive Ziele mit bestimmten Randbedingungen nicht vereinbar sind – beispielsweise der Wunsch nach einer Schullaufbahn, für die die individuellen Voraussetzungen aber (noch) nicht gegeben sind – oder wo vereinbarte Schritte zur Problemlösung nicht eingehalten werden, ist Beratung auch mit Steuerung verbunden. Als optimal verlaufend charakterisieren SCHWARZER/ POSSE eine Beratung dann, wenn die drei zentralen Aspekte der Beratung in einem „funktionalen Gleichgewicht zum Beratungsproblem stehen, also wenn hinsichtlich des Problems angemessen informiert, gesteuert und gestützt wird" (ebd., S. 141). Ist dieses Gleichgewicht nicht gewahrt, so besteht die Gefahr, dass sich Fehlformen bilden, die Information zu Belehrung, Steuerung zu Manipulation oder Unterstützung zu Abhängigkeit werden lassen (vgl. Darstellung 11.1).

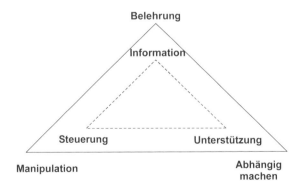

Darstellung 11.1: Funktionen der Beratung und ihre Fehlformen (SCHWARZER/ POSSE 2005, S. 142)

Der Hinweis auf mögliche Fehlformen von Beratung deutet bereits an, dass Beratung einer besonderen Grundhaltung der oder des Beratenden und einer entsprechenden Beratungskompetenz bedarf. Dazu gehören zum Beispiel Kenntnisse über theoretische Hintergründe von Erziehung, Lernen und Entwicklung, über Möglichkeiten der Verbesserung von Erziehungs- und Lernprozessen sowie Fähigkeiten und Fertigkeiten, Beratungsprozesse in sozial angemessener, empathischer, ökonomischer und effektiver Weise zu organisieren und durchzuführen. Voraussetzung einer jeden Beratung ist eine positive ethische Grundeinstellung der Beratenden. Es geht um eine Situation, in der Menschen sich in Problemlagen befinden, Vertrauen suchen und sich der oder dem Beratenden öffnen. Die Wertschätzung der oder des zu Beratenden, eine hohe Empathie und Verantwortung für die Klientinnen und Klienten spielen hier eine besondere Rolle. In theoretischer Hinsicht rekurrieren Beratungsansätze auf unterschiedliche Konzepte (die wir hier allerdings nicht ausführlicher diskutieren können). Hierzu zählen zum Beispiel verhaltenstheoretische und gesprächspsychotherapeutische Theorien und systemische oder konstruktivistische Ansätze.

Beratungssituationen in der Schule weisen besondere Spezifika auf, die auch für die beratenden Lehrpersonen bestimmte Problemlagen hervorrufen können (vgl. SCHWARZER/ POSSE 2005, S. 144 f.):

– Lehrpersonen, die ihre Schüler beraten, haben neben der Rolle als Beraterin oder Berater noch andere Rollen inne: Sie sind gleichzeitig Lehrpersonen (die Lernende unterrichten und beurteilen), sie sind Vertreterinnen und Vertreter der Schule als gesellschaftlicher Einrichtung und sie sind immer auch Privatpersonen. Diese Rollen gilt es in einer Beratung zu integrieren, um eine Beratung nicht durch Rollenkonflikte scheitern zu lassen.

– Schulische Beratung ist in der Regel mit der Preisgabe von Informationen der oder des zu Beratenden verbunden. Diese Informationen betreffen beispielsweise andere Schülerinnen und Schüler, Kolleginnen und Kollegen, das Familienleben, die Eltern und so weiter. Für die Lehrperson bedeutet dies, die Vertraulichkeit der Informationen sicherzustellen und anderen gegenüber nicht zu verwenden. Dennoch kann nicht ausgeschlossen werden, dass die Kenntnis über bestimmte Sachverhalte oder Einschätzungen auch das Denken oder sogar Handeln der beratenden Lehrperson beeinflusst.

– Eine besondere Rolle in der Beratung nehmen besonders ausgebildete Beratungslehrerinnen und Beratungslehrer ein. Diese Rolle kann sich dann allerdings als schwierig erweisen, wenn im Kollegium gerade die Kolleginnen oder Kollegen diese Funktion einnehmen, deren Anerkennung nur gering ist und die eine Ausbildung zur Beratungslehrperson aus eher funktionalen Gründen zur Verbesserung ihrer Reputation im Kollegium gewählt haben. Dies ist gerade dann schwierig, wenn bei anstehenden Entscheidungs- oder Problemlösungsprozessen Beratungsleistungen nicht aus sachlichen Gründen, sondern aufgrund der Fragwürdigkeit der Rolle nicht akzeptiert oder unterstützt werden.

– Für Lehrerinnen und Lehrer mag es schwierig sein, von ihrem bisherigen Berufsverständnis, das in vielen Fällen den Fachkompetenzen besonderen Wert beimisst, umzustellen auf ein Beratungsverständnis, in dem Prozesskompetenzen eine zentrale Rolle einnehmen – das heißt, auf die Suche nach situationsspezifisch angemessenen Lösungen umzuschalten.

Mit Blick auf die für eine gelungene Beratung erforderlichen Kompetenzen wird schnell deutlich, dass auf der Basis der Curricula in der Lehrerausbildung nicht davon ausgegangen werden kann, dass solche Kompetenzen in umfassender Weise angebahnt und entwickelt werden. Hier besteht sicher Nachholbedarf, um eine bisher eher randständig betrachtete Aufgabe von Lehrpersonen schon in der ersten Phase angemessen vorzubereiten und nicht auf einzelne, durch Fortbildungen entsprechend ausgebildete Lehrerinnen und Lehrer zu beschränken.

Alltagsprobleme von Schülerinnen und Schülern können häufig schon dadurch bearbeitet und gegebenenfalls auch gelöst werden, dass sich Lehrerinnen und Lehrer in angemessen kommunikativer Weise den Betroffenen nähern. Hierzu schlägt beispielsweise GORDON (2000) vor, in der Kommunikation keine „Straßensperren" aufzubauen – beispielsweise durch moralisierende, belehrende oder warnende Botschaften und Ratschläge –, sondern konstruktive Hilfen zu verwenden, zum Beispiel in Form passiven oder aktiven Zuhörens, bestätigender (verbaler oder nonverbaler) Reaktionen oder durch Verwendung von so genannten „Türöffnern", die dazu ermutigen, Aspekte zu vertiefen oder neue Aspekte anzusprechen.

Die Bedeutsamkeit der – bisher nicht im Zentrum beruflicher Tätigkeiten stehenden – Beratung wird in Zukunft eher zunehmen. Dies liegt nicht zuletzt an den sich verändernden Rahmenbedingungen, unter denen Kinder und Jugendliche aufwachsen, und an den im Bildungssystem anstehenden Veränderungen. SCHWARZER/ POSSE (2005) schätzen die zukünftigen Beratungsbedarfe wie folgt ein:

„– Schüler und Eltern benötigen Unterstützung durch Beratung in zunehmendem Maße bei der Auswahl der Schule, wenn Schulen spezifische Schwerpunkte ausbilden

– Schüler (und Eltern) benötigen Unterstützung durch Beratung bei der Gestaltung der schulinternen Laufbahnen

– Lehrer brauchen Unterstützung durch Beratung bei der Veränderung ihrer Rolle vom ‚Lehrer' zum ‚Lernbegleiter', der selbstgesteuertes Lernen anregt

– Lehrer benötigen Unterstützung durch Beratung bei der Übernahme von zusätzlichen Aufgaben (‚Selbstständige Schule') und bei der Personalentwicklung

– Schulen benötigen Unterstützung durch Beratung bei der Umsetzung der nationalen Bildungsstandards (bzw., ihrer länderspezifischen Ausformulierungen) in ihr schulspezifisches Curriculum

– Schulen benötigen Unterstützung durch Beratung bei der Akzentuierung ihrer eigenen Profile, bei der Entwicklung von Fortbildungsplänen und Qualitätssicherungskonzepten" (S. 150 f.).

11.3 Zusammenfassung und Anwendung

In diesem Kapitel wurde den Fragen nachgegangen, ob Lehrpersonen im Unterricht Erziehungsaufgaben wahrnehmen sollen, wie ihnen dies gelingen kann und welche besonderen Anforderungen und Probleme damit gegebenenfalls verbunden sind. Erziehung kann – im Unterschied zur nicht-zielgerichteten Sozialisation – als geplantes und normativ orientiertes Handeln definiert werden. In einer pluralistischen Gesellschaft stehen Lehrpersonen vor der Herausforderung, dass in den Familien unterschiedliche Wertvorstellungen vertreten sind, dass aufgrund der Schulpflicht aber alle Kinder zur Schule kommen müssen. Angesichts der mit Erziehungsfragen verbundenen Eingriffe in die Persönlichkeitsentwicklung ergibt sich der Anspruch an Lehrerinnen und Lehrer, über ein besonderes Ethos zu verfügen. Hierbei handelt es sich um eine grundsätzliche und dauerhafte Haltung, die von Oser als eine Kombination von Gerechtigkeit, Wahrhaftigkeit und Fürsorge sowie Verantwortung und Engagement beschrieben wird. Mit dem Wertklärungsansatz von Simon und anderen, dem „life-line"-Konzept und dem Ansatz der sozial-moralischen Erziehung von Kohlberg und anderen (mit der Weiterentwicklung zu einer Schule als *just community*) wurden unterschiedlich weit reichende Konzepte vorgestellt, die sich in der Schule bewährt haben. Die Ausführungen zur Erziehung als Aufgabe von Lehrerinnen und Lehrern wurden um Hinweise zum nahe liegenden Feld der Beratung ergänzt. Zentrale Komponenten einer Beratung sind die Information, die Unterstützung und die Steuerung, die es im Beratungsprozess in ein angemessenes Gleichgewicht zu bringen gilt, sodass Fehlformen wie Manipulation oder Belehrung vermieden werden.

Reflektieren Sie vor dem Hintergrund der grundlegenden Informationen noch einmal Ihre Argumente, mit denen sich eine verstärkte Aufmerksamkeit für erzieherische Aufgaben von Lehrpersonen begründen und gegen möglich Einwände vertreten lässt. Vervollständigen Sie darüber hinaus Ihre ersten Ideen zu Förderungsmöglichkeiten des sozialen und moralischen Denkens und Handelns von Kindern und Jugendlichen. Diskutieren Sie Ihre Ergebnisse – wenn möglich – in einer Lerngruppe.

12| Entwicklung schulinterner Curricula

12.1 Einleitende Hinweise und Fragestellung

Im Kapitel 6 wurde die Frage nach den Lehrplänen für die Schule ausführlich behandelt. Dabei diente die Bezeichnung Lehrplan als Oberbegriff für alle Vorschriften und Verordnungen, die von den zuständigen Landesministerien für die Schule erlassen werden, um auf den Unterricht in zielbezogener und inhaltlicher Hinsicht Einfluss zu nehmen. Bei der Bearbeitung der damit verbundenen Fragestellungen wurde deutlich, dass staatliche Vorgaben die Ziele und Inhalte konkreten Unterrichts und schulischer Aktivitäten vor Ort weder vollständig beschreiben können noch bis ins Detail festlegen wollen. Sowohl die Praxis im Umgang mit staatlichen Vorgaben als auch die Anlage von Lehrplänen zeigen, dass Lehrerinnen und Lehrer beziehungsweise die Schulen nicht nur bei methodischen Fragen, sondern auch bei Ziel- und Inhaltsfragen des Unterrichts bedeutende Spielräume haben und auch haben sollen. So wird in den – als Beispiel im Abschnitt 6.2.2 vorgestellten – sächsischen Lehrplänen festgestellt, dass durch die Lehrplanvorgaben nur die Ziele und Inhalte für 25 Schulwochen eines Jahres verbindlich beschrieben werden und die restliche Zeit aufgrund schulinterner Regelungen gestaltet werden soll. Wenn dabei auch noch einzelne Rahmenvorgaben – beispielsweise zwei Wochen für einen Wahlpflichtbereich – zu beachten sind, bleiben den Schulen doch erhebliche Freiräume für die Entwicklung schulspezifischer Curricula. Auch das Land Baden-Württemberg stellt in seiner „Einführung in den Bildungsplan 2004" fest: Für die verschiedenen „Fächer der einzelnen Schulart werden Kerncurricula verbindlich vorgegeben. Sie nehmen zwei Drittel der Unterrichtszeit der Schülerinnen und Schüler in Anspruch. Der Sinn der Kerncurricula ist, erstens ein Maß der erwarteten Lern- und Unterrichtsleitungen zu definieren und damit zweitens den Freiraum für das schuleigene Curriculum zu sichern" (Ministerium für Kultus, Jugend und Sport Baden-Württemberg 2004a, S. 19). Mit dieser Aussage ist zugleich die Aufgabe angesprochen, schuleigene Curricula zu entwickeln. Auch in anderen Bundesländern wird zurzeit an Kerncurricula gearbeitet und gleichzeitig der Auftrag an die Schulen formuliert, schuleigene Curricula zu entwerfen. Dieser Auftrag ist für die Schulen allerdings nicht völlig neu. Lange schon stellen schulspezifische Stoffverteilungspläne und die Berücksichtigung fächerübergreifender Themen sowie die Planung von Projekten ein wichtiges Element schulischer Arbeit dar. Auch mit der schon länger andauernden Diskussion und Anforderung an Schulen, eigene Schulprofile oder Schulprogramme zu entwickeln, war der Anspruch an schulspezifische curriculare Überlegungen verbunden. Weitergehend ist allerdings die Anforderung, vorgegebene kompetenzorientierte Kerncurricula und schulische Ziel- und Inhaltsentscheidungen konsequent zu einem konsistenten Curriculum der jeweiligen Schule zu verbinden.

Um die Anforderungen, die in dieser Aufgabe liegen, zu verdeutlichen, wird im Folgenden kurz auf das Beispiel Baden-Württemberg eingegangen.

In Baden-Württemberg galten bis zum Jahr 2004 die Bildungspläne aus dem Jahr 1994. Diese Bildungspläne billigten den Schulen zwar schon einzelne Gestaltungsfreiräume für schulspezifische curriculare Aktivitäten zu, insgesamt war die schulische Arbeit jedoch weitgehend durch eine Umsetzung vorgegebener Ziele, Inhalte und Gestaltungshinweise geprägt.

Mit dem oben bereits angesprochenen Bildungsplan 2004 werden neben einer Neuordnung des gesamten Auftrags der allgemein bildenden Schulen größere Gestaltungsfreiräume für die Schulen angestrebt (vgl. ebd., S. 9 ff.). Es wird ausdrücklich betont, dass die Umsetzung des Bildungsplans 2004 eine Wechselbeziehung zwischen Kerncurriculum und Schulcurriculum, zwischen staatlichen Vorgaben und eigenverantwortlich zu treffenden Entscheidungen in der einzelnen Schule notwendig macht (vgl. Ministerium für Kultus, Jugend und Sport Baden-Württemberg 2004b).

Auf der Basis dieser Grundposition wird für die einzelnen Fächer jeweils ein Kerncurriculum im Sinne verpflichtender Bildungsinhalte vorgegeben. Die Bildungsinhalte stehen ihrerseits im Kontext von Bildungsstandards. Die Beschreibung der Bildungsstandards wird im Bildungsplan 2004 jeweils in zwei Punkte gegliedert (vgl. Ministerium für Kultus, Jugend und Sport Baden-Württemberg 2004a):

– Leitgedanken zum Kompetenzerwerb,
– Kompetenzen und Inhalte.

Unter dem ersten Punkt – *Leitgedanken zum Kompetenzerwerb* – werden beispielsweise bei den „Bildungsstandards für Deutsch. Gymnasium – Klasse 6, 8, 10" als *zentrale Aufgaben* des Faches Deutsch genannt:

„Der Deutschunterricht leistet einen wesentlichen Beitrag zur sprachlichen, literarischen und medialen Bildung der Schülerinnen und Schüler. Er macht sie vertraut mit Sprache und Literatur als Mittel der Welterfassung und Wirklichkeitsvermittlung, der zwischenmenschlichen Verständigung, der Analyse und Reflexion, aber auch der Problemlösung und kreativen Gestaltung" (ebd., S. 76).

Des Weiteren werden unter diesem Punkt die folgenden *allgemeinen Kompetenzen* für das Fach Deutsch ausgeführt: Sprachkompetenz, kulturelle Kompetenz, ganzheitliche Persönlichkeitsentwicklung, Methodenkompetenz, kommunikative Kompetenz, Schreibkompetenz, Lesekompetenz, Medienkompetenz und Sprachreflexion.

Unter dem zweiten Punkt – *Kompetenzen und Inhalte* – erfolgt eine Ausdifferenzierung der allgemeinen Kompetenzen in einzelne *Kompetenzbereiche*. Diese lauten beispielsweise für die Klassen 5 und 6: Sprechen, Schreiben, Lesen/Umgang mit Texten und Medien, Sprachbewusstsein entwickeln.

Zum *Kompetenzbereich* „Sprechen" heißt es zunächst allgemein „Die Schülerinnen und Schüler können situationsgerecht Umgangssprache, Mundart und Standardsprache verwenden" (ebd., S. 79). Danach werden die folgenden *Teilkompetenzen* ausgeführt: Gespräche führen, mündliches Erzählen, Informieren, Textvortrag und Szenische Verfahren.

Für jede dieser Teilkompetenzen sind *Inhalte beziehungsweise Standards* angegeben. Bei der Teilkompetenz „Gespräche führen" geht es beispielsweise darum, dass die Schülerinnen und Schüler

– „aufmerksam zuhören, Sprechabsichten erkennen und sach-, situations- und adressatenbezogen auf andere eingehen;
– sich auf Gesprächsregeln verständigen und sie einhalten;
– auf den Kommunikationspartner eingehen und Konflikte sprachlich lösen;
– Gedanken, Wünsche und Meinungen angemessen und verständlich artikulieren;
– in einfachen Kommunikationssituationen argumentieren und begründet Stellung beziehen" (ebd., S. 79).

Mit diesen Hinweisen sind die verbindlichen Vorgaben im Bildungsplan 2004 beispielhaft verdeutlicht worden. Das damit jeweils vorgegebene Kerncurriculum muss nun von jeder Schule mit dem *Schulcurriculum* verbunden werden.

Das *Schulcurriculum* soll mit Bezug auf Bildungsstandards

– das Kerncurriculum vertiefen und erweitern,
– fächerübergreifende und profilbildende Elemente enthalten,
– ein zentrales Element der inneren Schulentwicklung bilden,
– zu einem Schulkonzept führen beziehungsweise in ein vorhandenes Schulkonzept eingebettet werden,
– die Schule für ihr Umfeld öffnen,
– projektorientiertes Lernen und Arbeiten fördern (vgl. MINISTERIUM FÜR KULTUS, JUGEND UND SPORT BADEN-WÜRTTEMBERG 2004b).

Für diese – durch das *Schulcurriculum* zu leistenden – Aufgaben werden in der „Einführung in den Bildungsplan 2004" Leitaufträge und Leitfragen zu folgenden Bereichen formuliert:

– Lernen und Arbeiten, zum Beispiel: Welche Möglichkeiten eröffnet die Schule für eigenverantwortliches Lernen und Arbeiten?
– In Gemeinschaft leben, zum Beispiel: Welche Vereinbarungen treffen wir, um Beziehungen untereinander zu gestalten und Orientierungen zu geben?
– Demokratie lernen, zum Beispiel: Welche Formen der Mitsprache und Mitgestaltung gibt es auf der Ebene der Klasse und der Schule?
– Mit Eltern und außerschulischen Partnern kooperieren, zum Beispiel: Wie gestalten wir die Erfüllung des gemeinsamen Erziehungsauftrags mit den Eltern?
– Zentrale Themen und Aufgaben der Schule, zum Beispiel: Wie setzt die Schule die folgenden zentralen Themen altersgerecht um? Als Beispiele für zentrale Themen werden genannt: berufliche Orientierung und Arbeitswelt, Dialog der Generationen, Europa, Geschlechtserziehung, Gesundheitserziehung und Suchtprävention, Konfliktbewältigung und Gewaltprävention, Leseförderung, Medienerziehung, Umwelterziehung und Nachhaltigkeit, Verbrauchererziehung und Freizeitgestaltung.

(vgl. Ministerium für Kultus, Jugend und Sport Baden-Württemberg 2004a, S. 20).

Stellen Sie sich vor dem Hintergrund dieses Beispiels nun bitte einmal vor, Sie seien Mitglied einer Arbeitsgruppe in Ihrer Schule, deren Aufgabe es ist, einen Vorschlag für das Vorgehen zur Entwicklung eines schulischen Curriculums zu machen. Entwickeln Sie bitte einen ersten Plan für ein mögliches Vorgehen. Sie können sich dabei auf das Beispiel Baden-Württemberg oder auch auf die Situation in Ihrem Bundesland beziehen.

Für eine differenzierte Entwicklung schulischer Curricula empfiehlt es sich, Informationen zu folgenden Teilfragen zu beachten:

– Welche Begründungszusammenhänge und Rahmenüberlegungen sind für die Entwicklung schulspezifischer Curricula aus bildungsadministrativer beziehungsweise bildungspolitischer Sicht zu beachten?
– Wie lassen sich schulische Curricula aus bildungstheoretischer Sicht fundieren?
– Welche Anforderungen und Planungsaufgaben stellen sich im Rahmen der Entwicklung schulischer Curricula?

Entsprechende Informationen können Anregungen für die Entwicklung schulischer Curricula geben und ermöglichen es der einzelnen Lehrperson zugleich, die eigene unterrichtliche und erzieherische Arbeit in den Zusammenhang der Schule einzuordnen.

12.2 Grundlegende Informationen

In den grundlegenden Informationen nehmen wir zunächst die Frage nach Begründungszusammenhängen und Rahmenüberlegungen für schulische Curricula aus bildungsadministrativer beziehungsweise bildungspolitischer und aus bildungstheoretischer Sicht auf. Damit sollen bisherige Überlegungen weitergehend fundiert und gleichzeitig grundsätzliche Anregungen für die Gestaltung schulischer Curricula aufgezeigt werden. Es schließt sich der Versuch an, die komplexe und vielfältige Arbeit an schulischen Curricula – vor dem Hintergrund bestehender Anforderungen und Erwartungen – in zwar zusammenhängende, aber doch unterscheidbare Planungsaufgaben zu gliedern. Damit sollen zugleich Strukturierungsanregungen für die Arbeit an schulischen Curricula gegeben werden. Schließlich werden einzelne Hinweise für das Vorgehen bei der Bearbeitung einer Planungsaufgabe gegeben.

12.2.1 Begründungszusammenhänge und Rahmenüberlegungen aus bildungsadministrativer beziehungsweise bildungspolitischer Sicht

Eines der ersten bildungsadministrativen beziehungsweise bildungspolitischen Dokumente, in dem ein relativ großer curricularer Freiraum für die einzelne Schule gefordert wird, ist die Denkschrift „Zukunft der Bildung – Schule der Zukunft" der Bildungskommission NRW (1995). Dort ist die Empfehlung zu finden, nur circa 60 Prozent der Zeit durch fach- und lernbereichsbezogene Kerncurricula festzulegen und die Schulen gleichzeitig zu verpflichten, für die restlichen 40 Prozent schulspezifische

Arbeitspläne im Sinne von Schulprofilen mit hinreichendem Raum für die Bearbeitung fachübergreifender Fragestellungen und Projekte zu entwickeln (vgl. ebd., S. 147/161).

Diese Empfehlung ist zum einen auf die Diskussion um mehr Autonomie für die einzelne Schule zurückzuführen und zum anderen auf die bildungstheoretische und didaktische Diskussion (vgl. dazu Abschnitt 12.2.2).

Der Begründungszusammenhang liest sich in der Denkschrift zunächst folgendermaßen:

„Selbstbestimmung, Mitbestimmung und Übernahme von Verantwortung sind in diesem Verständnis Erziehungsziele, die notwendig zusammengehören und in diesem Zusammenhang auch in der alltäglichen Praxis erfahren werden müssen. Dies gelingt am besten, wenn die institutionellen Rahmenbedingungen Selbstbestimmung und Verantwortungsübernahme auch bei der Regelung der eigenen schulbezogenen Angelegenheiten – der individuellen wie der gemeinsamen – nicht nur zulassen, sondern begünstigen und einfordern." (BILDUNGSKOMMISSION NRW 1995, S. 61).

Dabei wird die Diskussion um Schulautonomie in einen größeren gesellschaftlichen Zusammenhang eingeordnet, der nach Auffassung der Kommission dadurch gekennzeichnet ist, dass in vielen gesellschaftlichen Bereichen, zum Beispiel auch in Verwaltung und Wirtschaft, Versuche unternommen werden, das Verhältnis von Selbstbestimmung und Verantwortung neu festzulegen. Entsprechende Schlagworte sind „Delegation von Verantwortung" und „Dezentralisierung." (vgl. ebd., S. 62).

Vor dem Hintergrund solcher Entwicklungen heißt es in der Denkschrift:

„Den Kommissionsempfehlungen liegt deshalb ein Verständnis von Schule zugrunde, das Schulbildung nicht nur als Weg zu vordefinierten Zielen versteht, sondern Schule als Lern- und Lebensraum auffasst, in dem Bildung auch in eigenverantwortlicher Mitgestaltung erfolgt. Schule kann ihren Auftrag, selbstverantwortlich und eigentätig gestaltete Bildungsprozesse von Schülerinnen und Schülern zu ermöglichen, zu initiieren und zu fördern, aber nur wirksam erfüllen, wenn sie sich als ein „Haus des Lernens" entwickeln kann, das auf die besonderen Bedürfnisse seiner Schüler ausgerichtet ist und die Handlungsmotive und Initiativen der übrigen Beteiligten integriert. Hierzu brauchen die Schulen einen nicht nur tatsächlich erweiterten, sondern auch rechtlich gesicherten Freiraum zur Eigengestaltung. Dies schließt das Recht und die Pflicht ein, sich in diesem Rahmen selbst Regeln zu geben und für die getroffenen Entscheidungen Verantwortung zu übernehmen." (ebd., S. 61).

Auf der Basis dieser Grundposition werden von der BILDUNGSKOMMISSION NRW (1995) unter dem Stichwort „Gestaltungsfreiraum der Schulen" unter anderem folgende Empfehlungen ausgesprochen, die jeweils auch Konsequenzen für die Gestaltung schulischer Curricula haben (vgl. S. 146 ff.):

– Alle Schulen sollen Schulprogramme und – davon ausgehend – Schulprofile entwickeln. Das Schulprogramm soll die Basis für die eigenständige Gestaltung der Schule sein.

– Besondere Akzente können beispielsweise in folgenden Bereichen liegen: fachliches Angebot, Lernformen und Lernorganisation, Technologien und Berufswelt, humanitäre Aktivitäten, Kunst, intellektuelle Erziehung und Bildung, Schulpartnerschaften und Austauschbeziehungen, Lern- und Schulkultur.

– Die Ausbildung eines Schulprofils soll auch die örtlichen Möglichkeiten nutzen, beispielsweise durch Kooperation mit der Jugend- und Kulturarbeit.
– Das Land soll die bisherigen Stundentafeln auf eine Jahreskontingentierung der Lernverpflichtungen umstellen, Basislernpläne erstellen und damit nur etwa 60 Prozent der Unterrichtszeit festlegen (vgl. oben).
– Bei den neuen zeitlichen Vorgaben muss die Gleichwertigkeit des Lernens in Fächern und in Zusammenhängen bedacht und die Möglichkeit eingeräumt werden, Schwerpunkte fächerverbindenden Arbeitens zu setzen.
– Ein wesentlicher Teil der Ziel- und Inhaltsbereiche ist für Formen selbstständigen Lernens, für die Mitwirkung an der Gestaltung des Schullebens und für die Thematisierung des Zusammenlebens in der Schule vorzusehen.
– Bei der Aufteilung des Zeitbudgets soll die Einzelschule weitgehend frei verfahren können. Orientierungspunkt soll grundsätzlich zwar das Schuljahr sein, Zeitplanungen können gegebenenfalls aber auch zwei Schuljahre umfassen.
– Die Schulen sollen für ihre curricularen Vorstellungen Arbeits- und Handlungspläne entwickeln. Dabei soll eine Zusammenführung von Kernelementen und übergreifenden Orientierungen erfolgen.
– Es soll hinreichend Zeit für offene und projektorientierte Lernverfahren vorgesehen werden. Verschiedene Organisationsformen des Lernens, zum Beispiel Lernen in Großgruppen oder Kleingruppen, in Partner- oder Einzelarbeit, in Form von Freiarbeit oder Wochenplan, sollen in den Schulen eigenverantwortlich gestaltet werden.
– Die Organisation des Lernens soll auf die angestrebten Kompetenzen ausgerichtet sein. Dabei sollen – neben flexiblen und unterschiedlichen Arbeitsformen – neue Formen der Leistungsbewertung erprobt werden. Insbesondere sollen selbstständige Arbeiten der Schülerinnen und Schüler ermöglicht und angemessen in die Bewertung einbezogen werden. Insgesamt ist eine Weiterentwicklung der Leistungsbewertung erforderlich. Unter Umständen sind auch neue Abschlusszertifikate zu entwickeln (vgl. dazu auch Kapitel 10).
– Die Arbeitszeit der Lehrpersonen muss vor dem Hintergrund der angestrebten Innovationen neu definiert werden. Die bisherige Orientierung an Unterrichtsstunden ist nicht mehr angemessen.

Der damit aufgezeigte Begründungszusammenhang für die Entwicklung schulspezifischer Curricula und seine Konsequenzen werden zum Teil auch durch bildungstheoretische Überlegungen fundiert. Im Folgenden soll auf solche Überlegungen aufmerksam gemacht werden.

12.2.2 Zur Fundierung schulischer Curricula durch bildungstheoretische Überlegungen

So lange es institutionalisiertes Lehren und Lernen gibt, stellt sich die Frage danach, was mit welchem Ziel gelernt werden soll. Diese Frage gilt für alle auf Bildung ausgerichteten Institutionen – unabhängig davon, ob es dafür staatliche Vorgaben gibt oder nicht. Der Bildungstheorie kommt bei der Bearbeitung dieser Frage die Aufgabe zu, entsprechende Inhalts- und Zielentscheidungen zu reflektieren sowie Hilfen und

Anregungen zu geben, um zu geeigneten Inhalten und Zielen für das Lernen und Lehren zu kommen.

Ein frühes Beispiel für einen inhaltlichen Kanon für das Lehren und Lernen sind die so genannten sieben freien Künste (septem artes liberales), die ihren Ursprung in der gegen 400 vor Christus beginnenden Krisenzeit der Polisordnung in Athen haben – in einer Zeit, in der sich die Lebensverhältnisse ausweiteten und vom Bürger im öffentlichen Leben mehr Kenntnisse und Fertigkeiten gefordert wurden. Wer sich im öffentlichen Leben Geltung verschaffen wollte, musste mehr wissen und auch formal besser gebildet sein (vgl. REBLE 1964, S. 23). Vor diesem Hintergrund propagierten die Sophisten als professionelle Wanderlehrer eine über die Elementarbildung hinausgehende höhere Allgemeinbildung (enkyklios paideia), die als eine bürgerliche Tugend zunächst vier Gegenstände umfassen sollte:

– Grammatik als Kenntnis der Sprache und ihres Aufbaus,
– Dialektik als Übung in Rede und Gegenrede,
– Rhetorik als Kunst der Rede, um andere zu überzeugen, und
– Bürgerkunde als Sachkenntnis in verschiedenen Gebieten, vor allem in Arithmetik, Geometrie, Astronomie und Musik.

Daraus entwickelte sich dann die Aufteilung in die drei formalen Disziplinen (Grammatik, Dialektik, Rhetorik) und die vier materialen Disziplinen (Arithmetik, Geometrie, Astronomie und Musik), die in der hellenistisch-römischen Zeit den schon genannten Namen „septem artes liberales" erhielten, womit ausgedrückt wurde, dass eine entsprechende Bildung den Freigeborenen aus gutem Hause angemessen war (vgl. ebd., S. 25). Damit hatte sich eine Grundlage für den „Lehrplan des Abendlandes" (vgl. DOLCH 1959) entwickelt.

Mit dieser Grundlage war zum einen die Verknüpfung von curricularen Überlegungen mit Bildungsvorstellungen geleistet, die sowohl für Lehrpläne generell als auch für schulische Curricula bedeutsam ist. Zum anderen kommt in den Bildungsvorstellungen der Sophisten bereits der Gedanke zum Tragen, dass Bildung sowohl an Wissen als auch an Können gebunden ist.

Mit der griechischen „paideia" erreichte das Nachdenken über die Bildung einen ersten Höhepunkt. Im Laufe der folgenden Jahrhunderte sind verschiedene Bildungsauffassungen entworfen und diskutiert worden (vgl. z.B. WEHNES 2001, S. 280 ff.). Ein bis heute wichtiger Versuch, verschiedene Bildungstheorien zu charakterisieren, ist von KLAFKI (1963) geleistet worden. Er unterscheidet mit Blick auf die Geschichte des Bildungsdenkens zwei Theorieansätze: die materialen und die formalen Bildungstheorien.

Materiale Bildungstheorien sind dadurch gekennzeichnet, dass Bildung mit der Verfügung über bestimmte Inhalte verbunden ist: Als gebildet kann nur gelten, wer über wichtige Inhalte beziehungsweise Kenntnisse verfügt, welche die Kultur, in der man lebt, bestimmen. Dies können beispielsweise bestimmte Kenntnisse zu bedeutsamen Inhalten aus dem Bereich der Wissenschaft, der Kunst, der Religion oder der Geschichte sein. Demgegenüber ist die formale Bildung nicht durch einen Kanon vorgegebener Inhalte charakterisiert, sondern durch seelische und geistige Fähigkeiten und Kräfte, die einem Individuum ein humanes Leben in der Gesellschaft ermöglichen, beispielsweise logisches Denken, Kreativität und Urteilsvermögen. Man kann den Unterschied zwischen materialen und formalen Bildungstheorien auch so ausdrücken: Bei den materialen Bildungstheorien richtet sich der Blick auf die Objektseite des Bildungsgeschehens: auf die Inhalte, die sich die nachwachsende Generation aneignen soll; während sich bei den formalen Bildungstheorien der Blick auf die Subjektseite richtet: auf den Heranwachsenden mit dem eigenen und zu entwickelnden Vermögen, sich die Welt zu erschließen (vgl. ebd., S. 27).

Alle *materialen Bildungstheorien* stehen vor der zentralen Frage, welche der Inhalte, die in einem historischen und gesellschaftlichen Zusammenhang gegeben sind, als Bildungsinhalte gelten beziehungsweise ausgewählt werden sollen. Aus bildungstheoretischer Sicht unterscheidet KLAFKI grundsätzlich zwei Antworten auf diese Frage: zum einen die Annahme, in jeder Kultur gebe es *objektive* Inhalte, beispielsweise sittliche Werte, ästhetische Gehalte und wissenschaftliche Erkenntnisse, die für die jeweilige Kultur tragend seien und in ihrem „objektiven So-Sein" angeeignet werden müssen, zum anderen die Annahme, dass es in jeder Kultur *klassische* Inhalte gebe, in denen sich Leitbilder beziehungsweise menschliche Qualitäten in überzeugender, aufrüttelnder und zur Nachfolge auffordernder Weise ausdrücken und als Bildungsgehalt sichtbar würden. Demgemäß unterscheidet KLAFKI zwischen dem bildungstheoretischen Objektivismus und der Bildungstheorie des Klassischen (vgl. ebd., S. 27 ff.).

Der bildungstheoretische Objektivismus tritt besonders häufig in der Form des so genannten Scientismus auf. In diesem Falle ist die Anerkennung eines Inhalts als Bildungsinhalt von der Frage abhängig, ob dieser als wissenschaftlich abgesichert gelten kann. Bildungs- und Wissenschaftsinhalte werden dabei letztlich gleichgesetzt. Für den Scientismus gilt – wie für andere Spielarten des bildungstheoretischen Objektivismus –, dass er bewusst oder unbewusst die Inhalte einer Kultur als objektive Inhalte verabsolutiert, sie aus ihrer Geschichtlichkeit und ihrem gesellschaftlichen Zusammenhang löst und ihnen den „Anschein fragloser Gültigkeit und Werthaftigkeit" (ebd., S. 29) verleiht. Letztlich ist der bildungstheoretische Objektivismus nicht tragfähig für die Bildung, weil er mit seiner Überbetonung angeblich objektiver Inhalte über kein pädagogisch überzeugendes Auswahlkriterium für Bildungsinhalte verfügt. Ein solches Kriterium hofften die Vertreterinnen und Vertreter einer Bildungstheorie des Klassischen im Begriff des Klassischen gefunden zu haben. Demnach sollten aus der Fülle kulturell bereitgestellter Inhalte die Inhalte für Bildungsprozesse ausgewählt werden, in denen die Fundamente und Orientierungspunkte einer Gemeinschaft beziehungsweise Gesellschaft, ihre Werte und Tugenden in besonderer Weise zum Ausdruck kommen. Solche Werte können beispielsweise Mut und Tapferkeit, Wahrhaftigkeit und Treue sein. Damit zielt die Bildungstheorie des Klassischen darauf, dass sich Kinder und Jugendliche mit den „klassischen" Werken ihres Kulturkreises auseinandersetzen: Bildung erscheint in der pädagogischen Theorie des Klassischen „als Vorgang beziehungsweise als Ergebnis eines Vorganges, in dem sich der junge Mensch in der Begegnung mit dem Klassischen das höhere geistige Leben, die Sinngebungen, Werte und Leitbilder seines Volkes oder Kulturkreises zu eigen macht und in diesen idealen Gestalten seine eigene geistige Existenz recht eigentlich erst gewinnt" (ebd., S. 30).

Aber auch dieser Bildungsbegriff trägt nur solange, wie es in einer Gesellschaft eine „einmütige Anerkennung gewisser Werke, menschlicher Leistungen oder ganzer vergangener Kulturen als ‚klassisch'" gibt (ebd., S. 30). Zerbricht diese Einmütigkeit oder ist sie von Vornherein nicht gegeben – wie es in pluralistischen Gesellschaften der Fall ist – bildet das Kriterium des Klassischen keine tragfähige Grundlage mehr, um Bildungsinhalte zu bestimmen. Darüber hinaus gibt es für viele Fragen in offenen und pluralistischen Gesellschaften keine klassischen Vorbilder zur Lösung beziehungsweise Bewältigung aktueller Probleme.

Auch bei der Theorie der formalen Bildung unterscheidet KLAFKI (1963, S. 32 ff.) zwei Varianten: die Theorie der funktionalen Bildung und die Theorie der methodischen Bildung.

Die Leitidee der Theorie der *funktionalen Bildung* ist die Entwicklung der Kräfte des jungen Menschen: „Das Wesentliche der Bildung ist nicht Aufnahme und Aneignung von *Inhalten*, sondern Formung, Entwicklung, Reifung von körperlichen, seelischen und geistigen *Kräften*. Bildung als Werk ist der Inbegriff der in einer Person geeinten, bereitstehenden Kräfte des Beobachtens, Denkens und Urteilens, des ästhetischen Gefühls, des ethischen Wertens, Sich-Entschließens und Wollens usf., die dann an den Inhalten der Erwachsenenexistenz in ‚Funktion' treten können. Was der junge Mensch an einer Stelle als Kraft gewonnen habe, das würde er sinngemäß auf andere Inhalte und Situationen ‚übertragen'" (ebd., S. 33). Beispielsweise basierte die Theorie des humanistischen Gymnasiums unter anderem auf der Annahme, dass es gerade die alten Sprachen und die Mathematik seien, die sich für die Entwicklung der geistigen Kräfte des Kindes und Jugendlichen besonders eigneten. In vergleichbarer Weise suchte man auch für die Volksschule nach kräftebildenden Inhalten und Tätigkeiten und sah sie für das Volksschulkind im Zeichnen und Malen, im Gesang und Spiel, im Erzählen und freien Aufsatz (vgl. ebd., S. 33 f.).

Da auf diese Weise zugleich – im Sinne des Bürgertums – zwischen höherer Bildung mit entsprechenden Privilegien und volkstümlicher Bildung mit eingeschränkten Bildungs- und Berufschancen unterschieden werden konnte, offenbart die Unterscheidung in besonderer Weise die Ideologieanfälligkeit des Bildungsbegriffs.

Neben diesem – für Bildungsansätze – generellen Kritikpunkt gelten für die Theorie der funktionalen Bildung weitere Kritikpunkte. Diese richten sich unter anderem auf die philosophisch-anthropologische Annahme, dass der Mensch als eine Einheit von Kräften beziehungsweise Funktionen in Analogie zu körperlichen Kräften und Funktionen aufgefasst werden könne. Einer solchen Annahme ist entgegenzuhalten, dass die Erscheinungsformen geistiger Phänomene – wie Denken, Problemlösen, Urteilen, Entscheiden, Gestalten – nicht hinreichend als „Wirkungen" geistiger Kräfte und Funktionen zu erklären sind. Des Weiteren ist die Annahme zu kritisieren, dass es allgemeine inhaltsunabhängige Fähigkeiten gäbe, die in beliebigen Inhaltsbereichen angewendet beziehungsweise auf diese übertragen werden. Dem widerspricht schon die alltägliche Erfahrung, beispielsweise dass ein Schüler, der im Kunstbereich viel Phantasie entwickelt, noch lange nicht in der Lage sein muss, zu einem Problem aus der Biologie eigene Lösungsansätze zu entwerfen. Auch die empirische Forschung zu Fragen des Transfers und der Übertragung des Gelernten auf neue Zusammenhänge zeigt, dass sich diese nicht von selbst einstellen, sondern jeweils weiterer, gezielter Lernprozesse bedürfen.

Eine zweite Variante der formalen Bildungstheorien ist die Theorie der *methodischen Bildung*. „Bildung bedeutet hier: Gewinnung und Beherrschung der Denkweisen, Gefühlskategorien, Wertmaßstäbe, kurz: ‚Methoden‘, mit Hilfe derer sich der junge Mensch die Fülle der Inhalte zu eigen machen kann, wenn die späteren Lebenssituationen dies erfordern. Solche ‚methodische Bildung‘ beginnt etwa mit der Fähigkeit, Werkzeuge zu gebrauchen und Werktechniken zu beherrschen, ein Lexikon und ein Wörterbuch benutzen zu können, die Zeichensprache des Atlasses zu verstehen, mathematische Lösungsmethoden zu kennen, und sie endet etwa mit der inneren Aneignung des kantischen kategorischen Imperativs als ‚methodisches‘ Kriterium sittlichen Handelns" (ebd., S. 36).

Die kritischen Einwände gegen die Theorie der methodischen Bildung sind den Kritikpunkten an der Theorie der funktionalen Bildung ähnlich. Auch hier ist beispielsweise zu bezweifeln, dass geistige Leistungen sich einfach als Anwendung bestimmter inhaltsneutraler Methoden erklären lassen und dass der Erwerb bestimmter Methoden in einem Bereich auch zu einem angemessenen methodischen Vorgehen in einem anderen Bereich führe.

Die jeweilige Einseitigkeit und begrenzte Sichtweise sowie eingeschränkte Gültigkeit der verschiedenen Bildungstheorien – ob sie sich nun als bildungstheoretischer Objektivismus, als Bildungstheorie des Klassischen oder als Theorie der funktionalen oder methodischen Bildung darstellen – hat Klafki zu dem Versuch geführt, eine Synthese zu versuchen. Dies geschieht im Konzept der kategorialen Bildung, welche Klafki folgendermaßen beschreibt:

„Bildung nennen wir jenes Phänomen, an dem wir – im eigenen Erleben oder im Verstehen anderer Menschen – unmittelbar der Einheit eines objektiven (materialen) und eines subjektiven (formalen) Momentes innewerden. Der Versuch, die *erlebte* Einheit der Bildung sprachlich auszudrücken, kann nur mit Hilfe dialektisch verschränkter Formulierungen gelingen: Bildung ist Erschlossensein einer dinglichen und geistigen Wirklichkeit für einen Menschen – das ist der objektive oder materiale Aspekt; aber das heißt zugleich: Erschlossensein dieses Menschen für diese seine Wirklichkeit – das ist der subjektive oder formale Aspekt zugleich im ‚funktionalen‘ wir im ‚methodischen‘ Sinne" (ebd., S. 43).

Bei allem Fortschritt, der in der Überwindung des Gegensatzes zwischen materialen und formalen Bildungstheorien liegt, ist der Ansatz einer kategorialen Bildung unter anderem unter dem Gesichtspunkt kritisiert worden, dass er letztlich wertneutral bleibe (vgl. z.B. Huiskens 1972). Später hat Klafki (1985) – unter Aufnahme dieses Kritikpunktes – in seiner kritisch-konstruktiven Didaktik den Begriff Bildung mit den drei Leitideen beziehungsweise Wertvorstellungen der Selbstbestimmungs- und Mitbestimmungsfähigkeit sowie der Solidaritätsfähigkeit verbunden. Vor diesem Hintergrund diskutiert er sein Verständnis von *Allgemeinbildung* und sieht dieses durch drei Bedeutungsmomente charakterisiert (vgl. ebd., S. 17 ff.):

– „Allgemein" besagt erstens, dass Bildung als Anspruch aller Menschen auf Entfaltung ihrer Fähigkeiten gesehen werden muss und insofern jeder gesellschaftlich bedingten Ungleichheit hinsichtlich von Bildungschancen entgegenzuwirken ist.

– „Allgemein" meint zweitens, dass Bildung auf das Insgesamt der menschlichen Möglichkeiten zielen soll und als „vielseitige" beziehungsweise „allseitige" Bildung zu verstehen ist.

– „Allgemein" steht drittens dafür, dass Bildung sich im „Medium des Allgemeinen" vollziehen soll, und bedeutet, „ein geschichtlich vermitteltes Bewusstsein von zentralen Problemen der gemeinsamen Gegenwart und der voraussehbaren Zukunft gewonnen zu haben, Einsicht in die Mitverantwortlichkeit *aller* angesichts solcher Probleme und Bereitschaft, sich ihnen zu stellen und am Bemühen um Bewältigung teilzunehmen" (ebd., S. 20).

Hinsichtlich des zweiten Bedeutungsmoments von Allgemeinbildung führt KLAFKI weiter aus, dass curriculare Programme zwar nie vollständig sein können, aber dennoch ein weites Spektrum von Zugängen ermöglichen müssen: „Zugänge zum mathematischen Denken, zur naturwissenschaftlichen Weise der Wirklichkeitserkenntnis und zum vor- und außerwissenschaftlichen, betrachtenden oder aktiven Umgang mit Natur, zur handwerklichen und technischen Wirklichkeitsgestaltung, zur geographischen und ethnologischen Weltkenntnis, zum historischen und sozialwissenschaftlichen Verstehen von Gesellschaft und Politik, zur muttersprachlichen und, wenigstens in den Anfängen, zur fremdsprachlichen Kommunikation, zur religiösen bzw. weltanschaulichen Lebensdeutung, zur ästhetischen Wahrnehmung und Gestaltung im sprachlich-literarischen, im musikalischen, im bildnerischen, im mimisch-darstellenden Bereich […]; weiterhin Zugänge und Anregungen zu verschiedenen Weisen des Spielens, zur körperlichen Bewegung und zum Sport, schließlich zum elementarphilosophischen Nachdenken über Sinnfragen der individuellen und der gesellschaftlich-politischen Existenz des Menschen." (ebd., S. 25)

Diese Ausführungen sind in dem Bestreben, unterschiedliche Zugänge beziehungsweise Weisen der Weltbegegnung oder Welterschließung im Curriculum zu verankern, durchaus vergleichbar mit der Bildungsdiskussion, die sich im Kontext der Auseinandersetzung um Bildungsstandards und Kerncurricula ergeben hat (vgl. dazu Abschnitt 6.2.3).

Allerdings ist der Ansatz von KLAFKI mit seinem dritten Bestimmungsmoment weiter gefasst als die auf Kerncurricula bezogenen Überlegungen. KLAFKI (1985) fordert ausdrücklich, dass in der Schule Raum für die Auseinandersetzung mit verschiedenen – fächerübergreifend zu bearbeitenden – Schlüsselproblemen gegeben werden muss. Beispiele für solche Schlüsselprobleme sind aus seiner Sicht: die Friedensfrage und das Ost-West-Verhältnis, die Umweltfrage, Möglichkeiten und Gefahren des naturwissenschaftlichen, technischen und ökonomischen Fortschritts, das Nord-Süd-Gefälle, soziale Ungleichheit und ökonomisch-gesellschaftliche Machtpositionen, Demokratisierung als generelles Orientierungsprinzip, Arbeit und Arbeitslosigkeit, Freiheit und Bürokratisierung, das Generationenverhältnis, Sexualität und das Verhältnis der Geschlechter, traditionelle und alternative Lebensformen, individueller Glücksanspruch und zwischenmenschliche Verantwortlichkeit, nationale Identität und universale Verantwortung, Deutsche und Ausländer, Behinderte und Nichtbehinderte, Massenmedien und ihre Wirkungen (vgl. ebd., S. 21).

Bei aller möglichen Kritik an der Forderung, in Unterricht und Schule auch Schlüsselthemen dieser Art zu behandeln (vgl. BENNER 2002, S. 78), halten wir mit KLAFKI an einer entsprechenden Forderung fest. Geschieht die Behandlung von Schlüsselthemen in altersangemessener Form, liegt darin zum einen ein Zugewinn an Bedeutsamkeit für schulisches Lernen, zum anderen ergeben sich erweiterte Möglichkeiten, fachlich Gelerntes kritisch zu reflektieren (vgl. dazu auch TENORTH 2004a, S. 658 ff.). Schließlich halten wir eine Auseinandersetzung mit lebensbedeutsamen Themen auch im Sinne eines sachgerechten, selbstbestimmten, kreativen und sozial verantwortlichen Handelns für notwendig, so wie wir es in unserem Band zur Gestaltung von Unterricht als Leitidee formuliert haben (vgl. TULODZIECKI/ HERZIG/ BLÖMEKE 2004, S. 63).

Vor dem Hintergrund der obigen bildungstheoretischen Überlegungen soll nachstehend der Versuch unternommen werden, aus eher pragmatischer Sicht die Fülle der Aufgaben, die mit der Entwicklung eines schulischen Curriculums verbunden ist, in verschiedene Planungsaufgaben zu gliedern und damit einer Bearbeitung zugänglich zu machen. Zunächst werden dazu Anforderungen an schulische Curricula zusammengestellt.

12.2.3 Anforderungen und Planungsaufgaben im Bereich schulischer Curricula

Eine Schule, die ein eigenes Curriculum entwickelt, sieht sich in der Ausgangssituation – das haben die obigen Ausführungen gezeigt – mit einer Fülle verschiedener Vorgaben, Anforderungen und Erwartungen auf Grund staatlicher sowie konkurrierender bildungstheoretischer Überlegungen konfrontiert. Solche *Vorgaben, Anforderungen* und *Erwartungen* drücken sich in den folgenden Punkten aus. Diese markieren einen *Rahmen* und zum Teil auch *Bestandteile* für ein schulspezifisches Curriculum:

(1) *Generelle Zielvorstellungen* für *die Schule* und für die jeweilige Schulstufe und/ oder Schulform, zum Beispiele in Form von Leitideen, von allgemeinen Bildungszielen und/oder von generellen Kompetenzen,

(2) *Übergeordnete Ziele* für *strukturierende Einheiten*, das heißt für Fächer, Fächerverbünde oder Lernfelder, zum Beispiel in Form fächerbezogener Leitideen, fächerbezogener allgemeiner Ziele und/oder fächerbezogener Kompetenzen,

(3) Verbindliche *Lernziele und Lerninhalte* beziehungsweise Kompetenzen und Standards für die verschiedenen Inhalts- oder Kompetenzbereiche einer strukturierenden Einheit, zum Beispiel in Form von Kenntnissen, Fähigkeiten und Einstellungen,

(4) Empfehlungen in Bezug auf *fächerübergreifendes Arbeiten* zu unterschiedlichen thematischen Bereichen beziehungsweise Schlüsselthemen, zum Beispiel Medien, Gesundheit oder Umwelt,

(5) Erwartungen im Hinblick auf explizite Maßnahmen zur *Kompetenzentwicklung,* zum Beispiel zur Entwicklung von Sachkompetenz, Methodenkompetenz, Lernkompetenz und Sozialkompetenz,

(6) Forderungen zur Entwicklung eines ausdrücklichen *Förder- und Differenzierungskonzepts,* zum Beispiel Planung von Fächer- und Differenzierungsmaßnahmen,

(7) Empfehlungen zur *Gestaltung des Schullebens* und zur Öffnung von Schule, zum Beispiel zu Maßnahmen zur Elternarbeit und Einrichtung von Arbeitsgruppen oder Arbeitsgemeinschaften zur Schulkommunikation,

(8) *Zeitbudgets oder Stundentafeln* für verbindliche und frei zu gestaltende Lernaktivitäten, zum Beispiel Festlegung der Zeit für verpflichtende Standards und für Projektphasen,

(9) Empfehlungen zu *didaktischen Prinzipien* oder zu methodischen Vorgehensweisen, zum Beispiel zu einem handlungs-, entwicklungs-, problem-, fall- oder projektorientierten Vorgehen,

(10) Empfehlungen zur *Leistungserfassung beziehungsweise -dokumentation, Leistungsfeststellung und Leistungsbewertung*, zum Beispiel Überlegungen zu Lerntagebüchern und Portfolios,

(11) Vorgaben zur *Berichterstattung, Evaluation und Qualitätssicherung*, zum Beispiel zur Entwicklung eines Evaluationskonzepts,

(12) Empfehlungen zur *Ausstattung* der Schule und zur *Qualifizierung* der Lehrpersonen, zum Beispiel zum Aufbau einer förderlichen räumlich-technischen Infrastruktur und zur Lehrerfortbildung.

In schulischen Curricula werden solche Vorgaben, Anforderungen und Erwartungen in der Regel nicht isoliert mit schulspezifischen Überlegungen und Planungsaufgaben verbunden, sondern in selektiver Weise miteinander verknüpft. Ein wichtiges und in den Schulen gebräuchliches Instrument sind dabei die so genannten *Stoffverteilungspläne* (vgl. VOLLSTÄDT u.a. 1999, S. 207 f.). Stoffverteilungspläne werden in der Regel für ein Schuljahr und für ein Fach, zum Beispiel „Mathematik", für einen Fächerverbund, zum Beispiel „Erdkunde und Wirtschaftskunde", oder für ein Lernfeld, zum Beispiel „Mensch und Umwelt", entwickelt – soweit diese ausdrückliche Bestandteile des Pflicht- oder Wahlpflichtbereichs sind. Die Stoffverteilungspläne reichen dabei von einer reduzierten Wiedergabe des Lehrplans bis zu einer differenzierten Beschreibung einer Folge von Unterrichtseinheiten für das jeweilige Schuljahr mit unterschiedlichem Verbindlichkeitsgrad für die jeweiligen Lehrerinnen und Lehrer (vgl. VOLLSTÄDT u.a. 1999, S. 208). Im Hinblick auf die Forderung nach Standards und Kerncurricula ist es allerdings wünschenswert, dass die bisher üblichen Stoffverteilungspläne abgelöst und durch *Handlungspläne für die festgelegten Fächer, Fächerverbünde oder Lernfelder* ersetzt werden. Solche Handlungspläne sollten mindestens aufzeigen:

– wie die vorgegebenen kerncurricularen Bestandteile im Rahmen eines oder zweier Schuljahre gesichert werden,

– welche schulspezifischen Vertiefungen, Ergänzungen und Erweiterungen vorgenommen werden,

– welche Förder- und Differenzierungsmaßnahmen vorgesehen sind,

– welche ausdrücklichen Maßnahmen zur Entwicklung fachbezogener Kompetenzen, zum Beispiel Modellierung bei der mathematischen Bearbeitung von Problemstellungen, und zur Entwicklung fächerübergreifender Kompetenzen, zum Beispiel Lernkompetenz, ins Auge gefasst werden.

Darüber hinaus ist es wünschenswert, dass die fach-, fächerverbund- und lernfeldorientierten Handlungspläne eine Sammlung von – für die Kinder oder Jugendlichen – bedeutsamen Aufgaben sowie von Umsetzungsbeispielen einschließlich methodischer Anregungen enthalten (vgl. TULODZIECKI/ HERZIG/ BLÖMEKE 2004, S. 79 ff.). Des Weiteren sind Hinweise zu Fragen des exemplarischen und orientierenden Vorgehens, zur Leistungserfassung, Leistungsfeststellung und Leistungsbewertung sowie zur Beteiligung des Faches an fächerübergreifenden Aktivitäten wünschenswert.

Neben den Handlungsplänen für die festgelegten Fächer, Fächerverbünde und Lernfelder sollte das Schulcurriculum (mindestens noch) *Handlungspläne für übergreifende schulische Aktivitäten oder frei zu wählende fächerübergreifende Themen* umfassen. Solche können sich unter anderem auf die Gesamtstruktur des Lehrens und Lernens, zum Beispiel generelle Maßnahmen zur Differenzierung (vgl. KEIM 1996), auf durchgängige Fragestellungen, zum Beispiel reflexive Geschlechtererziehung (vgl. KREIENBAUM 2003) oder auf fächerübergreifende Themen, zum Beispiel Medien (vgl. (vgl. TULODZIECKI 1997; TULODZIECKI/ HERZIG 2002) beziehen.

In den einzelnen *Handlungsplänen* für die – schulspezifisch festzulegende – Bearbeitung *übergreifender schulischer Aktivitäten* oder *fächerübergreifender Themen* sollte geklärt werden:

– wie die geplante übergreifende schulische Aktivität oder das jeweilige fächerübergreifende Thema sinnvoll strukturiert werden kann,
– welche übergreifenden Kompetenzen in welcher Weise gefördert werden sollen,
– welche Aktivitäten, Unterrichtseinheiten oder Projekte zur Umsetzung einschließlich unterstützender Materialien geeignet sind,
– wie die geplante übergreifende Aktivität oder das fächerübergreifende Thema in Zusammenarbeit mit den festgelegten Fächern, Fächerverbünden oder Lernfeldern in geeigneten Jahrgangsstufen verankert werden kann und welche Zeiten dafür zur Verfügung stehen.

In den Handlungsplänen einer Schule sollte auch ein Beitrag der jeweiligen Aktivitäten, Unterrichtseinheiten oder Projekte zur Gestaltung des *Schullebens* und zur *Öffnung von Schule* zum Ausdruck kommen.

Für die Entwicklung eines Handlungsplans ist es – je nach Art des zu entwerfenden Plans – sinnvoll, auf eine Fachkonferenz zurückzugreifen oder eine fächerübergreifende Arbeitsgruppe einzurichten. Der entsprechende Auftrag an eine Fachkonferenz oder eine fächerübergreifende Arbeitsgruppe sollte durch die Schulleitung und das Kollegium beziehungsweise auch durch die Schulkonferenz abgesichert sein. Innerhalb der Fachkonferenz oder der Arbeitsgruppe kann dann eine Verständigung zu konzeptionellen Grundlagen für den Auftrag und zu Vorgehensschritten in Abstimmung mit der Schulleitung und dem Kollegium herbeigeführt werden. Nach solchen Klärungen bieten sich in der Regel Bestandsaufnahmen zu dem bearbeiteten Bereich und eine Systematisierung der Ergebnisse an. Auf dieser Basis kann ein Handlungsplan mit vorgesehenen Unterrichtseinheiten und/oder Projekten und/oder sonstigen schulischen Aktivitäten für das kommende Schulhalbjahr (oder auch Schuljahr) entworfen und zur Verabschiedung vorgelegt werden. Im positiven Falle wird der Plan anschließend umgesetzt. Dabei sollten die durchgeführten Maßnahmen dokumentiert und am Ende des vorgesehenen Zeitraums evaluiert werden. Die Evaluationsergebnisse können dann als Grundlage für Revisionen, Weiterentwicklungen und erneute Durchführungen dienen.

12.3 Zusammenfassung und Anwendung

Die Ausgangssituation für die Entwicklung schulischer Curricula ist bereits heute in einigen Bundesländern – und wird in Zukunft noch stärker – dadurch gekennzeichnet sein, dass für einen Teil des Unterrichts Kerncurricula vorgegeben sind und für einen weiteren Teil der schulischen Zeit nur allgemeine Empfehlungen, beispielsweise zur Bearbeitung fächerverbindender Schlüsselthemen, formuliert werden. Für die Schulen entsteht die ausdrückliche Anforderung, schulische Curricula als Verbindung kerncurricularer Elemente mit schulspezifischen Vertiefungen, Ergänzungen und Erweiterungen beziehungsweise mit eigenen Akzenten und Schwerpunktsetzungen zu gestalten.

Wesentliche Begründungszusammenhänge für diese Entwicklung liegen in der Forderung nach einer Teilautonomie der Schulen, die einerseits von dem Gedanken ausgeht, dass Akteurinnen und Akteure vor Ort am besten entscheiden können, was notwendig und sinnvoll ist, und andererseits von der Einsicht getragen wird, dass Ziele wie Selbstbestimmung und Verantwortung nur erreicht werden können, wenn auch die institutionellen Bedingungen von Schule selbst eigene Entscheidungen und Verantwortungsübernahme ermöglichen beziehungsweise einfordern. Auf der Grundlage unterschiedlicher und zum Teil konkurrierender bildungstheoretischer Ansätze ergibt sich aus unserer Sicht außerdem die Notwendigkeit, materiale und formale Bildungsansätze zu verbinden, exemplarische und orientierende Vorgehensweisen zu verknüpfen sowie fachbezogenes Lernen und die Auseinandersetzung mit gegenwarts- und zukunftsrelevanten Schlüsselthemen zu unterstützen – was sich insgesamt durch eine Verbindung kerncurricularer Vorgaben mit eigenständigen curricularen Entscheidungen der einzelnen Schule am besten realisieren lässt.

Vor diesem Hintergrund stellt sich die Frage, wie sich die vielfältigen Anforderungen an schulische Curricula – von der Sicherung kerncurricularer Elemente über die Entwicklung schulspezifischer Konzepte für die Bearbeitung fächerübergreifender Schlüsselthemen bis zur Erprobung neuer Formen der Differenzierung, Leistungsdokumentation, Leistungsbewertung und Qualitätssicherung – umsetzen lassen. Als eine Lösungsmöglichkeit bietet es sich an, im Rahmen der Schulprogramm- beziehungsweise Schulprofilentwicklung vor allem zwei Arten von Handlungsplänen zu entwickeln:

– Handlungspläne für Fächer, Fächerverbünde und Lernfelder, die im Lehrplan als Pflicht- oder Wahlpflichtbereiche vorgesehen sind, sowie

– Handlungspläne für die Bearbeitung übergreifender schulischer Aktivitäten oder fächerübergreifender Themen im Sinne schulspezifischer Konzepte für bestimmte Bereiche.

Die Entwicklung solcher Handlungspläne können Fachkonferenzen oder fächerübergreifende Arbeitsgruppen in Abstimmung mit der Schulleitung und dem Kollegium beziehungsweise auch mit der Schulkonferenz übernehmen. Dazu bieten sich unter anderem folgende Schritte an: Verständigung über konzeptionelle Grundlagen und Schritte des Vorgehens, Bestandsaufnahmen und ihre Auswertung, Planung für einen überschaubaren Zeitraum, Durchführung und Dokumentation sowie Evaluation der Aktivitäten, Revision und Weiterentwicklung der jeweiligen Handlungspläne.

Vor dem Hintergrund dieser Überlegungen können Sie sich nun Ihre ursprüngliche Vorgehensskizze für die Entwicklung schulischer Curricula noch einmal vornehmen. Entwerfen Sie bitte für das Vorgehen bei der Entwicklung eines schulischen Curriculums einen Gesamtplan. Spezifizieren Sie bitte die Schritte des Vorgehens für die Entwicklung eines Handlungsplans für ein Fach oder für einen Fächerverbund oder für ein Lernfeld oder für ein fächerübergreifendes Thema. Sie können sich dabei – falls ein entsprechendes Erfahrungsfeld gegeben ist – auch auf eine konkrete Schule beziehen. Diskutieren Sie – wenn möglich – Ihre Überlegungen in einer Lerngruppe.

13| Schulentwicklung

13.1 Einleitende Hinweise und Fragestellungen

Nicht zuletzt die PISA-Studien sowie nationale Schulleistungsuntersuchungen (z.B. LAU, IGLU, MARKUS, QuaSUM) und internationale Vergleichsstudien (z.B. TIMSS[1]) haben den Veränderungsdruck auf Schulen erhöht. In der öffentlichen Diskussion wird ihnen mindestens eine Mitverantwortung für das schlechte Ergebnis der deutschen Schülerinnen und Schüler zugeschrieben und die Erwartungen der Öffentlichkeit ebenso wie von administrativer Seite im Hinblick auf eine schnelle Verbesserung schulischer Qualität sind hoch. Damit hat sich insgesamt der Fokus auf den „Output" der Schule verschoben.

Bestrebungen zur Veränderung von Schule und insbesondere von Unterricht sind aber nicht erst in der jüngsten Vergangenheit entstanden. Bereits in den siebziger Jahren gab es Reformbewegungen, die als Schulreform „von unten" bezeichnet werden können[2] (BASTIAN 1998, S. 14 f.) und die sich mit der Veränderung von Unterricht, des Schüler-Lehrer-Verhältnisses oder des Schullebens auseinander setzten. Ziel war es, die Qualität von Schule im Sinne einer „guten Schule" zu verändern. Nicht selten fanden diese Bemühungen unter Bedingungen statt, die durch administrative Regeln erschwert wurden – Schulen hatten (noch) keine Gestaltungsräume (vgl. ebd.). Dies änderte sich, als – auf der Basis der „reformpädagogischen" Ansätze – das Verhältnis von Entscheidungsspielräumen zwischen Schule und Staat neu ausbalanciert und dies unter dem Stichwort „Schulautonomie" zu Beginn der neunziger Jahre bildungspolitisch zum Teil programmatisch vertreten wurde.

Was wie eine konsequente Aufnahme und öffentliche Legitimierung der basisreformerischen Bemühungen aussieht, stieß auf geteilte Zustimmung: „Die einen verbinden damit Befreiung von Bürokratie und behindernder Kontrolle – kurz: einen Impuls für die Gestaltung von profilierten Einzelschulen, für eine konsequente Weiterentwicklung innerer Schulreform. Die anderen befürchten Mehrarbeit, Verschleierung von Ressourcenkürzungen, mehr Ungleichheit im Bildungswesen – kurz: einen Rückzug der Politik aus der Verantwortung" (ebd., S. 17).

Wir werden dieses (Spannungs-)Feld unter dem Stichwort Schulentwicklung diskutieren und dabei die verschiedenen Facetten von Veränderungsprozessen in den Blick nehmen.

Im Folgenden haben wir einen Ausschnitt aus dem Protokoll einer Sitzung des „Lenkungsausschusses" eines Gymnasiums abgedruckt. Der Lenkungsausschuss ist damit betraut, über die zukünftige Entwicklung der Schule zu beraten und Entscheidungen vorzubereiten. Auf der genannten Sitzung wird über eine Vorlage für die Bilanz der „Bestandsaufnahme" und über eine bevorstehende Ganztagskonferenz gesprochen. In der Vorlage stehen unter anderem folgende Sätze:

„Das ‚Kernproblem' der K-Schule ist nicht mehr […] die mangelnde Akzeptanz der Ganztagsschule als solcher innerhalb des Kollegiums. Strittig ist heute eher, welche der damit geschaffenen Möglichkeiten wie realisiert werden.

Das Hauptproblem unserer Schule ist der Leistungsstand der Schüler. Dies ist seit langem bekannt. Das Ausmaß haben die Meyer-Papiere [Leistungsvergleichstests – d. Verf.], LAU 5 [Hamburgweite Untersuchung zur Lernausgangslage in der Klasse 5 – d. Verf.], die schulinternen Untersuchungen zur Schülerlaufbahn und zum Leistungsstand in erschreckender Weise vor Augen geführt. Erklärungsbedürftig ist die hohe Abbrecherquote auch noch nach Klasse 6."

An der Sitzung nehmen teil:
– der stellvertretende Schulleiter (StSL)
– drei Lehrer (L1, L2, L3) und eine Lehrerin (Lin), die alle Mitglieder des Lenkungsausschusses sind,
– ein weiterer Lehrer (L4) und der Oberstufenkoordinator (Oko), die beide nicht Mitglieder des Lenkungsausschusses sind,
– der Schulleiter (SL), ebenfalls nicht Mitglied des Lenkungsausschusses.

Hier nun der angesprochene Protokollauszug:

„[...]

Oko: Ist eigentlich allen klar, warum wir hier sind? (Er ist nicht Mitglied des Lenkungsausschusses)

L2: Mir nicht.

Oko: Der Schulleiter hat uns ausdrücklich gebeten, weil wir die letzte Ganztagskonferenz maßgeblich getragen haben, heute hier anwesend zu sein.

L3 (schmunzelnd): Es ist zu einer Verschmelzung der Gremien gekommen. Im Schulprogrammausschuss warst Du ja auch dabei. Heute ist es auch sinnvoll.

StSL: Die geplante Ganztagskonferenz soll eine Weiterführung der letzten sein, deswegen. Ich schlage vor, die Vorlage „Abschlussbericht der Bestandsaufnahme" von L3 und L2 zu lesen.

(Lesepause...)

L1: Ich habe noch eine andere Anmerkung. Mich stört die Formulierung ‚das Hauptproblem'. Das habe ich letztes Mal schon gesagt. Ich finde wichtig, dass wir weiter kommen. Genauso könnte man auch sagen, das Hauptproblem ist Integration zweisprachiger Schüler. Das Papier drängt Dinge zurück, wo wir gut sind (soziale Komponente). Ich finde nicht, dass alle Energie in den Leistungsstand fließen muss.

L3: Ich möchte Leistungsstand nicht nur auf Kognitives reduzieren. Integration ist auch eine Frage bei leistungsstarken und -schwachen Schülern. Es gibt auch leistungsstarke unter den zweisprachigen.

Oko: Es ist ein großes Problem, wir müssen das differenzierter zeigen. Sonst sind wir ganz schnell bei dem Marketing, Akquirieren anderer Schüler. Wollen wir eine andere Schule?

L3: Wir können doch über Kernsätze für das Papier abstimmen. Können ja schreiben: das/ein Hauptproblem, dann wird gleich deutlich, dass wir da diskutieren müssen.

L2: Wir haben das so formuliert, damit auf der Ganztagskonferenz genau das passiert, was hier eingetreten ist, damit wir endlich mal kontrovers diskutieren. [...]

Lin: Ich bin dafür, nicht so eine Fülle auf der Ganztagskonferenz zu machen. Das Herz der Schule ist doch der Unterricht, man könnte das jeweils koppeln (Unterricht und Ganztag, Unterricht und neue Medien, Unterricht und Multikulti) und zu jedem Schwerpunkt Material liefern. [...]

Oko: Ich finde den Vorschlag gut, alle fragen nach Unterricht, inhaltlich finde ich es am besten, wenn nicht eine Gruppe dies und die andere das macht. Da finden sich die Leute wieder nach bestimmten Interessen zusammen, diese Gruppen entwickeln so ein Sektenverhalten. Am Ende wollen wieder die einen ein Leistungsgymnasium, die anderen Multikulti und die anderen gar nichts.

Lin: Was ist eigentlich unser Ziel? Dass sich alle mal so richtig fetzen?

L4: Geht es nicht darum, die Umsetzbarkeit zu prüfen? Die Kollegen wollen bestimmte Veränderungen.

Oko: Aber sehr widersprüchlich.

Lin: Mir bereitet eine Konferenz dann am ehesten Vergnügen, wenn ich nachher mehr weiß, wenn sie mich voranbringt, mir neue Ideen für besseren Unterricht bringt. Ein Tag war dann produktiv, wenn ich häufig sagen kann, das war gut, und nicht, das war Mist. Ich möchte konkret wissen, was meinen Unterricht verbessern kann, zum Beispiel, was kann die Atmosphäre da leisten. Ich will keine Konferenz, wo nur geschwätzt wird.

L3: Die Ergebnisse sagen aus, was alle vorher schon wussten, vielleicht wissen wir jetzt, an der einen oder anderen Stelle ist es noch schrecklicher [...] Ich weiß nicht, was wir auf der Ganztagskonferenz machen wollen, deshalb halte ich mich für die Vorbereitung nicht für zuständig. Mir würde es mehr bringen, einen Tag im Pädagogischen Institut zu sitzen und Fachzeitschriften zu lesen. [...]

SL: Ist schon über das gemeinsame Problem „Schülerschwund" gesprochen worden?

Oko: Das ist da mit drin. Ich habe das Gefühl, wir sind zum ersten Mal an einem gemeinsamen Punkt, was Interesse auslöst.

SL: Wir können die Befürchtungen, die es gibt, mit Daten unterfüttern. Es gibt Ansätze; was kann man tun gegen Abbrecher?

L3: Die Probleme sind allen bekannt. Dass sie gelöst werden müssen, ist klar. Die Frage ist, wie kann das sinnvoll bearbeitet werden.

L1: Ich verstehe die Ganztagskonferenz so, dass sie keine Beschlüsse fasst, sondern nur einer kleinen Gruppe den Auftrag geben soll, über Veränderungen zu bestimmen.

SL: Das ist die Gelenkstelle zum Schulprogramm.

L3: Was sollen die Kollegen auf der Ganztagskonferenz tun?

SL: Ein wichtiges Ziel wäre, einen Auftrag an eine Konzeptgruppe zu geben, konkrete Verbesserungsvorschläge zu machen. Wir brauchen Legitimation für ernsthafte Schulentwicklungsschritte, nicht als Idee des Schulleiters oder einer Gruppe von Vorpreschern. Das sind dann Bausteine für das SP. Wir wollen keine Abschaffung der Ganztagsschule, sondern eine Verbesserung.

L3: Ich würde mir als Konferenzteilnehmer verladen vorkommen. Ich würde denken, wieso hat der Schulprogrammausschuss keine Vorschläge. Woran haben die zwei Jahre gearbeitet?

SL: Dazu fühlte sich der Ausschuss nicht befugt, er hat die Bestandsaufnahme gemacht.

L3: Wieso eigentlich nicht?

SL: Weil es noch keine ausreichende Rückkoppelung ins Kollegium gegeben hat.

Oko: Wie lange wollen wir denn noch Bestandsaufnahme machen?

L3: Man muss überlegen, wo ist was sinnvoll. Die Maßnahmen müssen ja auch effektiv sein.

SL: Das wäre doch eine fruchtbare Aufgabe für eine Arbeitsgruppe.

L3: Da braucht man aber keine Konzeptgruppe zwischen, da kann man doch mit den Empfehlungen arbeiten.

Oko: Ihr könnt Euch ja immer Experten holen, deshalb seid Ihr die Lenkungsgruppe.

Lin: Wir lenken nur uns selbst.

Oko: Ich finde gut, dass wir hier an der Schule endlich eine Gruppe haben, die lenkt. Deshalb sitzen wir ja nicht drin, damit wir die Arbeitsaufträge erledigen können. Die Frage ist, welche Form muss die Ganztagskonferenz haben, damit wir von der Information zum Gespräch kommen."

Bitte notieren Sie sich, was Sie in dem Protokollauszug über die Schule erfahren: Welche Problemlagen werden beschrieben, welche Lösungsansätze vorgeschlagen? Was erfahren Sie über das Schulprogramm? Welche Umsetzungsschritte für Veränderungen werden diskutiert?

Um mögliche Strategien zur Veränderung von Unterricht und Lernkultur – und damit zur Veränderung und Entwicklung von Schule – angemessen entwerfen und einschätzen zu können, empfiehlt es sich, folgenden Fragen nachzugehen:

– Welche Ebenen von Schulentwicklung lassen sich unterscheiden?

– Welche konzeptionellen Ansätze zur Schulentwicklung gibt es?

– Welche Verfahren und Methoden sind geeignet, Schulentwicklungsprozesse anzuregen und durchzuführen?

– Wie kann ein gemeinsames Selbstverständnis von Lehrpersonen, Schülerinnen und Schülern sowie Eltern erreicht und in einem Schulprogramm nach innen und nach außen dargestellt und vermittelt werden?

Eine Bearbeitung dieser Fragen kann generell helfen, Prozesse der Schulentwicklung mitzugestalten und in ihren Auswirkungen einzuschätzen.

13.2 Grundlegende Informationen

13.2.1 Ebenen der Schulentwicklung

Die Bemühungen, Schule zu modernisieren und neue Strukturen der Steuerung von Schule zu entwickeln, lassen sich auf verschiedenen Ebenen verorten. In der Literatur findet sich häufig eine Differenzierung in Makro-, Meso- und Mikro-Ebene: Auf einer Makro-Ebene wird das Gesamtsystem Schule in den Blick genommen, auf einer Meso-Ebene die Einzelschule und auf einer Mikro-Ebene die in der Einzelschule tätigen Akteurinnen und Akteure, insbesondere die Lehrkräfte (vgl. FEND 2001b, S. 14, BRÜSEMEISTER/ EUBEL 2003, S. 17). Diese Unterscheidungen haben wir zu Beginn dieses Bandes in zwei Betrachtungsebenen zur Gestaltung von Schule aufgenommen (vgl. Kapitel 1). Demnach entspricht die Makro-Ebene der durch Bund und Länder bestimmten Gestaltungsebene, die Meso- und Mikro-Ebene spiegeln die Gestaltungsräume von Schule durch die Lehrerinnen und Lehrer wider.

Auf der Makro-Ebene geht es um eine neue Bestimmung des Verhältnisses von Staat und Schule. Zu beobachten ist derzeit eine stärkere Rücknahme der staatlichen Verantwortung zugunsten der Einzelschulen. Schlagworte wie Wettbewerb, Dezentralisierung und Autonomie rahmen die Diskussion um diese generelle Stoßrichtung ein, in der sich der Staat stärker auf die Vorgabe von Zielen verlegt als auf die Regulierung der jeweiligen Prozesse. In den vergangenen Jahrzehnten war auf der Makro-Ebene eine stärker bürokratisch orientierte Steuerung zu beobachten, über die der Ausbau und die Beseitigung von Bildungsnachteilen[3] *top down* forciert werden sollten. Einer solchen Steuerung liegt die Annahme zugrunde, dass durch *inputs* Effekte beispielsweise im Bereich der Chancengleichheit erreicht werden können. Solche *inputs* beziehen sich zum Beispiel auf gesetzlich geregelte Prüfungsanforderungen, auf die Festlegung von Lehrplaninhalten, auf Bestimmungen zu Lehrmitteln sowie generelle Mittelausstattungen oder auf die Zuordnung von Lehrkräften (vgl. FEND 2001a, S. 41).

Fragt man nach Qualitätskriterien auf der Makro-Ebene – das heißt nach Variablen, über die eine „Steuerung" der Qualität von Schule erfolgen kann – so lassen sich mit FEND folgende Kriterien nennen (vgl. 2001b, S. 200):
– Effizienz und Leistungsfähigkeit,
– Chancengleichheit,
– Flexibilität der Schullaufbahngestaltung,
– Angebotsqualität und Ausstattung,
– Regelungen von Freiheiten, Beteiligungen und Verpflichtungen.

Unter dem Stichwort *governance* beziehungsweise *new governance* in der jüngeren Vergangenheit diskutierte Steuerungsmodelle sehen auf der Systemebene – das heißt im Hinblick auf die Aufgaben des Staates – eine strategische Form der Führung vor, viel Entscheidungskompetenz wird auf die Meso-Ebene – das heißt die jeweilige Einzelschule und ihre Organe – verlagert. Die operative Führung wird also den Schulen übertragen. Solche Steuerungsmodelle sind insgesamt stärker *output*-orientiert und legen auf der Makro-Ebene nur noch Rahmenvorgaben, Leitlinien, Fächerkombinationen oder Anforderungen bei Abschlüssen fest, steuern stärker über standardisierte Prüfungen (Bildungsstandards) und regen den Wettbewerb zwischen Schulen – zum Beispiel über Rankings – an. Ein zentraler Unterschied zum bürokratischen Modell besteht in der Einbindung der unteren Ebenen und der entsprechenden Akteurinnen und Akteure, das heißt der Meso- und der Mikro-Ebene. Die Makro-Ebene stellt insgesamt also Steuerungsinstrumente in den Bereichen Schulmanagement, Wettbewerb, Budgetierung und Mittelakquisition sowie Schulautonomie zur Verfügung.

Die Meso-Ebene kennzeichnet die Entscheidungsmöglichkeiten der Einzelschule, der in Reformansätzen des so genannten *new public management* stärkere Autonomie zugesprochen wird. Insbesondere die Schulleitung erhält die Möglichkeit, in den Bereichen Personal, Organisation und Unterricht eigenverantwortlich Entscheidungen zu treffen. Diese können sich auf die Auswahl der Lehrkräfte – etwa über schulscharfe Ausschreibungen –, die gebietsunabhängige Auswahl der Schülerinnen und Schüler, die inhaltliche Profilierung über ein Schulprogramm oder die Erwirtschaftung eigener Einkünfte beziehen.

Als Qualitätskriterien auf dieser Ebene nennt FEND im Hinblick auf die Einzelschule unter anderem (vgl. 2001b, S. 201):
– pädagogisches Ethos des Kollegiums,
– Arbeitsethos des Kollegiums,
– Qualitätsbewusstsein des Kollegiums in Bezug auf ein humanes Zusammenleben,
– Gestaltungswillen des Kollegiums,
– Außenpolitik der Schule (Öffnung und Einbettung nach außen),
– Innenpolitik der Schule (Veraltungseffizienz und soziale Integration),
– kinder- und jugendspezifische Gestaltung des Schullebens,
– Leistungsniveau (schulbezogen),
– erzieherisch relevante Erscheinungsformen in der Schülerschaft (z.B. Vandalismus, moralische Atmosphäre, Vertrauen, Offenheit der Schüler etc.).

Auf der Ebene der jeweiligen Klasse kommen hinzu:
– Leistungsniveau (klassenbezogen),
– Motivation und Leistungsbereitschaft,
– Schüler-Lehrer-Beziehungen,
– Gesprächsfähigkeit mit der Lehrerschaft,
– Qualität der sozialen Beziehungen der Schüler untereinander,
– Problembelastungen (z.B. Drogenkonsum, Disziplinprobleme usw.) (vgl. ebd.).

Dies zeigt, dass neben der Schulleitung auch die Akteurinnen und Akteure im Kollegium, die Schülerinnen und Schüler sowie Gruppen aus dem Umfeld, etwa die Eltern, auf der Meso-Ebene angesprochen sind. Gleichzeitig wird deutlich, dass eine Steuerung der Leistungen von Schule auf dieser Ebene Verfahren und Methoden benötigt, die in den Bereichen Personalentwicklung, Unterrichtsentwicklung, Schulleitung, Schulprogramm oder Qualitätssicherung wirksam werden. Die Wirksamkeit wird durch bestimmte Maßnahmen der angesprochenen Qualitätssicherung evaluiert beziehungsweise geprüft. Der Fokus richtet sich also auf den *output* der Schule als einzelne Institution.

Die Lehrpersonen, die Schülerinnen und Schüler sowie die Eltern als Akteurinnen und Akteure der Schule beziehungsweise in der Schule und ihre Interaktionen – zum Beispiel im Unterricht – werden auf der Mikro-Ebene erfasst. Während das Unterrichtsgeschehen im bürokratischen Modell vor allem durch curricular gebundene Prüfungen in seiner Wirksamkeit erfasst wurde und die Handlungsfreiheit der Lehrperson sich auf den methodischen Bereich beschränkte, sehen neue Steuerungskonzepte vor, dass Lehrkräfte sich selbst evaluieren und Möglichkeiten wahrnehmen, ihr professionelles Selbst weiterzuentwickeln. Dies betrifft nicht nur den Unterricht und seine Gestaltung im Sinne der Weiterentwicklung von Handlungsmustern und Unterrichtschoreographien, sondern auch die Gestaltung des Interaktionsverhältnisses zu den Lernenden, die Beziehung zu den Eltern und – nicht zuletzt – das Verhältnis zu den Kolleginnen und Kollegen. Als Qualitätskriterien spielen hier die individuellen Kompetenzen, die moralischen Werthaltungen und das Welt- und Menschenbild sowie die professionelle Einstellung (Habitus) eine wichtige Rolle (vgl. auch FEND 2001b, S. 201).

In Darstellung 13.1 sind das *top down* organisierte bürokratische Modell und das *bottom up* organisierte „neue" Steuerungsmodell noch einmal zusammenfassend gegenübergestellt.

	Historisch entstandenes Steuerungsmodell	Neues Steuerungsmodell
Systemebene	- Festlegung von Prüfungsanforderungen über gesetzliche Vorgaben - inhaltliche Festlegungen über Lehrpläne (Schaffung von Zeitgefäßen) - Präzisierung von Standards über Lehrmittel und -bücher - zentrale Mittelausstattung - zentrale Lehrerzuordnung	- Rahmenvorgaben, Leitlinien, Fächerkombinationen, Anforderungen bei Abschlüssen - wirkungsorientierte Steuerung über standardisierte Prüfungen - Ranking von Schulen
Schulebene	- schwach entwickelt	- gebietsunabhängige Schulwahl der Schüler - Selbstwahl von Leitern und Zuwahl neuer Lehrer durch das Kollegium - Erwirtschaftung eigener Einkünfte
Lehrerebene	- Überprüfung der Lehrerergebnisse und Lernerfolge über eng curricular gebundene Prüfungen im schulischen Alltag - Autonomie des Lehrers in methodisch-didaktischen Fragen	- lohnwirksame Leistungsbeurteilung - formative Selbstevaluation
Schülerebene	- Bindung der schulischen und beruflichen Aufstiegschancen an die Abschlussprüfungen in den Schulen	- Beurteilung der Lehrkräfte
Elternebene	- schwach entwickelt	- Wahl von Schulen - Evaluation der Lehrkräfte - Voucher-System

Darstellung 13.1: Historisch entstandenes und neues Steuerungsmodell von Schule (FEND 2001b, S. 41)[4]

Wenn es auch analytisch aufschlussreich ist, die hier skizzierten Ebenen zu unterscheiden, so soll damit nicht suggeriert werden, sie seien voneinander unabhängig – im Gegenteil. Die Systemebene, das heißt die administrative und legislative Ebene von Bund und Ländern, legt Zielvorgaben und Leistungsaufträge fest oder vergibt Globalbudgets und bestimmt damit zwar Rahmenbedingungen für die darunter liegende Ebene, determiniert aber nicht ihre Handlungsspielräume beziehungsweise legt keine Handlungsvorschriften fest. Gleiches gilt für die Ebene der individuell agierenden Akteurinnen und Akteure im Unterricht, denen Gestaltungsräume offen stehen, wenngleich auf der Ebene der zugehörigen Schule Rahmenvorgaben gemacht werden können (vgl. FEND 2001b, S. 13 f.; S. 199 f.). Ein Austausch findet aber auch von „unten nach oben" statt, beispielsweise wenn Lehrpersonen ihr professionelles Selbst im Team mit Kolleginnen und Kollegen auf Schulebene weiterentwickeln und damit auch der Schule im Hinblick auf das gemeinsame Verständnis professionellen Lehrerhandelns ein bestimmtes Profil geben.

Im Folgenden werden wir uns auf die Meso- und die Mikro-Ebene konzentrieren und dort verschiedene Verfahren und Methoden skizzieren, die unter dem Stichwort „Schulentwicklung" diskutiert werden. Mit Bezug auf den Titel unseres Bandes, geht es dabei um Gestaltungsmöglichkeiten von Schule auf der Ebene der Einzelschule.

13.2.2 Konzeptionelle Ansätze zur Schulentwicklung

Pädagogische und institutionelle Schulentwicklung
Schulentwicklung steht als Synonym für verschiedene Maßnahmen zur Veränderung einer Einzelschule hin zu einer „besseren" Schule. Damit sind zwei Zielperspektiven verbunden:
– Zum einen haben wir bereits angedeutet, dass in Folge von Schulleistungsuntersuchungen der Druck auf Schulen größer geworden ist, die Lernleistungen als *output* zu verbessern. Dies bedeutet, dass Schulen Kompetenzen entwickeln sollen, die auch im internationalen Vergleich bestimmten Maßstäben gerecht werden – dies entspricht einer Erhöhung des generellen Leistungsniveaus – und allen Schülerinnen und Schülern gleiche Bildungschancen ermöglichen.
– Zum anderen gilt es – quasi von innen – Hilfestellungen bei der Bewältigung von Alltagsproblemen zu bieten, das heißt, insbesondere an der Verbesserung von Unterricht zu arbeiten, das Schul- oder Klassenklima zu verbessern oder Lernhaltungen der Schülerinnen und Schüler sowie das professionelle Handeln der Lehrpersonen zu fördern.
Auf dem Weg zu solchen Verbesserungen von Schule lassen sich zwei Arten der Schulentwicklung unterscheiden – die pädagogische Schulentwicklung und die institutionelle Schulentwicklung.
Die institutionelle Schulentwicklung – die sich auch als Organisationsentwicklung versteht – greift insbesondere auf Verfahren zur Unterstützung von Schulentwicklungsprozessen zurück, beispielsweise die Veränderung der Kommunikationskultur.

Die pädagogische Schulentwicklung setzt bei der Veränderung von Unterricht an. Ausgangspunkt ist das Bestreben von Lehrpersonen, gemeinsam neue Formen des Lehrens und Lernens zu erproben, gemeinsam Methodenkompetenz zu entwickeln und die Unterrichtskultur zu verändern.

Es handelt sich dabei nicht um zwei gegensätzliche Ansätze, sondern um zwei Konzepte, die von unterschiedlichen Ausgangssituationen, Problemen und Interessen ausgehen. Letztlich sind beide Ansätze auf Schulentwicklung generell ausgerichtet, ihre Zugangsweisen sind in gewisser Weise aber komplementär.

Ansätze der institutionellen Schulentwicklung

– unterstützen die Schule in den Phasen der Erwartungsformulierung, der Diagnose, der Zielklärung, der Implementation, der Durchführung und der Evaluation,

– fokussieren auf Maßnahmen zur Veränderung von Organisations- und Kommunikationsstrukturen,

– beziehen sich zum Beispiel auf die Kooperation von Lehrerinnen und Lehrern, auf das Schulmanagement oder auf gemeinsame Zielklärungsprozesse,

– beinhalten den Einsatz von Organisationsberatern, die den Prozess der Schulentwicklung begleiten,

– dienen der Identifikation von Stärken und Schwächen der Institution und ihrer Bearbeitung (vgl. ebd., S. 34 ff.).

Konzepte der pädagogischen Schulentwicklung

– stehen in der Tradition der „inneren Schulreform" und setzen an der Unterrichtsreform an,

– bieten unterrichtsbezogene Unterstützungssysteme an und setzen auf die Einbindung von Lehrpersonen und Schülerinnen und Schülern in die Entwicklungs- und Erprobungsprozesse über veränderte Lehr- und Lernformen,

– dienen der Bearbeitung von Widersprüchen, die sich aus traditionellen Lehrer-Schüler-Beziehungen – und dem damit verbundenen Informations- und Kontrollmonopol der Lehrpersonen – und neuen Formen der handlungsorientierten, mehr auf Eigenständigkeit, Kooperation und Selbststeuerung zielenden Gestaltung von Unterricht ergeben,

– umfassen Angebote der schulinternen Fortbildung (SchiLF) zum Beispiel in den Bereichen Unterrichtsreform, Supervision, Fallberatung, oder Prozessmoderation (vgl. ebd., S. 34 ff.).

Die Kontrastierung der beiden Ansätze zeigt, dass deutliche Unterschiede in den Zugängen vorhanden sind, die allerdings „ein gemeinsames Ziel [haben]: Sie wollen allen an Schule Beteiligten helfen, ihren eigenen Entwicklungsprozess reflektiert, so weit wie möglich aus eigener Kraft und in gemeinsamer Absprache zu gestalten" (BASTIAN 1998, S. 36).

Im Folgenden stellen wir einzelne Maßnahmen und Methoden zur pädagogischen und zur institutionellen Schulentwicklung vor.

13.2.3 Verfahren und Methoden der Schulentwicklung

a) Verfahren und Methoden der institutionellen Schulentwicklung

Bei der Darstellung von Verfahren und Methoden der institutionellen Schulentwicklung beziehen wir uns auf den Ansatz von DALIN/ ROLFF/ BUCHEN (1996). Dieser Ansatz betrachtet die Einzelschule als die zentrale Einheit der Veränderung. Ausgehend von unserer Unterscheidung verschiedener Ebenen von Schulentwicklung ist damit zunächst die Meso-Ebene angesprochen. Allerdings gilt auch hier, dass die Ebenen nicht isoliert betrachtet werden können, sondern dass auch individuelle Strategien auf der Mikro-Ebene und Systemstrategien auf der Makro-Ebene berücksichtigt werden: „Der ISP [Institutionalisierte Schulentwicklungs-Prozess, d. Verf.] ist ein Programm, das wesentlich die einzelne Schule als Einheit der Veränderung betrachtet. Allerdings ist der Einzelne und seine persönliche Entwicklung ebenso ein wichtiges Anliegen wie das Lernen im Team" (ebd., S. 27).

Voraussetzung für die Initiierung von Veränderungsprozessen in einer Schule sind ein wirkliches Bedürfnis nach Erneuerung und Entwicklung, eine unterstützende Leitung, eine Identifikation des Kollegiums mit der Neuerung und ein Qualifikationspotenzial im Kollegium, das die Veränderungsprozesse als durchführbar erscheinen lässt (vgl. ebd., S. 38; vgl. Darstellung 13.2). Die Bestimmung der tatsächlichen Bedürfnisse kann dabei als ein Wechselspiel von Zug und Druck verstanden werden, in dem die subjektiv empfundenen Bedürfnisse artikuliert, von Beraterinnen und Beratern zurückgespiegelt und mit Anforderungen und Verpflichtungen aus der Umwelt verglichen werden. Das Ziel dieses Prozesses besteht darin, entsprechende Bedingungen an der jeweiligen Schule zu schaffen, „damit Leitung und Kollegium sich selbst und die Organisation besser verstehen, eine neue Praxis ausprobieren, über Erfahrungen nachdenken und die wirklichen Bedürfnisse entdecken können" (ebd. S. 40). Der ISP setzt auf die Entwicklung der Problemlösefähigkeit der Schule, „d.h. die Fähigkeit der Schule, internen oder von außen kommenden neuen Anforderungen in der Weise zu begegnen, dass sie die tatsächlichen Bedürfnisse treffen und die Entwicklungskapazität der Schule stärken" (ebd.).

Darüber hinaus geht der Ansatz der institutionellen Schulentwicklung von folgenden Annahmen aus (vgl. ebd., S. 40 ff.):

– Veränderungen können nur im Kontext der einzelnen Schule erreicht werden, politische Richtlinien und Ressourcen können Rahmen abstecken.

– Die Einzelschule ist verantwortlich für den Veränderungsprozess, der durch Schulentwicklungsmoderatorinnen und -moderatoren begleitet werden kann. Sie haben die vorrangige Aufgabe, die Entwicklung der internen Kräfte zu unterstützen.

– Objektive Gegebenheiten an Schulen, wie beispielsweise die Ergebnisse von Leistungstests, die Quote von Schulversagerinnen und Schulversagern oder die Fluktuation im Kollegium werden von den einzelnen Beteiligten subjektiv unterschiedlich wahrgenommen. Im Verlauf des ISP werden sowohl die subjektiven als auch die objektiven Wirklichkeiten dokumentiert und in gemeinsame Lernprozesse eingebracht.

– Veränderungen entstehen, wenn Menschen aus unterschiedlichen Blickwinkeln Dinge wahrnehmen, interpretieren und im Diskurs gemeinsame Vorstellungen und Ziele entwickeln. Institutionelle Schulentwicklung setzt daher auf eine breite Partizipation und Kooperation und die Entwicklung von Kompetenzen in Gruppen.

– Konflikte in der Schule – zum Beispiel Interessenkonflikte, Werte- oder Normenkonflikte – werden produktiv genutzt und nicht vermieden oder ignoriert.

– Der ISP ist nicht wertfrei, sondern vertritt bestimmte Prozess- und Programmziele. Die Entscheidungsfreiheit der Schule letztlich das zu tun, was sie möchte, bleibt davon unberührt.

– Schule als soziales System ist so komplex, dass die Effektivität sowohl von pädagogischen als auch von verwaltungsbezogenen Schulentwicklungsmaßnahmen nicht für jede Schule gleich ist, sondern dass die Effektivität situationsspezifisch in Abhängigkeit von den jeweiligen Randbedingungen neu bestimmt werden muss.

– Schulleitungen fühlen sich häufig durch bürokratische Regelungen eingeengt und empfinden dies als Entwicklungsbarriere. Sie handeln stärker als Beamtinnen oder Beamte und weniger als Managerinnen und Manager, obwohl der faktische Spielraum größer ist als der subjektiv wahrgenommene.

– Der ISP setzt auf eine frühzeitige Einbindung des Kollegiums in die Entwicklungsprozesse. Eine klassische Trennung von Planung auf der einen und Durchführung auf der anderen Seite erscheint hier nicht nur unzweckmäßig, sondern auch undemokratisch. Nur wer mitentscheiden und mitplanen kann, wird sich mit den Veränderungsprozessen in der notwendigen Tiefe identifizieren.

– Schulen können lernen. Die Summe des individuellen und des kollektiven Lernens formt die Organisation neu: „Durch einen institutionalisierten Entwicklungsprozess ‚zu lernen, wie man lernt', entsteht eine Art ‚Meta-Lernen', das der Schule hilft, eine effektive Organisation für das Lernen zu werden" (ebd. S. 44).

Der Entwicklungsprozess

Der Prozess einer institutionalisierten Schulentwicklung umfasst mehrere Phasen, die – je nach situativer Gegebenheit – durchlaufen werden. Schematisch zeigt Darstellung 13.2 einen solchen Ablauf, der allerdings nicht auf eine starre lineare Reihenfolge festgelegt ist, sondern je nach Randbedingungen variieren kann (ein exemplarisches Beispiel zu diesem Prozess dokumentiert ROLFF 1996).

Initiation und Einstieg

In der ersten Phase des ISP geht es darum, die Impulse zur Veränderung – sie können von Einzelnen ausgehen oder von Gruppen – aufzunehmen und die individuellen Bedürfnisse der Beteiligten mit den Bedürfnissen der Schule miteinander abzustimmen. Es geht also darum, die Bedürfnisse der Schule als Organisation zu erkennen und zu formulieren. Dies kann in mehreren spiralförmigen Runden geschehen. Die Bedürfnisse einer Schule zu erkennen und zu formulieren entspricht dem generellen Grundsatz des ISP, dass für eine erfolgreiche Schulentwicklung die Zusammenschau aller Teile einer Schule notwendig ist.

Darstellung
13.2:
Phasenschema
des
Institutionellen
Schulentwick-
lungsprozesses
(ISP) (DALIN/
ROLFF/
BUHREN
1998, S. 45)

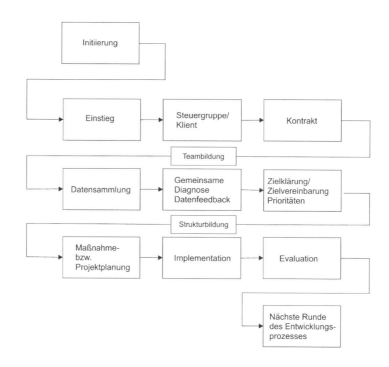

Institutionelle Schulentwicklung rekurriert auf den Einsatz von begleitenden Moderatorinnen und Moderatoren. Die Einstiegsphase beginnt mit einer ersten Kontaktaufnahme mit der Schule, in der vertrauensbildende Maßnahmen wichtig sind. Ein Vorgespräch mit der Schulleitung – zu dem auch skeptische Lehrpersonen hinzugezogen werden können – sollte in Gespräche mit beispielsweise dem Lehrerrat münden und zu einer Informationskonferenz mit dem gesamten Kollegium führen. In dieser Konferenz – oder später – empfiehlt sich die Wahl einer Steuerungsgruppe, in der alle „Strömungen" des Kollegiums vertreten sind und die den ISP steuert[5].
Wenn sich das Kollegium für einen Schulentwicklungsprozess ausspricht, wird der ISP in einem Kontrakt festgeschrieben. Darin sind Aussagen zu gegenseitigen Erwartungen, zu möglichen Belastungen, zur Entscheidungsstruktur, zu Beteiligungsformen, zum Zeithorizont, zu Ressourcen und zum Arbeitsplan enthalten (vgl. DALIN/ ROLFF/ BUCHEN 1998, S. 62).

Datensammlung und gemeinsame Diagnose
Bei der Datensammlung und gemeinsamen Diagnose als zweiter Phase des ISP wird unterstellt, dass die Schule nicht nur ein konkretes Problem hat oder einen bestimmten Auftrag zu erfüllen hat, sondern dass mehrere Dinge gleichzeitig bearbeitet werden sollen. Mit Hilfe eines Diagnose-Fragebogens werden mögliche Problemsituationen erhoben sowie Diskrepanzen zwischen erwünschten und tatsächlichen Zuständen aufgezeigt[6]. Der Fragebogen wird mit der Steuerungsgruppe entwickelt

beziehungsweise adaptiert und anschließend mit dem Kollegium – beispielsweise in einer Feedback-Konferenz – ausgewertet mit dem Ziel, Problemaussagen zu definieren, Bedürfnisse festzustellen und – darauf aufbauend – einen Aktionsplan zu entwerfen. Als Diagnoseinstrument wird häufig der GIL (Guide to Institutional Learning)[7] eingesetzt. Dabei handelt es sich um einen Fragebogen, der Einschätzungen zu den folgenden Kategorien einholt: Werte und Ziele einer Lehrperson, Unterrichtspraxis, Arbeitsklima, Normen und Erwartungen, Schulleitung, Entscheidungsprozesse, Einfluss und Kontrolle, Zeit für Arbeitsaufgaben, Belohnung (vgl. ebd., S. 97 ff.). Die Lehrpersonen und die Schulleitung geben jeweils an, wie sie den Ist-Zustand einschätzen und wie sie die Situation idealtypisch gern hätten (zu Alternativen zum GIL vgl. ebd., S. 105 ff.).

Zielvereinbarung und Prioritätensetzung
An die Diagnose und die Benennung von Problembereichen schließt sich die Phase der Zielvereinbarung an. Eine Besonderheit dieser Phase liegt darin, dass sich aus der Diagnose nicht unmittelbar – in quasi technologischer Weise – entsprechende Ziele und Handlungspläne ableiten lassen. Die Zielklärung ist ein komplizierter sozialer Prozess – zum einen, weil es sich um pädagogische Ziele handelt, die in sich antinomisch und reflexiv sind[8], zum anderen weil sich die Frage stellt, welche Ziele eine „gute Schule" repräsentieren. Hier können sich Zielkonflikte ergeben, weil eine gute Schule beispielsweise einerseits in hoher Effektivität und Leistungsstärke, andererseits in einem besonders angenehmen Schulklima gesehen werden kann. Diese beiden Ebenen sind aber grundsätzlich verschieden – Effektivität bezieht sich auf empirische Aspekte, Qualität auf normative. In jedem Fall handelt es sich hier um einen kommunikativen Aushandlungsprozess.
Wichtig ist, dass getroffene Entscheidungen von einer Mehrheit gewollt sind und von allen – wenn nicht getragen – mindestens geduldet werden. Alle anvisierten Projekte sollten auf die gemeinsame Diagnose und die gemeinsame Zielklärung bezogen bleiben, um die Schule als Ganze im Blick zu behalten (vgl. ebd., S. 142 f.).

Maßnahme- beziehungsweise Projektplanung
In dieser Phase werden die Ziele und Prioritäten in konkrete Planungen umgesetzt. Dazu sind besondere Methoden des Projektmanagements hilfreich und notwendig, weil „die Umsetzung der Zielabsprachen in die Aktionsplanung eine der schwierigsten Phasen eines Entwicklungsprojekts ist, weshalb man in der Fachliteratur von einem ‚Implementation Dip' spricht, von einem Wegtauchen vor der Realisierung" (ebd. S. 219). Dem Projektmanagement kommt die Aufgabe zu, das Vorhaben zu planen, zu steuern und zu überwachen. Als hilfreich haben sich Projekt-Modelle erwiesen, in denen – allerdings in vereinfachter Form – die Investitionen (Eingaben) in ein Projekt, die Prozessvariablen, das zu erwartende Ergebnis und der Zusammenhang zwischen diesen Aspekten dargestellt werden. Als sehr pragmatisch und einfach handzuhabendes Modell gilt das Ablaufdiagramm, das kooperativ von den Beteiligten entwickelt wird und die zeitlich-logische Abfolge von Tätigkeiten und Arbeitszusammenhängen visualisiert (vgl. ebd., S. 230 ff.).

Implementation

Die Phase der Implementation dient der Durchführung und Erprobung der geplanten Projekte beziehungsweise Maßnahmen und ihrer Institutionalisierung, das heißt ihrer Überführung in den Schulalltag. Erst in diesem Stadium können sich Schulen nachhaltig verändern. Zur Erleichterung der Veralltäglichung von Neuerungen wird der Aufbau von Unterstützungssystemen empfohlen, zum Beispiel eine Steuergruppe (siehe oben), ein Schulprogramm, eine schuleigene Fortbildungsplanung, eine Schulleitungsfortbildung oder der Einsatz von Schulentwicklungsmoderatorinnen und -moderatoren (wie für den ISP beschrieben).

Evaluation

Die Evaluation von Maßnahmen zur Schulentwicklung dient der Qualitätskontrolle und kann sowohl intern als auch extern durchgeführt werden. Im schulischen Bereich ist die Evaluation allerdings mit gewissen Vorurteilen behaftet[9] und nicht jede Schule ist bereit, sich evaluieren zu lassen oder sich selbst zu evaluieren. DALIN/ ROLFF/ BUHREN (1998) sprechen von einem Motivations-Dilemma: „Wenn Schulen eine Evaluation aufgezwungen wird, versuchen sie, den Zwang zu unterlaufen, indem sie nur belanglose oder geschönte Berichte produzieren; stellt man den Schulen anheim, sich freiwillig an Evaluation zu beteiligen, entschließen sie sich in der Regel erst gar nicht dazu" (ebd. S. 280). Evaluation stellt aber ein zentrales Element im ISP dar, denn ohne Feedback kann organisiertes Lernen nicht stattfinden.

Eine Selbstevaluation beginnt mit der Entscheidung der Schule, diesen Prozess durchzuführen. Es folgen die Festlegung von Evaluationskriterien – hier kann zum Beispiel das Schulprogramm als Referenzgröße dienen – und die Durchführung der Evaluation durch ein Team von Lehrpersonen, dem auch die Schulleitung angehören sollte. Die Ergebnisse und erste Interpretationen werden verschriftlicht und allen Kolleginnen und Kollegen – gegebenenfalls auch den Schülerinnen und Schülern sowie den Eltern – zur Verfügung gestellt. Auf einer pädagogischen Konferenz wird der Bericht dann ausgiebig diskutiert und in Prioritäten für weitere Projekte umgesetzt (vgl. Darstellung 13.3). Sollte sich die Schule zusätzlich zu einer externen Evaluation entschließen, empfiehlt sich eine frühzeitige gemeinsame Vereinbarung von Bereichen und Kriterien der Evaluation. Die Ergebnisse der internen Evaluation sowie ein zusätzlicher Fragenkatalog zum Beratungsbedarf werden dann der externen Kommission zugesandt, die anschließend während eines Besuchs der Schule mit verschiedenen Gremien Gespräche führt und ihrerseits in einer folgenden Feedback-Konferenz ihre Empfehlungen zur Diskussion stellt.

Wir haben den Prozess der institutionellen Schulentwicklung idealtypisch als eine Abfolge von einzelnen Phasen gekennzeichnet (vgl. Darstellung 13.2). Diese lineare Anordnung ist in analytischer Hinsicht hilfreich, um alle Einzelschritte eines solchen Entwicklungsprozesses kennen zu lernen. In der Praxis wird sich ein solcher Prozess vermutlich aber nicht in dieser Sequenz nachzeichnen lassen, sondern er wird in der Regel zirkulär verlaufen (vgl. zu möglichen Änderungen in der Praxis auch ROLFF 1996).

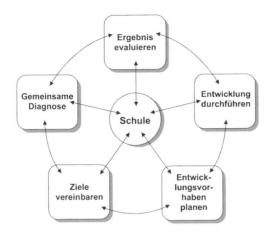

Darstellung 13.3: Kreislauf der Evaluation (DALIN/ ROLFF/ BUHREN 1998, S. 284)

b) Verfahren und Methoden der pädagogischen Schulentwicklung

Pädagogische Schulentwicklung kann nicht als ein phasenorientiertes Verfahren beschrieben werden, wie wir dies für den institutionellen Prozess getan haben. Pädagogische Schulentwicklung verzichtet auf ausgiebige Diagnosephasen sowie auf formelle Formen der Zielfestlegung und Zielvereinbarungen. Sie setzt im Zentrum der Tätigkeit von Lehrerinnen und Lehrern an: im Unterricht. Dieser stellt den Fokus der Veränderungs- und Innovationsbemühungen dar, die Rahmenbedingungen werden erst im zweiten Schritt in den Blick genommen und gegebenenfalls verändert.

Wir beziehen uns bei der Diskussion von Methoden im Folgenden auf ein Konzept pädagogischer Schulentwicklung von SCHRATZ/ STEINER-LÖFFLER (1998), das gleichzeitig ein Bild der „Lernenden Schule" zeichnet. Wir wählen diesen Ansatz, weil er zum einen selbst den Anspruch pädagogischer Schulentwicklung erhebt, zum anderen aber, weil er zwar vom Unterricht ausgeht, jedoch gleichzeitig die Schule als Gesamtorganisation im Blick hat.

SCHRATZ/ STEINER-LÖFFLER charakterisieren eine lernende Schule über sieben Axiome, die Kernannahmen zum Thema „Was eine Schule zu einer lernenden Schule macht" darstellen:

– *Schulentwicklung wirkt sich förderlich auf die Qualität von Unterricht aus.* Dieses Kennzeichen einer lernenden Schule steht bewusst an erster Stelle, weil alle noch so gut gemeinten Maßnahmen zur Schulentwicklung als verfehlt gelten, wenn sie den Unterricht – das Herz der Schulentwicklung – nicht erreichen. Es geht dabei allerdings nicht um oberflächliche Innovationen, sondern um die „Veränderung von Verhalten auf Grund der Veränderung von Haltungen" (ebd. S. 41). Methodisch gesehen kommen dabei gegenseitige Unterrichtsbesuche, die Abstimmung und Verknüpfung von aufeinander aufbauenden Unterrichtseinheiten, Team Teaching oder Projektunterricht zum Tragen.

– *Veränderung von Schul-Raum, Schul-Zeit und Schulkausalität*: Schulräume, Schul- und Unterrichtszeiten sowie Ursache-Wirkungsbeziehungen unterliegen in der Schule einer eignen Logik. Unterricht findet in bestimmten Räumen statt, ist an ein festes Zeitraster gebunden und wird von vielfältigen Kausalitäten – zum Beispiel Störungs-Strafe oder Leistungs-Beurteilung – durchzogen. Diese Bedingungen sollen in ihrer Widersprüchlichkeit bewusster wahrgenommen und immer aufs Neue kritisch mit dem Ziel hinterfragt werden, die eigenen Denk- und Handlungsspielräume zu erweitern (vgl. ebd., S. 58).

– *Zusammenwirken von Schulethos und pädagogischem Eros*: Mit Ethos ist der in einer Schule herrschende Wertekonsens gemeint, der die pädagogische Arbeit der Lehrerinnen und Lehrer verbindlich bestimmt. Der pädagogische Eros geht über die Lehr-Lernsituation hinaus und ist einem Menschenbild verbunden, das den Schüler beziehungsweise die Schülerin auch außerhalb des Unterrichts als Partner beziehungsweise Partnerin akzeptiert und wertschätzt. Er spiegelt eine innere Einstellung, eine Grundhaltung wider, die die Lernende beziehungsweise den Lernenden und den Menschen berücksichtigt. Die Arbeit an diesem Eros stellt einen wichtigen Bestandteil der Professionalisierung von Lehrpersonen dar. Die Qualität einer lernenden Schule hängt unter anderem davon ab, wie der pädagogische Eros und das Schulethos zusammenwirken.

– *Arbeit an dem Übergang vom Problem- zum Lösungsraum*: Dieses Axiom lässt sich durch die Leitfrage „Was muss die Schule tun, um die Lösung ihrer Probleme dort zu finden, wo sie sie nicht vermutet?" umsetzen. Die Grundidee besteht darin, bei auftretenden Problemen den Blick in Richtung möglicher Lösungen zu richten und dabei die eigenen Ressourcen, die eigenen Stärken einzusetzen. Als Instrumente zur Entwicklung neuer Lösungsräume schlagen SCHRATZ/ STEINER-LÖFFLER Analysegespräche oder Konfliktlösungsgespräche vor, in denen mit inneren Bildern und Metaphern gearbeitet wird, die durch die behandelten Fälle ausgelöst werden (vgl. ebd., S. 70 ff.).

– *Einsatz von Strategien mit der größten Hebelwirkung*: Das fünfte Axiom beruht auf der Annahme, dass eine lernende Schule nach den Ansatz- oder Hebelpunkten suchen muss, die sich auf unteren Systemebenen fortpflanzen. So kann beispielsweise eine bestimmte Kommunikationsform, die in der Lehrerkonferenz eingeführt wird, Wirkungen auf anderen Ebenen – in der Klasse, im Umgang mit den Eltern – zeigen, weil sich das neue Muster in Bereichen mit ähnlichen Eigenschaften – hier: Situationen, in denen es um Informationsaustausch, Verständigung und Problemlösung geht – fortsetzt.

– *Qualität von Kooperation und Kommunikationsprozessen*: Eine lernende Schule ist auf eine intensive und qualitativ hochwertige Kommunikation und Kooperation angewiesen. Im schulischen Bereich ist dies nicht selbstverständlich, zumal vielerorts das Paradigma „Ich und meine Klasse" vorherrscht, das – mithilfe effektiver Kommunikation – zum „Wir und unsere Schule" gewendet werden soll. Dies erfordert auch ein Umdenken von der Lehrperson als Einzelkämpferin beziehungsweise Einzelkämpfer zu einem stärker team- und gruppenorientierten Selbstverständnis, das auch weitere Bezugsgruppen, zum Beispiel die Elternschaft, einschließt. In der Umsetzung helfen hier Methoden, die eine Gruppenbildung ermöglichen, auf die jede und jeder Einfluss nehmen kann und die in bereits bestehenden Gruppen faire Verhandlungen sicherstellen (vgl. ebd., S. 95 ff.).

– *Bewusster Umgang mit Schnittstellen*: Schule als lernende Schule muss lernen, mit ihrer Umwelt zu kommunizieren. Während das sechste Axiom sich auf Kommunikationswege konzentriert, geht es in diesem Axiom um die Frage, warum Kommunikation innerhalb der Schule und an ihren Schnittstellen so und nicht anders abläuft. So kann beispielsweise eine Montessori-Schule mit einer deutlich umrissenen und klar definierten „Schulphilosophie" wesentlich besser nach außen kommunizieren, als eine Schule, die kein eigenständiges Profil aufweist.

Die Entwicklung einer Schule zur lernenden Schule ist ein Weg mit Hindernissen und Widerständen, der in der Regel keinem linearen und sequentiellen Ablauf folgt. SCHRATZ/ STEINER-LÖFFLER beschreiben ein Spiral-Entwicklungsmodell zur lernenden Schule, in dem verschiedene Lernebenen durchlaufen werden, wie es im folgenden Beispiel skizziert ist: „Eine Schule, welche Mädchen besonders fördern will, benötigt Lehrerinnen und Lehrer, die überhaupt daran glauben, dass diese Förderung notwendig sei […]. Es genügt allerdings nicht, lediglich daran zu glauben, selbst wenn manche Ansätze zum positiven Denken dies suggerieren! […] Denn es braucht bestimmte Fähigkeiten, diese Förderung in Schule und Unterricht umzusetzen, etwa dafür zu sorgen, dass es nicht zu einer Benachteiligung von Jungen kommt. Es braucht aber auch entsprechende Methoden und unterrichtliche Verhaltensweisen, welche die erwünschten Ziele im Unterricht erreichen helfen" (ebd. S. 203).

Wir haben bereits angedeutet, dass wir eine Auffassung von Schulentwicklung vertreten, die zwar auch vorrangig das Ziel verfolgt, die Qualität von Unterricht zu verbessern, dabei aber nicht isoliert auf methodische Aspekte abhebt, sondern die Schule als Organisation beziehungsweise Institution insgesamt im Blick hat. Aus diesem Verständnis heraus bestimmt sich auch das Verhältnis von Unterrichtsentwicklung und Schulentwicklung. Unterrichtsentwicklung kann ein Ausgangspunkt für Schulentwicklung sein, sollte beziehungsweise kann aber nicht darauf beschränkt bleiben, weil die Veränderung von Unterricht – so sie nicht die quasi-private Angelegenheit einer Einzelkämpferin oder eines Einzelkämpfers bleibt – auch Veränderungen in der Personalentwicklung oder der Organisationsentwicklung mit sich bringt. Wenn eine Lehrperson sich entscheidet, ihren Unterricht verbessern zu wollen, dann arbeitet sie an ihrem professionellen Selbst und sie wird sich gegebenenfalls mit Kolleginnen und Kollegen abstimmen, um bestimmte Randbedingungen verändern zu können. Darüber hinaus werden die Schülerinnen und Schüler positiv erlebte Veränderungen des Unterrichts als Erwartungshaltung in andere Unterrichtsstunden hinein beziehungsweise an andere Lehrpersonen herantragen, sodass auch die Wirkungen einer solchen innovativen Unterrichtspraxis Wechselwirkungen auslösen und nicht auf einen lokalen Bereich beschränkt bleiben. Nicht zuletzt kann die Unterrichtsentwicklung auch über die Eltern zu entsprechenden Rückmeldungen – etwa an die Schulleitung – führen. Da es sich insgesamt um ein systemisches Gefüge handelt, ist Schulentwicklung unseres Erachtens nicht auf einen Bereich eingrenzbar, sondern umfasst die Bereiche der Unterrichtsentwicklung, der Organisationsentwicklung und der Entwicklung der im System handelnden Personen, insbesondere der Lehrpersonen und ihres professionellen Selbstverständnisses.

Im Kontext von Schulentwicklung ist auch die „Entwicklung des Schulpersonals" in den letzten Jahren zu einem festen Bestandteil geworden. Eine plausible Erkenntnis im Kontext von Schulentwicklung besteht darin, dass die Veränderung der Schule als Organisation ohne die in dieser Organisation arbeitenden Menschen nicht möglich ist, das heißt, dass Organisationsentwicklung immer in Wechselwirkung mit den Mitgliedern der Organisation steht oder konstruktiv ausgedrückt: Den Schlüssel zum Erfolg und zur Qualität von Veränderungen und Entwicklungen in der Schule bilden engagierte und motivierte Lehrpersonen, die in diesem Engagement und in ihrer Motivation unterstützt und begleitet werden müssen. Daher ist es naheliegend, dass mit der Diskussion um Schulentwicklung auch die Diskussion um Personalentwicklung in der Schule angestoßen wurde.

Wir können an dieser Stelle nicht auf einzelne Verfahren und Instrumente der Personalentwicklung eingehen. Grundsätzlich bestehen Möglichkeiten in Form von

– Beratung und Zielvereinbarung, zum Beispiel durch Mitarbeitergespräche, Lernpartnerschaften oder Coaching (vgl. z.B. OEXLE 2002, MOSING-BOETTCHER 1999, BUHREN/ ROLFF 2000),
– dienstlichen Beurteilungen (allerdings eher in retrospektiver Weise),
– Personalauswahl und
– Lehrerfortbildung.

Abschließend thematisieren wir die Entwicklung von Schulprogrammen. Wir nehmen diesen Punkt zum Schluss auf, weil Schulprogramme sowohl im Kontext von institutioneller als auch von pädagogischer Schulentwicklung eine zentrale Rolle spielen. Gleichzeitig berühren sie auch unterschiedliche Ebenen von Schulentwicklung.

13.2.5 Schulprogramme

Ein Schulprogramm kann als Entwurf einer „pädagogischen Landkarte" (BASTIAN 1998, S. 99) verstanden werden, in der eine Schule ihre Leitideen formuliert und dabei sowohl die derzeitige Situation, die Zielvorstellungen, die Wege zum Ziel und mögliche Hindernisse oder Unwegsamkeiten bei der Realisierung der Zielvorstellungen beschreibt. Insofern hat das Schulprogramm sowohl Produkt- als auch Prozesscharakter. Es ist ein für jede Schule individuell zu erarbeitendes Programm, in dem das Selbstverständnis – das Ethos und die Identität – einer Schule zum Ausdruck gebracht wird und das damit „ein entscheidender, Sinn stiftender und Qualität sichernder Faktor der Schulentwicklung" wird (ebd., S. 103).

Die Entwicklung von Schulprogrammen ist letztlich auch Ausdruck der zunehmenden Autonomie der Einzelschule, die auf der Basis der ihr zur Verfügung stehenden Gestaltungsspielräume Entscheidungen darüber treffen muss, in welcher Weise die Spielräume genutzt werden sollen. Die inhaltliche Ausgestaltung von Schulprogrammen ist zwar individuell auf die jeweilige Einzelschule bezogen, orientiert sich aber in einzelnen Bundesländern an ministeriellen Rahmenvorgaben.

Unabhängig von bestimmten Rahmenvorgaben durch Ministerien formulieren SCHRATZ/ BAUK-VAN VUGT (2002) Qualitätsstandards für Schulprogramme, die als gemeinsame Basis für die Bewertung von Schulprogrammen eine über die Einzelschule hinaus gehende Bedeutung haben. Dazu zählen folgende Kriterien:

– *Klare gemeinsame Zielstellung*
Hier geht es darum, möglichst von allen Beteiligten getragene Zielvorstellungen klar zu formulieren. Die Ziele sollten sich auf ausgewählte wesentliche Aufgaben innerhalb der Bereiche Lehren und Lernen, Lebensraum Klasse und Schule, Schulpartnerschaft und Außenbeziehungen, Schulmanagement, Professionalität und Personalförderung beziehen.

– *Wirksame Maßnahmen zur Umsetzung*
Dieses Qualitätskriterium zielt auf die Formulierung von konkreten – tatsächlich auch überprüfbaren – Maßnahmen zur Umsetzung der Zielvorstellungen, die wiederum vom Kollegium und den beteiligten Bezugsgruppen mitgetragen werden. Die Maßnahmen sollten nach Prioritäten geordnet sein und erkennen lassen, welche sächlichen oder personellen Bereiche mit der Umsetzung betraut sind beziehungsweise davon tangiert werden. Darüber hinaus ist festzulegen, welche Personen oder Gruppen die Maßnahmen zu welchem Zeitpunkt koordinieren und überprüfen.

– *Transparenz nach innen und außen*
Ein Schulprogramm kann nur dann wirksam werden, wenn es allen Beteiligten, die an seiner Umsetzung mitarbeiten, im Bewusstsein ist. Dies bedeutet, dass es allen jederzeit schriftlich zugänglich sein muss. Darüber hinaus sollten Schulprogramme nach außen transparent sein, zum Beispiel in Form einer laufend aktualisierten Veröffentlichung im Internet.

– *Stimmiges internes Steuerungssystem der Entwicklungsprozesse*
Um die Durchführung und Wirksamkeit von Schulentwicklungsprozessen sicherzustellen, ist eine interne Steuerung notwendig. Daher sollte im Schulprogramm festgelegt werden, wer in einer entsprechenden Steuerungsgruppe vertreten ist (Schulleitung, Lehrpersonen, Eltern- und Schülervertretung) und welche Aufgaben diese Gruppe konkret wahrnimmt.

– *Wirksame Qualitätsicherung*
Das Schulprogramm sollte – als Element der Qualitätssicherung – Aussagen dazu enthalten, durch welche Maßnahmen der Stand der Umsetzung der im Schulprogramm festgelegten Vereinbarungen kontrolliert wird. Neben den Methoden sollten Zeitpunkte und notwendige Ressourcen festgehalten werden, ebenso wie der Umgang mit den Ergebnissen im Hinblick auf eine Fortschreibung des Schulprogramms.

– *Verfügbarkeit und Einbindung von Ressourcen*
Bei diesem Qualitätskriterium eines Schulprogramms geht es um die Frage, ob in einem Schulprogramm auch berücksichtigt ist, dass die Schulentwicklung von der sinnvollen und verantwortungsbewussten Nutzung der vorhandenen Ressourcen – innerhalb und außerhalb der Schule – abhängig ist. Das Schulprogramm sollte daher Angaben zu personellen und materiellen Ressourcen, zu Räumlichkeiten und Anlagen der Schule sowie zu finanziellen und zeitlichen Ressourcen enthalten.

Wir haben bereits darauf hingewiesen, dass die Entwicklung eines Schulprogramms einen Prozess darstellt, in dem es um die Vermittlung und Vereinbarung unterschiedlicher Interessen, Wünsche und Ansprüche geht. Ein Schulprogramm repräsentiert die Leitideen, Zielvorstellungen und Arbeitsvorhaben aller an der Institution Schule beteiligten Gruppen (vgl. dazu auch die Ausführungen zur Institution Schule in Kapitel 1). Einflüsse auf das Schulprogramm gehen von vier Bereichen aus (vgl. SCHRATZ/STEINER-LÖFFLER 1998, S. 228): dem staatlichen Bildungs- und Erziehungsauftrag, den Erwartungen von Bezugsgruppen, den Interessen von Lehrpersonen und den Bedürfnissen von Schülerinnen und Schülern (vgl. Darstellung 13.4).

Darstellung 13.4: Einfluss-bereiche auf das Schul-programm (vgl. SCHRATZ/STEINER-LÖFFLER 1998, S. 228)

Die dargestellten Einflussgrößen spiegeln ein Spannungsfeld wider, im Rahmen dessen es die verschiedenen Interessen und Bedürfnisse auszuloten und zu integrieren gilt. Dass dieser Prozess nicht „reibungsfrei" verläuft, ist zu erwarten, in der Regel aber auch nicht zu umgehen, wenn man vermeiden will, dass ein Schulprogramm einseitig aus der Sicht bestimmter Einflussgruppen oder eines bestimmten Einflussbereiches formuliert wird. Darüber hinaus stellt das Schulprogramm auch kein statisches Produkt dar, sondern sollte sich in einem kontinuierlichen Prozess der Weiterentwicklung befinden. Diese Dynamik trägt dem Umstand Rechnung, dass sich die Einflussgrößen über die Zeit verändern und die Umsetzung des Schulprogramms und seine Evaluation zu Ergebnissen führen, die in die Diskussion einfließen.

Mögliche Schwierigkeiten bei der Gestaltung von Schulprogrammen zeigen Ergebnisse einer Studie von SÖLL (vgl. 2002, S. 177 ff.):
– Schulentwicklungsprozesse werden durch die starke Belastung von Lehrpersonen beeinträchtigt.
– Lehrpersonen empfinden Schulentwicklung als von außen vorgegeben und durch zahlreiche Bestimmungen eingeschränkt.

– Ungünstige Rahmenbedingungen und die Struktur des Schulsystems werden als hinderlich für Schulentwicklung wahrgenommen.

– Die Arbeitssituation von Lehrpersonen ist durch „Einzelkämpfertum" geprägt, dies erschwert ebenfalls Entwicklungsprozesse.

– Einzelne Lehrpersonen nehmen Schulentwicklung als Entwertung ihrer beruflichen Praxis wahr.

– Für Lehrerinnen und Lehrer lassen sich Schulentwicklung und Veränderung der Unterrichtspraxis nicht trennen.

– Lehrpersonen halten eine Unterstützung von Schulentwicklungsprozessen durch geeignete Gremien, Verfahren und Berater für erforderlich.

Die Ergebnisse der genannten Studie sind letztlich zwar Ergebnisse einer Einzelfallstudie, sie zeigen aber, in welcher Weise von einer an der Schulentwicklung beteiligten Gruppe entsprechende Prozesse eingeschätzt und entsprechend gefördert oder auch behindert werden können. Unterstellt man, dass auch die anderen Beteiligten – insbesondere Schülerinnen und Schüler sowie ihre Erziehungsberechtigten – in ähnlicher Weise subjektive Theorien zu Schulentwicklungsprozessen besitzen, die ihre Einschätzungen und ihr Handeln beeinflussen, so wird deutlich, welch komplexe und sensible Prozesse bei der Abstimmung eines Schulprogramms, bei seiner Umsetzung und bei der Bewertung seiner Ergebnisse zu bewältigen sind.

13.3 Zusammenfassung und Anwendung

Mit der zunehmenden Abgabe staatlicher Regulierungs- und Steuerungsaufgaben an die Einzelschule im Sinne stärkerer Autonomie sind die Schulen angehalten, diese neuen Gestaltungsspielräume eigenverantwortlich zu gestalten. Dieses Steuerungsmodell sieht auf der Ebene von Bund und Ländern (Makroebene) die Festschreibung von Rahmenbedingungen – beispielsweise Leitlinien, Fächervorgaben, Bildungsabschlüsse, Lehrpläne – vor. Auf der Ebene der Einzelschule geht es zum einen um die schulspezifische Ausgestaltung von Fragen der Organisation, der Personalentwicklung oder der Unterrichtsgestaltung (Meso-Ebene) und zum anderen um zum Beispiel die Gestaltung von Interaktionsbeziehungen zwischen Lehrpersonen und Schülerinnen und Schülern sowie der Eltern oder um die professionelle Entwicklung der Lehrpersonen (Mikroebene).

Systematisch beziehungsweise analytisch lassen sich in der Schulentwicklung ein pädagogischer und ein institutioneller Ansatz unterscheiden. Institutionelle Schulentwicklungsprozesse setzen bei der Veränderung von Organisations- und Kommunikationsstrukturen an, während pädagogisch ausgerichtete Ansätze den Unterricht als Kern der Schulentwicklung in den Blick nehmen. Beide Ansätze verfolgen zwar letztlich ähnliche Zielvorstellungen, rekurrieren aber auf unterschiedliche Methoden. Institutionelle Schulentwicklung verläuft idealtypisch in den Phasen Einstieg, Diagnose und Bestandsaufnahme, Zielvereinbarung und Prioritätensetzung, Maßnahmenplanung, Implementation und Evaluation. Pädagogische Schulentwicklungsprozesse lassen sich nicht in einzelne Phasen gliedern, sie setzen an konkreten Problemen des Unterrichts – als Kernstück der beruflichen Arbeit von Lehrpersonen – an und weiten Maßnahmen von dort auf Rahmenbedingungen aus. Für die identifizierten Problemlagen werden Lösungsansätze erarbeitet und unter Rückgriff auf beziehungsweise durch Verbesserung der eigenen Einstellungen und Ressourcen umgesetzt. Wenn sich die genannten Zugangsweisen auch analytisch trennen lassen, so sollte Schulentwicklung insgesamt weder einseitig auf Unterrichtsprozesse fokussiert sein, noch allein die Veränderung von Rahmenbedingungen anstreben. Insgesamt geht es um die Berücksichtigung der wechselseitigen Bezüge zwischen Unterrichtsentwicklung im engeren Sinne, der Veränderung von Einstellungen und Handlungsmustern bei Lehrpersonen und die Entwicklung der Organisations- und Kommunikationsstrukturen von Schule, auch in ihren Außenbeziehungen.

Wichtige Bestandteile von Schulentwicklungsprozessen bilden auch die Personalentwicklung und die Erstellung von Schulprogrammen. Lehrpersonen stellen zentrale Gelenkpunkte in der Schulentwicklung dar und benötigen dazu Kompetenzen, die einer kontinuierlichen Förderung und Unterstützung bedürfen. Dies kann in Beratungsgesprächen und individuellen Zielvereinbarungen, in der Bildung von Lernpartnerschaften, durch spezielle Formen des *feedbacks* von Kolleginnen und Kollegen oder der Schulleitung oder in Form von Coaching geschehen.

Schulprogramme sind Ausdruck des gemeinsamen Selbstverständnisses einer Schule und enthalten Angaben beispielsweise zum Leitbild der Schule, zur pädagogischen Grundorientierung, zur bisherigen Entwicklungsarbeit, zu Entwicklungszielen, geplanten Maßnahmen zur Umsetzung der Ziele und zur Evaluation der Maßnahmen. Insgesamt handelt es sich um einen dynamischen Prozess, in dem es die Interessen, Wünsche und Belange verschiedener Beteiligter – insbesondere der Lehrpersonen, der Schülerinnen und Schüler sowie der Eltern – auszuloten und zu integrieren gilt.

Vor dem Hintergrund dieser einführenden Überlegungen können Sie sich nun Ihre ursprünglichen Notizen zum Fallbeispiel noch einmal zur Hand nehmen. Vergleichen Sie Ihre Überlegungen mit den neu gewonnen Erkenntnissen zur Schulentwicklung und versuchen Sie, einen Entwurf für eine mögliche Strategie zu entwickeln, die beschriebene Problemlage aufzuarbeiten. Diskutieren Sie – wenn möglich – Ihre Überlegungen in einer Lerngruppe.

1   PISA = Programme for international Student Assessment, LAU = Aspekte der Lernausgangslage von Schülerinnen und Schülern an Hamburger Schulen, IGLU = Internationale Grundschul-Lese-Untersuchung, MARKUS = Mathematik-Gesamterhebung Rheinland-Pfalz: Kompetenzen, Unterrichtsmerkmale, Schulkontext, QuaSUM = Qualitätsuntersuchung zum Mathematikunterricht an Schulen in Brandenburg, TIMSS = Third international Mathematics and Science Study – vgl. auch Kap. 14)

2   Reformbemühungen im Sinne von Schulreform lassen sich natürlich auch in den verschiedenen Konzepten der Reformpädagogik nachzeichnen, die hier aber nicht näher betrachtet werden (vgl. auch Kap. 2).

3   In den siebziger Jahren ließen sich zum Beispiel insbesondere für Arbeiterkinder, für Mädchen und für auf dem Land lebende Bevölkerungsgruppen Bildungsnachteile ausmachen. In jüngerer Vergangenheit hat die PISA-Studie gezeigt, dass auch heute noch die Bildungsbeteiligung im Wesentlichen vom sozialen Status abhängig ist.

4   Das Voucher-System (rechte Spalte unten) sieht vor, dass Eltern für ihre Kinder auf einer staatlichen Schule dann einen Gutschein erhalten, wenn die Testergebnisse der Schule – respektive die Schulqualität – sehr schlecht sind. Der Gutschein kann dann für den Schulbesuch an einer Privatschule eingelöst werden, sein Wert entspricht in etwa dem Betrag, den der Staat für das jeweilige Kind bis zum Erreichen der nächsten Bildungsstufe ausgeben müsste.

5   Die Steuergruppe wird auch als „primärer Klient" bezeichnet, das gesamte Kollegium stellt den „eigentlichen Klienten" dar (vgl. DALIN/ ROLFF/ BUCHEN 1998, S. 68).

6   Wenn die Schule von einem offensichtlichen Problem ausgeht oder wenn sie einen Auftrag erfüllen soll, für den es noch keine Lösungsroutine gibt, wird die Phase der Diagnose anders gestaltet als im hier beschriebenen institutionsorientierten Ansatz.

7   Das Instrument wurde von der IMTEC (INTERNATIONAL MOVEMENT TOWARDS EDUCATIONAL CHANGE) entwickelt, einem Forschungs- und Beratungsinstitut mit Sitz in Oslo.

8   So ist beispielsweise die Zielvorstellung einer Förderung von besonders begabten Schülerinnen und Schülern mit der Gefahr der Auslese und der Benachteiligung der weniger begabten verbunden. Zwischen diesen unaufhebbaren (antinomischen) Widersprüchen gilt es, eine angemessene Balance zu finden.

9   So wurden beispielsweise in der ehemaligen DDR so genannte Schulberichte vierteljährlich an die Parteileitungen geschickt. Dies konnte in der Folge für die betreffenden Lehrpersonen durchaus mit Repressalien verbunden sein.

Wirkungen der Schule

14| Empirische Ergebnisse zur Qualität des deutschen Schulsystems

14.1 Einleitende Hinweise und Fragestellungen

Die Qualität eines Schulsystems bemisst sich vor allem danach, inwieweit es gelingt, auf Seiten der Schülerinnen und Schüler Bildungsprozesse zu initiieren. In Deutschland existiert keine Tradition, die erreichte Qualität klassen-, schul- oder gar bundesländerübergreifend zu überprüfen. Bisherige Qualitätskontrollen waren in erster Linie auf das Handeln der Lehrpersonen gerichtet und wurden von Seiten der Schulaufsicht durchgeführt. Der jeweilige Lern- und Entwicklungsstand von Schülerinnen und Schülern war dabei mit im Blick, ohne ihn allerdings systematisch zu testen. Der Entschluss, an international-vergleichenden Untersuchungen wie TIMSS, PISA und IGLU teilzunehmen, bedeutete für Deutschland daher auch einen Paradigmenwechsel in der Qualitätskontrolle. Die zentralen Ergebnisse dieser Studien werden in diesem Kapitel präsentiert und ihre Methoden abschließend kritisch reflektiert.

Welche der folgenden Annahmen halten Sie für eher richtig, welche dagegen für eher falsch? Bitte notieren Sie jeweils stichwortartig auch eine Begründung für Ihre Antworten. Die ersten sechs Annahmen beziehen sich auf die schulischen Verhältnisse in der Bundesrepublik Deutschland, die Annahmen 7 bis 10 stellen einen internationalen Vergleich her.

Darstellung
14.1:
Annahmen
zu den gesell-
schaftlichen
Rahmen-
bedingungen
von Schul-
leistungen

Nr.	Annahme	eher richtig	eher falsch
1	Wenn Schülerinnen und Schüler über dieselben intellektuellen Fähigkeiten verfügen, haben sie auch dieselbe Chance, einen hohen Bildungsabschluss (z.B. das Abitur) zu erreichen.	☐	☐
2	Mädchen und Jungen erreichen im Durchschnitt im Lesen und in Mathematik dasselbe Kompetenzniveau.	☐	☐
3	Schülerinnen und Schüler in Gymnasien lernen schneller als Haupt-, Real- und Gesamtschülerinnen und -schüler.	☐	☐
4	Kinder ein Jahr später einzuschulen oder sie ein Jahr wiederholen zu lassen, führt zum Ausgleich von Lernrückständen.	☐	☐
5	Schülerinnen und Schüler mit einer besonders geringen Lesekompetenz stammen überwiegend aus Familien mit Migrationshintergrund.	☐	☐
6	Je mehr Jahrgangsstufen ein Kind absolviert umso stärker hängt der Bildungsabschluss von der sozialen Herkunft ab.	☐	☐
7	In den alten Bundesländern spielt es für die Bildungschancen eines Kindes eine größere Rolle, aus welcher sozialen Schicht man kommt, als in den neuen Bundesländern.	☐	☐
8	Schülerinnen und Schüler in Deutschland erreichen ein höheres Kompetenzniveau in Lesen und in Mathematik als Schülerinnen und Schüler in Großbritannien und den USA.	☐	☐
9	Bildungschancen hängen in Frankreich stärker von der sozialen Herkunft ab als in Deutschland.	☐	☐
10	Im internationalen Vergleich erreichen Schülerinnen und Schüler in einem gegliederten Schulsystem (z.B. bei einer Differenzierung in Haupt- und Realschule sowie Gymnasium) ein höheres Kompetenzniveau in Lesen und Mathematik als Schülerinnen und Schüler in einem Gesamtschulsystem.	☐	☐
11	Länder, in deren Schulsystem grundsätzlich auf Wiederholungen verzichtet wird, erreichen bessere Schulleistungen als Länder mit Schulsystemen, in denen Wiederholungen praktiziert werden.	☐	☐

Um die Annahmen angemessen einschätzen zu können, ist es sinnvoll, sich mit folgenden Fragen intensiv zu beschäftigen:
– Welche Zusammenhänge sind zwischen der sozialen Herkunft von Kindern und Jugendlichen und ihren Bildungschancen zu erkennen? Wie lassen sich diese Zusammenhänge erklären?
– Welche Rolle spielt die ethnische Herkunft für Bildungschancen?
– Lassen sich Unterschiede zwischen Mädchen und Jungen feststellen?
– Inwiefern trägt die Schulstruktur zu unterschiedlichen Bildungschancen bei?
– Welche Auswirkungen lassen sich für individuelle Maßnahmen wie Zurückstellungen und Klassenwiederholungen feststellen?
– Welche methodischen Implikationen sind bei der Interpretation der empirischen Erkenntnisse zu beachten?
Nach Bearbeitung der folgenden Informationen werden Sie einen Überblick über einen wichtigen Bereich der Leistungsfähigkeit unseres Schulsystems gewonnen haben. Diese Kenntnis kann dazu beitragen, sich zum einen reflektiert mit entsprechenden Diskussionen auseinander zu setzen. Zum anderen können die Erkenntnisse für das alltägliche Handeln als Lehrerin beziehungsweise Lehrer im Unterricht sensibilisieren.

14.2 Grundlegende Informationen

Während über die Merkmale guten Unterrichts (vgl. TULODZIECKI/ HERZIG/ BLÖMEKE 2004, S. 172 ff.) vor allem Vergleiche zwischen sehr guten und sehr schlechten Schulklassen Auskunft geben, sind Untersuchungen zu gesellschaftlichen Rahmenbedingungen breiter angelegt: als Querschnittsvergleiche zwischen ganzen Regionen beziehungsweise Staaten mit unterschiedlichen Merkmalen oder als Längsschnittstudien über viele Jahre einer Schullaufbahn hinweg. Bedeutende Untersuchungen der letzten Jahre sind:
– die internationalen Vergleichsstudien „Programme for International Student Assessment" (PISA) der OECD, mit denen 2000 und 2003 repräsentative Stichproben 15-jähriger Schülerinnen und Schüler in 32 beziehungsweise 41 Staaten auf ihre Lesekompetenz und mathematisch-naturwissenschaftliche Grundbildung sowie auf fächerübergreifende Qualifikationen hin untersucht wurden (vgl. BAUMERT u.a. 2001, PRENZEL u.a. 2004, SCHLEICHER 2004);
– die nationalen Vergleichsstudien PISA-E, die ergänzend einen Vergleich zwischen den Ländern der Bundesrepublik Deutschland zulassen, weil zusätzlich über 50.000 Schülerinnen und Schüler getestet wurden (vgl. BAUMERT u.a. 2002, PRENZEL u.a. 2005);
– „The Third International Mathematics and Science Study" (TIMSS) der Forschungsorganisation „International Association for the Evaluation of Educational Achievement" (IEA), in deren Rahmen 1995 in der Jahrgangsstufe 8 (TIMSS II; vgl. BAUMERT u.a. 1997) und 1996 in der Jahrgangsstufe 12 (TIMSS III; vgl. BAUMERT u.a. 1997) die mathematisch-naturwissenschaftlichen Leistungen von Schülerinnen und Schülern in 45 beziehungsweise 24 Staaten erhoben wurden[1];

– die „Internationale Grundschul-Lese-Untersuchung" (IGLU) der IEA, die im Jahr
2002 für 35 Länder das Leseverständnis am Ende der vierten Klasse erhob (vgl. Bos
u.a. 2003), wobei für einen innerdeutschen Bundesländervergleich zusätzlich die
Leistungen in Mathematik, Naturwissenschaften, Orthographie und Aufsatz getestet wurden (vgl. Bos u.a. 2004);
– die Hamburger Schulleistungstests zur Lernausgangslage und zur Lernentwicklung
(LAU) in den Klassen 5, 7, 9 und 11, mit denen 1996, 1998, 2000 und 2002 die
Fachleistungen aller Hamburger Schülerinnen und Schüler in Deutsch, Englisch,
Latein und Mathematik sowie ihre allgemeine Problemlösekompetenz erfasst wur-
den (vgl. Lehmann/ Peek 1997, Lehmann/ Gänsfuß/ Peek 1999, Lehmann 2002,
Lehmann u.a. 2004).

Bei IGLU, LAU, PISA und TIMSS handelt es sich um die ersten großen empirischen
Untersuchungen in Deutschland seit über 20 Jahren. Die IEA führt zwar seit den
60er Jahren internationale Leistungsvergleiche durch. Die Bundesrepublik Deutschland hat an diesen aufgrund einer Entscheidung der Kultusministerkonferenz (KMK)
seit Mitte der 70er Jahre jedoch nicht mehr teilgenommen, nachdem Deutschland in
allen Testgebieten mehrfach nur Plätze im unteren Drittel erreicht hatte. Die DDR
hat ebenfalls nicht teilgenommen. So ist auch zu erklären, warum Öffentlichkeit,
Bildungspolitik und Bildungsverwaltung auf die aktuellen Ergebnisse so überrascht
und angesichts der unter den Erwartungen liegenden Resultate zum Teil schockiert
reagiert haben. Für Bildungsforscherinnen und -forscher waren die Ergebnisse dagegen nicht in demselben Maße neu. Einerseits liegen die Ergebnisse aus der ersten
Hälfte der 70er Jahre vor und Veränderungen sind nur sehr langfristig durch grundsätzliche Reformen zu erreichen, während solche in Deutschland seit dieser Zeit eher
systemimmanent stattgefunden haben, indem zum Beispiel einige Bundesländer die
Gesamtschule als Schulform *neben* der traditionell differenzierten Schulstruktur eingeführt haben. Andererseits haben regional und thematisch begrenzte Einzelstudien
die nun erhobenen Erkenntnisse in der Grundtendenz bereits wiederholt erkennen
lassen. Auf solche Vorstudien wird im Folgenden jeweils verwiesen.
Fasst man alle empirischen Ergebnisse aus den genannten Studien – PISA 2000,
PISA 2003 und PISA-E, TIMSS II und III, IGLU sowie LAU 5, 7, 9 und 11 –
zusammen, so zeigt sich für Deutschland im internationalen Vergleich nur eine durchschnittliche oder sogar unterdurchschnittliche Leistungsfähigkeit des Schulsystems.
Beispielhaft kann dies an der Lesekompetenz deutlich gemacht werden, die im Rahmen der PISA-Studien 2000 und 2003 erhoben wurde. Mit Rangplatz 21 beziehungsweise 18 erreichten die Schülerinnen und Schüler in Deutschland zum Er-
schrecken von Wissenschaftlern, Lehrern, Eltern und Politikern noch nicht einmal
beziehungsweise gerade das durchschnittliche Ergebnis aller teilnehmenden OECD-
Länder, das beide Male durch die Länder USA und Dänemark repräsentiert wird
(vgl. Darstellung 14.2). Kein west- beziehungsweise nordeuropäisches Land ist schlechter platziert. Dass Deutschland 2003 im Vergleich zum Abschneiden im Jahr 2000
drei Rangplätze vorrückte und im internationalen Durchschnitt landete, ist dabei
unwesentlich: „Die Leistungswerte liegen jedoch weiterhin deutlich unter dem Er-

wartungswert für Deutschland, der sich ergibt, wenn man den in Deutschland über-durchschnittlichen Bildungsstand in der Erwachsenenbevölkerung sowie den gesamt-wirtschaftlichen Hintergrund berücksichtigt" (SCHLEICHER 2004, S. 2).

Rang	Land
1	Finnland
2	Südkorea
3	Kanada
4	Australien
5	Neuseeland
6	Irland
7	Schweden
8	Niederlande
9	Belgien
10	Norwegen
11	Schweiz
12	Japan
13	Polen
14	Frankreich
15	USA
OECD-Durchschnitt	
16	Dänemark
17	Island
18	**Deutschland**
19	Österreich
20	Tschechien
21	Ungarn
22	Spanien
23	Luxemburg
24	Portugal
25	Italien
26	Griechenland
27	Slowakei
28	Türkei
29	Mexiko

Darstellung 14.2: Rangfolge der OECD-Länder im Bereich Lese-kompetenz bei PISA 2003 (Quelle für die Daten: PRENZEL u.a. 2004)

Wie besorgniserregend dieses Ergebnis ist, macht ein Blick auf die beiden Extremgruppen der lesestärksten und -schwächsten Schülerinnen und Schüler deutlich: Bei einem internationalen Vergleich des jeweils schwächsten Viertels liegen nur vier Länder hinter Deutschland. Zudem liegt dieses schwächste Viertel in Deutschland fast vollständig nur auf der Elementarstufe I der Lesekompetenz oder sogar darunter. Das bedeutet, dass diese Schülerinnen und Schüler den Hauptgedanken eines Textes nur erkennen, wenn der Textgegenstand vertraut ist und keine konkurrierenden Informationen vorhanden sind. Betrachtet man das stärkste Viertel ist festzuhalten, dass zur Leistungselite in Deutschland weniger als zehn Prozent gehören, während dies in Finnland und Neuseeland für doppelt so viele Schülerinnen und Schüler gilt. Nur dieser Gruppe gelingt eine vollständige und detaillierte Texterschließung auch bei unvertrauten Gegenständen und undeutlicher Informationsrelevanz, wofür der am Ende dieses Kapitels präsentierte Text zur Erwerbstätigkeit ein Beispiel darstellt. Hinzu kommt, dass nur in wenigen Ländern der Welt der Leistungsabstand zwischen den Stärksten und den Schwächsten ähnlich groß ist wie in Deutschland.

Auf der Suche nach Bedingungsfaktoren ist festzustellen, dass das Ergebnis nicht auf geringere kognitive Grundfertigkeiten unserer Schülerinnen und Schüler zurückzuführen ist, sondern dass fünf Merkmale die individuellen Schulleistungen in bedeutsamer Weise beeinflussen: die soziale Herkunft eines Schülers beziehungsweise einer Schülerin, seine beziehungsweise ihre ethnische Herkunft, das Geschlecht, die Struktur des Schulwesens und der Verlauf der individuellen Schullaufbahn. Auf diese fünf Merkmale wird im Folgenden eingegangen. Dabei ist zu bedenken, dass sie vielfach miteinander verwoben sind, sodass eine isolierte Darstellung jeweils immer auch eine Verkürzung der Problematik bedeutet.

14.2.1 Soziale Herkunft und Schulleistungen

Das Recht auf Bildung stellt eines der zentralen Menschenrechte dar. In der Menschenrechtserklärung der UNO von 1948 ist insbesondere postuliert, dass allen Menschen unabhängig von ihrer Herkunft auch höhere Schulabschlüsse offen stehen müssen. Das Grundgesetz hält entsprechend fest, dass niemand aufgrund seiner Herkunft benachteiligt werden darf. In der Auslegung des diesbezüglichen Artikel 3 sind sich die Verfassungsrechtlerinnen und -rechtler einig, dass damit nicht nur eine *formale* Gleichheit gemeint ist, „sondern die Angleichung der *tatsächlichen* [Hervorhebung durch die Verf.] Voraussetzungen zum Erwerb materieller und immaterieller Güter und damit der faktischen Vorbedingungen, die zur Nutzung der Freiheitsrechte notwendig sind" (Jarass/ Pieroth 1992, S. 390; vgl. auch Klemm/ Weth/ Tulodziecki 2003). Dem Bildungsbereich schreiben die Juristinnen und Juristen in diesem Zusammenhang eine besonders große Bedeutung zu.

Vermutlich war deshalb die Überraschung so groß, als die Ergebnisse der PISA-Studien bekannt wurden. Sie belegten, was die LAU-Studien bereits für Hamburg angedeutet hatten: In Deutschland besteht eine Ungleichheit in Bildungschancen in einem Ausmaß, wie es nur wenige vermutet haben. Während aus der obersten sozialen Schicht der höheren Beamtinnen und Beamten sowie Angestellten, der freien akademischen Berufe und der Selbstständigen mit mehr als zehn Mitarbeiterinnen und Mitarbeiter mehr als die Hälfte der Kinder ein Gymnasium besucht und nur gut zehn Prozent die Hauptschule, gilt dies in etwa umgekehrtem Verhältnis für die unterste soziale Schicht der un- und angelernten Arbeiterinnen und Arbeiter: Über 40 Prozent dieser Kinder besuchen die Hauptschule und nur rund zehn Prozent das Gymnasium (siehe Darstellung 14.3).

Zieht man einen internationalen Vergleich, muss festgehalten werden, dass sich in Deutschland der engste Zusammenhang zwischen sozialer Herkunft und Bildungschancen findet, selbst in England, Frankreich und in den USA – Länder, für die häufig eine Spaltung hinsichtlich der Bildung für die gesellschaftliche Elite und die breite Masse der Bevölkerung angenommen wird – ist er deutlich geringer. Sehr gering ist der Zusammenhang zwischen sozialer Herkunft und Bildungschancen in Finnland, Island, Korea und Japan – Länder mit sehr guten PISA-Ergebnissen bei gleich großer sozialer Heterogenität wie in Deutschland. Die Unterschiede können nicht auf grundsätzliche Unterschiede in der Sozialstruktur zurückgeführt werden, die gemessen am sozialen Status der Eltern, an der Bildungsstruktur der Familien und am Familientyp in allen modernen Industriestaaten vergleichbar ist. Die Ursache für die günstigeren Werte in anderen Ländern sind eher darin zu suchen, dass es dort offensichtlich besser gelingt, sozial schwächere Schülerinnen und Schüler zu fördern mit der Folge, dass „bei einer Verminderung sozialer Disparitäten auch das Gesamtniveau steigt, ohne dass in der Leistungsspitze Einbußen zu verzeichnen wären" (Baumert u.a. 2001, S. 393).

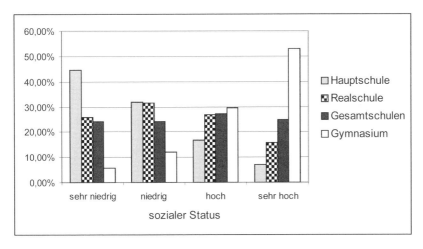

Darstellung 14.3: Schulbesuche in Abhängigkeit vom sozialen Status der Eltern (in Prozent; Quelle: Prenzel u.a. 2004, S. 244)

Wie bedeutend ein vergleichbares Engagement in Deutschland sein könnte, zeigen zwei weitere Erkenntnisse aus der PISA-Studie. Die so genannte „Risikogruppe" der Schülerinnen und Schüler mit einer Lesekompetenz auf der Elementarstufe oder sogar darunter stammt zur Hälfte aus Familien *ohne* Migrationshintergrund. Sie zeichnen sich allerdings durch eine niedrige soziale Herkunft aus. Nimmt man nun das Faktum hinzu, dass es sich bei der Gesamtgruppe der Schülerinnen und Schüler *mit* Migrationshintergrund überwiegend ebenfalls um Kinder aus sozial schwachen Familien handelt und dass diese annähernd vergleichbare Leistungen aufweisen wie deutsche Jugendliche derselben sozialen Herkunft, wird deutlich, wie zentral diese Kategorie für den Schulerfolg ist.[2]

Diese Form der sozialen Chancenungleichheit ist in der Soziologie schon früher ein Thema gewesen. So hat PICHT 1964 in einer Artikelserie, die unter dem Titel „Die deutsche Bildungskatastrophe" zu weitreichenden bildungspolitischen Kontroversen führte, unter anderem darauf hingewiesen, dass Arbeiterkinder gegenüber Kindern aus höheren Schichten in geringerem Maß die Chance haben, ein Gymnasium zu besuchen. Obwohl der technische Fortschritt besser ausgebildete breite Schichten fordere, sei das Gymnasium eine „Schule für die so genannten gebildeten Stände" (PICHT 1964, S. 12) in der Tradition des 19. Jahrhunderts geblieben. Ein Jahr später rüttelte DAHRENDORF (1965a, b) die öffentliche Diskussion mit seinen beiden Streitschriften „Bildung ist Bürgerrecht" und „Arbeiterkinder an deutschen Universitäten" auf.

Warum es zu dieser Ungleichheit in den Bildungschancen kommt, hat komplexe Ursachen (vgl. BOURDIEU/ PASSERON 1971). In Familien höherer gesellschaftlicher Schichten herrscht eine intellektuellere Atmosphäre, die dort gesprochene Sprache besitzt ein höheres Niveau und Bildung kommt ein höherer Wert zu als in Familien niedrigerer gesellschaftlicher Schichten. Vor dem Hintergrund einer entsprechend Analyse der PISA-Daten kommen BAUMERT, WATERMANN und SCHÜMER zu dem Ergebnis: „Die Auswirkungen des Bildungsniveaus einer Familie auf den Erwerb von Lesekompetenz werden vollständig durch die kulturelle Praxis der Familie vermittelt. [...] In Übereinstimmung mit BOURDIEUS Annahmen scheint das kulturelle Kapital der beste Prädiktor für den Kompetenzerwerb in der Schule zu sein" (2003, S. 64). Ergänzt wird dieser Faktor um indirekte Momente wie sozial bedingte Unterschiede in der Art des Auftretens, in den Interessen und in der Mobilität. Die Kompensationsmöglichkeiten der Schule sind nicht nur äußerst begrenzt, sondern empirische Untersuchungen zeigen auch, dass der Habitus von bildungsnahen Schichten unabhängig von ihrer faktischen, schulischen Leistung mit einer positiveren Leistungsbewertung einhergeht: „Die Schule bewertet mit anderen Worten gerade solche Kompetenzen, die sie selbst gar nicht vermittelt, weil ihre Vermittlung durch die Familien der privilegierten Bildungsmilieus monopolisiert wird" (GRUNDMANN u.a. 2004, S. 142).

Der für ganz Deutschland im Mittel festgestellte enge Zusammenhang zwischen sozialer Herkunft und Bildungschancen findet sich auch im Bundesländer-Vergleich der nationalen Ergänzungsstudie wieder (PISA-E). In besonders extremem Maß gilt dies für die alten Bundesländer, vor allem für Bayern, Rheinland-Pfalz und Schleswig-Holstein. Hier ist die Chance eines Kindes aus einer Facharbeiter-Familie acht bis zehn Mal geringer, ein Gymnasium zu besuchen, als für ein Kind aus der obersten sozialen Schicht. Betrachtet man nur die Kinder auf jeweils denselben Kompetenzstufen, hat ein Kind der Oberschicht in Bayern immer noch eine sechs Mal höhere Chance, ein Gymnasium zu besuchen, als ein Facharbeiterkind. In den neuen Bundesländern stellt sich die Situation dagegen günstiger dar. Vermutlich ist dies eine positive Folge der egalitären Bildungstradition der ehemaligen DDR, in der eine Einheitsschule bis zum mittleren Schulabschluss sowie eine bevorzugte Zulassung von Kindern aus bildungsfernen Schichten zur Oberschule und zum Studium das Abitur und den Hochschulabschluss für alle Mitglieder der Gesellschaft zu erreichbaren Zielen machte. Auch gibt es in den neuen Bundesländern aufgrund der anders ausgerichteten gesellschaftlichen Werteorientierung in der DDR nicht mehr in demselben Maße ein gewachsenes Bildungsbürgertum wie in den alten Bundesländern, das in überdurchschnittlichem Maße hochkulturelle Güter schätzt und schulische Bildung stark fördert. Für die Zukunft bedeutet diese Erklärung allerdings, dass aufgrund der Angleichung an die gesellschaftlichen und schulischen Strukturen des Westens auch die Ungleichheit in Bildungschancen vermutlich zunehmen wird.

Die Hamburger LAU-Studien können in Ergänzung zu den Arbeiten von Bourdieu zeigen, wie der institutionelle Mechanismus verläuft, der den Zusammenhang zwischen sozialer Herkunft und Bildungschancen zur Folge hat, indem die Entwicklung der Schülerinnen und Schüler über mehrere Jahre verfolgt wird. Einerseits haben Kinder aus sozial gehobenen Familien durch ihre Sozialisation sowie durch die Unterstützung zu Hause Vorteile in ihrem sprachlichen und kognitiven Stil sowie in ihrem Verhalten, ihrer Lernmotivation und ihren Wertvorstellungen gegenüber Kindern aus eher bildungsfernen Familien. Darüber hinaus tragen aber auch die Lehrpersonen mit ihren Empfehlungen beim Übergang von der Grundschule in die Erprobungsstufe und von dort in die Sekundarstufe I sowie mit ihren Empfehlungen bezüglich Klassenwiederholungen und Rückführungen in andere Schulformen in erheblichem Maß dazu bei: Sie orientieren sich nicht nur an den vorliegenden Leistungen der Schülerinnen und Schüler, sondern auch an der sozialen Herkunft (vgl. Bos u.a. 2004). Kinder aus sozial gehobenen Familien erhalten bei gleicher Leistung signifikant häufiger eine Gymnasialempfehlung als andere.

Dies kann als ein Zusammenwirken von fehlenden verbindlichen Bildungsstandards (vgl. hierzu im Einzelnen Kapitel 7), defizitärer diagnostischer Kompetenz der Lehrpersonen, ihren kritisch zu betrachtenden gesellschaftlichen Einstellungen sowie einer prinzipiell unsicheren Prognosemöglichkeit von Entwicklung im Alter von neun bis zehn Jahren interpretiert werden. Tillmann bezeichnet dies als „doppelte Benachteiligung" von Kindern aus sozial schwachen Familien: „Sie haben nicht nur weniger Förderungspotenzial in der Familie, sondern selbst bei guten Leistungen werden sie ungleich behandelt. Sie müssen Besseres leisten als die Akademikerkinder, um überhaupt eine Gymnasialempfehlung zu bekommen" (2002, S. 7). Und fallen die Empfehlungen dann doch einmal nicht so aus, wie sich Eltern aus gehobenen Schichten das vorstellen, übergehen sie sie häufiger als andere Eltern. Plastisch bedeutet dies: „Mit der gleichen getesteten Leistung ist es im vornehmen [Hamburger; d. Verf.] Stadtteil Blankenese wahrscheinlich, mit dem Abitur abzuschließen und im Arbeiter- und Ausländerbezirk Wilhelmsburg Hauptschüler zu bleiben" (Kahl 2002, S. 20).

Vergleiche der Schulleistungen in einzelnen Fächern mit den erbrachten Leistungen in den LAU-Tests machen dabei im Übrigen deutlich, dass der Zusammenhang zwischen Bildungschancen und sozialer Herkunft umso enger ist, je mehr Klassenstufen

Kinder absolvieren. Eine kompensatorische Wirkung bei Entwicklungsdefiziten lässt sich nur bei Kindern aus bildungsnahen Elternhäusern feststellen. Die systematischen Unterschiede zwischen Kindern aus bildungsnahen und bildungsfernen Familien verringern sich nicht. „Im Gegenteil: Hier zeigt sich vielmehr, dass selbst Kinder mit hohem Entwicklungsstand im Verlauf der schulischen Sozialisation zurückfallen, wenn sie aus bildungsfernen Milieus stammen" (GRUNDMANN u.a. 2004, S. 142).

14.2.2 Ethnische Herkunft und Schulleistungen

In den alten Ländern der Bundesrepublik Deutschland stellen Schülerinnen und Schüler nicht-deutscher Herkunft in allen Altersstufen mittlerweile einen bedeutenden Anteil. Unter den 15-jährigen sind es rund 27 Prozent. Es handelt sich vor allem um Kinder von Spätaussiedlern (beispielsweise aus der ehemaligen Sowjetunion), von Arbeitsmigranten (zum Beispiel aus der Türkei), von Asylbewerbern und Bürgerkriegsflüchtlingen (zum Beispiel aus dem ehemaligen Jugoslawien) oder von EU-Ausländern (beispielsweise aus Belgien). 70 Prozent von ihnen haben das deutsche Bildungssystem vollständig durchlaufen, die übrigen wurden mehrheitlich im Grundschulalter eingeschult. Etwas anders stellt sich die Situation in den neuen Bundesländern dar, in denen nur rund vier Prozent der Schülerinnen und Schüler mindestens einen Elternteil haben, der nicht in Deutschland geboren ist. Für diese Länder lassen die Ergebnisse der PISA-Studien keine Aussagen zu, die auf einer genügend großen Datenbasis beruhen, sodass im Folgenden nur die alten Bundesländer Berücksichtigung finden.
Die Bildungschancen von Kindern aus Familien mit Migrationshintergrund sind deutlich geringer als die von Kindern aus Familien deutscher Herkunft – allerdings nur, wenn beide Elternteile nicht in Deutschland geboren sind. In diesem Fall besuchen knapp 50 Prozent eine Hauptschule und nur 15 Prozent ein Gymnasium. Kinder aus gemischt-nationalen Familien ähneln in ihrem Bildungsverlauf dagegen Kindern aus Familien ohne Migrationshintergrund. Neben der sozialen Herkunft ist die Beherrschung der deutschen Sprache dafür vermutlich eine wesentliche Ursache. Die so genannten „Risikogruppe" mit einer Lesekompetenz auf der Elementarstufe oder sogar darunter besteht zur Hälfte aus Kindern mit zwei Elternteilen, die nicht in Deutschland geboren sind. Damit ist diese Gruppe im Vergleich zu ihrem Anteil an der Schülerschaft stark überrepräsentiert. Die sprachlichen Defizite wirken sich kumulativ auch in anderen Unterrichtsfächern als dem Fach Deutsch aus, „sodass Personen mit unzureichendem Leseverständnis in allen akademischen Bereichen in ihrem Kompetenzerwerb beeinträchtigt sind" (BAUMERT u.a. 2001, S. 379).
International sind solche deutlich geringeren Bildungschancen von Kindern mit Migrationshintergrund nicht erkennbar. Das kann nicht in jedem Fall auf Unterschiede in der Migrationsstruktur zurückgeführt werden. Deutschland ist wie Dänemark, Norwegen, Schweden, Österreich, Griechenland, Liechtenstein, Luxemburg und die Schweiz Zielland für europäische Arbeitsmigranten und Flüchtlinge. Deutschland weist sogar eine ähnliche Migrationsstruktur auf wie Schweden, das mit seinen Unterstützungsprogrammen für Zuwanderinnen und Zuwanderer eine Integration

dieser gewährleistet. Sehr ähnlich ist die deutsche Migrationsstruktur auch zu der Dänemarks und Österreichs. Die traditionellen Einwanderungsländer Australien, Kanada, Neuseeland und USA verfügen noch über einen deutlich höheren Anteil an Schülerinnen und Schülern, deren Eltern nicht im Testland geboren sind und deren Umgangssprache nicht der Schulsprache entspricht. Diesen Ländern gelingt der Ausgleich sprachlicher Defizite offensichtlich besser. Aber auch innerhalb von Deutschland kann eine Differenz zwischen verschiedenen Migrantengruppen festgestellt werden. Die Kinder griechischer Herkunft, deren Familien besonders hohen Wert auf ein Erlernen der deutschen Sprache legen, weisen den PISA-Ergebnissen zufolge vergleichsweise erfolgreiche Bildungskarrieren auf. Darüber hinaus bestehen in einigen großen Städten eigene griechische Gymnasien. Türkische Schülerinnen und Schüler gehören in den Studien dagegen besonders häufig zu den Leistungsschwächsten. Dem Elternfragebogen zufolge stellt Türkisch in den Familien in der Regel die Umgangssprache dar, zudem sind ihre Bildungsambitionen – angesichts der sozialen Herkunft nicht überraschend – vergleichsweise niedrig.

Wie wichtig eine hinreichende Förderung auch von Schülern mit Migrationshintergrund für das Gesamtergebnis in Deutschland ist, zeigen die Ergebnisse der nationalen PISA-Studie. Im Bereich der Lesekompetenz liegt nur ein einziges Bundesland über dem OECD-Durchschnitt, und zwar Bayern – wenn auch immer noch mit einem Abstand von mehr als einer halben Kompetenzstufe zu den besten Nationen. Dennoch ist dieses Ergebnis nur möglich, weil in Bayern auch Kinder mit Migrationshintergrund überdurchschnittliche Leistungen erreichen.

Die sprachlichen Defizite sind jedoch erneut nicht allein ausschlaggebend für die geringen Bildungschancen von Kindern mit Migrationshintergrund in Deutschland. Auf die Bedeutung der Schichtzugehörigkeit wurde schon hingewiesen. Wieder muss aber auch eine „institutionelle Diskriminierung" (GOMOLLA/ RADTKE 2002) festgestellt werden, und zwar wie zuvor an allen wichtigen Punkten des Übergangs im Verlauf einer Bildungskarriere. Kinder mit Migrationshintergrund werden beim Schulbeginn häufiger zurückgestellt, sie müssen häufiger die zweite oder dritte Klasse wiederholen, erhalten seltener eine Empfehlung für eine weiterführende Schule und werden häufiger an eine Sonderschule für Lernbehinderte überwiesen. Dabei wird nicht nur individuell nach Schulleistung, Sprachkompetenz oder Bildungsnähe des Elternhauses entschieden. Systemtheoretisch betrachtet muss für ein mehrgliedriges Schulsystem auch auf die Grundidee hingewiesen werden, dass Mindestquoten in Bezug auf den Übergang zu allen vorhandenen Schulformen notwendig sind, in diesem Fall also insbesondere auch für die Haupt- und Sonderschule, und zwar unabhängig von der konkreten Leistungsfähigkeit der Schülerschaft. Wie auch in Bezug auf den Arbeitsmarkt konstatiert werden kann, „unterschichten" die Zugewanderten die Bildungskarrieren der deutschen Schülerinnen und Schüler (vgl. NAUCK 1988, KRONIG 2003). Den LAU-Studien lässt sich insbesondere für das Gymnasium eine Benachteiligung von Schülerinnen und Schülern mit Migrationshintergrund entnehmen, indem sie im Vergleich zu den Testergebnissen schlechter benotet – Stichwort: Bewertung des Habitus anstelle der kognitiven Fähigkeiten – und dann in der Folge doppelt so häufig an andere Schulformen zurück überwiesen werden als Schüler deutscher Herkunft.

14.2.3 Geschlecht und Schulleistungen

In den 60er Jahren stellte für PICHT (1964) das katholische Arbeitermädchen vom Land die klassische Repräsentantin bildungsbenachteiligter Gruppen dar. Diese Merkmale müssen für die Gegenwart zum Teil differenziert werden. Auf die Frage der sozialen Herkunft als noch immer für Bildungschancen bedeutsamen Faktor wurde bereits eingegangen. Die Religion stellt heute dagegen eine zu vernachlässigende Größe dar und die Bevölkerungsdichte ist auch nur noch begrenzt für Bildungsungleichheiten verantwortlich (vgl. EIGLER/ HANSEN/ KLEMM 1980, HENZ/ MAAS 1995). Kompliziert ist die Frage der geschlechtsspezifischen Einflüsse. Einerseits liegen die Schulleistungen von Mädchen im Durchschnitt höher als die von Jungen, andererseits handelt es sich bei den Fächern, in denen Mädchen stark sind, in der Regel um solche, deren gesellschaftliche Anerkennung geringer ist (vgl. Darstellung 14.4) – mit der Folge, dass sie schulische Erfolge nicht in berufliche Erfolge umsetzen können. Und schließlich unterscheiden sich Jungen und Mädchen auch hinsichtlich der eigenen Kompetenzwahrnehmung.

Darstellung 14.4: Leistungsunterschiede zwischen Mädchen und Jungen (die Skala gibt die Abweichung vom Mittelwert in Testpunkten an; Quelle der Daten: http:/ /www.learn-line.nrw.de/ angebote/ pisa/medio/ mswf.html)

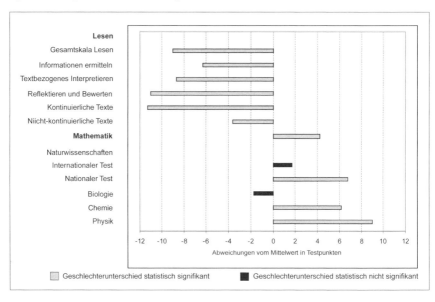

National wie international erreichen Mädchen in den Lesetests der PISA-Studien deutlich bessere Ergebnisse als Jungen. In der IGLU-Studie zur Klasse 4 differiert dies noch nicht so stark. Die Unterschiede bei den älteren Schülerinnen und Schülern gehen aber so weit, dass im Rahmen von LAU 9 für Gymnasialschüler im sprachlichen Bereich kein Lernzuwachs gegenüber dem Test im Rahmen von LAU 7 festgestellt werden konnte. Das heißt, dass die Jungen zwei Jahre lang zur Schule gegangen sind, ohne dass sich messbare Lernfortschritte zeigen, während die Mädchen immerhin geringfügig dazu gelernt haben. Zu diesem Ergebnis passt, dass die in den PISA-

Studien so definierte „Risikogruppe" mit einer Lesekompetenz auf der Elementarstufe oder darunter zu zwei Dritteln aus Jungen besteht. Dies ist zum Teil vermutlich darauf zurückzuführen, dass Jungen in Deutschland ungern lesen. Im internationalen Vergleich gibt hier mit 42 Prozent der größte Anteil an Jugendlichen an, nicht zum Vergnügen zu lesen.

In Mathematik und den Naturwissenschaften zeigt sich das gegenteilige Bild, wenn auch nicht mit so großen geschlechtsspezifischen Abständen wie im Lesen. Jungen erreichen dort jeweils deutlich bessere Testergebnisse als Mädchen. Den LAU-Studien ist schließlich noch zu entnehmen, dass Mädchen über ein geringeres fähigkeitsbezogenes Selbstkonzept verfügen, das heißt, sie bewerten ihre Leistungen subjektiv schlechter als Jungen – obwohl Mädchen objektiv eine etwas günstigere schulische Entwicklung vorweisen können.

Aus diesen Ergebnissen, die im Übrigen ebenso wenig neu sind wie die zur sozialen Herkunft (vgl. z.B. die Untersuchungen zu den Folgen der Koedukation von FAULSTICH-WIELAND 1995 und HORSTKEMPER 1987), lässt sich folgern, dass offensichtlich eine geschlechtsspezifisch differenzierte Förderung erfolgen muss, um den jeweiligen Schwächen von Mädchen und Jungen angemessen begegnen zu können. Zudem stellt sich die Frage, wie die unangebracht geringe Selbstbewertung der Mädchen zustande kommt. Hier entsprechende Rückmeldungen von Lehrpersonen, Eltern und *peers* zu vermuten, dürfte ein richtiger Ansatzpunkt sein (vgl. zu Zustandekommen und Folgen von Attribuierungen TULODZIECKI/ HERZIG/ BLÖMEKE 2004, S. 185).

14.2.4 Struktur des Schulwesens und Schulleistungen

Wenn Bildungsfragen in Deutschland auch Länderangelegenheit sind, stellt sich die Struktur des Schulwesens dennoch erstaunlich gleich dar. In allen 16 Bundesländern herrscht ein gegliedertes Schulwesen mit mindestens zwei, in der Regel drei, manchmal vier weiterführenden Schulformen. Diese werden nach dem vierten, im Ausnahmefall nach dem sechsten Schuljahr fast ausschließlich vormittags besucht. Auswirkungen dieser Struktur auf die individuellen Schülerleistungen können also nur im internationalen Vergleich festgestellt werden.

Alle Länder mit Spitzenleistungen verfügen über ein einheitliches Schulsystem mindestens bis zur achten Klasse und über eine deutliche höhere Abiturientenquote als Deutschland. In Schweden erreichen circa 70 Prozent einer Altersklasse das Abitur, in Deutschland gilt dies nur für etwa 35 Prozent. Es gibt international kein Land, das früher als die Bundesrepublik Deutschland die Schülerinnen und Schüler auf unterschiedliche Schulformen aufteilt, nämlich bereits nach der vierten Klasse. Nur Österreich und einige deutschsprachige Kantone der Schweiz wählen denselben Zeitpunkt wie Deutschland, alle anderen Länder differenzieren später. Von den wenigen Ländern, die ein früh einsetzendes vertikal differenziertes Schulsystem besitzen, schaffen es nur Teilregionen wie die deutschsprachige Schweiz unter die besten Länder. Der PISA-Koordinator der OECD kommt daher in seiner Gesamtauswertung der deutschen Ergebnisse zu der Schlussfolgerung: „Diese Resultate legen Zweifel nahe, dass wesentliche Verbesserungen in Bezug auf die Chancengerechtigkeit des Bildungssystems, und damit auch der Gesamtleistung, allein durch die Optimierung des bestehenden gegliederten Bildungssystems erzielt werden können" (Schleicher 2004, S. 3).

Die Gliederung des Schulsystems ist allerdings vermutlich nicht selbst verantwortlich für die Ergebnisse, sondern es handelt sich um einen vermittelnden Faktor: Der hochselektive Charakter des deutschen Schulsystems hat zwar zur Folge, dass die Klassen hier weit homogener zusammengesetzt sind als in anderen Ländern. Die Möglichkeit, schwächere Schülerinnen und Schüler „abzuschieben", führt aber gleichzeitig offensichtlich zu einer Vernachlässigung der Förderung *aller* Kinder einer Klasse und zu einer Orientierung am mittleren Niveau. Darauf weisen Ergebnisse der PISA-Studien hin, wonach sich deutsche Schüler im internationalen Vergleich besonders wenig gefördert wahrnehmen (vgl. Prenzel u.a. 2004, S. 28). Die frühe Aufteilung legt das Bild von vermeintlich „natürlichen" Begabungsunterschieden nahe. Damit besteht die Gefahr, dass nicht nur individuelle Entwicklungspotenziale von den Lehrpersonen unbeachtet bleiben, sondern die frühe Differenzierung ist gerade angesichts der Schwächen von Lehrpersonen im Bereich der Diagnosefähigkeit ein Problem. Zudem geht die Chance verloren, familiäre Defizite auszugleichen.

Dass dies prinzipiell möglich ist, zeigen die schulische Entwicklung von Kindern mit Migrationshintergrund sowie die schulische Entwicklung von Haupt-, Real- und Gesamtschülern. Zunächst zu den Kindern mit Migrationshintergrund: Wenn ihre Leistungen in den LAU-Tests 5, 7 und 9 auch geringer waren als die von Kindern ohne Migrationshintergrund, haben sie in den dazwischen liegenden vier Jahren doch raschere Fortschritte gemacht. Noch frappierender fallen unter Entwicklungsgesichtspunkten die schulformbezogenen Ergebnisse von LAU 5 bis LAU 11 aus. Lehmann u.a. (2004, S. 146) formulieren zur Ausgangserwartung: „Es entspräche der ‚Systemrationalität' eines gegliederten Schulwesens, wenn in den positiv ausgelesenen Schulformen deutlich raschere Lernfortschritte realisiert würden als in den weniger begünstigten Schulen." Das ist aber keineswegs der Fall: „Wie schon in den bereits vorliegenden Analysen zur Längsschnittuntersuchung LAU legen die Daten der LAU 11 erneut den Schluss nahe, dass unter den eindeutig bevorzugten Arbeitsbedingungen der gymnasialen Mittelstufe (hier der Klassenstufen 9 und 10) geringere Lernzuwächse zu beobachten sind als eigentlich zu erwarten" (ebd., S. 145 f.). Dies gilt für alle getesteten Bereiche (ebd., S. 119 f.): In Bezug auf das Deutsch-Leseverständnis „verzeichnen die Gymnasiastinnen und Gymnasiasten einen deutlich geringeren Lernzuwachs als alle anderen Schülergruppen". „Auch in Mathematik verringerte sich während des Beobachtungszeitraums der anfänglich Leistungsvorsprung derer, die die Sekundarstufe I an einem Gymnasium durchlaufen haben." Und schließlich ist auch für die Englisch-Leistungen der Schülerinnen und Schüler an Gymnasien „in den Klassenstufen 9 und 10 eine deutliche Stagnation der Entwicklung der fremdsprachlichen Kompetenz zu erkennen".

Die Problematik einer frühen Differenzierung zeigt sich auch darin, dass zwischen den Bildungsgängen erhebliche Überlappungen in der Schulleistung bestehen, vor allem zwischen der Hauptschule und der Realschule und zwischen dieser und dem Gymnasium, aber sogar zwischen der Hauptschule und dem Gymnasium. Dies zeigt nicht nur die PISA-Studie (siehe Darstellung 14.5). LAU 9 zufolge erreicht fast die Hälfte der Realschülerinnen und -schüler gymnasiales Niveau, das heißt, sie könnten den Anforderungen des Gymnasiums vermutlich genügen. In der MARKUS-Untersuchung ist eins der zentralen Ergebnisse, dass die 20 besten Hauptschulklassen bessere Ergebnisse erzielen als die 20 schwächsten Gymnasialklassen (vgl. HELMKE/ HOSENFELD/ SCHRADER 2002, S. 451). Trotzdem erreicht der weit überwiegende Teil der Schülerinnen und Schüler aus diesen Klassen das Abitur, was nur für eine ganz geringe Minderheit aus den Hauptschulklassen gilt. Darüber hinaus bringt die Konzentration der schwächeren Schülerinnen und Schüler in einer Schulform – der Hauptschule – offensichtlich keine fördernde, sondern eher eine demotivierende Wirkung mit sich.

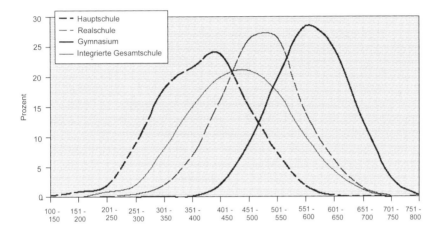

Darstellung 14.5: Lesekompetenz nach Schulform in Testpunkten (vgl. http://www.learnline.nrw.de/angebote/pisa/medio/mswf.html)

Die geringe Aussagekraft schulstruktureller Differenzierung über die Leistungsfähigkeit einzelner Klassen oder Personen spiegelt sich in der Notengebung. Im Rahmen der Internationalen Grundschul-Lese-Untersuchung (IGLU) wurde ein systematischer Vergleich von Testergebnissen und Deutschnoten vorgenommen, in dem festgestellt werden musste, dass nicht nur bei demselben Testergebnis alle sechs (!) Zeugnisnoten vertreten waren, sondern auch, dass jeweils über drei Notenstufen eine weitgehend gleichmäßige Streuung vorherrschte. Die Autorinnen und Autoren schlussfolgern: „Ein professioneller Umgang mit Heterogenität, eine gezielte Unterstützung und Förderung der Lesekompetenz auch in der Sekundarstufe I sind in einem differenzierten Schulsystem aus diesen Gründen unbedingt notwendig. Wenn diese nicht grundlegend optimiert wird, stellt sich das mehrgliedrige System selbst in Frage" (BOS u.a. 2003, S. 19).

Dass die schlechten deutschen Ergebnisse nicht auf geringere kognitive Grundfähigkeiten unserer Schülerinnen und Schüler zurückzuführen sind, sondern tatsächlich mit dem Schulsystem und der Unterrichtsqualität zusammenhängen, lässt sich dabei auch empirisch nachweisen – und das ist im Prinzip eines der überraschendsten Ergebnisse von PISA 2003. Drei Jahre zuvor war noch nicht getestet worden, wie denn eigentlich fachunabhängig die Kompetenzen deutscher 15-Jähriger im internationalen Vergleich aussehen. Anders in der Wiederholungsstudie. Hier zeigt sich „ein bemerkenswertes kognitives Potenzial" (PRENZEL u.a. 2004, S. 16), das von der Schule aber offensichtlich nicht hinreichend genutzt und in Fachkompetenzen umgesetzt werden kann.

14.2.5 Verlauf der individuellen Schullaufbahn und Schulleistungen

Eng mit der Struktur des Schulwesens hängen die organisatorischen Bedingungen zusammen, die den Verlauf der individuellen Schullaufbahn bestimmen. Im internationalen Vergleich erweist sich das Einschulungsalter als wenig bedeutsame Einflussgröße für Schülerleistungen. In Deutschland liegt es bei sechs Jahren, während sowohl deutlich besser als auch schlechter abschneidende Länder mit fünf (zum Beispiel Großbritannien als vor und Luxemburg als hinter Deutschland platziertes Land) beziehungsweise mit sieben Jahren (beispielsweise Finnland und Lettland) einschulen. Ein weniger wichtiger Faktor scheint auch die Form der Abschlussprüfungen zu sein. Der nationalen PISA-Studie lässt sich entnehmen, dass im Bereich der Lesekompetenz unter den sieben führenden Ländern, die sich bei den Leistungen der Gymnasialschülerinnen und -schüler nicht signifikant unterscheiden, mit Niedersachsen, Nordrhein-Westfalen, Rheinland-Pfalz und Schleswig-Holstein vier Länder sind, die nicht zentral prüfen, während mit Baden-Württemberg, Bayern und Sachsen drei Länder zentrale Abiturprüfungen durchführen.

Wichtige Bedingungsfaktoren für Schulleistungen sind dagegen offensichtlich all jene, die auf einen Bruch in der individuellen Bildungskarriere verweisen, namentlich Zurückstellungen zu Beginn der Schullaufbahn, Wiederholungen und Rückführungen zu niedrigeren Schulformen. Von Zurückstellungen sind in Deutschland zwölf Prozent und von Wiederholungen 24 Prozent aller Schülerinnen und Schüler betroffen. Diese Gruppe weist in den Schulleistungstests aber nicht höhere Leistungen auf, was mit den Maßnahmen ja beabsichtigt war, sondern die Leistungen sind signifikant geringer. Die „Risikogruppe" der PISA-Studien mit einer Lesekompetenz auf der Elementarstufe oder darunter besteht zu drei Vierteln aus Kindern, die bereits einmal zurückgestellt wurden oder die eine Klasse wiederholen mussten. Umgekehrt zeigen die LAU-Studien, dass die Testleistungen umso höher sind, je jünger die Schülerinnen und Schüler sind. Fazit: „Weder späte Einschulungen noch Wiederholungen führen zum Ausgleich von Lernrückständen" (LEHMANN 2002). Und zwei Jahre später muss in LAU 11 festgehalten werden: „Insbesondere Klassenwiederholungen gehen noch nach mehreren Schuljahren mit einer höheren Wahrscheinlichkeit niedrigerer Fachleistungen einher" (LEHMANN u.a. 2004, S. 125).

In Deutschland macht die Gruppe der Schülerinnen und Schüler, deren Bildungskarriere durch deutliche Misserfolgserlebnisse wie Zurückstellungen, Wiederholungen oder Rückführungen geprägt ist, insgesamt mehr als ein Drittel aus. Außer Brasilien gibt es in keinem Land der Welt annähernd vergleichbare Zahlen – auch nicht im vermeintlich hochselektiven französischen Schulsystem. Ein Land wie Schweden verzichtet bis zur achten Klasse vollständig auf Noten und Wiederholungen, stattdessen erhalten schwächere Schülerinnen und Schüler individuelle Förderung. Konsequente Regelversetzungen nehmen zum Beispiel auch Großbritannien, Island, Japan, Korea und Norwegen vor, die in der PISA-Rangfolge allesamt vor Deutschland platziert sind. In diesen Ländern wird in der Regel viel Wert auf eine intensive institutionalisierte Vorschulerziehung gelegt.

14.2.6 Reflexion der Untersuchungsmethoden am Beispiel PISA

In internationalen Leistungsvergleichen wird nur ein begrenzter Ausschnitt der sozialen Realität untersucht. Von entscheidender Bedeutung ist dabei, ob es die Festlegung des Forschungsdesigns erlaubt, Wirkungen, die bei Versuchspersonen beobachtet werden können, systematisch auf Zusammenhänge zu prüfen. In den internationalen Leistungsvergleichen werden zum Beispiel in einem Kontextfragebogen Merkmale der Schülerinnen und Schüler, der Lehrpersonen, der einzelnen Schulen und des Schulsystems erhoben mit der Absicht zu kontrollieren, wo sich signifikante Zusammenhänge zu den erreichten Testleistungen der Schülerinnen und Schüler zeigen. Kausale Aussagen in der Form „Verstärkte Kleingruppenarbeit führt zu einer Leistungssteigerung bei den Schülerinnen und Schülern" sind durch diese Art Forschung allerdings nicht möglich, da die Erhebung aller Daten – der unabhängigen Variablen (zum Beispiel Umfang der Kleingruppenarbeit) und der abhängigen Variablen (zum Beispiel Schulleistung) – zum selben Zeitpunkt erfolgt („Querschnittsdesign"). Es erfolgt also keine gezielte Durchführung eines Treatments, so werden zum Beispiel Bedingungen der Schulstruktur nicht systematisch variiert, um ihren Einfluss zu erkennen. Damit besteht auch keine Aussagemöglichkeit in kausaler Form wie zum Beispiel: „Die Schulstruktur x führt zu höheren Schülerleistungen als die Schulstruktur y", weil nicht erkannt werden kann, was Ursache und was Wirkung ist, sodass ein ganz anderes Merkmal als das ausgewählte für den scheinbaren Zusammenhang verantwortlich sein kann („Scheinkorrelation").
Das folgende populäre Beispiel verdeutlicht die Problematik: In einer Region von Schleswig-Holstein werden ein hoher Bestand an Störchen und eine hohe Geburtenrate festgestellt. Eine Vergleichsregion in Hessen weist einen niedrigen Storchbestand und eine niedrige Geburtenrate auf. Nun sind drei Interpretationsmöglichkeiten gegeben. 1.: Die Zahl der Störche beeinflusst unmittelbar die Zahl der Kinder, die Störche bringen also die Kinder. 2.: Die Zahl der Kinder beeinflusst unmittelbar die Zahl der Störche, die Kinder pflegen also den Storchbestand. 3.: Ein gänzlich anderer, unbekannter Faktor beeinflusst gleichzeitig den Storchbestand und die Geburtenrate.
Ein weiteres Problem von Querschnitt-Untersuchungen wie PISA ist, dass immer nur eine begrenzte Zahl an Einflussfaktoren betrachtet werden kann. Die Zusammenhänge sind aber sehr viel verflochtener. Vielleicht wären beispielsweise die finnischen Leistungen ja noch herausragender, wenn die Kinder nicht erst mit sieben, sondern schon mit fünf Jahren eingeschult würden wie in Großbritannien.

Welcher Forschungsfrage in einer empirischen Studie konkret nachgegangen wird, hängt von so unterschiedlichen Faktoren wie wissenschaftlicher Relevanz, persönlichen Interessen einer Forscherin oder eines Forschers, finanzieller Unterstützung eines Themas, aktueller sozialer Bedeutsamkeit und so weiter ab. In der Rückschau wirkt die wissenschaftliche Entwicklung häufig logischer und linearer, als sie tatsächlich war, da zu verschiedenen Zeitpunkten Entscheidungen getroffen werden mussten, deren Wirkung kaum vorhersagbar war. Um ein Beispiel anzuführen: Dass standardisierte und internationale Schulleistungsvergleiche einen so hohen Stellenwert erreichen sollten wie Anfang dieses Jahrzehntes, konnte noch vor zehn Jahren kaum jemand wissen. Mit internationalen Tests nur schwer vereinbare wissenschaftstheoretische Grundannahmen („Bildung ist nicht messbar"), weitgehend fehlendes Problembewusstsein („Das deutsche Schulsystem ist international führend."), noch nicht hinreichend entwickelte Untersuchungstechniken (zum Beispiel geringere EDV-Kapazität für die Verarbeitung statistischer Daten, nur rudimentäre statistische Modelle für komplexe Mehrebenenanalysen oder noch nicht ausgereifte digitale Videokameras für Unterrichtsaufzeichnungen) sowie eine geringe politische Bereitschaft, wissenschaftliche Erkenntnisse aufzunehmen (Bildungspolitik ist in Deutschland seit rund 100 Jahren Parteipolitik) ließen die Teilnahme an der ersten TIMSS-Studie und ihren Vorgängern für die Wissenschaft wenig attraktiv erscheinen.

Für die Erhebung von Daten und die anschließende Interpretation der Ergebnisse einer empirischen Studie ist zentral, welches Modell ihr zugrunde liegt. Das den PISA-Studien zugrunde liegende Bildungsverständnis zeichnet sich beispielsweise dadurch aus, dass keine Lehrplan-Abfrage durchgeführt wurde, vielmehr wird verständnisorientiert die Fähigkeit zur Anwendung von Wissen in unterschiedlichen Alltagssituationen geprüft (*reading literacy*). Im Bereich der Lesekompetenz bedeutet dies beispielsweise, dass nicht nach der Kenntnis von Dürrenmatts „Der Richter und sein Henker" oder Schillers „Glocke" gefragt wird, ebenso wenig geht es um Fragen der Rechtschreibung oder Grammatik. Im Kern steht der Nachweis, dass Schüler in der Lage sind, neben literarischen Texten vor allem auch zweckorientierte Textsorten aus dem Alltag wie Zeitungsartikel, Diagramme oder Diskussionsbeiträge zu verstehen. Entsprechend lassen sich die Ergebnisse der PISA-Studien auch nur in Bezug auf dieses Verständnis einordnen. Wer der Überzeugung folgt, dass die Aufgabe von Schule und Unterricht eine andere ist, dem hilft diese Art Untersuchung nicht weiter. In jedem Fall ist allerdings zu bedenken, dass mit PISA Aussagen über Kompetenzen einer Altersgruppe gemacht werden, die nicht nur auf institutionelle Ursachen zurückgeführt werden können. Familie und Peer-group spielen für die Entwicklung von Kindern und Jugendlichen ebenfalls eine wichtige Rolle. Dies zeigt ja gerade der Bereich des Lesens: Die vorschulische familiäre Lesesozialisation stellt entscheidende Weichen für späteres Leseverhalten.

In Bezug auf die PISA-Studien soll eine andere wichtige Frage an empirische Studien thematisiert werden: die nach dem Auftraggeber. Dies ist hier die OECD (Organisation for Economic Co-Operation and Development), die Daten für politisch-administrative Entscheidungen benötigt. In Deutschland hat die Kultusministerkonferenz (KMK) beschlossen, an den Studien teilzunehmen. Mit der Durchführung wurde ein Konsortium aus dem MAX-PLANCK-INSTITUT FÜR BILDUNGSFORSCHUNG (MPIB) und dem LEIBNIZ-INSTITUT FÜR DIE PÄDAGOGIK DER NATURWISSENSCHAFTEN (IPN) beauftragt. Es handelt sich bei den PISA-Studien also um Auftragsforschung, mit der Interessen eines Geldgebers verbunden sind. Gerade Institutionen wie das MPIB und das IPN, die sich zu einem wesentlichen Teil über Drittmittel finanzieren, sind von solchen Aufträgen abhängig. Dies muss sich nicht unmittelbar in den Ergebnissen einer Untersuchung niederschlagen, sollte aber immer mitreflektiert werden. Darüber hinaus ist die Bildungspolitik in Deutschland traditionell ein parteipolitisch äußerst umstrittenes Thema, das in den beiden großen Parteien – der CDU/CSU und der SPD – mit zahlreichen Tabus belegt ist. Als Stichworte seien nur der Streit um die Gesamtschule und die Ganztagsbetreuung genannt. Dass also Entscheidungsgrundlagen für bildungspolitische Entscheidungen geliefert werden sollen, macht solche Untersuchungen besonders brisant.

14.3 Zusammenfassung und Anwendung

Auf der Basis der empirischen Untersuchungen der letzten Jahre wurde ein Überblick über einen wichtigen Bereich der Leistungsfähigkeit des deutschen Schulsystems gegeben. Diese stellt sich im internationalen Vergleich nur als durchschnittlich beziehungsweise sogar unterdurchschnittlich dar. Dies ist nicht auf geringere kognitive Fähigkeiten der Schülerinnen und Schüler zurückzuführen, sondern auf spezifische Bedingungsfaktoren. Fünf Merkmale können dabei als bedeutend herausgestellt werden: soziale und ethnische Herkunft, Geschlecht, Schulstruktur und Verlauf der Bildungskarriere. Versucht man, aus diesen Erkenntnissen vorsichtige Konsequenzen zu ziehen, stehen folgende Punkte im Vordergrund: Eine intensivere vorschulische Förderung von Kindern aus sozial schwachen Familien und mit Migrationshintergrund wie in Finnland, Island, Korea und Japan würde vermutlich zur Steigerung des Gesamtniveaus aller Schülerinnen und Schüler, zur Verringerung der großen Leistungsunterschiede, zur Verkleinerung der Risikogruppe und zur Ausbildung einer größeren Leistungselite beitragen. Der Leseförderung kommt in Bezug auf die Ausschöpfung der Begabungsreserven eine besonders hohe Bedeutung zu, da sich enge Zusammenhänge zwischen der Lesekompetenz der Schülerinnen und Schüler und ihren übrigen Kompetenzen gezeigt haben. Die dargestellten positiven Wirkungen vorschulischer Förderung könnten vermutlich durch die Einführung von Ganztagsschulen und das Hinausschieben der Differenzierung in unterschiedliche Schulformen um mehrere Jahre, sodass defizitäre Startbedingungen ausgeglichen werden könnten, weiter verstärkt werden. Um das Erleben von Misserfolg zu reduzieren, das mit einem starken Motivationsverlust einhergeht, scheint es schließlich wichtig zu sein, die Zahl der Zurückstellungen, Wiederholungen und Rückführungen deutlich zu senken.

All diese Maßnahmen stellen aber nur strukturelle Ausgangsbedingungen dar. Wenn sich am Unterricht selbst nichts ändert (siehe TULODZIECKI/ HERZIG/ BLÖMEKE 2004), dürfte es schwierig werden, größere Leistungssteigerungen zu erreichen. Zudem ist es vermutlich eine Illusion zu meinen, dass so komplexe Gebilde wie Schulen in kurzer

Zeit verändert werden können. Aus der Systemtheorie ist bekannt, dass Veränderungsdruck immer auch Abwehr erzeugt und jede Institution über ihre eigenen Regeln verfügt, die nur schrittweise verändert werden können. In diesem Zusammenhang ist daher noch einmal der Hinweis wichtig, dass Deutschland bereits vor rund 30 Jahren bei der letzten IEA-Studie, an der das Land teilgenommen hat, ausgesprochen schlechte Ergebnisse erzielt hat: In der Sekundarstufe II landete Deutschland unter 20 Ländern auf dem vorletzten Platz. Selbst große Anstrengungen bei der Reform von Schule und Lehrerausbildung werden also vermutlich nur langfristig wirken.

Blicken Sie vor dem Hintergrund der Darstellung in diesem Kapitel noch einmal auf die einleitend formulierten Annahmen. In welchen Fällen haben Sie zutreffend geantwortet, wofür gilt dies nicht? Tragen Sie insbesondere noch einmal die Begründungen für Annahmen zusammen, die Sie nicht zutreffend eingeschätzt haben. Welche Schlussfolgerungen sollte Ihrer Meinung nach eine Schule aus dem Dargelegten ziehen, wenn sie auf mögliche systematische Benachteiligungen einzelner ihrer Schülergruppen ausgleichend reagieren möchte, ohne dass gleich die Struktur des gesamten Bildungssystems geändert werden muss? Diskutieren Sie Ihre Ergebnisse nach Möglichkeit in einer Lerngruppe.

Anmerkungen

1 An der Erhebung in der Grundschulzeit, TIMSS I, hat Deutschland nicht teilgenommen. Wegen der Fokussierung auf PISA nimmt Deutschland seit Ende der 90er Jahre auch nicht mehr an den TIMSS-Folgeuntersuchungen teil.

2 Es bleibt allerdings ein Rest an Varianz, der erst unter Hinzunehmen der Sprachkompetenz aufgeklärt wird.

Abschließende Reflexion
Zum Theorie-Praxis-Verhältnis in Schulpädagogik und Lehrerausbildung

Einleitende Hinweise und Fragestellungen

Der vorliegende Band trägt den Untertitel „Eine Einführung in Schultheorie und Schulentwicklung". In den bisherigen Kapiteln haben Sie sich mit zentralen Fragen zur Institution Schule als gestaltete und zu gestaltende Institution auseinander gesetzt. Dabei handelte es sich jeweils um unterschiedliche Perspektiven auf die Außen- und Innenbeziehungen der Schule, die erst zusammen genommen eine komplexe Theorie der Schule und ihrer Entwicklung ergeben. Im Sinne einer übergreifenden Reflexion gehen wir abschließend der Frage nach, welche Funktion dem Theorie-wissen, das in diesem Band dargelegt ist, für die Wahrnehmung der beruflichen Aufgaben von Lehrerinnen und Lehrern zukommt.

Ein zentrales Merkmal von Theorien zur Schule und zur Schulentwicklung ist, dass sie in einer spezifischen Fachsprache formuliert sind. Dahinter steht die Überzeugung, dass nur bei Verwendung von trennscharfen und klar definierten Begriffen ein Tatbestand differenziert erfasst werden kann. So ist auch der vorliegende Band angelegt. Studierende sowie Praktikerinnen und Praktiker begegnen diesem Phänomen häufig mit Skepsis oder sogar Ablehnung. Ihnen wird nicht deutlich, was die Leistung der Fachsprache ist beziehungsweise warum es sinnvoll sein könnte, sich eine solche Fachsprache anzueignen. Die folgende einleitende Aufgabe spiegelt dieses Grundproblem der Erziehungswissenschaft wider. Denken Sie sich daher bitte einmal in folgende Situation hinein:

Eine schriftliche Hausarbeit zum Thema „Wirkungen von Lehrerhandeln auf Schüler-handeln", mit der ein Lehramtsstudent einen Leistungsnachweis für das Hauptstudium in einer schulpädagogischen Lehrveranstaltung erwerben möchte, wird mit der Note „mangelhaft" bewertet. Der folgende Auszug aus der Leistungsbewertung verdeutlicht die Gründe:

„Die dargelegten Gedanken sind wichtig und notwendig. Allerdings werden sie alltagssprachig und ohne tiefer gehende Reflexion dargeboten. Es gilt, zwei unterschiedli-che sprachliche Systeme (wissenschaftlich versus alltagssprachig) zu unterscheiden und zu respektieren. Dies ist Teil sich entwickelnder pädagogischer Professionalität, den man hier vermisst. Die Hausarbeit hätte – so wie sie formuliert ist – auch von jemand geschrieben werden können, der keine wissenschaftliche Ausbildung durchlaufen hat. Insbesondere der Verzicht auf Fachsprache führt zu einer vergleichsweise undifferenzierten Betrach-tungsweise. Dies ist insofern besonders gravierend, da die gemachten Äußerungen (zum Beispiel zur Frage des Verhältnisses Lehrer-Schüler als Freund oder Vorgesetzter) nah an

der erziehungswissenschaftlichen Diskussion sind, die in diesem Punkt differenziert und kontrovers geführt ist."

Der Student widerspricht der Ablehnung seiner Hausarbeit unter anderem mit folgenden Argumenten:

„Ich habe mich Zeit meines Studiums darum bemüht, Texte umgangssprachlich zu formulieren, um auch ,Normalsterblichen' das flüssige Lesen meiner Texte zu ermöglichen. Ich wehre mich entschieden gegen die Forderung, wissenschaftliche Arbeit von Umgangssprache zu befreien. Mit ebendiesem Stil halte ich Tutorien vor Studenten an der Hochschule ab, Kurse für Schüler, Vorträge vor anderen Studenten und Schülern und so weiter. Ich würde mich auch in der Schule lieber darauf verlegen, Sachverhalte mit umgangssprachlichem Wortschatz zu erläutern, als die Schüler mit Fachvokabular unnötig zu verwirren. Einige der Äußerungen in meiner Hausarbeit empfinde ich als Banalität, die einer weiteren Erläuterung nicht bedürfen."

Auf einer ersten Ebene stellt sich zu dieser Kontroverse die Frage: Welche Differenzen und Probleme zeigen sich in dieser Auseinandersetzung? Bitte nehmen Sie Stellung zu den herausgearbeiteten Punkten und begründen Sie Ihre Position.

Auf einer zweiten (Meta-)Ebene kann das Problem von Alltags- versus Fachsprache an der Art der Bearbeitung dieser Aufgabe selbst verdeutlicht werden. Die Mehrheit der Studierenden – so sie denn noch keine spezifischen Lehrveranstaltungen zur Thematik besucht haben – wird die einleitende Aufgabe zunächst überwiegend auf der Basis von Vorwissen und Erfahrungen bearbeiten, gegebenenfalls angereichert durch Kenntnisse aus einzelnen wissenschaftlichen Publikationen. Das heißt, dass diese erste Aufgabenlösung vermutlich überwiegend auf alltagssprachlichem Niveau und vergleichsweise knapp erfolgen wird. Nach Durcharbeiten des vorliegenden Kapitels wird eine erneute Bearbeitung der Aufgabe empfohlen, um feststellen zu können, inwieweit sich Veränderungen in der Sprache, im Detaillierungsgrad und im Umfang ergeben haben.

Im Folgenden werden Informationen dargestellt, die eine ausführliche Bearbeitung der Aufgabe ermöglichen. Wir gehen darin den folgenden Fragen nach:
– Was kennzeichnet das Verhältnis von schulpädagogischer Theorie und schulpädagogischer Praxis?
– Welche Rolle kommt schulpädagogischer Theorie in der Lehrerausbildung zu?

Eine Auseinandersetzung mit diesen Fragen zielt zum Ersten darauf, zu lernen und bereit zu sein, wissenschaftliche Informationen für die Bearbeitung von Fragen im Bereich schulischer und unterrichtlicher Praxis heranzuziehen sowie deren Bearbeitung in einer erziehungswissenschaftlichen Fachsprache und unter Verwendung wissenschaftlicher Argumentationsformen vorzunehmen. Die Auseinandersetzung soll zum Zweiten dazu beitragen zu verstehen, welcher Bedeutung solchen wissenschaftlichen Komponenten der Lehrerausbildung für ein reflektiertes berufliches *Handeln* als Lehrerin beziehungsweise Lehrer zukommt. Diese höhere Qualität sollte deutlich werden, wenn die Ausgangs- und die Endbearbeitung der Aufgabe verglichen werden, indem sich die *Tiefe* und *Differenziertheit* der Auseinandersetzung verändert.

Zum Dritten soll mit den folgenden Überlegungen auf Kernprobleme pädagogischen Handelns in der Schule aufmerksam gemacht werden, die sich in beruflichen Alltagssituationen widerspiegeln.

Zum Theorie-Praxis-Verständnis in der Schulpädagogik

Die Bestimmung des Verhältnisses von Theorie und Praxis ist eine zentrale Diskussion in der Pädagogik. In engem Anschluss an SCHLEIERMACHER – „Die Dignität der Praxis ist unabhängig von der Theorie; die Praxis wird nur mit der Theorie eine bewusstere." (SCHLEIERMACHER 1826/1956, S. 40) – schreibt WENIGER Theorie und Praxis eine je eigene Dignität zu (1929/1964, S. 19 f.). In der Praxis dominiere die „Individuallage, die Besonderheit des Falles" und in ihr würden Entscheidungen notwendig. Die Theorie habe jedoch die analytische Funktion der „Aufklärung des Sachverhaltes". Ihr gehe es um die Reflexion und das „Verstehen" von Praxis. Diesem Verständnis nach ist Praxis immer schon vorhanden, auf die Theorie nur reagieren und sie reflektieren kann. Aus schulpädagogischer Perspektive kann man diesen Gedanken weiterführen und Theorie unter anderem die Funktion zuschreiben, auf der Basis von systematischer Durchdringung vorangegangener pädagogischer Prozesse eine bewusste theoriegeleitete Planung zukünftiger Vorhaben zu ermöglichen, ohne dass dann für die konkrete Erziehungs- oder Unterrichtssituation angesichts deren Komplexität und Situativität eine lineare Anleitung erwartet werden kann.

Diese Überlegungen machen deutlich, dass die Pädagogik zwei Seiten „bedient", indem sie mit Wissenschaft und Praxis auf zwei unterschiedliche Referenzsysteme rekurriert – und sich je nachdem auch unterschiedlich bezeichnet: als Erziehungswissenschaft oder eben als Pädagogik. Ganz pragmatisch wird diese Differenz in den unterschiedlichen Publikationsorganen sichtbar. Je nach Adressat einer Zeitschrift – die Wissenschaft zum Beispiel bei der „Zeitschrift für Erziehungswissenschaft" oder die pädagogische Praxis bei „Spielen, entdecken, lernen: Praxishefte für Erzieher" – finden sich angepasste Schreibstile.

Das Verhältnis von Erziehungswissenschaft und pädagogischer Praxis kann pointiert „als eine mittlerweile mehr als zweihundertjährige Geschichte der Auseinanderentwicklung erziehungswissenschaftlicher und praktisch-pädagogischer Wissensformen inklusive gegenseitiger Abqualifizierung und Nicht-Rezeption" (BOENICKE 2003, S. 111) beschrieben werden. Stellvertretend sei DIESTERWEGS Aussage wiedergegeben: „Jener, der Theoretiker, schwatzt (wenigstens nicht selten), dieser, der Praktiker, handelt (denn das ist seine Aufgabe)" (zitiert nach TENORTH 2003, S. 101). Während Theorie und Praxis für alle akademischen Berufe ein Spannungsfeld darstellen, neben dem Lehrerberuf beispielsweise für andere Professionen wie Ärzte und Juristen, verdoppelt sich die Problematik in unserem Zusammenhang insofern, als nicht nur die Frage gestellt wird, wie das Theorie-Praxis-Verhältnis am produktivsten gestaltet werden kann, sondern indem die Relevanz erziehungswissenschaftlichen Wissens für die Praxis manchmal gänzlich in Frage gestellt wird, und zwar von beiden Seiten: von Seiten der Theorie *und* von Seiten der Praxis. Dies hängt mit einer beiderseits zu einfachen Modellierung des Theorie-Praxis-Verhältnisses zusammen. Während diese bei den Praktikerinnen und Praktikern zur unangemessenen Erwartung führt, lineare Handlungsanweisungen als Resultat zu bekommen, wird in der Erziehungswissenschaft „spätestens seit FICHTE das technologische Problem als nicht theoriefähig angesehen und zusammen mit der empirischen Methode in der Erforschung von Erziehungsfragen verworfen" (ebd., S. 103). Damit ist gemeint, dass eine genauere Bestimmung des Verhältnisses von Theorie und Praxis und deren Verknüpfung erst gar nicht versucht wird – womit die Theorie im Übrigen auch eine Antwort auf die Frage schuldig bleibt, woran sich Handeln in der Praxis denn orientieren soll.

Ein Ausweg aus diesem Dilemma könnte sein, Schul- und Unterrichtstheorien stärker vom Handeln aus zu entwickeln (vgl. ebd., S. 107, siehe in diesem Sinne in Bezug auf Unterricht auch TULODZIECKI/ HERZIG/ BLÖMEKE 2004, S. 33 ff.). Gelingt es, beruflich relevante Situationen, „denen zugleich ein für die Wissenschaft paradigmatischer Charakter zukommt" (BOENICKE 2003, S. 113), herauszuarbeiten, wird deutlich, dass einfache Handlungsanweisungen zu kurz greifen: „An tief in die Struktur pädagogischer Handlungsfelder eingelassenen Widersprüchen prallen instrumentelle Lösungsvorschläge ab, während die Theoretisierung eines nicht einfach lösbaren Dilemmas es zumindest durchschaubarer macht. Über die Einsicht in die situativen Konstitutionsbedingungen, das Bewusstmachen unterschiedlicher Rationalitätsansprüche und der damit verbundenen Zielkonflikte und schließlich das Weiterdenken von Konsequenzen wird das Abwägen von Handlungsalternativen möglich" (ebd.). In einem solchen Sinne folgen wir auch dem HABERMAS'schen Verständnis einer Forschung im Interesse von Information und Aufklärung. Forschung zur schulischen und unterrichtlichen Praxis kann beispielsweise Hinweise auf Strukturmerkmale des Lehrerhandelns liefern und die Aufmerksamkeit auf Faktoren lenken, die es bedeutsam beeinflussen. Diese Erkenntnisse können dann wieder Ausgangspunkt für neue Überlegungen und Untersuchungen zur Verbesserung der Praxis sein. Die PISA-Studien haben beispielsweise Erkenntnisse zu Defiziten unseres Schulsystems und gleichzeitig Anhaltspunkte für damit zusammenhängenden Faktor geliefert. Im nächsten Schritt muss es nun darum gehen, diese unter dem Blickpunkt, was verändert werden kann und soll, in ein Konzept umzusetzen, das dann erprobt und wiederum evaluiert werden muss. Zu meinen, aus empirischen Studien direkt Handlungsanleitungen ableiten zu können, ist ein Trugschluss.

Zur Rolle der Schulpädagogik in der Lehrerausbildung

Im Lehramtsstudium sind Theorien zur Schule und zur Schulentwicklung eine Komponente, die im Rahmen des erziehungswissenschaftlichen Studiums an nahezu allen Universitäten vorgesehen ist. Ihre Aufgabe besteht darin, Reflexions- und Konstruktionswissen zu schulischen Situationen bereitzustellen. Die zukünftigen Lehrerinnen und Lehrer sollen lernen, diese Situationen in ihrer Komplexität zu erkennen, zu interpretieren, Handlungsalternativen zu entwerfen und diese auf ihre Angemessenheit hin zu überprüfen. Das Einüben von Handlungsweisen ist Gegenstand der zweiten Ausbildungsphase. Diesem Verständnis nach ordnet sich Schulpädagogik als reflexive und konstruktive Wissenschaft in ein Verständnis von Erziehungswissenschaft als reflexive und konstruktive Disziplin ein, wie sie im Unterschied zu früheren Generationen von vielen gegenwärtigen Erziehungswissenschaftlerinnen und -wissenschaftlern vertreten wird (vgl. insbesondere LENZEN 1996). Beispielhaft sei der Ansatz von KRÜGER (2002, S. 245) aufgenommen: „Angesichts der Dissemination des pädagogischen Wissens in den Alltag und in den Horizont biographischer Selbstkonzepte muss sich die Erziehungswissenschaft der Differenz ihrer Handlungskontexte und Wissenssysteme bewusst werden und sich auf die empirische bzw. historische Erforschung stattgehabter Erziehung und den mit ihr korrespondierenden Wissenselementen sowie auf Fragen der bildungstheoretischen Reflexion beschränken und sich von dem im Verlauf der pädagogischen Theoriegeschichte ständig aufs neue formulierten Anspruch, direkt umsetzbare Orientierungshilfen für die pädagogische Praxis zu liefern, verabschieden." An anderer Stelle beschreibt KRÜGER (2002, S. 248) die Dissemination der Pädagogik in den Alltag als „Entgrenzung des Pädagogischen", da „die Individuen beginnen, sich selber in pädagogischen Begrifflichkeiten zu thematisieren".

Diese Perspektive auf die unterschiedlichen Funktionen von Theorie- und Praxiswissen in der Lehrerausbildung ist im Übrigen keine singuläre Idee der universitären Schulpädagogik, sondern gehört an vielen Studienseminaren zum Selbstverständnis der dortigen Ausbilderinnen und Ausbilder. Stellvertretend sei LENHARD (2004) zitiert, der ausführt, dass in der zweiten Phase der Fokus auf „Handlungssituationen des beruflichen Alltags" liegt: „Diese werden primär durch die Erfahrungen der Lehramtsanwärterinnen und -anwärter in die Seminararbeit eingebracht und beziehen sich auf die Aufgabenvielfalt des Lehrerberufs in dem pädagogischen System Schule. Im Studienseminar werden diese Erfahrungen aufgenommen und auf der Ebene von Standardsituationen des Unterrichts, Fällen und Handlungsalternativen in Konflikt- und Problemfeldern von Schule und Unterricht aufgearbeitet." Hintergrund dafür ist das fachwissenschaftliche, fachdidaktische und erziehungswissenschaftliche Reflexions- und Konstruktionswissen, das die Referendarinnen und Referendare aus der Universität mitbringen.

Die grundlegende Differenzierung der Lehrerausbildung in eine theoretisch orientierte erste Phase und eine praktisch orientierte zweite Phase hängt mit der besonderen Struktur des Lehrerberufs als Profession zusammen. Die Wissensbasis des Lehrerberufs ist zweigeteilt: in (generalisierendes) Theoriewissen und in (auf den Einzelfall bezogenes) Handlungswissen. Beide Formen müssen in der Lehrerausbildung erworben werden.

Das zur Erklärung der besonderen Struktur professionellen Wissens hilfreiche, analytische Modell der Differenz von wissenschaftlichem und praktischem Wissen darf allerdings auch nicht überzogen werden – und schon gar nicht umstandslos mit einer Ausdifferenzierung von zwei *Institutionen* für ihren Erwerb gleichgesetzt werden. Eine Überziehung findet zum Beispiel dann statt, wenn die Differenz von wissenschaftlichem Wissen und Handlungswissen als „kategorial" bezeichnet wird. Damit wird überdeckt, dass in jeder Praxis bereits ein Element von Theorie und in jeder Theorie bereits ein Element von Praxis steckt. Darauf hat schon HERBART (1802/1982, S. 127) in seinen Vorlesungen über Pädagogik aufmerksam gemacht, wenn er nach seinen Ausführungen über die Differenz von Pädagogik als Wissenschaft und als Erziehungskunst formuliert: „Im Handeln nur lernt man die Kunst, erlangt man Takt, Fertigkeit, Gewandtheit, Geschicklichkeit; aber selbst im Handeln lernt die Kunst nur der, welcher vorher im Denken die Wissenschaft gelernt, sie sich zu eigen gemacht, sich durch sie gestimmt und die künftigen Eindrücke, welche die Erfahrung auf ihn machen sollte, vorbestimmt hatte." HERBART konstruiert hier im Übrigen ein klares Nacheinander des Erwerbs von wissenschaftlichem Wissen und Handlungs"kunst", worauf auch die im 19. Jahrhundert eingeführte Zweiphasigkeit der Gymnasiallehrerausbildung beruht. Aus seiner Aussage geht die Notwendigkeit eines *vollständigen* Hintereinanderschaltens allerdings nicht hervor, sie ließe sich auch abschnittweise (wie beispielsweise in Ländern mit längeren Praxisphasen, die die Theoriephase immer mal wieder unterbrechen) oder sogar integriert innerhalb einer Lehrveranstaltung (wie in den meisten angelsächsischen Ländern) denken.

Den Übergang von der Theorie in die Praxis leistet bei HERBART der „pädagogische Takt", der sich vom „Schlendrian" der Praxis – gleichförmiges Routinehandeln würde man dazu heute sagen – durch Flexibilität und von der Generalisierung der Theorie durch Berücksichtigung der subjektiven Perspektive des Schülers unterscheidet, sodass HERBART hier im Prinzip einen Kerngedanken der Professionalität beschreibt. Die Aufgabe einer theoriegeleiteten Lehrerausbildung besteht also darin, Studierende „sehend" zu machen, ihnen Wissen und Methoden an die Hand zu geben, mit denen sie Unterricht analysieren, und eine Sprache, um das Gesehene differenziert beschreiben zu können. Das Lehramtsstudium soll damit die Grundhaltung der Studierenden verändern und zu einem anderen Blick auf den Unterricht führen. Ein solcher „wissenschaftlicher Blick" muss dem Individuum nicht immer bewusst sein und es muss sich auch nicht um intentionale Rückgriffe auf wissenschaftliches Wissen handeln, wenn praktische Situationen interpretiert werden. Dennoch handelt es sich um eine grundsätzlich andere Situationswahrnehmung, als wenn keine wissenschaftliche Ausbildung vorangegangen wäre (vgl. hierzu im Einzelnen Abschnitt 8.2.2). Ein solches Verständnis der Differenz von wissenschaftlichem Wissen und Handlungswissen kann im Übrigen Lernprozesse anregen und unterstützen, weil eine Beschränkung nur auf eine Sicht in der je eigenen Sprache dieser Sicht erfolgen würde: „Die Selbstbeschreibung der jeweiligen Wirklichkeit kann ihre eigene Einheit thematisieren, aber weder die Einheit einer anderen Wirklichkeit verstehen noch selbst ein Drittes, die Kommunikation über eine fremde Wirklichkeit, anders als im eigenen Modus des Zugangs zur Wirklichkeit behandeln" (TENORTH 1990, S. 281).

Nach dem Studium erfolgt der Eintritt in die Praxis – abgesehen von den Schulpraktischen Studien, die als Teil der universitären Ausbildung eine andere (theoriebasierte) Funktion haben – des Referendariats. Hier üben die zukünftigen Lehrerinnen und Lehrer Handlungsformen ein, „die sich als langlebige Kompromisse zwischen divergenten Handlungsanforderungen bewährt haben und mit den Funktionsnotwendigkeiten der Organisation kompatibel sind" (BOMMES/ DEWE/ RADTKE 1996, S. 232). Sie bedienen sich also einer „kollektiv erwirtschafteten Teilkultur" (DEWE/ FERCHHOFF/ RADTKE 1990, S. 313). Wird im Studium ein wissenschaftlicher Habitus im Sinne eines spezifischen Blicks auf Gegenstände erworben, kann das Referendariat als Prozess beschrieben werden, in dem ein praktisch-pädagogischer Habitus erworben wird. In diesem Verständnis wird also der „Kompetenzgewinn" (TERHART 1994, S. 229) betont, der mit der Sozialisierung in die Berufspraxis verbunden ist. Diese Interpretation bedeutet eine deutliche Veränderung gegenüber Ansätzen in der Lehrerforschung außerhalb der Professionstheorie, in denen der Sozialisationsprozess als „Anpassung an die gegebene Schulwirklichkeit gebrandmarkt" (ebd.) wird. Diese Kritik resultiert aus Untersuchungen zum Berufsbeginn, der als „Praxisschock" er-mittelt wird, da er im Kern aus „Diskrepanzerfahrungen" besteht, „d.h. dass ange-hende Lehrer in der Ausbildung erworbene innovative Einstellungen – vor allem die Bereitschaft, wo möglich gegenüber Schülern auf übermäßigen Druck und Zwang zu verzichten – insoweit wieder aufgeben, als sie sich in der Institution Schule gezwun-gen sehen, gegen diese Einstellungen zu handeln" (BROUWER/ TEN BRINKE 1995, S. 4). Solche Diskrepanzerfahrungen sind möglicherweise unvermeidbar, da es sich um ein Resultat der unterschiedlichen Wissensformen handelt, die für den Lehrerberuf notwendig sind. Ziel professioneller Entwicklung kann daher nur sein, dass die Leh-rerinnen und Lehrer in den folgenden Berufsjahren ihre Erfahrungen in reflexivem Handeln zusammenführen.

Empirische Belege zur Wirksamkeit der Lehrerausbildung – in welcher institutionel-len Form auch immer – existieren derzeit kaum (vgl. Kapitel 8). Darüber hinaus ist aber auch eine geringe Akzeptanz für Teile der theoretischen Ausbildung bei den Lehramtsstudierenden festzustellen. Während die fachwissenschaftliche Ausbildung in ihrem *schulbezogenen* Teil weithin anerkannter Bestandteil ist, schwindet die Ak-zeptanz, wenn fachliche Inhalte behandelt werden, die darüber hinausgehen. Vielen Studierenden ist nicht einsichtig, warum sie sich mit Teilgebieten beschäftigen müs-sen, die von der Schulrealität weit entfernt sind – und offensichtlich gelingt es den Fachwissenschaften auch nicht, die Bedeutsamkeit dieser Erweiterungen zu vermit-teln. In Bezug auf den erziehungswissenschaftlichen Teil der Lehrerausbildung ist festzustellen, dass dieser zunächst durchaus mit großem Interesse begonnen wird. Dieses geht aber dramatisch zurück, sobald die Studierenden erkennen müssen, dass ihnen keine eindeutigen Handlungsanweisungen an die Hand gegeben werden, son-dern stattdessen komplexe theoretische Ansätze, die sich gegebenenfalls sogar wider-sprechen. Und offensichtlich gelingt es auch der Erziehungswissenschaft nur in Aus-nahmefällen, deutlich zu machen, dass dies eine Folge der Besonderheit des Lehrerhandelns ist, dessen Ausgangspunkt so genannte „unstrukturierte" Situatio-nen sind.

Mit der alltäglichen Erfahrung von Erziehungs- und Bildungsprozessen hängt als weiteres Problem die geringe Akzeptanz einer Fachsprache zusammen. Über Schule und Unterricht wird zu Hause, unter Freunden oder am Arbeitsplatz gesprochen – von jedem, da alle selbst zur Schule gegangen sind und so zur Diskussion beitragen können, und in einer Alltagssprache, da sich mit ihr die „erkannten" Probleme ver-meintlich gut ausdrücken lassen (die so genannte „Entgrenzung des Pädagogischen", die oben bereits angesprochen wurde). Dass es jeweils eine differenzierte fachliche Diskussion zu den alltäglichen Fragen gibt, die auf hohem Reflexionsniveau auch nur in einer Fachsprache geführt werden kann, ist den meisten Studierenden nur schwer zugänglich. Sie halten es häufig nicht für notwendig, diesen Differenzierungsgrad zu erreichen, da er für die Praxis scheinbar bedeutungslos ist.

Um dies an einem Beispiel deutlich zu machen, sei die in der einführenden Aufgabe angeführte Frage nach dem Verhältnis einer Lehrperson zu einem Schüler als Freund oder Vorgesetzter aufgegriffen, die der Student in seiner Hausarbeit umgangssprachlich bearbeitet hat. Es handelt sich hier um eine Frage, die viele Lehramtsstudierende bewegt. Sie erinnern sich an Vorbilder aus der eigenen Schulzeit, die diese Frage in die eine oder andere Richtung entschieden haben. Intuitiv treffen sie auch für sich eine Entscheidung. Versuche, die Entscheidung einer kritischen Reflexion zugänglich zu machen, indem sie grundsätzlicher thematisiert wird – als ein unauflösbares Spannungsverhältnis von Nähe und Distanz, deren Pole unterschiedliche Entwicklungsstände von Gesellschaften abbilden, und dass dies nur ein Beispiel für verschiedene Antinomien ist, die für den Lehrerberuf kennzeichnend sind – werden deutlich weniger motiviert aufgegriffen. Die Gefahr ist, dass dadurch die Komplexität des Berufsfeldes reduziert wird, und Versuche überhand nehmen, Widersprüche mehr oder weniger unreflektiert nach einer Seite hin aufzulösen. Diese Gefahr kann in ganz konkreter Weise praxisrelevant werden: Wenn das einseitige Auflösen der Widersprüche vermeintlich „erfolgreich" ist, geht es auf Kosten der Schülerinnen und Schüler, und wenn das einseitige Auslösen „scheitert", geht es auf Kosten der Lehrperson, indem diese sich überfordert fühlt.

Zusammenfassung und Anwendung

In den beiden vorherigen Abschnitten sind wir darauf eingegangen, was es bedeutet, schulische Gestaltungsaufgaben im Spiegel von Theorien zur Schule als Institution und zur Schulentwicklung wahrzunehmen. Dadurch sollte unter anderem auch ihre Bedeutung für angehende Lehrerinnen und Lehrer deutlich werden. Die Bearbeitung von Fragen der Schultheorie und Schulentwicklung stellt ein Spezialgebiet der Schulpädagogik dar, wobei die Schulpädagogik aus Reflexionen darüber entstanden ist, wie Unterricht zu gestalten sei (didaktische Theorien, z.B. von COMENIUS). Die Lehrerausbildung hat mit der doppelten Ausrichtung des Lehrerberufs auf Praxiswissen und Theoriewissen umzugehen, was in Deutschland durch eine institutionelle Zweiteilung gelöst wurde. Schulpädagogik nimmt die Aufgabe wahr, im Lehramtsstudium als integrierende Berufswissenschaft der zukünftigen Lehrerinnen und Lehrer zu agieren und Reflexions- und Konstruktionswissen zu allen Teilbereichen pädagogischen Handelns in der Institution Schule bereit zu stellen.

Blicken Sie vor diesem Hintergrund noch einmal auf die einleitend dargestellte Kontroverse um die Bedeutung einer Fachsprache. Welche Position erscheint Ihnen nun angemessen? Begründen Sie diese unter Bezugnahme auf die erarbeiteten Informationen aus den beiden vorhergehenden Abschnitten. Achten Sie dabei insbesondere auf die Tiefe der Argumentation. Versuchen Sie anschließend, Leitlinien für die universitäre Ausbildung im Bereich der Schulpädagogik zu formulieren. Diskutieren Sie diese – wenn möglich – in einer Lerngruppe.

Literaturverzeichnis

ABELL FOUNDATION (2001a): Teacher Certification Reconsidered. Stumbling for Quality. Baltimore: Abell <http://www.abell.org/pubsitems/ed_cert_1101.pdf > [30.09.2003]

ABELL FOUNDATION (2001b): Teacher Certification Reconsidered. Stumbling for Quality – Appendix. Review of Research Teacher Certification and Effective Teaching. Baltimore: Abell <http://www.abell.org/pubsitems/ed_cert_appendix_1101.pdf> [30.09.2003]

ADICK, CH. (2003): Globale Trends weltweiter Schulentwicklung. Empirische Befunde und theoretische Erklärungen. In: Zeitschrift für Erziehungswissenschaft 6 (2), S. 173-187

ADORNO, Th. W. (1977): Tabus über dem Lehrberuf. In: ADORNO, Th. W.: Kulturkritik und Gesellschaft II. Eingriffe – Stichworte – Anhang. Gesammelte Schriften. Band 10,2. Frankfurt/M.: Suhrkamp, S. 656-673

AMREIN, A.L./ BERLINER, D.C. (2002a): High-Stakes Testing, Uncertainty, and Student Learning. In: Education Policy Analysis Archives 10 (2002) 18 <http://epaa.asu.edu/epaa/v10n18> [03.07.2003]

AMREIN, A.L./ BERLINER, D.C. (2002b): An Analysis of Some Unintended and Negative Consequences of High-Stakes Testing. In: Education Policy Studies Laboratory. Tempe: Arizona State University <http://www.asu.edu/educ/epsl/EPRU/documents/EPSL-0211-125-EPRU.pdf > [30.09.2003]

ANDERSON, J.R. (1988): Kognitive Psychologie. Eine Einführung. Heidelberg: Spektrum

ANDERSON, J.R. (1993): Rules of the Mind. Hillsdale: Erlbaum

ANDERSON, L. W./ KRATHWOHL, D. R. (Hrsg.) (2001): A taxonomy for learning, teaching and assessing: A revision of Bloom´s taxonomy of educational objectives. New York, NY: Allyn & Bacon/ Longman Publishers

APEL, H. J./ SACHER, W. (2002): Studienbuch Schulpädagogik. Bad Heilbrunn/Obb.: Klinkhardt

AUERNHEIMER, G. (1987): Bis auf Marx zurück – historisch-materialistische Schultheorien. In: TILLMANN, K.-J. (Hrsg.): Schultheorien. Hamburg: Bergmann und Helbig, S. 61-70

AUSUBEL, D.P. (1974): Psychologie des Unterrichts. Band 1/2. Weinheim: Beltz

AVENARIUS, H./ HECKEL, H. (2000): Schulrechtskunde. 7. Auflage. Neuwied: Luchterhand

BALL, D. L./ BASS, H. (2000): Interweaving content and pedagogy in teaching and learning to teach. Knowing and Using Mathematics. In: BOALER, J. (Hrsg.): Multiple Perspectives on the Teaching and Learning of Mathematics. Westport: Ablex, S. 83-104 <http://www-personal.umich.edu/~dball/BallBassInterweavingContent.pdf > [30.09.2003]

BALL, D. L./ LUBIENSKI, S. T./ MEWBORN, D. S. (2001): Research on Teaching Mathematics. The Unsolved Problem of Teachers' Mathematical Knowledge. In: RICHARDSON, V. (Hrsg.): Handbook of Research on Teaching. 4. Auflage. Washington: American Educational Research Association, S. 433-456

BARGEL, T./ LIND, G./ STEFFEN, U. (Hrsg.) (1993): Demokratie und Erziehung in der Schule. Qualität von Schule, Heft 7. Wiesbaden

BARTNITZKY, H./ CHRISTIANI, R. (1987): Zeugnisschreiben in der Grundschule. Heinsberg: Agentur Dieck

BARTNITZKY, H./ CHRISTIANI, R. (1994): Zeugnisschreiben in der Grundschule. Erweiterte Neuausgabe. Heinsberg: Agentur Dieck

BASKE, S. (1998): Allgemeinbildende Schulen. In: FÜHR, CH./ FURCK, C.-L. (Hrsg.): Handbuch der deutschen Bildungsgeschichte. Band 6: 1945 bis zur Gegenwart. Zweiter Teilband: Deutsche Demokratische Republik und neue Bundesländer. München: Beck, S. 159-202

BASTIAN, J. (1998): Pädagogische Schulentwicklung. Schulprogramm und Evaluation. Hamburg: Bergmann + Helbig

BAUER, K.-O. (1998): Pädagogisches Handlungsrepertoire und professionelles Selbst von Lehrerinnen und Lehrern. In: Zeitschrift für Pädagogik 44 (1998) 3, S. 343-359

BAUER, K.-O./ KOPKA, A./ BRINDT, ST. (1996): Pädagogische Professionalität und Lehrerarbeit. Eine qualitativ empirische Studie über professionelles Handeln und Bewusstsein. Weinheim/München: Juventa

BAUMANN, J./ DEHN, M. (2004): Beurteilen im Deutschunterricht. In: Praxis Deutsch 184, S. 6-13

BAUMERT, J. u.a. (1997): TIMSS – Mathematisch-naturwissenschaftlicher Unterricht im internationalen Vergleich. Deskriptive Befunde. Opladen: Leske und Budrich

BAUMERT, J. u.a. (Hrsg.) (2001): PISA 2000. Basiskompetenzen von Schülerinnen und Schülern im internationalen Vergleich. Opladen: Leske und Budrich

BAUMERT, J. u.a. (Hrsg.) (2002): PISA 2000 – Die Länder der Bundesrepublik Deutschland im Vergleich. Opladen: Leske und Budrich

BAUMERT, J./ STANAT, P./ DEMMRICH, A. (2001): PISA 2000: Untersuchungsgegenstand, theoretische Grundlagen und Durchführung der Studie. In: DEUTSCHES PISA-KONSORTIUM (Hrsg.): PISA 2000. Basiskompetenzen von Schülerinnen und Schülern im internationalen Vergleich. Opladen: Leske + Budrich, S. 15-68

BAUMERT, J./ WATERMANN, R./ SCHÜMER, G. (2003): Disparitäten der Bildungsbeteiligung und des Kompetenzerwerbs. Ein institutionelles und individuelles Mediationsmodell. In: Zeitschrift für Erziehungswissenschaft (6) 1, S. 46-71

BECKER, P. (2001): Persönlichkeit von Lehrern und Schülern. Seelische Gesundheit, Verhaltenskontrolle und damit zusammenhängende Eigenschaften. In: ROTH, L. (Hrsg.): Pädagogik. Handbuch für Studium und Praxis. 2. Auflage. München: Oldenbourg, S. 166-183

BEINER, F. (1982): Prüfungsdidaktik und Prüfungspsychologie. Leistungsmessung und Leistungsbewertung in der öffentlichen Verwaltung sowie in der beruflichen und allgemeinen Bildung. Bonn: Heymanns

BENNER, D. (2002): Die Struktur der Allgemeinbildung im Kerncurriculum moderner Bildungssysteme. In: Zeitschrift für Pädagogik, 48 (1), S. 68-90

BERGER, P./ LUCKMANN, T. (1970): Die gesellschaftliche Konstruktion der Wirklichkeit. Frankfurt a.M.: Fischer

BERNFELD, S. (1925/2000): Sisyphos oder die Grenzen der Erziehung (1925). Frankfurt a. M.: Suhrkamp

BERTELSMANN STIFTUNG (Hrsg.) (1996): Carl Bertelsmann Preis 1996. Innovative Schulsysteme im internationalen Vergleich Bd. 1: Dokumentation zur internationalen Recherche. Gütersloh: Bertelsmann Stiftung

BILDUNGSKOMMISSION NRW (1995): Zukunft der Bildung – Schule der Zukunft. Denkschrift. Neuwied: Luchterhand.

BLANKERTZ, H. (1977): Theorien und Modelle der Didaktik. 10. Auflage. München: Juventa-Verlag

BLESS, G. (1995): Zur Wirksamkeit der Integration. Bern: Haupt

BLÖMEKE, S. (1999): „... auf der Suche nach festem Boden". Lehrerausbildung in der Provinz Westfalen 1945/46 – Professionalisierung versus Bildungsbegrenzung. Münster u.a.: Waxmann

BLÖMEKE, S. (2002): Universität und Lehrerausbildung. Bad Heilbrunn/Obb.: Klinkhardt

BLÖMEKE, S. (2004): Empirische Befunde zur Wirksamkeit der Lehrerbildung. In: BLÖMEKE, S./ REINHOLD, P./ TULODZIECKI, G./ WILDT, J. (Hrsg.): Handbuch Lehrerbildung. Bad Heilbrunn/ Braunschweig: Klinkhardt/ Westermann, S. 59-91

BLÖMEKE, S./ EICHLER, D./ MÜLLER, CH. (2003): Rekonstruktion kognitiver Prozesse von Lehrpersonen als Herausforderung für die empirische Unterrichtsforschung. Theoretische und methodische Überlegungen zu Chancen und Grenzen von Videostudien. In: Unterrichtswissenschaft 31 (2), S. 103-121

BLOOM, B.S., u.a. (1972): Taxonomie von Lernzielen im kognitiven Bereich. Weinheim: Beltz

BLUMER, H. (1973): Der methodologische Standort des Symbolischen Interaktionismus. In: ARBEITSGRUPPE BIELEFELDER SOZIOLOGEN (Hrsg.): Alltagswissen, Interaktion und gesellschaftliche Wirklichkeit. Bd. 1: Symbolischer Interaktionismus und Ethnomethodologie. Reinbek: Rowohlt, S. 80-146

BMBF-BUNDESMINISTERIUM FÜR BILDUNG UND FORSCHUNG (2002): Grund- und Strukturdaten 2001/2002. Bonn: BMBF

BOENICKE, R. (2003): Praxis des Begreifens – Oder: Welchen Theoriebezug braucht die Lehrerbildung? In: Zeitschrift für pädagogische Historiographie 9 (2), S. 111-113

BOHL, Th. (2003): Aktuelle Regelungen zur Leistungsbeurteilung und zu Zeugnissen an deutschen Sekundarschulen. Eine vergleichende Studie aller Bundesländer – Darstellung und Diskussion wesentlicher Ergebnisse. In: Zeitschrift für Pädagogik. 48 (4), S. 550-566

BOHL, Th. (2004): Prüfen und Bewerten im Offenen Unterricht. 2. Auflage. Weinheim: Beltz

BOMMES, M./ DEWE, B./ RADTKE, F.-O. (1996): Sozialwissenschaften und Lehramt. Der Umgang mit sozialwissenschaftlichen Theorieangeboten in der Lehrerausbildung. Studien zur Erziehungswissenschaft und Bildungsforschung. Band 4. Opladen: Leske und Budrich

BOS, W./ LANKES, E.-M./ SCHWIPPERT, K./ VALTIN, R./ VOSS, A./ BADEL, I./ PLASS MEIER, N. (2003): Lesekompetenzen deutscher Grundschülerinnen und Grundschüler am Ende der vierten Jahrgangsstufe im internationalen Vergleich. In: BOS, W./ LANKES, E.-M./ PRENZEL, M./ SCHWIPPERT, K./ VALTIN, R./ WALTHER, G. (Hrsg.): Erste Ergebnisse aus IGLU. Schülerleistungen am Ende der vierten Jahrgangsstufe im internationalen Vergleich. Münster: Waxmann, S. 69-142

BOS, W., LANKES, E. M., PRENZEL, M., SCHWIPPERT, K., WALTHER, G. & VALTIN, R. (2004): IGLU. Einige Länder der Bundesrepublik Deutschland im nationalen und internationalen Vergleich. Münster: Waxmann

BÖTTCHER, W. (2003): Bildung, Standards, Kerncurricula. Ein Versuch, einige Missverständnisse auszuräumen. In: Die Deutsche Schule 95 (2), S. 152-165

BOURDIEU, P./ PASSERON, J.-C. (1971): Die Illusion der Chancengleichheit. Untersuchungen zur Soziologie des Bildungswesens am Beispiel Frankreichs. Stuttgart: Ernst Klett

BREHMER, I. (1990): Einleitung. Mütterlichkeit als Profession? In: BREHMER, I. (Hrsg.): Mütterlichkeit als Profession? Lebensläufe deutscher Pädagoginnen in der ersten Hälfte dieses Jahrhunderts. Pfaffenweiler: Centaurus-Verlagsgesellschaft, S. 1-11

BROMME, R. (1992): Der Lehrer als Experte. Zur Psychologie des professionellen Wissens. Bern: Hans Huber

BROMME, R. (1997): Kompetenzen, Funktionen und unterrichtliches Handeln des Lehrers. In: WEINERT, F. E. (Hrsg.): Psychologie des Unterrichts und der Schule. Göttingen: Hogrefe, S. 177-212

BROUWER, N./ TEN BRINKE, ST. (1995): Der Einfluss integrativer Lehrerausbildung auf die Unterrichtskompetenz (I). In: Empirische Pädagogik 9 (1), S. 3-31

BRÜGELMANN, H. (2003): Das kurze Gedächtnis der großen Reformer. Anmerkungen zum Beitrag von Wolfgang Böttcher in diesem Heft. In: Die Deutsche Schule 95 (2), S. 168-171

BRUNER, J.S. (1974): Entwurf einer Unterrichtstheorie. Berlin: Berlin Verlag

BRUNKHORST, H. (1996): Solidarität unter Fremden. In: COMBE, A./ HELSPER, W. (Hrsg.): Pädagogische Professionalität. Untersuchungen zum Typus pädagogischen Handelns, Frankfurt/M.: Suhrkamp, S. 340-367

BRÜSEMEISTER, T./ EUBEL, K.-D. (2003) (Hrsg.): Zur Modernisierung der Schule. Leitideen, Konzepte, Akteure. Bielefeld: transcript Verlag

BUHLMANN, E./ WOLFF, K./ KLIEME, E. (2003): Zur Entwicklung nationaler Bildungsstandards. Eine Expertise. Berlin: DIPF

BUHREN, C./ ROLFF, H.G. (2000): Personalentwicklung als Beitrag zur Schulentwicklung. In: ROLFF, H.G. u.a. (Hrsg.): Jahrbuch der Schulentwicklung, Bd. 11. Weinheim: Juventa, S. 257-296

BULLOUGH, R.V. (1997): Becoming a teacher. Self and the social location of teacher education. In: BIDDLE, B.J./ GOOD, T.L./ GOODSON, I.F. (Hrsg.): International Handbook of Teachers and Teaching. Dordrecht: Kluwer Academic Publishers, S. 87-148

COGNITION/ TECHNOLOGY GROUP OF VANDERBILDT (1990): Anchored instruction and its relationship to situated cognition. In: Educational Researcher 19 (6), S. 2-10

COLBY, A.,/KOHLBERG, L./ GIBBS, J./ LIEBERMAN, M. (1983): A Longitudinal Study of Moral Judgement. Monographs of the Society for Research in Child Development. Band 200. Chicago/Ill.: University of Chicago Press

COLBY, A./ KOHLBERG, L. (1987): The Measurement of Moral Judgement. Bd. 1: Theoretical Foundations and Research Validation. Cambridge u.a.: University Press

COLLINS, A./ BROWN, J. S./NEWMAN, S. E. (1989): Cognitive Apprenticeship. Teaching the crafts of reading, writing, and mathematics. In: RESNICK, L.B. (Hrsg.): Knowing, learning and instruction. Hilsdale: Erlbaum, S. 453-494

COMENIUS, J. A. (1657/ 1954): Große Didaktik. Übersetzt und herausgegeben von Andreas FLITNER. Stuttgart: Klett-Cotta

COMENIUS-INSTITUT (2004a): Lehrplanmodell. Reform der sächsischen Lehrpläne. Radebeul: Comenius-Institut

COMENIUS-INSTITUT (2004b): Leistungsbeschreibung der Grundschule. Reform der sächsischen Lehrpläne. Radebeul: Comenius-Institut

COMENIUS-INSTITUT (2004c): Fachlehrplan für das Fach Deutsch der Mittelschule. Radebeul: Comenius-Institut

CORTINA, K. S. (Hrsg.) (2003): Das Bildungswesen in der Bundesrepublik Deutschland. Strukturen und Entwicklungen im Überblick. Reinbek: Rowohlt

DAHRENDORF, R. (1965a): Bildung ist Bürgerrecht. Plädoyer für eine aktive Bildungspolitik. Hamburg: Nannen

DAHRENDORF, R. (1965b): Arbeiterkinder an deutschen Universitäten. Tübingen: Mohr und Siebeck

DALIN, P./ ROLFF, H.-G./ BUCHEN, H. (1996): Institutioneller Schulentwicklungs-Prozess. Ein Handbuch. Bönen: Druck Verlag Kettler

DALIN, P./ ROLFF, H.-G./ BUCHEN, H. (1998): Institutioneller Schulentwicklungs-Prozess. Ein Handbuch. 4. Auflage. Soest: LSW

DARLING-HAMMOND, L. (2000): Teacher Quality and Student Achievement. A Review of State Policy Evidence. In: Education Policy Analysis Archives 8 (1) <http://epaa.asu.edu/epaa/v8n1/> [27.05.2003]

DARLING-HAMMOND, L. (2003): Standards and Assessments. Where We Are and What We Need. <http://www.tcrecord.org/printcontent.asp?contentid=11109> [10.04.2003]

DEUTSCHER BILDUNGSRAT (1972): Strukturplan für das Bildungswesen. Empfehlungen der Bildungskommission. 4. Auflage. Stuttgart: Klett

DEUTSCHER BILDUNGSRAT (1974): Empfehlungen der Bildungskommission. Zur Förderung praxisnaher Curriculumentwicklung. Bonn: Bundesdruckerei

DEUTSCHES PISA-KONSORTIUM (Hrsg.) (2000): Schülerleistungen im internationalen Vergleich. Eine neue Rahmenkonzeption für die Erfassung von Wissen und Fähigkeiten. Berlin: Max-Planck-Institut für Bildungsforschung

DEUTSCHES PISA-KONSORTIUM (Hrsg.) (2001): PISA 2000. Basiskompetenzen von Schülerinnen und Schülern im internationalen Vergleich. Opladen: Leske + Budrich

DEWE, B./ FERCHHOFF, W./ RADTKE, F.-O. (1990): Die opake Wissensbasis pädagogischen Handelns – Einsichten aus der Verschränkung von Wissensverwendungsforschung und Professionalisierungtheorie. In: ALISCH, L.-M./ BAUMERT, J./ BECK, K. (Hrsg.): Professionswissen und Professionalisierung. Sonderband in Zusammenarbeit mit der Zeitschrift Empirische Pädagogik. Braunschweig: Copy-Center Colmsee (= Braunschweiger Studien zur Erziehungs- und Sozialarbeit; 28), S. 291-320

DEWEY, H. (1916): Democracy and Education. New York: Macmillan

DICHANZ, H. (1991): Schulen in den USA. Einheit und Vielfalt in einem flexiblen Schulsystem. Weinheim/ München: Juventa

DIE REFORM der Lehrpläne – eine Aufgabe für alle?! (o.J.) <http:// www.sachsen-macht-schule.de/smkpub/31/ref_lp_03.pdf> [15.02.2005]

DIEDERICH, J./ TENORTH, H.-E. (1997): Theorie der Schule. Ein Studienbuch zu Geschichte, Funktionen und Gestaltung. Berlin: Cornelsen Scriptor

DIPF – ARBEITSGRUPPE „INTERNATIONALE VERGLEICHSSTUDIE" (2003a): Vertiefender Vergleich der Schulsysteme ausgewählter PISA-Teilnehmerstaaten. Berlin: BMBF

DIPF (2003b): Information on National Education Systems (INES). Kurzdarstellungen der Bildungssysteme einzelner Länder. <http://www.dipf.de/datenbanken/ines/> [12.06.2003]

DITTON, H. (2002).: Unterrichtsqualität – Konzeptionen, methodische Überlegungen und Perspektiven. In: Unterrichtswissenschaft 30, S. 197-212

DITTON, H./ ARNOLDT, B./ BORNEMANN, E. (2002): Entwicklung und Implementation eines extern unterstützenden Systems der Qualitätssicherung an Schulen – QuaSSu. In: PRENZEL, M./ DOLL, J. (Hrsg.): Bildungsqualität von Schule. Schulische und außerschulische Bedingungen mathematischer, naturwissenschaftlicher und überfachlicher Kompetenzen. 45. Beiheft der Zeitschrift für Pädagogik. Weinheim: Beltz, S. 374-389

DÖBERT, H./ HÖRNER, W./ KOPP, B. V./ MITTER, W. (Hrsg.) (2004): Die Schulsysteme Europas. Baltmannsweiler: Schneider Verlag Hohengehren (= Grundlagen der Schulpädagogik; 46)

DOHSE, W. (1996): Die geschichtliche Entwicklung des Schulzeugnisses. In: INGENKAMP, K. (Hrsg.): Die Fragwürdigkeit der Zensurengebung. Texte und Untersuchungsberichte. 10. Auflage. Weinheim: Beltz, S. 52-55

DOLCH, J. (1959): Lehrplan des Abendlandes. Ratingen: Schwann

DREFENSTEDT, E./ NEUNER, G. (1970) (Hrsg.): Lehrplanwerk und Unterrichtsgestaltung. 3. Auflage. Berlin: Volk und Wissen

EIGLER, H./ HANSEN, R./ KLEMM, K. (1980): Quantitative Entwicklungen. Wem hat die Bildungsexpansion genutzt? In: ROLFF, H. G./ KLEMM, K./ TILLMANN, K.-J. (Hrsg.): Jahrbuch der Schulentwicklung Bd. 1. Weinheim: Beltz, S. 45-71

EINSIEDLER, H. (1981): Lehrmethoden. Probleme und Ergebnisse der Lehrmethodenforschung. München: Urban & Schwarzenberg

FAULSTICH-WIELAND (1995), H.: Geschlecht und Erziehung. Grundlagen des pädagogischen Umgangs mit Mädchen und Jungen. Darmstadt: Wiss. Buchgesellschaft

FEES, K. (2001): Konstituenten einer Theorie der Schule. In: Pädagogische Rundschau 55 (6), S. 665-677

FEND, H. (1980): Theorie der Schule. München/ Wien/ Baltimore: Urban und Schwarzenberg

FEND, H. (2001a): Bildungspolitische Optionen für die Zukunft des Bildungswesens. Erfahrungen aus der Qualitätsforschung. In: OELKERS, J. (Hrsg.): Zukunftsfragen der Bildung. Weinheim: Beltz S. 37-48 (=Zeitschrift für Pädagogik, 43. Beiheft)

FEND, H. (2001b): Qualität im Bildungswesen. Schulforschung zu Systembedingungen, Schulprofilen und Lehrerleistung. Weinheim und München: Juventa

FISCHLER, H. (2000): Über den Einfluss von Unterrichtserfahrungen auf die Vorstellungen vom Lehren und Lernen bei Lehrerstudenten der Physik. In: Zeitschrift für Didaktik der Naturwissenschaften (http://www.ipn.uni-kiel.de/zfdn/) 6, S. 27-36 und S. 79-96

FLITNER, W. (1957): Das Selbstverständnis der Erziehungswissenschaft in der Gegenwart. Heidelberg: Quelle und Meyer (= Pädagogische Forschungen; 1)

FREIRE, P. (1973): Pädagogik der Unterdrückten. Bildung als Praxis der Freiheit. Reinbek: Rowohlt

FREIRE, P. (1974): Erziehung als Praxis der Freiheit. Stuttgart: Kreuz Verlag

FRIED, L. (2002): Pädagogisches Professionswissen und Schulentwicklung. Eine systemtheoretische Einführung in die Grundkategorien der Schultheorie. Weinheim: Juventa

FRIEDEBURG, L. v. (1989): Bildungsreform in Deutschland. Geschichte und gesellschaftlicher Widerspruch. Frankfurt/M.: Suhrkamp

FUCHS, H.-W. (2003): Auf dem Weg zu einem neuen Weltcurriculum? Zum Grundkonzept von PISA und der Aufgabenzuweisung an die Schule. In: Zeitschrift für Pädagogik 49 (3), S. 161-179

FÜHR, Ch. (1985): Gelehrter Schulmann – Oberlehrer – Studienrat. Zum sozialen Aufstieg der Philologen. In: CONZE, W./ KOCKA, J. (Hrsg.): Bildungssystem und Professionalisierung im internationalen Vergleich. Bildungsbürgertum im 19. Jahrhundert. Band 1. Stuttgart: Klett-Cotta, S. 417-457

GARZ, D. (2004): Erziehung. In: BLÖMEKE, S./ REINHOLD, P./ TULODZIECKI, G./ WILDT, J. (Hrsg.): Handbuch Lehrerbildung. Bad Heilbrunn: Klinkhardt, S. 511-519

GEIßLER, R. (1996): Die Sozialstruktur Deutschlands. 2. Auflage. Opladen: Westdeutscher Verlag

GEW-HAUPTVORSTAND (Hrsg.) (2003): Nationale Bildungsstandards – Wundermittel oder Teufelszeug? Funktionen, Hintergründe und Positionen der GEW. Frankfurt/M.: GEW

GIESECKE, H. (1996): Wozu ist die Schule da? Die neue Rolle von Eltern und Lehrern. Stuttgart: Klett-Cotta

GIESECKE, H. (2001): Was Lehrer leisten. Porträt eines schwierigen Berufes. Weinheim: Juventa

GILLIGAN, C. (1991a): Die andere Stimme. Lebenskonflikte und Moral der Frau. 5. Auflage. München: Piper

GILLIGAN, C. (1991b): Moralische Orientierung und moralische Entwicklung. In: NUNNER-WINKLER, G. (Hrsg.): Weibliche Moral. Frankfurt a. M.: Campus. S. 79–100

GOFFMAN, E. (1973): Asyle. Über die soziale Situation psychiatrischer Patienten und anderer Insassen. Frankfurt/M.: Suhrkamp

GOMOLLA, M./ RADTKE, F.-O. (2002): Institutionelle Diskriminierung: die Herstellung ethnischer Differenz in der Schule. Opladen: Leske + Budrich

GOODLAD, J. I. (Hrsg.) (1993): Integrating general and special education. New York: Merrill u.a.

GORDON, T. (2000): Lehrer-Schüler-Konferenz. Wie man Konflikte in der Schule löst. München: Heyne

GREENHOUSE, L. (2003): Justices Back Affirmative Action by 5 to 4. In: The New York Times v. 24.06.2003

GROB, U./ MAAG MERKI, K. (2001): Überfachliche Kompetenzen. Theoretische Grundlegung und empirische Erprobung eines Indikatorensystems. Bern: Peter Lang

GRUBER, H. (2001): Expertise. In: ROST, D. H. (Hrsg.): Handwörterbuch Pädagogische Psychologie. 2. Auflage. Weinheim: Psychologie Verlags Union, S. 164-170

GRUNDMANN, M./ BITTLINGMAYER, U. H./ DRAVENAU, D./ GROH-SAMBERG, O. (2004): Die Umwandlung von Differenz in Hierarchie? Schule zwischen einfacher Reproduktion und eigenständiger Produktion sozialer Bildungsungleichheit. In: Zeitschrift für Soziologie der Erziehung und Sozialisation 24 (2), S. 124-145

GUDJONS, H. (1994): Handlungsorientiert Lehren und Lernen. Projektunterricht und Schüleraktivität. 4. Auflage. Bad Heilbrunn: Klinkhardt

HABERMAS, J. (1971): Vorbereitende Bemerkungen zu einer Theorie der kommunikativen Kompetenz. In: HABERMAS, J./ LUHMANN, N.: Theorie der Gesellschaft oder Sozialtechnologie. Frankfurt a.M.: Suhrkamp, S. 101-141

HAENISCH, H. (1985): Lehrer und Lehrplan. Ergebnisse empirischer Studien zur Lehrplanrezeption. Soest: Landesinstitut für Schule und Weiterbildung

HAENISCH, H./ SCHIRP, H. (1985): Blickpunkt Lehrplan. Ein Frageraster als Reflexionshilfe zur Entwicklung und Beurteilung von Lehrplänen. Soest: Landesinstitut für Schule und Weiterbildung

HAMEYER, U. (1992): Stand der Curriculumforschung – Bilanz eines Jahrzehnts. In: Unterrichtswissenschaft 20 (3), S. 209-237

HATTIE, J. (2003): Teachers Make a Difference. What is the Research Evidence? Camberwell, Victoria: ACER <http://www.acer.edu.au/workshops/documents/Teachers_Make_a_Difference_Hattie.pdf> [26.11.2004]

HEGEL, G. W. F. (1810/1986): Rede zum Schuljahrabschluss am 14. September 1810. In: HEGEL, G. W. F.: Nürnberger und Heidelberger Schriften 1808-1817. Frankfurt/M.: Suhrkamp (= Georg Wilhelm Friedrich Hegel; 4), S. 327-343

HEGEL, G. W. F. (1811/1986): Rede zum Schuljahrabschluss am 2. September 1811. In: HEGEL, G. W. F.: Nürnberger und Heidelberger Schriften 1808-1817. Frankfurt/M.: Suhrkamp (= Georg Wilhelm Friedrich Hegel; 4), S. 344-359

HEIMANN, P. (1962): Didaktik als Theorie und Lehre. In: Die Deutsche Schule, 54, S. 407-427

HELMKE, A./ HOSENFELD, I./ SCHRADER, F.-W. (2002): Unterricht, Mathematikleistung und Lernmotivation. In: HELMKE, A./ JÄGER, R. S. (Hrsg.): Das Projekt MARKUS. Mathematik-Gesamterhe-bung Rheinland-Pfalz. Kompetenzen, Unterrichtsmerkmale, Schulkontext. Landau: VEP, S. 413-480

HELMKE, R./ JAEGER, R. S. (2002): Das Projekt MARKUS: Mathematik-Gesamterhebung: Kompetenzen, Unterrichtsmerkmale, Schulkontext. Landau: Empirische Pädagogik

HELSPER, W. (1996a): Antinomien des Lehrerhandelns in modernisierten pädagogischen Kulturen. Paradoxe Verwendungsweisen von Autonomie und Selbstverantwortlichkeit. In: COMBE, A./ HELSPER, W. (Hrsg.): Pädagogische Professionalität. Untersuchungen zum Typus pädagogischen Handelns. Frankfurt/M.: Suhrkamp, S. 521-569

HELSPER, W. (1996b): Pädagogisches Handeln in den Antinomien der Moderne. In: KRÜGER, H.-H./ HELSPER, W. (Hrsg.): Einführung in Grundbegriffe und Grundfragen der Erziehungswissenschaft. Einführungskurs Erziehungswissenschaft. Band 1. Opladen: Leske und Budrich, S. 15-34

HELSPER, W. (1999): Eine halbierte Professionalisierung von Lehrern und Lehrerinnen? Reflexionen zum Ansatz Götz Krummheuers. In: OHLHAVER, F./ WERNET, A. (Hrsg.): Schulforschung – Fallanalyse – Lehrerbildung. Diskussionen am Fall. Opladen: Leske und Budrich, S. 121-132

HENTIG, H. V. (1993): Die Schule neu denken. Eine Übung in praktischer Vernunft. München: Hanser

HENTIG, H. V. (2003): Die Schule neu denken. Eine Übung in pädagogischer Vernunft. Erweiterte Neuausgabe. Weinheim/ Basel/ Berlin: Beltz

HENZ, U./ MAAS, I. (1995): Chancengleichheit durch Bildungsexpansion? In: Kölner Zeitschrift für Soziologie und Sozialpsychologie 47, S. 605-633

HERBART, J. F. (1802/1982): Pädagogische Schriften. Bd. 1: Kleinere pädagogische Schriften. 2. Auflage. Stuttgart: Klett-Cotta (= Pädagogische Texte)

HERBART, J. F. (1805): Allgemeine Pädagogik aus dem Zweck der Erziehung abgeleitet. Herausgegeben von H. HOLSTEIN. Bochum: Kamp

HERBART, J. F. (1806/1965): Allgemeine Pädagogik, aus dem Zweck der Erziehung abgeleitet. In: HERBART, J. F.: Pädagogische Grundschriften. Düsseldorf: München

HERBART, J. F. (1810/1982): Über Erziehung unter öffentlicher Mitwirkung (1810). Vorgelesen in der Deutschen Gesellschaft zu Königsberg am 5. Dezember 1810. In: HERBART, J. F.: Kleinere Pädagogische Schriften. 2. Auflage. Stuttgart: Klett-Cotta (= Pädagogische Schriften; 1), S. 143-151

HERITAGE FOUNDATION/ THOMAS B. FORDHAM FOUNDATION (1998): A Nation Still at Risk. An Education Manifesto. Document resulting from the proceedings of Nation Still at Risk Summit. Washington, D.C. <http://www.policyreview.org/jul98/nation.html> [01.06.2005]

HERRANEN, M. (1995): Finland. In: POSTLETHWAITE, T. N. (Hrsg.): International Encyclopedia of National Systems of Education. 2. Auflage. Cambridge: Pergamon, S. 322-331

HERRLITZ, H.-G./ HOPF, W./ TITZE, H. (2001): Deutsche Schulgeschichte von 1800 bis zur Gegenwart. 3. Auflage. Weinheim: Juventa

HERRMANN, U. (2003): „Bildungsstandards" – Erwartungen und Bedingungen, Grenzen und Chancen. In: Zeitschrift für Pädagogik 49 (5), S. 625-639

HERSZENHORN, D. M. (2003): Basic Skills Forcing Cuts in Art Classes. In: The New York Times (New York) v. 23.07.2003

HERZIG, B. (1998): Ethische Urteils- und Orientierungsfähigkeit. Grundlagen und schulische Anwendungen. Münster, New York: Waxmann

HERZIG, B. (2001): Werterziehung in der Schule. Eine erwägungsorientierte Auseinandersetzung mit Lawrence Kohlberg. In: LOH, W. (Hrsg.): Erwägungsorientierung in Philosophie und Sozialwissenschaften. Stuttgart: Lucius & Lucius, S. 79-108

HORSTKEMPER, M. (1987): Schule, Geschlecht und Selbstvertrauen. Eine Längsschnittstudie über Mädchensozialisation in der Schule. Weinheim/ München: Juventa

HÜBNER, R. (2000): Die Rehabilitationspädagogik in der DDR. Zur Entwicklung einer Profession. Frankfurt: Lang (= Europäische Hochschulschriften, Reihe XI: Pädagogik; 799)

HUISKENS, F. (1972): Zur Kritik bürgerlicher Didaktik und Bildungsökonomie. München: List

HURRELMANN, K. (1995): Einführung in die Sozialisationstheorie. Über den Zusammenhang von Sozialstruktur und Persönlichkeit. 5. Auflage. Weinheim/ Basel: Beltz

INGENKAMP, K.-H. (1976) (Hrsg.): Die Fragwürdigkeit der Zensurengebung. Texte und Untersuchungsberichte. 6. Auflage. Weinheim: Beltz

JARASS, H. D./ PIEROTH, B. (1992): Grundgesetz für die Bundesrepublik Deutschland – Kommentar. München: Beck

KAGAN, D.M. (1992): Professional Growth Among Preservice and Beginning Teachers. In: Review of Educational Research 62 (2), S. 129-169

KAHL, R. (2002): LAU, sehr lau. In: Erziehung und Wissenschaft (2), S. 20-21

KAMENS, D. H./ MEYER, J. W./ BENAVOT, A. (1996): Worldwide Patterns in Academic Secondary Education Curricula. In: Comparative Education Review 40 (2), S. 116-138

KÄMPER-VAN DEN BOOGART, M. (2003): Lesekompetenzen – Hauptsache flexibel. Zu einer Parallele zwischen Literaturdidaktik und empirischer Lesepsychologie. In: ABRAHAM, U./ BREMERICH-VOS, A./ FREDERKING, V./ WIELER, P. (Hrsg.): Deutschdidaktik und Deutschunterricht nach PISA. Freiburg/Br.: Fillibach, S. 26-46

KÄMPER-VAN DEN BOOGART, M. (2004): PISA und die Interpretationsrituale des Deutschunterrichts. In: KÄMPER-VAN DEN BOOGART, M. (Hrsg.): Deutschunterricht nach der PISA-Studie. Reaktionen der Deutschdidaktik. Frankfurt/M. u.a.: Peter Lang, S. 59-81

KANE, R./ SANDRETTO, S./ HEATH, CH. (2002): Telling Half the Story. A Critical Review of Research on the Teaching Beliefs and Practices of University Academics. In: Review of Educational Research 72 (2), S. 177-228

KEIM, W. (1995): Erziehung unter der Nazi-Diktatur. Bd. 1: Antidemokratische Potentiale, Machtantritt und Machtdurchsetzung. Darmstadt: Wissenschaftliche Buchgesellschaft

KEIM, W. (1996): Außenansichten eines Insiders – Theoretische Grundlagen und pädagogische Praxis des TKM. In: RATZKI, A., u.a. (Hrsg.): Team-Kleingruppenmodell Köln-Hochweide. Theorie und Praxis. Frankfurt a. M.: Peter Lang, S. 13-41

KEMNITZ, H. (2004): Lehrerbildung in der DDR. In: BLÖMEKE, S./ REINHOLD, P./ TULODZIECKI, G./ WILDT, J. (Hrsg.): Handbuch Lehrerbildung. Bad Heilbrunn/ Braunschweig: Klinkhardt/ Westermann, S. 92-110

KEMPER, H. (1999): Schule und bürgerliche Gesellschaft. Zur Theorie und Geschichte der Schulreform von der Aufklärung bis zur Gegenwart. Rudolstadt/Jena: hain

KEMPER, H. (2004): Schule/ Schulpädagogik. In: BENNER, D./ OELKERS, J. (Hrsg.): Historisches Wörterbuch der Pädagogik. Weinheim/ Basel: Beltz, S. 834-865

KESSELRING, Th. (2002): Ethik und Lehrerbildung. In: Beiträge zur Lehrerbildung 20 (3), S. 329-338

KITTEL, H. (1957): Die Entwicklung der Pädagogischen Hochschulen 1926-1932. Eine zeitgeschichtliche Studie über das Verhältnis von Staat und Kultur. Berlin: Schroedel

KLAFKI, W. (1958): Didaktische Analyse als Kern der Unterrichtsvorbereitung. In: KLAFKI, W. (1963): Studien zur Bildungstheorie und Didaktik. Weinheim: Beltz, S. 126-153

KLAFKI, W. (1963): Studien zur Bildungstheorie und Didaktik. Weinheim: Beltz

KLAFKI, W. (1972): Von der Lehrplantheorie zur Curriculum-Forschung und -Planung. In: KLAFKI, W. u.a.: Erziehungswissenschaft 2. Eine Einführung. Frankfurt a.M.: Fischer Taschenbuch Verlag, S. 74-88

KLAFKI, W. (1985): Neue Studien zur Bildungstheorie und Didaktik. Beiträge zur kritisch-konstruktiven Didaktik. Weinheim: Beltz

KLAFKI, W. (2002): Die Binnenstruktur der Institution Schule. In: KLAFKI, W.(hrsg. von KOCH-PRIEWE, B./ STÜBIG, H./ HENDRICKS, W.): Schultheorie, Schulforschung und Schulentwicklung im politisch-gesellschaftlichen Kontext. Weinheim und Basel: Beltz, S. 114-133

KLEMM, K./ WETH, TH./ TULODZIECKI, G. (2003): Lehrerbildung im 21. Jahrhundert aus der Perspektive von Bildungsforschung und Mathematikdidaktik. Paderborn: Universität (= PUR; 87)

KLIEME, E., u.a. (2003): Zur Entwicklung nationaler Bildungsstandards. Eine Expertise. Frankfurt a. M.: Deutsches Institut für Internationale Pädagogische Forschung

Klingberg, L. (1986): Unterrichtsprozeß und didaktische Fragestellung. Studien und Versuche. 3. Auflage. Berlin: Volk und Wissen

Klingberg, L. (1990): Lehrende und Lernende im Unterricht. Zu didaktischen Aspekten ihrer Positionen im Unterricht. Berlin: Volk und Wissen

Klink, J.-G. (Hrsg.) (1966): Zur Geschichte der Sonderschule. Bad Heilbrunn: Klinkhardt

KMK – Sekretariat der Ständigen Konferenz der Kultusminister der Länder in der Bundesrepublik Deutschland (Hrsg.) (2002): Schule in Deutschland. Zahlen, Fakten, Analysen. Bonn: KMK (= Statistische Veröffentlichungen der Kultusministerkonferenz; 161) <http://www.kmk.org/statist/analyseband.pdf> [09.06.2005]

KMK – Sekretariat der Ständigen Konferenz der Kultusminister der Länder in der Bundesrepublik Deutschland (Hrsg.) (2003a): Bildungsstandards im Fach Deutsch für den Mittleren Schulabschluss. Bonn: KMK

KMK – Sekretariat der Ständigen Konferenz der Kultusminister der Länder in der Bundesrepublik Deutschland (Hrsg.) (2003b): Bildungsstandards für die erste Fremdsprache (Englisch/ Französisch) für den Mittleren Schulabschluss. Bonn: KMK

KMK – Sekretariat der Ständigen Konferenz der Kultusminister der Länder in der Bundesrepublik Deutschland (Hrsg.) (2003c): Bildungsstandards im Fach Mathematik für den Mittleren Schulabschluss. Bonn: KMK

KMK – Sekretariat der Ständigen Konferenz der Kultusminister der Länder in der Bundesrepublik Deutschland (Hrsg.) (2003d): Schüler, Klassen, Lehrer und Absolventen der Schulen 1993 bis 2002. Bonn: KMK (= Statistische Veröffentlichungen der Kultusministerkonferenz; 171)

KMK – Sekretariat der Ständige Konferenz der Kultusminister der Länder der Bundesrepublik Deutschland (2003e): Vereinbarung über Bildungsstandards für den Mittleren Schulabschluss (Jahrgangsstufe 10). Beschluss der Kultusministerkonferenz. Bonn: Sekretariat der KMK

KMK – Sekretariat der Ständigen Konferenz der Kultusminister der Länder in der Bundesrepublik Deutschland (Hrsg.) (2004a): Bildungsstandards im Fach Deutsch für den Primarbereich. Entwurf (Stand: 23.04.2004). Bonn: KMK

KMK – Sekretariat der Ständigen Konferenz der Kultusminister der Länder in der Bundesrepublik Deutschland (Hrsg.) (2004b): Bildungsstandards im Fach Mathematik für den Primarbereich. Entwurf (Stand: 23.04.2004). Bonn: KMK

KMK – Sekretariat der Ständigen Konferenz der Kultusminister der Länder in der Bundesrepublik Deutschland (Hrsg.) (2004c): Bildungsstandards im Fach Deutsch für den Hauptschulabschluss nach Jahrgangsstufe 9. Entwurf (Stand: 23.04.2004). Bonn: KMK

KMK – Sekretariat der Ständigen Konferenz der Kultusminister der Länder in der Bundesrepublik Deutschland (Hrsg.) (2004d): Bildungsstandards im Fach Mathematik für den Hauptschulabschluss nach Jahrgangsstufe 9. Entwurf (Stand: 23.04.2004). Bonn: KMK

KMK – Sekretariat der Ständigen Konferenz der Kultusminister der Länder in der Bundesrepublik Deutschland (Hrsg.) (2004e): Bildungsstandards in der ersten Fremdsprache (Englisch/ Französisch) für den Hauptschulabschluss nach Jahrgangsstufe 9. Entwurf (Stand. 23.04.2004). Bonn: KMK

Kohlberg, L. (1974): Zur kognitiven Entwicklung des Kindes. Frankfurt a.M.: Suhrkamp

Kohlberg, L. (1977): Kognitive Entwicklung und moralische Erziehung. In: Politische Didaktik 3 (1), S. 5 - 21

Kohlberg, L. (1981a): Kognitve Entwickluing und moralische Erziehung. In: Mauermann, L./ Weber, E. (Hrsg.): Der Erziehungsauftrag der Schule. 2. Auflage. Donauwörth: Auer, S. 107–117

KOHLBERG, L. (1981b): The philosophy of moral development. Moral stages and the idea of justice. San Francisco: Harper & Row

KOHLBERG, L. (1986): Der „Just Community"-Ansatz der Moralerziehung in Theorie und Praxis. In: OSER/ F., FATKE/ R./ HÖFFE, O. (Hrsg.): Transformation und Entwicklung. Grundlagen der Moralerziehung. Frankfurt/M.: Suhrkamp, S. 21-55

KOHLBERG, L. (1987): Moralische Entwicklung und demokratische Erziehung. In: LIND, G./ RASCHERT, J. (Hrsg.): Moralische Urteilsfähigkeit – Eine Auseinandersetzung mit Lawrence Kohlberg über Moral, Erziehung und Demokratie. Weinheim: Beltz, S. 25–43

KOHLBERG, L./ LEVINE, CH./ HEWES, A. (1983): Moral Stages. A Current Formulation and a Response to Critics. Basel u.a.: Karger

KOHLBERG, L./ TURIEL, E. (1978): Moralische Entwicklung und Moralerziehung. In: PORTELE, G. (Hrsg.): Sozialisation und Moral. Neuere Ansätze zur moralischen Entwicklung und Erziehung. Weinheim: Beltz, S. 13-18

KOHLBERG. L./ WASSERMANN, E./ RICHARDSON, N. (1978): Die Gerechte Schul-Kooperative. Ihre Theorie und das Experiment der Cambridge Cluster School. In: PORTELE, G. (Hrsg.): Sozialisation und Moral Neuere Ansätze zur moralischen Entwicklung und Erziehung. Weinheim, Basel: Beltz, S. 215–259

KOHLER, B. (2002): Zur Rezeption von TIMSS durch Lehrerinnen und Lehrer. In: Unterrichtswissenschaft 30 (2), S. 158-188

KÖNIG, E./ ZEDLER, P. (1998): Theorien der Erziehungswissenschaft. Einführung in Grundlagen, Methoden und praktische Konsequenzen. Weinheim: Beltz

KOPP, B. v. (2001): Südkorea. In: KOPP, B. v. (Hrsg.): Die ersten drei. Die Bildungssysteme der „Klassensieger" der PISA-Studie „Leseleistung": Finnland, Südkorea und Kanada. Frankfurt/M.: DIPF, S. 8-11

KRAUSE-VILMAR, D. (1978): Einführung; Der aufziehende Faschismus und die Lehrerschaft in Deutschland. In: KRAUSE-VILMAR, D. (Hrsg.): Lehrerschaft, Republik und Faschismus. Beiträge zur Geschichte der organisierten Lehrerschaft in der Weimarer Republik. Köln: Pahl-Rugenstein, S. 7-24(b)

KRAUSE-VILMAR, D. (1983): Schulgeschichte als Sozialgeschichte. Kurseinheit 2: Zur schulpolitischen Entwicklung in der Zeit der Weimarer Republik (1918-1933). Hagen: Fernuniversität

KREIENBAUM, M.A. (2003): Was kann die Hauptschulpädagogik von den Erkenntnissen der reflexiven Geschlechtererziehung lernen? In: DUNCKER, L. (Hrsg.): Konzepte für die Hauptschule. Ein Bildungsgang zwischen Konstruktion und Kritik. Bad Heilbrunn: Klinkhardt, S. 183-199

KRIECK, E. (1922): Philosophie der Erziehung. Jena: Diederichs

KRINGE, W. (1990): Die Verfassung für das Land Nordrhein-Westfalen. Spielregel der Demokratie. Düsseldorf: Landeszentrale für politische Bildung Nordrhein-Westfalen

KROCKER, N. (2003): Der Lehrplan – Ein Steuerungselement des Deutschen Bildungssystems? In: Empirische Pädagogik 17 (4), S. 526-539

KRONIG, W. (2003): Das Konstrukt des leistungsschwachen Immigrantenkindes. In: Zeitschrift für Erziehungswissenschaft 6 (1), S. 126-141

KRÜGER, H.-H. (2002): Einführung in Theorien und Methoden der Erziehungswissenschaft. 3. Auflage. Opladen: Leske und Budrich

KUNERT, K. (1983): Wie Lehrer mit dem Lehrplan umgehen. Bericht über eine Befragung von Grund- und Hauptschullehrern – Interpretationen – Folgerungen. Weinheim: Beltz

LADENTHIN, V. (2003): PISA – Recht und Grenzen einer globalen empirischen Studie. Eine bildungstheoretische Betrachtung. In: Vierteljahrschrift für Wissenschaftliche Pädagogik 79 (3), 354-375

LANGE, H. (2004): Bildungsökonomie und Lehrerbildung. In: BLÖMEKE, S./ REINHOLD, P./ TULODZIECKI, G./ WILDT, J. (Hrsg.): Handbuch Lehrerbildung. Bad Heilbrunn/ Braunschweig: Klinkhardt/ Westermann, S. 242-260

LARCHER, S./ OELKERS, J. (2004): Deutsche Lehrerbildung im internationalen Vergleich. In: BLÖMEKE, S./ REINHOLD, P./ TULODZIECKI, G./ WILDT, J. (Hrsg.): Handbuch Lehrerbildung. Bad Heilbrunn/ Braunschweig: Klinkhardt/ Westermann, S. 128-150

LEHMANN, R. H. (2002): Aspekte der Lernausgangslage und der Lernentwicklung von Schülerinnen und Schülern an Hamburger Schulen – Klassenstufe 9. Hamburg: Behörde für Schule, Jugend und Berufsausbildung, Amt für Schule

LEHMANN, R. H./ GÄNSFUß, R./ PEEK, R. (1999): Aspekte der Lernausgangslage und der Lernentwicklung von Schülerinnen und Schülern an Hamburger Schulen – Klassenstufe 7. Bericht über die Untersuchung im September 1998. Hamburg: Behörde für Schule, Jugend und Berufsausbildung, Amt für Schule

LEHMANN, R. H./ HUNGER S./ IVANOV ST./ GÄNSFUß, R./ HOFFMANN, E. (2004). Aspekte der Lernausgangslage und der Lernentwicklung – Klassenstufe 11 (LAU 11). Hamburg: Behörde für Bildung und Sport

LEHMANN, R. H./ PEEK, R. (1997): Aspekte der Lernausgangslage von Schülerinnen und Schülern der fünften Klassen an Hamburger Schulen. Bericht über die Untersuchung im September 1996 (unveröffentlichter Forschungsbericht). Hamburg: Behörde für Schule, Jugend und Berufsausbildung, Amt für Schule

LEHRPLÄNE für das Gymnasium (2004). Radebeul: Sächsisches Staatsinstitut für Bildung und Schulentwicklung (Comenius-Institut)

LEHRPLÄNE für die Grundschule (2004). Radebeul: Sächsisches Staatsinstitut für Bildung und Schulentwicklung (Comenius-Institut)

LEHRPLÄNE für die Mittelschule (2004). Radebeul: Sächsisches Institut für Bildung und Schulentwicklung (Comenius-Institut)

LENHARD, H. (2004): Zweite Phase an Studienseminaren und Schulen. In: BLÖMEKE, S./ REINHOLD, P./ TULODZIECKI, G./ WILDT, J. (Hrsg.): Handbuch Lehrerbildung. Bad Heilbrunn/ Braunschweig: Klinkhardt/ Westermann, S. 275-290

LENZEN, D. (1996): Handlung und Reflexion. Vom pädagogischen Theoriedefizit zur Reflexiven Erziehungswissenschaft. Weinheim: Beltz

LESCHINSKY, A./ ROEDER, P. M. (1976): Schule im historischen Prozess. Zum Wechselverhältnis von institutioneller Erziehung und gesellschaftlicher Entwicklung. Stuttgart: Ernst Klett

LIND, G. (2002): Ist Moral lehrbar? 2. Auflage. Berlin: Logos-Verlag

LIPOWSKY, F. (2003): Wege von der Hochschule in den Beruf. Eine empirische Studie zum beruflichen Erfolg von Lehramtsabsolventen in der Berufseinstiegsphase. Bad Heilbrunn: Klinkhardt

LORTIE, D. (1975): School teacher. A sociological study. Chicago: University of Chicago Press

MANDL, H./ GRUBER, H./ RENKL, A. (2002): Situiertes Lernen in multimedialen Lernumgebungen. In: ISSING, L.J., KLIMSA, P. (Hrsg.): Information und Lernen mit Multimedia und Internet. 3. Auflage. Weinheim: Beltz, 139-148

MATURANA, H./ VARELA, M.D. (1987): Der Baum der Erkenntnis. Bern: Scherz

MAX-PLANCK-INSTITUT FÜR BILDUNGSFORSCHUNG (2004): Beispielsaufgaben. <http://www.mpib-berlin.mpg.de/pisa/Aufgabenbeispiele.pdf> [19.04.2005]

MAYR, J./ MAYRHOFER, E. (1994): Persönlichkeitsmerkmale als Determinanten von Leistung und Zufriedenheit bei LehrstudentInnen. In: MAYR, J. (Hrsg.): Lehrer/in werden. Innsbruck: Österreichischer Studienverlag, S. 113-127

MCPHAIL, P. (1982): Social & moral education. Oxford: Basil Blackwell

MEAD, G. H. (1969): Sozialpsychologie. Neuwied: Luchterhand (= Soziologische Texte; 60)

Meier, D. (2000): Will standards save public education? Boston: Beacon Press

Menck, P. (1999): Geschichte der Erziehung. 2. Auflage. Donauwörth: Auer

Merrill, F. (1991): Constructivism and instructional design. In: Educational Technology 31, S. 45-53

Merzyn, G. (2002): Stimmen zur Lehrerausbildung. Überblick über die Diskussion zur Gymnasiallehrerausbildung, basierend vor allem auf Stellungnahmen von Wissenschafts- und Bildungsgremien sowie auf Erfahrungen von Referendaren und Lehrern. Hohengehren: Schneider

Meyer, J. W./ Ramirez, F. O./ Rubinson, R./ Boli-Bennett, J. (1977): The World Educational Revolution. 1950-1970. In: Sociology of Education 50, S. 242-258

Miller, T. (2004): Deutschtests in Kitas und Vorklassen bleiben ohne Folgen. Senat: Einrichtungen müssen Nachhilfe selbst organisieren. In: Berliner Zeitung Nr. 269 v. 16.11.2004, S. 18

Ministerium für Kultus, Jugend und Sport Baden-Württemberg (Hrsg.) (2004a): Bildungsplan 2004. Allgemein bildendes Gymnasium. Stuttgart: Ministerium für Kultus, Jugend und Sport

Ministerium für Kultus, Jugend und Sport Baden-Württemberg (2004b): Bildungsplanreform 2004. Power-Point-Präsentation <http://www.bildung-staerkt-menschen.de/service/downloads/sonstiges/praesentation%2Obp_allgemein.pdf> [15.02.2005]

Mitter, W. (2003): Entwicklungen im Sekundarbereich II. Exemplarische Anregungen aus dem europäischen Ausland. In: Die Deutsche Schule 95 (3), S. 280-292

Monk, D. H./ King, J. A. (1994): Multilevel teacher resource effects in pupil performance in secondary mathematics and science. The case of teacher subject matter preparation. In: Ehrenberg, R. G. (Hrsg.): Choices and consequences. Contemporary policy issues in education. Ithaka: ILR Press, S. 29-58

Mosing-Boettcher, G. (1999): Kollegiale Fallberatung in Schulen. Reflexion und Erweiterung der eigenen Beratungskompetenz. In: Buchen, H. / Horster, L. / Rolff, H.-G. (Hrsg.): Schulleitung und Schulentwicklung. Erfahrungen – Konzepte – Strategien (D 3.1). Stuttgart: Raabe

Münch, J. (2001): Wie die Sonderpädagogik wieder auf die allgemein pädagogischen Füße gestellt wurde. In: Lumer, B. (Hrsg.): Integration behinderter Kinder: Erfahrungen; Reflexionen; Anregungen. Berlin: Cornelsen Scriptor, S. 8-26

Mutzeck, W. (1997): Kooperative Beratung. Grundlagen und Methoden der Beratung und Supervision im Berufsalltag. Weinheim: Deutscher Studien Verlag

National Board of Education (2005): Das Finnische Bildungssystem. <http://www.oph.fi/english/SubPage.asp?path=447;490;4699;9615> [14.04.2005]

Nauck, B. (1988): Sozialstrukturelle und individualistische Migrationstheorien. Elemente eines Theorienvergleichs. In: Kölner Zeitschrift für Soziologie und Sozialpsychologie 15, S. 15-39

NCEE – The National Commission on Excellence in Education (1983): A nation at risk. The imperative for educational reform. <http://www.ed.gov/pubs/NatAtRisk/title.html> [16.09.2003]

Neill, A.S. (1960): Summerhill. New York: Hart

Neuner, G. (1974): Zur Theorie der sozialistischen Allgemeinbildung. 2. Auflage. Berlin: Volk und Wissen

Neuweg, G.H. (1999): Könnerschaft und implizites Wissen. Zur lehr-lerntheoretischen Bedeutung der Erkenntnis- und Wissenstheorie Michael Polanyis. Internationale Hochschulschriften. Band 311. Münster: Waxmann

NIEDERSÄCHSISCHES KULTUSMINISTERIUM (Hrsg.) (1998) : Schulprogrammentwicklung und Evaluation. Stand, Perspektiven und Empfehlungen. Hannover: Pressestelle des Niedersächsischen Kultusministeriums

NIEDERSÄCHSISCHES KULTUSMINITERIUM (o.J.): Rahmenrichtlinien, allgemeinbildende Schulen. <http://www.mk.niedersachsen.de/cda/pages/printpage.jsp?C=26538&N=11914308&L=20&D=O#> [05.01.05]

NOHL, H. (1933/1963): Die pädagogische Bewegung in Deutschland und ihre Theorie (1933). 6. Auflage. Frankfurt/M.: Schulte-Bulmke

OBOLENSKI, A. (2004): Lehrerausbildung für Sonderpädagogik. In: BLÖMEKE, S./ REINHOLD, P./ TULODZIECKI, G./ WILDT, J. (Hrsg.): Handbuch Lehrerbildung. Bad Heilbrunn/ Braunschweig: Klinkhardt/ Westermann, S. 370-380

OECD – ORGANISATION FÜR WIRTSCHAFTLICHE ZUSAMMENARBEIT UND ENTWICKLUNG (2002): Bildung auf einen Blick. OECD-Indikatoren. Paris: OECD

OECD (Hrsg.) (2004): Education at a glance. OECD Indicators 2004 <http://thesius.sourceoecd.org/upload/9604081e.pdf> [09/2004]

OEXLE, M. (2002): Das Jahresgespräch als Personalentwicklungsinstrument. In: ROLFF, H.-G./ SCHMIDT, H.-J. (Hrsg.): Brennpunkt Schulleitung und Schulaufsicht. Konzepte und Anregungen für die Praxis. Neuwied: Leuchterhand, S. 138-151

OSER, F. (1997): Sozial-moralisches Lernen. In: WEINERT, F. E. (Hrsg.): Psychologie des Unterrichts und der Schule. Enzyklopädie der Psychologie. Pädagogische Psychologie. Band 3. Göttingen u. a.: Hogrefe, S. 461-501

OSER, F. (1998): Ethos – die Vermenschlichung des Erfolgs. Zur Psychologie der Berufsmoral von Lehrpersonen. Opladen: Leske und Budrich(=Schule und Gesellschaft, Bd. 16)

OSER, F./ ALTHOF, W. (1992): Moralische Selbstbestimmung. Modelle der Entwicklung und Erziehung im Wertebereich. Stuttgart: Klett-Cotta

PAJARES, F. (1992): Teachers' Beliefs and Educational Research. Cleaning Up a Messy Construct. In: Review of Educational Research 62 (3), S. 307-332

PARSONS, T. (1937): Remarks on Education and the Professions. In: The International Journal of Ethics. A Quarterly Devoted to the Advancement of Ethical Knowledge and Practice 47, S. 365-369

PARSONS, T. (1959/1977): Die Schulklasse als soziales System. Einige ihrer Funktionen in der amerikanischen Gesellschaft (1959). In: PARSONS, T.: Sozialstruktur und Persönlichkeit. Reprints Psychologie. Band 7. 2. Auflage. Frankfurt/M.: Fachbuchhandlung für Psychologie, S. 161-193

PARSONS, T. (1971): The System of Modern Societies. Englewood Cliffs, NJ: Prentice-Hall

PARSONS, T./ PLATT, G. M. (1972/1990): Die amerikanische Universität. Ein Beitrag zur Soziologie der Erkenntnis. Frankfurt/M.: Suhrkamp

PAUL, G. (1995): „ ... gut deutsch, aber auch gut katholisch. Das katholische Milieu zwischen Selbstaufgabe und Selbstbehauptung. In: PAUL, G./ MALLMANN, K.-M.: Milieus und Widerstand. Eine Verhaltensgeschichte der Gesellschaft im Nationalsozialismus. Bonn: Dietz, S. 25-152

PEEK, R. (2004): Qualitätsuntersuchung an Schulen zum Unterricht in Mathematik (QuaSUM) – Klassenbezogene Ergebnisrückmeldungen und ihre Rezeption an Brandenburger Schulen. In: Empirische Pädagogik 18 (1), S. 82-114

PESTALOZZI, J.H. (1781/ 1993): Lienhard und Gertrud. Hrsg. Von A. REHLE. 4. Auflage. Bad Heilbrunn: Klinkhardt

PETERS, J. (2004): Qualitätssicherung im Deutschunterricht. Probleme praktischer Umsetzung der KMK-Bildungsstandards. In: Pädagogik 56 (6), S. 14-17

PETERßEN, W. H. (2001): Didaktik und Curriculum/Lehrplan. In: ROTH, L.: Pädagogik. Handbuch für Studium und Praxis. 2. überarbeitete und erweiterte Auflage. München: Oldenbourg, S. 743-760

PIAGET, J. (1947): La psychologie de l'Intelligence. Paris : Librairie Armand Colin

PICHT, G. (1964): Die deutsche Bildungskatastrophe. Analyse und Dokumentation. Olten/ Freiburg i. Br.: Walter

PRENZEL, M./ BAUMERT, J./ BLUM, W./ LEHMANN, R./ LEUTNER, D./ NEUBRAND, M./ PEKRUN, R./ ROLFF, H.-G./ ROST, J./ SCHIEFELE, U. (2004) (Hrsg.): PISA 2003. Der Bildungsstand der Jugendlichen in Deutschland – Ergebnisse des zweiten internationalen Vergleichs. Münster: Waxmann

PRENZEL, M./ BAUMERT, J./ BLUM, W./ LEHMANN, R./ LEUTNER, D./ NEUBRAND, M./ PEKRUN, R./ ROST, J./ SCHIEFELE, U. (2005) (Hrsg.): PISA 2003. Der zweite Vergleich der Länder in Deutschland – Was wissen und können Jugendliche? Münster u.a.: Waxmann

PRUCHA, J. (2001): Finnland. In: KOPP, B. v. (Hrsg.): Die ersten drei. Die Bildungssysteme der „Klassensieger" der PISA-Studie „Leseleistung": Finnland, Südkorea und Kanada. Frankfurt/M.: DIPF, S. 3-7

PUTNAM, R.T./BORKO, H. (1997): Teacher Learning. Implications of New Views of Cognition. In: BIDDLE, B.J./GOOD, TH.L./GOODSON, I.F. (Hrsg.): International Handbook of Teachers and Teaching. Bd. 2. Dordrecht/ Boston/ London: Kluwer Academic Publishers, S. 1223-1296

RAMIREZ, F. O./ BOLI, J. (1987): The Political Construction of Mass Schooling. European Origins and Worldwide Institutionalization. In: Sociology of Education 60 (2), 2-17

RATHS, L. E./ HARMIN, H./ SIMON, S. B. (1976): Werte und Ziele. Methoden zur Sinnfindung im Unterricht. München: Pfeiffer

REBLE, A. (1964): Geschichte der Pädagogik. 7. Auflage. Stuttgart: Klett

REBLE, A. (1989): Volksschullehrerbildung in der Weimarer Zeit. In: HOHENZOLLERN, J. G. V./ LIEDTKE, M. (Hrsg.): Schreiber, Magister, Lehrer. Zur Geschichte und Funktion eines Berufsstandes. Bad Heilbrunn/Obb.: Klinkhardt, S. 259-290

RECUM, H. v./ WEIß, M. (2000): Bildungsökonomie als Steuerungswissenschaft. In: Zeitschrift für Pädagogik 46 (1), S. 5-17

REICH, K. (2004): Konstruktivistische Didaktik. Lehren und Lernen aus interaktionistischer Sicht. 2. Auflage. Neuwied: Luchterhand

REISS, K. (2003): Bildungsstandards oder Lehrpläne? Perspektiven für die Weiterentwicklung von Schule und Unterricht am Beispiel der Mathematik. In: Die Deutsche Schule 95 (3), S. 267-279

REISSE, W. (1975): Verschiedene Begriffsbestimmungen von „Curriculum": Überblick und Ansätze zur Präzisierung. In: FREY. K. (Hrsg.): Curriculum Handbuch Band I. München: Piper, S. 46-59

ROBINSOHN, S.B. (1967): Bildungsreform als Reform des Curriculums. Neuwied: Luchterhand

ROLFF, H.-G. (1996): Interne Schulentwicklung mit externer Unterstützung. In: BUHREN, C./ ROLFF, H.-G. (Hrsg.): Fallstudien zur Schulentwicklung. Zum Verhältnis von innerer Schulentwicklung und externer Beratung. Weinheim und München: Juventa, S. 9-36

ROTH, H. (1963): Pädagogische Psychologie des Lehrens und Lernens. 7. Auflage. Hannover: Schroedel

ROTH, H. (1971): Pädagogische Anthropologie. Bd. 2: Entwicklung und Erziehung. Hannover: Schroedel

ROUSSEAU, J.J. (1762/1963): Emil oder über die Erziehung. 3. Auflage. Paderborn: Schöningh Verlag

SACHER, W. (2003): Schulleistungsdiagnose-pädagogisch oder nach dem Modell PISA? In: Pädagogische Rundschau 57 (4), S. 399-417

SACHER, W. (2001): Leistungen entwickeln, überprüfen und beurteilen. Grundlagen, Hilfen und Denkanstöße für alle Schularten. Bad Heilbrunn: Klinkhardt

SÄCHSISCHES STAATSMINISTERIUM FÜR KULTUS (Hrsg.) (2004): Leitbild für Schulentwicklung. Dresden: Sächsisches Staatsministerium für Kultus

SCHAEFERS, CH. (2002): Forschung zur Lehrerausbildung in Deutschland – eine bilanzierende Übersicht der neueren empirischen Studien. In: Schweizerische Zeitschrift für Bildungswissenschaften 24 (1), S. 65-88

SCHÄFER, K.-H./ SCHALLER, K. (1971): Kritische Erziehungswissenschaft und kommunikative Didaktik. Heidelberg: Quelle & Meyer

SCHAUB, H./ ZENKE, K. G. (2000): Wörterbuch Pädagogik. München: dtv

SCHAUER, E. (2003): Können Lehrveranstaltungen die Lern- und Weiterbildungsmotivation von künftigen LehrerInnen beeinflussen. In: journal für lehrerinnen- und lehrerbildung 3 (3), S. 31-40

SCHEIN, E. (1990): A General Philosophie of Helping. Process Consultation. In: Sloan Management Review, S. 57-64

SCHELSKY, H. (1957): Schule und Erziehung in der industriellen Gesellschaft. Würzburg: Werkbund   (= Weltbild und Erziehung; 20)

SCHEMO, D. J. (2003a): Education Secretary Defends School System He Once Led. In: The New York Times (New York) v. 26.07.2003

SCHEMO, D. J. (2003b): Questions on Data Cloud Luster of Houston Schools. In: The New York Times (New York) v. 11.07.2003

SCHLEICHER, A. (2004): Draft Briefing Note – Germany <http://www.gew.de/Binaries/ Binary6762/Schleicher-briefing-notes.pdf> [19.04.2005]

SCHLEIERMACHER, F. D. E. (1808/1959): Von Schulen, Universitäten und Akademien (1808). In: SCHLEIERMACHER, F. D. E.: Ausgewählte pädagogische Schriften. 3. Auflage 1959. Paderborn: Ferdinand Schöningh, S. 244-255

SCHLEIERMACHER, F. D. E. (1814/1959): Über den Beruf des Staates zur Erziehung (1814). In: SCHLEIERMACHER, F. D. E.: Ausgewählte pädagogische Schriften. 3. Auflage 1959. Paderborn: Ferdinand Schöningh, S. 18-32

SCHLEIERMACHER, F. D. E. (1826/1959): Theorie der Erziehung (1826). In: SCHLEIERMACHER, F. D. E.: Ausgewählte pädagogische Schriften. 3. Auflage 1959. Paderborn: Ferdinand Schöningh, S. 36-243

SchMG NRW [SCHULMITWIRKUNGSGESETZ NORDRHEIN-WESTFALEN] (2003): Gesetz über die Mitwirkung im Schulwesen für das Land Nordrhein-Westfalen vom 08. Juli 2003 <http:// www.bildungsportal.nrw.de/BP/Schule/System/Recht/Vorschriften/Gesetze/index.html> [03/2005]

SCHMITZ, G. S./ SCHWARZER, R. (2002): Individuelle und kollektive Selbstwirksamkeitserwartung von Lehrern. In: JERUSALEM, M./ HOPF, D. (Hrsg.): Selbstwirksamkeit und Motivationsprozesse in Bildungsinstitutionen. 44. Beiheft der Zeitschrift für Pädagogik. Weinheim/ Basel: Beltz, S. 192-214

SCHMOLL, H. (2004): Von Anfang an in der Schule. Die enge Verknüpfung von praktischer und theoretischer Lehrerausbildung in Finnland. In: Frankfurter Allgemeine Zeitung v. 19.04.2004, S. 10

SCHOLZ, W.-D. (1993): Verfachlichung der Volksschullehrerausbildung – Pädagogisierung der Gymnasiallehrerausbildung. Die Reformen seit den 1960/1970er Jahren. Oldenburg: Zentrum für pädagogische Berufspraxis

SCHRADER, F.-W./ HELMKE, A. (2004): Von der Evaluation zur Innovation? Die Rezeptionsstudie WALZER. Ergebnisse der Lehrerbefragung. In: Empirische Pädagogik 18 (1), S. 140-161

SCHRATZ, M./ BAUK-VAN BURGT, A. (2002): Qualitätsstandards für Schulprogramme. Was zeichnet ein „gutes" Schulprogramm aus? In: Schulverwaltung. Ausgabe Niedersachsen und Schleswig-Holstein 12 (8), S. 196-199

SCHRATZ, M./ STEINER-LÖFFLER, U. (1998): Die lernende Schule: Arbeitsbuch pädagogischer Schulentwicklung. Weinheim: Beltz

SCHRODER, H.M./ DRIVER, M.J./ STREUFERT, S. (1975): Menschliche Informationsverarbeitung. Die Strukturen der Informationsverarbeitung bei Einzelpersonen und Gruppen in komplexen sozialen Situationen. Weinheim: Beltz

SchulG NRW (SCHULGESETZ NORDRHEIN-WESTFALEN) (2005): Schulgesetz für das Land Nordrhein Westfalen vom 15. Februar 2005. <http://www.bildungsportal.nrw.de/BP/Schule/System/Recht/Vorschriften/Gesetze/index.html> [03/2005]

SCHULZ, W. (1965): Unterricht – Analyse und Planung. In: HEIMANN, P., OTTO, G., SCHULZ, W.: Unterricht – Analyse und Planung. Hannover: Schroedel, S. 13-47

SchVG NRW (SCHULVERWALTUNGSGESETZ NORDRHEIN-WESTFALEN) (2003): Schulverwaltungsgesetz für das Land Nordrhein-Westfalen vom 8. Juli 2003. <http://www.bildungs­portal.nrw.de/BP/Schule/System/Recht/Vorschriften/Gesetze/index.html> [03/2005]

SCHWARZER, CH./ POSSE, N. (2005): Beratung im Handlungsfeld Schule. In: Pädagogische Rundschau 59 (2), S. 139-151

SCHWENK, B. (2001): Erziehung. In: LENZEN, D. (Hrsg.): Pädagogische Grundbegriffe. Bd. 1.: Aggression – Interdisziplinarität. 6. Auflage. Reinbek: Rowohlt, S. 429-439

SCHWERDT, Th. (1955): Kritische Didaktik in Unterrichtsbeispielen. 20. Auflage. Paderborn: Schöningh

SENATSVERWALTUNG FÜR BILDUNG, JUGEND UND SPORT (2004): Schulgesetz für das Land Berlin vom 26. Januar 2004 <http://www.senbjs.berlin.de/schule/rechtsvorschriften/schulgesetz/schulgesetz.pdf> [12.05.2004]

SHIN, S.-H. (1995): Korea, Republic of. In: POSTLETHWAITE, T. N. (Hrsg.): International Encyclopedia of National Systems of Education. 2. Auflage. Cambridge: Pergamon, S. 515-524

SHULMAN, L. S. (1987): Knowledge and teaching: Foundations of the new reform. In: Harvard Educational Review 57, S. 1-22

SIMON, S.B. (1981): Wertklärung im Unterricht. In: MAUERMANN, L./ WEBER, E. (Hrsg.) Der Erziehungsauftrag der Schule. 2. Auflage. Donauwörth: Auer, S. 202–209

SLOANE, P. F. E. (2001): Krise und Reform der berufsbildenden Schulen. Zur Situation des Lernortes in der Krise des dualen Systems. In: PAHL, J.-P. (Hrsg.): Perspektiven gewerblich-technischer Berufsschulen. Visionen, Ansprüche und Möglichkeiten. Neusäß: Kieser Verlag, S. 179-196

SLOANE, P. F. E. (2004): Lehrerausbildung für das berufsbildende Schulwesen. In: BLÖMEKE, S./ REINHOLD, P./ TULODZIECKI, G./ WILDT, J. (Hrsg.): Handbuch Lehrerbildung. Bad Heilbrunn/ Braunschweig: Klinkhardt/ Westermann, S. 350-369

SÖLL, F. (2002): Was denken Lehrer/innen über Schulentwicklung? Eine qualitative Studie zu subjektiven Theorien. Weinheim: Beltz

SOLZBACHER, C./ FREITAG, Ch. (Hrsg.) (2001): Anpassen, verändern, abschaffen? Schulische Leistungsbewertung in der Diskussion. Bad Heilbrunn: Klinkhardt

SPINNER, K. H. (2003): Standards für einen kreativen Deutschunterricht? In: Deutschunterricht 56 (5), S. 37-41

SPRANGER, E. (1920/1970): Gedanken über Lehrerbildung (1920). In: SPRANGER, E.: Gesammelte Schriften 11. Schule und Lehrer. Heidelberg: Quelle und Meyer, S. 27-73

STEFFENS, U./ BARGEL, T. (Hrsg.) (1993): Erziehung und Demokratie in der Schule. Konzepte und Erfahrungen zum Ansatz von Kohlberg und Oser. Wiesbaden: Hessisches Institut für Bildungsplanung und Schulentwicklung

STICHWEH, R. (1994): Wissenschaft, Universität, Professionen. Soziologische Analysen. Frankfurt/M.: Suhrkamp

STRAKA, G. A./ MACKE, G. (2002): Lern-Lehrtheoretische Didaktik. Münster: Waxmann

STRUCK, P. (1995): Schulreport. Zwischen Rotstift und Reform oder Brauchen wir eine andere Schule? Reinbek: Rowohlt

STRUCK, P. (1997): Erziehung von gestern – Schüler von heute – Schule von morgen. München / Wien: Carl Hanser

TENORTH, H.-E. (1987): Lehrerberuf und Lehrerbildung. In: JEISMANN, K.-E./ LUNDGREEN, P. (Hrsg.): Handbuch der deutschen Bildungsgeschichte. Bd. III 1800-1870: Von der Neuordnung Deutschlands bis zur Gründung des Deutschen Reiches. München: C. H. Beck, S. 250-270

TENORTH, H.-E. (1990): Verwissenschaftlichung pädagogischer Rationalität – Über die Möglichkeiten eines gescheiterten Programms. In: ALISCH, L.-M./ BAUMERT, J./ BECK, K. (Hrsg.): Professionswissen und Professionalisierung. Sonderband in Zusammenarbeit mit der Zeitschrift Empirische Pädagogik. Braunschweig: Copy-Center Colmsee (= Braunschweiger Studien zur Erziehungs- und Sozialarbeit; 28), S. 271-290

TENORTH, H.-E. (1996): Die professionelle Konstruktion der Schule – Historische Ambivalenz eines Autonomisierungsprozesses. In: LESCHINSKY, A. (Hrsg.): Die Institutionalisierung von Lehren und Lernen. Beiträge zu einer Theorie der Schule. Weinheim u. a.: Beltz 1996 (= Zeitschrift für Pädagogik. Beiheft; 34), S. 285-298

TENORTH, H.-E. (2003): Erziehungswissenschaft und Lehrerberuf. Historiographische Notizen über ein notwendig spannungsreiches Verhältnis. In: Zeitschrift für pädagogische Historiographie 9 (2), S. 101-109

TENORTH, H.-E. (2004a): Bildungsstandards und Kerncurriculum. Systematischer Kontext, bildungstheoretische Probleme. In: Zeitschrift für Pädagogik 50 (5), S. 650-661

TENORTH, H.-E. (2004b): Erziehungswissenschaft. In: BENNER, D./ OELKERS, J. (Hrsg.): Historisches Wörterbuch der Pädagogik. Weinheim/ Basel: Beltz, S. 341-382

TERHART, E. (1983): Curriculumforschung aufgrund interpretativer Methoden. In. HAMEYER, U./ FREY, K./ HAFT, H. (Hrsg.): Handbuch der Curriculumforschung. Weinheim: Beltz, S. 533-544

TERHART, E. (1992): Lehrerberuf und Professionalität. In: DEWE, B./ FERCHHOFF, W./ RADTKE, F.-O. (Hrsg.): Erziehen als Profession. Zur Logik professionellen Handelns in pädagogischen Feldern. Opladen: Leske und Budrich, S. 103-131

TERHART, E. (1994): Die Veränderung pädagogischer Institutionen. In: LIEBAU, E./ SCHUMACHER-CHILLA, D./ WULF, C. (Hrsg.): Anthropologie pädagogischer Institutionen. Weinheim: Deutscher Studien Verlag, S. 49-72

TERHART, E. (2004): Lehrer. In: BENNER, D./ OELKERS, J. (Hrsg.): Historisches Wörterbuch der Pädagogik. Weinheim/ Basel: Beltz, S. 548-564

TERHART, E./ CZERWENKA, K./ EHRICH, K./ JORDAN, F./ SCHMIDT, H.J. (1994): Berufsbiographien von Lehrern und Lehrerinnen. Frankfurt/M.: Lang

TILLMANN, K.-J., u. a. (2002): Lehrpläne und alltägliches Handeln von Lehrerinnen und Lehrern. <http://www.uni-bielefeld.de/paedagogik/agn/ag4/main/projekte/lehrplaene-handeln.html> [12.01.05]

TORNEY-PURTA, J./ LEHMANN, R./ OSWALD, H./ SCHULZ, W. (1999): Demokratie und Bildung in 28 Ländern. Politisches Verstehen und Engagement bei Vierzehnjährigen (IEA Civic Education Study). Amsterdam: IEA

TORNEY-PURTA, J./ SCHWILLE, J./ AMADEO, J.-A. (Hrsg.) (1999): Civic Education Across Countries. Twenty-four National Case Studies from the IEA Civic Education Project. Amsterdam: IEA

TULODZIECKI, G. (1973): Möglichkeiten und Grenzen einer empirisch orientierten Theorie des Unterrichts. In: Die Deutsche Schule 65, S. 156-170

TULODZIECKI, G. (1996): Unterricht mit Jugendlichen. Eine handlungsorientierte Didaktik mit Beispielen. 3. Auflage. Bad Heilbrunn: Klinkhardt

TULODZIECKI, G. (1997): Medien in Erziehung und Bildung. Grundlagen und Beispiele einer hand-lungs- und entwicklungsorientierten Medienpädagogik. 3. Auflage. Bad Heilbrunn: Klinkhardt

TULODZIECKI, G./ HERZIG, B. (2002): Computer& Internet im Unterricht. Medienpädagogische Grundlagen und Beispiele. Berlin: Cornelsen Scriptor

TULODZIECKI, G./ HERZIG, B./ BLÖMEKE, S. (2004): Gestaltung von Unterricht. Eine Einführung in die Didaktik. Bad Heilbrunn: Klinkhardt

TWELLMANN, W. (1981): Die Schulpädagogik als Wissenschaft von Schule und Unterricht. In: TWELLMANN, W. (Hrsg.): Handbuch Schule und Unterricht. Bd. 1: Pädagogisch-personelle Aspekte der Schule und des Unterrichts. Düsseldorf: Schwann, S. 3-23

UHL, S. (1995): Aufstieg, Krise und Revision von Erziehungsprogrammen am Beispiel der „Wertklärung". In: IBW-Journal 33 (2), S. 10-26

ULICH, K. (2000): Lehrer/innen-Ausbildung im Urteil der Betroffenen. Ergebnisse und Folgerungen. In: Die Deutsche Schule 88 (1), S. 81-97

ULICH, K. (2001): Einführung in die Sozialpsychologie der Schule. Weinheim/ Basel: Beltz

VERNOOIJ, M. (2000): Sonderschule zwischen Bildungsauftrag und Rassehygiene. In: Sonderpädagogik 30 (2), S. 102-110

VOGEL, P. (1996): Scheinprobleme in der Erziehungswissenschaft. Das Verhältnis von „Erziehung" und „Sozialisation". In: Zeitschrift für Pädagogik 42 (4), S. 481-490

VOLLSTÄDT, W./ TILLMANN, K.J./ RAUIN, U./ HOHMANN, K./ TEBRÜGGE, A. (1999): Lehrpläne im Schulalltag. Eine empirische Studie zur Akzeptanz und Wirkung von Lehrplänen in der Sekundarstufe I. Opladen: Leske + Budrich

VOSNIADOU, ST. (1994): Capturing and Modelling the Process of Conceptual Change. In: Learning and Instruction 4, S. 45-69

WATERMANN, R./ STANAT, P. (2004): Schulrückmeldungen in PISA 2000. Sozialnorm- und kriteriumsorientierte Rückmeldeverfahren. In: Empirische Pädagogik 18 (1), S. 40-61

WATZLAWIK, P./ BEAVIN, J.H./ JACKSON, D.D. (1969): Menschliche Kommunikation. Formen, Störungen, Paradoxien. Bern: Huber

WEHNES, F.-J. (2001): Theorien der Bildung – Bildung als historisches und aktuelles Problem. In: Roth, L.: Pädagogik. Handbuch für Studium und Praxis. 2. überarbeitete und erweiterte Auflage. München: Oldenbourg, S. 277-292

WEINERT, F.E. (1996): ,Der gute Lehrer', ,die gute Lehrerin' im Spiegel der Wissenschaft. Was macht Lehrende wirksam und was führt zu ihrer Wirksamkeit? In: Beiträge zur Lehrerbildung 14 (2), S. 141-151

WEINERT, F.E. (2001a): Entwicklung, Lernen, Erziehung. In: ROST, D. H. (Hrsg.): Handwörterbuch Pädagogische Psychologie. 2. Auflage. Weinheim: Psychologie Verlags Union, S. 121-132

WEINERT, F.E. (2001b): Vergleichende Leistungsmessung in Schulen – eine umstrittene Selbstverständlichkeit. In: WEINERT, F.E. (Hrsg.): Leistungsmessungen in Schulen. Weinheim/ Basel: Beltz, S. 17-31

WENGLINSKY, H. (2002): How Schools Matter. The Link Between Teacher Classroom Practices and Student Academic Performance. In: Education Policy Analyses Archives 10 (12) <http://epaa.asu.edu/epaa/v10n12/> [17.09.2004]

WENIGER, E. (1929/1964): Theorie und Praxis in der Erziehung (1929). In: WENIGER, E. (1964): Die Eigenständigkeit der Erziehung in Theorie und Praxis. Probleme der akademischen Lehrerbildung. 3. Auflage. Weinheim: Beltz, S. 7-22

WENIGER, E. (1965): Didaktik als Bildungslehre. Teil I: Theorie der Bildungsinhalte und des Lehrplans. Weinheim: Beltz

WIDEEN, M./ MAYER-SMITH, J./ MOON, B. (1998): A Critical Analysis of the Research on Learning to Teach. Making the Case for an Ecological Perspective on Inquiry. In: Review of Educational Research 68 (2), S. 130-178

WIECHMANN, J. (2003): Schulpädagogik. Baltmannsweiler: Schneider Verlag Hohengehren (= Basiswissen Pädagogik. Pädagogische Arbeitsfeder; 2)

WILDT, B. (2004): Beratung. In: BLÖMEKE, S./ REINHOLD, P./ TULODZIECKI, G./ WILDT, J. (Hrsg.): Handbuch Lehrerbildung. Bad Heilbrunn/ Braunschweig: Klinkhardt/ Westermann, S. 519-531

WILDT, J. (1996): Reflexive Lernprozesse. Zur Verbindung von wissenschaftlichem Wissen und Handlungswissen in einer integrierten Lehrerbildung. In: HÄNSEL, D./ HUBER, L. (Hrsg.): Lehrerbildung neu denken und gestalten. Weinheim/ Basel: Beltz, S. 91-107

WILDT, J. (2000): Ein hochschuldidaktischer Blick auf die Lehrerbildung. Hochschule als didaktisches Lern- und Handlungsfeld. In: BAYER, M. u.a. (Hrsg.): Lehrerin und Lehrer werden ohne Kompetenz? Professionalisierung durch eine andere Lehrerbildung. Bad Heilbrunn/Obb.: Klinkhardt, S. 171-182

WILHELM, Th. (1967): Theorie der Schule. Stuttgart: J. B. Metzlerische Verlagsbuchhandlung

WILSON, S.M./ FLODEN, R.E./ FERRINI-MUNDY, J. (2001): Teacher Preparation Research. Current Knowledge, Gaps, and Recommendations. Washington: Center for the Study of Teaching and Policy. <http://depts.washington.edu/ctpmail/PDFs/TeacherPrep-WFFM-02-2001.pdf> [30.09.2003]

WINKEL, R. (1983): Die kritisch-kommunikative Didaktik. In: GUDJONS, H./ TESKE, R./ WINKEL, R. (Hrsg.): Didaktische Theorien. 2. Auflage. Braunschweig: Agentur Pedersen, S. 79-93

ZIEGENSPECK, J.W. (1999): Handbuch Zensur und Zeugnis in der Schule. Historischer Rückblick, allgemeine Problematik, empirische Befunde und bildungspolitische Implikationen. Bad Heilbrunn: Klinkhardt

ZIEROLD, K./ ROTHKUGEL, P. (1931): Die Pädagogischen Akademien. Amtliche Bestimmungen. 2. Auflage. Berlin: Weidmann

Autorenverzeichnis

Sachwortverzeichnis

Verzeichnis
der Darstellungen